RAT - Remscheider Arbeitshilfen und Texte

Gitta Martens, Hildegard Bockhorst (Hrsg.):
Feministische Kulturpädagogik

Die Akademie Remscheid:

Das bundeszentrale Fortbildungsinstitut für kulturelle Jugendbildung, gegründet 1958. Fortbildungsangebote in den Bereichen Kulturarbeit und Kulturpädagogik, Musik, Tanz, Rhythmik, Spiel, Theater, Literatur, Bildende Kunst und Fotografie, Medien, Sozialpsychologie und Beratung. Die Akademie wird gefördert durch das Bundesministerium für Jugend, Familie, Frauen und Gesundheit sowie durch das Ministerium für Arbeit, Gesundheit und Soziales des Landes Nordrhein-Westfalen.
Direktor: Dr. Max Fuchs
Anschrift: Küppelstein 34, 5630 Remscheid 1. Tel.: 02191/794-1

Die Bundesvereinigung Kulturelle Jugendbildung (BKJ):

Die Bundesvereinigung Kulturelle Jugendbildung ist ein Zusammenschluß von 28 bundesweiten Fachorganisationen und Institutionen der kulturellen Jugendbildung und sechs Landesvereinigungen Kulturelle Jugendbildung. Vertreten sind die Bereiche: Musik, Spiel, Theater, Tanz, Rhythmik, bildnerisches Gestalten, Literatur, Fotografie, Film und Video sowie kulturpädagogische Fortbildung. Die BKJ sieht ihre Aufgabe darin, die außerschulische kulturelle Bildung der Jugend in der Bundesrepublik Deutschland zu fördern. Für die Bundesregierung ist die BKJ der anerkannte und zentrale Fachpartner der kulturellen Jugendbildung in der Bundesrepublik Deutschland. Das Bundesministerium für Jugend, Familie, Frauen und Gesundheit unterstützt ihre Arbeit durch finanzielle Förderung.
Anschrift: Küppelstein 34, 5630 Remscheid 1. Tel.: 02191/794-290

RAT - Remscheider Arbeitshilfen und Texte:

In dieser Broschürenreihe werden Methoden und Konzepte für eine neue und phantasievolle Praxis der Jugend-, Sozial- und Kulturarbeit veröffentlicht.
Die "RAT - Remscheider Arbeitshilfen und Texte" werden herausgegeben von Ulrich Baer in Zusammenarbeit mit der Akademie Remscheid.
Die weiteren Titel dieser Reihe finden Sie hinten im Buch aufgelistet.

Das Symposion und diese Dokumentation wurden finanziell unterstützt durch den Bundesminister für Bildung und Wissenschaft.
Dieses Buch wurde herausgegeben in Zusammenarbeit mit der Bundesvereinigung Kulturelle Jugendbildung und der Akademie Remscheid.

Gitta Martens
Hildegard Bockhorst
(Hrsg.)

Feministische Kulturpädagogik

Projekte und Konzepte

RAT - Remscheider Arbeitshilfen und Texte
Verlag Alexander T. Rolland

RAT - Remscheider Arbeitshilfen und Texte

Herausgegeben von Ulrich Baer
in Zusammenarbeit mit der Akademie Remscheid

Bezug:

Robin-Hood-Versand
Küppelstein 36, 5630 Remscheid 1
Tel.: 02191/794-242

Originalausgabe
(C) 1989, Akademie Remscheid
Alle Rechte vorbehalten.

Typoskript: Anne Kirchhoff
Gestaltung: Heidi Schommler

ISBN 3-923128-05-3

Inhalt

Vorwort   9

Gitta Martens
Frauenbewegung - Kulturarbeit - Feministische Kulturpädagogik
Bezüge und Herausforderungen   17

Hildegard Bockhorst
Zum Stand kultureller Bildung
Frauen- und Mädchenkulturarbeit (k)ein Thema in den Verbänden   29

Simone Odierna
Erfahrungen mit kommunaler Frauenkulturarbeit zwischen politischen Ansprüchen und Vermarktung   39

Fotografie

Karin Günther-Thoma
Fotografie hinter Gittern
Fotoprojekt im Frauengefängnis Frankfurt-Preungesheim   47

Margarethe Rosenberger, Andrea Schweers
"Ich muß die Bilder machen, die ich machen muß"
Zur Fotoausstellung: "Erotik - der weibliche Blick" im Frauenkulturhaus Bremen   59

Inge Jacob
Frauenbilder - Bilderfrauen   71

Tanz

Inge Müller, Dagmar v. Garnier
Schritte zur Mitte
Meditativer Tanz aus der Folklore der Völker   79

Klaudia Becker
Frauen tanzen aus der Reihe   93

Gerlinde Lambeck
Ist Tanzen weiblich?   101

Bildende Kunst

Ilse Albert-Stuckenbrok, Peggi Nischwitz
Unsere Erfahrungen sind BE-GREIFBAR   103

Detel Aurand
"Farben sind Taten des Lichts"
Malen als Möglichkeit   109

Inge Broska, Marianne Pitzen
Frauen Museum Bonn
Die andere Kunst der Frauen   117

Babette Lissner
Frauen-Frei-Räume
Ein Herforder Frauen-Kulturprojekt   127

Theater

Dragana Cukavac
"Unberechenbarkeiten" in der Theaterarbeit mit Mädchen
Die Theatergruppe im Mädchentreff Neukölln
133

Gitta Martens
Feministische Theaterpädagogik
Von der Selbsterfahrung zur politisch-künstlerischen Aktion
143

Reinhild Schweer
Frauenkulturarbeit im Jugendzentrum 1983 - 1987
Ein Erfahrungsbericht
157

Literatur

Gisela Schalk
Schreiben befreit
oder : Die Methode wird zum Inhalt
165

Anna Kreienbaum
Frauen schreiben - nicht nur für die Schublade
173

Film / Video

Rita Grobmeyer
Augenblicke
Videofilm und Rollenspiel im Projektladen für Ausländerarbeit in Haidhausen
175

Monika Schmidt
"Adams Rippe riskiert 'ne Lippe"
Ein Projekt der Frauengruppe des BDKJ und des Bezirksjugendrings Oberpfalz
183

Brigitte Tast
"Zuschauerinnen"
Arbeit mit Filmen und Fotografien
189

Rita Hähner, Sabine Paroll
Sexueller Mißbrauch an Mädchen
Ein Film- und Selbsthilfeprojekt
197

Spiel

Silvia Ramsel, Petra Wienholt
"Mädchen klettern nicht auf Bäume - oder doch?"
Ein Spielereignis
211

Kulturwochen

Anne Mispelhorn
Lila Mondfest
Mädchenfest in Gifhorn
219

Anne Böskens, Cornelia Holz, Angela Schlesiger, Ursula Gast
Krefelder Frauenkulturtage
221

Ulla Becker, Ulrike Rusche, Gisela Unland
"Creadiva" und "all the girls are crasy"
Zwei Frauenprojekte der KSJ
227

Musik

Annette Lindemann, Marion Unterberg
Internationaler Mädchenchor
im Mädchenzentrum Gladbeck
235

Computer

Cristina Perincioli, Dr. Cillie Rentmeister
Computer im "Reich der Sinne"
Das Modellprojekt "Auge & Ohr"
         241

Aktion - Performance

Siglinde Kallnbach
Judicium Ignis - 500 Jahre Hexenhammer
Frauenprozession durch die Kasseler Innenstadt
         249

Kulturarbeit

Barbara Duka, Rosemarie Möhle-Buschmeyer
Die Bedeutung des Handarbeitens von 1900 bis heute
in der Lebensgeschichte von Frauen
         259

denkmalfrauen auf demontage
Ein Projekt der Hochschule der Künste Berlin in Schwerte/Ruhr
         271

Weghof-Frauen der HAGIA
"Akademie für kritische matriarchale Forschung und Erfahrung" - HAGIA
         275

Nachwort
         279

Literaturverzeichnis
         283

Vorwort

Gesucht: Kunst- und Kulturprojekte von Frauen für Frauen und Mädchen in Kulturarbeit und Kulturpädagogik

Frauenkulturarbeit findet statt, wird selten bekannt und noch seltener dokumentiert. Uns interessieren die künstlerischen Projekte von Frauen für Frauen und Mädchen im Rahmen sozialer Kulturarbeit oder kultureller Bildung. Wir wollen diese Projekte dokumentieren, um weiteren Frauen Mut zu machen, auf diesem Gebiet initiativ zu werden und Erfahrungen festzuhalten.

Die Dokumentation der Projektberichte- und analysen soll die Wege von der Idee über Planung, Organisation und Durchführung mit allen Schwierigkeiten und Erfolgen darstellen. Eine Adressenliste soll dazu verhelfen, regionale Informations- und Beratungsquellen von Frauen für Frauen öffentlich zu machen. Dabei gehen wir davon aus, daß es sich um Berichte von Projekten handeln soll, in denen die Arbeit mit den künstlerischen, technischen und kulturellen Medien wie z.B. Theater, Tanz, Video aber auch Computergrafik oder textiles Gestalten im Vordergrund steht.

Unser Interesse gilt Projekten, die uns voranbringen auf unserem Weg, uns künstlerisch-kreative-kulturelle Ausdrucks- und Gestaltungsformen wieder anzueignen, sie auszubauen oder aber neu zu erproben, um zu Qualität und schöpferischem Selbstausdruck zu gelangen.

Wir möchten alle Künstlerinnen und Frauen ansprechen, die Projekte in diesem Sinne durchgeführt haben oder durchführen, sich mit uns in Verbindung zu setzen.

Wir erhoffen uns einen Querschnitt derzeit repräsentativer Unternehmungen von Frauen in diesem Bereich, der die Spannbreite dessen zeigt, womit sich Frauen heute und mit welchen Zielen und Ergebnissen künstlerisch beschäftigen.

Schickt bei Interesse an der Mitwirkung an dieser Dokumentation bitte bis Ostern '87 Informationen über Euer Projekt an

Gitta Martens
Dozentin für Kulturpädagogik und Theater (ARS)

Hildegard Bockhorst
Bildungsreferentin für kulturelle Jugendbildung (BKJ)

c/o Akademie Remscheid (ARS)
Küppelstein 34
5630 Remscheid

Der lange Atem

Mit dieser Ausschreibung wandten wir uns 1986 an Frauen, die im obigen Sinne aktiv waren. Wir hatten bewußt darauf verzichtet, charakterisierende Aussagen zu gebrauchen, wie z.B. 'feministisch'. Uns interessierte, was Frauen zum gegenwärtigen Zeitpunkt unter Frauenkunst- und Kulturarbeit in der Kulturpädagogik verstehen, in welchen Kontext sie diese Arbeit stellen und welchen Anforderungen sie genügen soll.

Vorwort

Die Reaktionen auf unsere Initiative waren zunächst wenig ermutigend und gekennzeichnet durch vielfältige Widerstände:

- objektiv gab es das Problem, daß es für unser Thema kein funktionierendes, bundesweites Infonetz gab, welches wir für die Werbung für unsere Idee hätten nutzen können. Von Remscheid aus, fernab von den Metropolen der Frauenbewegung, sprach sich unser Anliegen - trotz zahlreicher Presseaufrufe - erst langsam durch Mundpropaganda herum.

- Kolleginnen aus der autonomen Frauenkulturarbeit vermißten in unserer Presseinformation einen deutlich artikulierten feministischen Standpunkt. Wo sie uns nicht kannten, argwöhnten sie, daß wir, zwei Frauen aus etablierten Kulturinstitutionen, uns nicht trauen würden, von feministischer Arbeit zu sprechen. Auf unsere Anfragen bekamen wir nur zögerlich Antwort und in einem Fall wurden wir sogar darum gebeten, unsere Legitimation, dieses Thema zu bearbeiten, erst einmal schriftlich zu begründen, bevor wir Adressen und Hinweise bekommen würden. Da half nur der persönliche Einsatz, d.h. der Besuch und das Gespräch.

- Kolleginnen, die in der politischen Bildung, in der Jugend- und Sozialarbeit mit kulturellen Medien arbeiteten, fühlten sich teilweise nicht angesprochen, weil für sie der qualitative Anspruch an die künstlerische Form zu hoch angesetzt erscheint oder weil ihnen der Aufruf zu unpolitisch war. Wir hatten keinen Emanzipationsbegriff definiert.

- Für Arbeitskollegen und -kolleginnen sowie für Vorgesetzte war das Thema generell gewöhnungsbedürftig.

Es lagen sehr wenige Erfahrungen in diesem Bereich vor. Die traditionellen Träger kultureller Bildung hatten bisher fast keine spezifischen Frauen- und Mädchenkulturprojekte aufzuweisen. Man sah die Beschäftigung mit diesen Aspekten als Detailproblem, fand die Zielgruppe zu marginal bzw. in der kulturellen Bildung ausreichend berücksichtigt und betrachtete das gesamte Projekt zunächst als unsere private Angelegenheit, die als solche auch dienstliche Aufgaben nicht berühren sollte und außerhalb der Arbeitszeiten zu geschehen hätte.

Dies bedeutete zusätzlichen Zeitverzug für den Projektverlauf, zumal unser professionelles Engagement in Kulturpädagogik und Kulturverbänden, unsere Aktivitäten in der autonomen und gewerkschaftlichen Frauenbewegung und unsere Doppelbelastung durch Beruf und Familie bereits große Kräfte absorbierten.

Insgesamt hat es drei Jahre gebraucht, bis zum Erscheinen dieser Sammlung. Aber vier Jahrtausende Frauenunterdrückung lassen sich nicht von heute auf morgen abarbeiten.

Frauen müssen ihre Sache selbst in die Hand nehmen

Während wir die Projektberichte sammelten und uns mit den praktischen und theoretischen Werken von Frauen in den verschiedensten Künsten und über sie beschäftigten, wurde uns erst das ganze Ausmaß kultureller und künstlerischer Domestizierung und Verhinderung von Frauen in unserer Gesellschaft bewußt.

Dies gilt z. B. für die **Sprache**, mit der auch in der kulturellen Bildung Mädchen und Frauen als Teilnehmerinnen, Referentinnen, Musikerinnen, Künstlerinnen etc. durch den Gebrauch männlicher Sprachformen ausgeschlossen werden.

Dies gilt mit wenigen Ausnahmen für **Strukturen** der kulturellen Bildung, in denen patriarchales Denken und Handeln dominiert. Männer-Macht wird da selten durch Beteiligung von Frauen in Entscheidungsinstanzen abgegeben. Die Folge ist, daß die kulturelle Bildung Zielgruppenarbeit durchführt, die Zielgruppe Mädchen und Frauen jedoch eine unbekannte Größe ist.

Vorwort

Da Mädchen und Frauen in der kulturellen Bildung quantitativ stärker vertreten sind als z.B. in der politischen Bildung, meint man, das Angebot sei ausreichend und beweise, daß es für Jungen wie Mädchen gleich gut sei, also Allgemeingültigkeit beanspruchen könnte. Jedoch dadurch, daß geschlechtsspezifische Verhaltensmuster, wie sie in der Familie, im Kindergarten, in der Schule angeeignet werden von der außerschulischen Jugendbildung unhinterfragt übernommen werden, entsteht die Situation, daß Jungen und Mädchen einseitig gefordert und gefördert werden.

Die Konsequenz: technische Medien für die Jungen, Tanzen für die Mädchen. Die kulturelle Bildung bestätigt mit ihren Angeboten diese scheinbar natürlichen Bedürfnisse und gesellschaftlich definierten Rollenbilder entsprechend dem herrschenden Kulturverständnis.

Und dies gilt für die **Theorie** kultureller Bildung, auch für die konzeptionellen Ansätze der Soziokultur. Selbst die sogenannten Progressiven in der kulturellen Szene schenkten dem Verhältnis der Geschlechter und den daraus resultierenden Folgen für das Kunstschaffen von Frauen und Männern und deren Rezeption, keine Aufmerksamkeit. Kultur definieren sie nach wie vor ohne das Verhältnis der Geschlechter. Und dies, obwohl der Boom der Kulturdefinitionen erst begann, nachdem die neue Frauenbewegung schon lange durch ihre Künstlerinnen und Forscherinnen praktisch und theoretisch darauf verwiesen hatte. Alles ist historisch bedingt, nur das Verhältnis von Frauen und Männern nicht. So jedenfalls will man uns durch Verschweigen glauben machen. Mann möchte lieber nichts ändern, kostet es ihn doch seine Macht und Privilegien.

Traurig bis gar nicht sieht die Vermittlung des kulturellen Erbes aus, wonach nur die Leistungen der Männer als Anschauungsbeispiele herangezogen werden. Damit wird deutlich das Vorurteil bestätigt, daß nur Männer kreativ, Frauen jedoch rekreativ seien. In diesem historischen Bewußtsein gibt es keine großen Künstlerinnen, und wenn doch, so werden sie als Geliebte oder Adepten der großen Männer hingestellt. Das verschweigt man aber in der Pädagogik aus Prüderie.

Für Veränderungen müssen wir, müssen alle Frauen gemeinsam sorgen. Sie müssen ihre Sache selber in die Hand nehmen und auch gegen Widerstand verfolgen, denn warten, daß Männer von sich aus an der Aufhebung der Unterdrückung eines Geschlechts durch das andere arbeiten, wäre naiv.

Daß unsere Arbeit inzwischen ernster genommen und als Anregung aufgenommen wird, hängt nicht zuletzt von unserer Unbeirrbarkeit und Beharrlichkeit ab. Dabei war es gut, daß wir zu zweit an der Dokumentation arbeiteten und uns gegenseitig stützen konnten, wenn uns familiäre Probleme, Arbeitsdruck, Vorurteile oder Geringschätzung dieser Arbeit seitens der KollegInnen einholten und zu lähmen drohten.

Die Dokumentation: auf der Suche nach künstlerischem Selbstausdruck

Das vorliegende Buch ist ein Ausdruck von Widerstand und eine Ermutigung, daß im Rahmen von Kulturpädagogik und Kulturarbeit von Frauen eine wichtige und schöne Arbeit im Interesse von Frauen gemeinsam und anschaulich geleistet werden kann. Es geht um nicht mehr und nicht weniger, als das alte Märchen von der von Natur aus passiven und unkreativen Frau aufzulösen. Es geht darum, die von Männern geprägten Denk-, Wahrnehmungs- und Ausdrucksformen - die Symbolik und Sprache - nicht mehr unhinterfragt zu übernehmen, sondern zu prüfen, inwieweit sie uns ausschließen, verhindern, behindern. Es geht darum zu prüfen, inwieweit wir sie für unsere Belange, für unser Sein und Wollen nutzen können, und wo wir beginnen müssen, über sie hinauszugehen oder sie ganz zu zertrümmern. Dies kann sicherlich nur schrittweise erfolgen und frau muß kennen, was sie überwindet. Aber dabei werden wir, indem wir in allen Künsten aktiv und kreativ werden, eigene Frauenbilder entwerfen, die lebbar sind und damit die weitere Entwicklung von Kunst

Vorwort

und Kultur mitgestalten. Unser selbstbestimmtes Tun, bzw. unser Ringen um selbstbestimmten Selbstausdruck bekommt Faktizität.

Gerade kulturelle Bildung könnte Frauen und Mädchen ihre aktive, gleichberechtigte Rolle zurückgeben, die ihnen in anderen Lebensbereichen häufig verwehrt wird. Sie kann Frauen Freiräume eröffnen für Versuche der Orientierung. Sie kann ihnen eigene Räume anbieten zur spielerischen Aneignung von Wirklichkeit und zum unbevormundeten Experimentieren. Sie gibt ihnen die Chance des intensiven sich Einlassen-Müssens und mit sich Auseinandersetzens,
– nicht als Konsum en passant,
– nicht als nur emotionale Äußerung,
– nicht als nur sachliches Argument,
– nicht als nur kognitive Wahrnehmung,
sondern als ein ganzheitlicher Weg gegenständlich-schöpferischer Erkenntnis und als Möglichkeit, Utopien zu gestalten, Veränderungsanstöße zu geben und selbst zu praktizieren.

Die im Buch abgedruckten Projektberichte bringen in ihrer praktischen Arbeit oder ihrer Zielsetzung diesen Anspruch nicht gleichermaßen zum Ausdruck, zumal sie bezüglich ihres politischen und pädagogischen Anspruchs sehr unterschiedlich sind.

Gemeinsam ist allen, daß bewußt ein eigener Raum, eigene Zeit und professionelle Kompetenzen und Kapazitäten für Mädchen und Frauen zur Verfügung gestellt werden. Allerdings stellen sich die institutionellen und finanziellen Zwänge immer wieder als wichtiger Hebel heraus, um Frauen und Mädchen ihre Handlungsspielräume so oft wie möglich zu beschneiden.

In der Frage der Reflexion der künstlerischen Ausdrucksmittel gehen die Projektleiterinnen von sehr verschiedenen Einschätzungen aus. So ist auffällig, daß in den Fotoprojekten die androzentristische Prägung des Mediengebrauchs mitreflektiert wird, dem gängigen voyeuristischen Blick der Männer auf Frauen einen anderen Blick entgegenzusetzen. Musik-, Tanz-, Theater- und Computerprojekte stehen da noch am Anfang.

Die Aufarbeitung historischer Quellen bezüglich der von den Mädchen und Frauen eingesetzten Ausdrucksmedien, z.B. malen oder tanzen, kann in der Regel aus Gründen der personellen Kapazitäten aber auch Kompetenzen nicht nachgegangen werden, dies bleibt speziellen Projekten vorbehalten, z.B. der Arbeit der Denk-mal-frauen in Berlin. Spurensuche nach Werken von Frauen findet ebenfalls selten Raum. Hier zeigt sich auch, wie notwendig feministische Forschungen für die kulturpädagogische Arbeit sind, vor allem im kunsthistorischen Bereich.

Beim Lesen ergeben sich Visionen, wie eine feministische Kulturpädagogik und Kulturarbeit aussehen könnte, würde sie über ausreichende Räumlichkeiten, Zeit, finanzielle Mittel und personelle Kapazitäten und Kompetenzen verfügen, die altes, d.h. androzentristisch geprägtes Wissen und neues, d.h. Wissen aus feministischer Forschung verbindet. Aber das dürfte Zukunftsmusik sein. Wichtig jedoch ist der allen Projektberichten gemeinsame Anspruch, bezüglich der medialen und pädagogischen Kompetenz, qualifizierte Arbeit zu leisten, wobei der Mittelcharakter des Ausdrucksmediums, da abhängig vom Einsatz, z.B. in der politischen oder Erwachsenenbildung, dominierte. Es geht um die Mädchen und Frauen als Subjekte, d.h. um ihre Probleme und Themen auf der Persönlichkeitsebene.

Da, wo allein die Beschäftigung mit dem Ausdrucksmedium dominiert, entsteht die Gefahr der Beliebigkeit. Gleichwohl ist z.B. das Malen um zu malen und die Möglichkeit, Zeit auf zweckfreie Beschäftigung zu verwenden, für Frauen und Mädchen eine wichtige Erfahrung und Voraussetzung, um Freude am kreativen und künstlerischen Tun zu entwickeln und zu den immanenten Fragen künstlerischen Selbstausdrucks vorzudringen. In unserer Gesellschaft und zumal für Frauen, die ständig die Hände in Bewegung zu halten haben, deren Tun immer für andere nützlich sein soll, bekommt die freie Auseinandersetzung mit

Vorwort

dem Material eine wichtige Funktion, Mut zu schöpfen und Vertrauen in die eigenen, die spielerischen, Fähigkeiten zu erhalten, in denen Anarchie und Widerstand ihre Wurzeln finden können und in denen Phantasie beheimatet ist.

Jedes dieser aufgezeichneten Projekte ist wichtig und legitim. Seine Wirkung wird von vielen Faktoren abhängen, seine Reichweite nicht ohne das jeweilige Umfeld zu betrachten sein.

Wir hoffen, daß sich beim Lesen Anregungen, Aufregungen und Kritik regen, daß weitere Frauen ermutigt werden, ihre Kompetenzen anderen Frauen zur Verfügung zu stellen, um Begegnungen unter den Mädchen und Frauen zu schaffen, wie auch Begegnungen der jeweiligen Frau oder des Mädchens mit sich selbst, denn daß ist eine entscheidende Möglichkeit bei der künstlerischen Arbeit, auch und gerade für Laien. Die Möglichkeit der Kontaktaufnahme haben wir dadurch geschaffen, daß allen Berichten entsprechende Kontaktanschriften nachgestellt sind.

Das Symposion

Das Symposion, dessen Einleitungsreferate wir den Projektberichten in diesem Buch vorangestellt haben und das stattfinden konnte, weil sich in letzter Minute das Bundesministerium für Bildung und Wissenschaft unserer annahm, hat erste persönliche Kontakte und Diskussionen unter vielen Projektfrauen ermöglicht. 70 Frauen aus dem Bundesgebiet und Westberlin hatten sich zusammengefunden, um ihre Projekte vorzustellen, bzw. die hier nur schriftlich dokumentierten medial adäquat vorzuführen. Eine Buchdokumentation kann leider immer nur den reflexiven Teil der Arbeit vorstellen; Film und Video, aber auch Tonband und Dias zeigten mehr das Leben, die real stattfindende Kommunikation und gaben Zeugnis von der Lebendigkeit der Arbeit und der Suche nach einem gemeinsamen Lernen aller Frauen und Mädchen, der Lernenden wie der Lehrenden, die ja in dieser Frage ebenfalls immer wieder neu als Frau sich selbst ergründen müssen. Selbstbestimmte Lernprozesse, eigene Suche nach künstlerischem Selbstausdruck, immer wieder Versuch und Irrtum und dabei wachsendes Selbstbewußtsein, wachsender Selbstausdruck, das bestimmte die Praxis und ist unser gemeinsamer Weg.

Wir fanden bei dem Symposion und der gemeinsamen Feier über die gelungenen Anstrengungen, daß die Arbeit wichtig und sinnvoll war, daß sie fortgesetzt werden muß, daß kleine Projekte mehr sind als nichts. Denn seit mehr als viertausend Jahren sind Frauen von der künstlerischen und kulturellen Betätigung ausgeschlossen oder verhindert. Erst mit diesem Jahrhundert - und dies zeitweise unterbrochen - beginnen Frauen, sich alle Ausdrucksbereiche anzueignen, nicht mehr allein verbannt zu Küche, Kirche und Kindern, wiewohl man ihnen diese Aufgaben immer noch läßt, so daß der Raum für die Künste und die eigene Kreativität klein und die Zeit begrenzt ist.

Wir fänden weitere Treffen wünschenswert, nicht um die Arbeit "curricular" zu vereinheitlichen und Standards zu errichten, um in Konkurrenz zu gehen und Abweichungen zu strafen, sondern um die Fülle dessen, was es gibt, kennenzulernen, die Ergebnisse zu diskutieren, um davon zu lernen, den Grad der Ernsthaftigkeit und der Freude zu erhöhen, um der Arbeit mehr Akzeptanz zu verleihen, damit höhere Professionalität angestrebt wird, damit das Engagement als Frauen und für die Frauen und Mädchen auf hohem Niveau vorangetrieben werden kann.

Kunst- und Kulturarbeit von Frauen mit Frauen und Mädchen ist eine künstlerische und politische Aufgabe; sie kann zu einer genuin kulturrevolutionären werden.

Gitta Martens (ARS)
Hildegard Bockhorst (BKJ)

Theoretische Reflexion und grundsätzliche Überlegungen

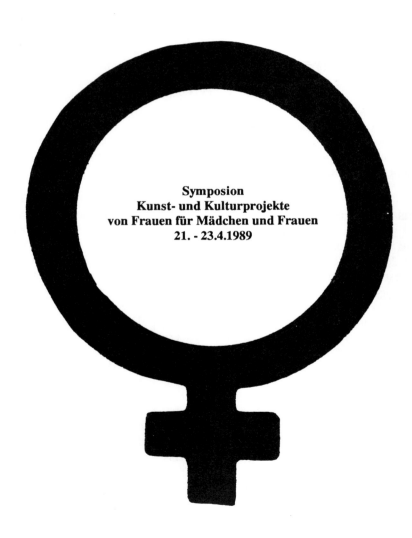

Symposion
Kunst- und Kulturprojekte
von Frauen für Mädchen und Frauen
21. - 23.4.1989

KUNST- und KULTURPROJEKTE

von FRAUEN

für FRAUEN und MÄDCHEN

Einladung zum Symposion
vom 21. - 23. April 1989
in der Akademie Remscheid

ARS und BKJ

So erreichen Sie uns

MIT DER BUNDESBAHN
bis Remscheid Hauptbahnhof oder Remscheid-Güldenwerth, dann Omnibus Linie 654 in Richtung Reinshagen bis
a) Endhaltestelle (Westhausen), von dort Waldweg - 15 Minuten
b) vorletzte Haltestelle (Tyroler Str.), von dort Zufahrtstraße - 15 Minuten

MIT DEM AUTO
von der Autobahn Leverkusen-Kamen (A1)
a) aus Richtung Kamen: Ausfahrt Remscheid, von dort 10 km auf der Bundesstraße 229 durch Remscheid in Richtung Reinshagen, dort an der Gaststätte "Zur alten Schmiede" in die Küppelsteiner Straße abbiegen.
b) aus Richtung Leverkusen: Ausfahrt Schloß Burg/Wermelskirchen, von dort über Schloß Burg und Remscheid-Westhausen nach Remscheid-Reinshagen, Abzweigung Küppelsteiner Straße (Hinweisschild).
von der Autobahn A46 (aus der Richtung Düsseldorf/Wuppertal)
Abfahrt Autobahnkreuz Wuppertal-Sonnborn in Richtung Solingen/Remscheid bis Müngsten; von dort auf der B 229 in Richtung Remscheid; dann rechts ab in Richtung Reinshagen (großes Hinweisschild); in Reinshagen rechts an der Gaststätte "Zur alten Schmiede" in die Küppelsteiner Straße abbiegen.

Akademie Remscheid
für musische Bildung
und Medienerziehung

Kuppelstein 34
5630 Remscheid 1
Telefon (02191) 794-1
Telefon-Durchwahl 794

BKJ
Bundesvereinigung
Kulturelle
Jugendbildung e. V.

SONNTAG, DEN 23. APRIL '89

8.30 Frühstück

9.15 **Projektbörse**
... informieren ...

10.00 **Fortsetzung der Arbeitsgruppen**
... reflektieren ... streiten ...

Welche personellen, künstlerischen, institutionellen und politischen Voraussetzungen müssen wir uns schaffen?

11.00 **Abschlußdiskussion**
... austauschen ... festhalten ...

Statements von Symposionsteilnehmerinnen aus Kunst, Politik und Pädagogik
"Ansichten, Absichten, Aussichten"

Fazit

13.00 Mittagessen und Abschied

Weitere Informationen:

Hildegard Bockhorst   (02191) 794-292
Gitta Martens   (02191) 794-229

Teilnahmegebühr DM 105,--

KUNST- UND KULTURPROJEKTE VON FRAUEN FÜR FRAUEN UND MÄDCHEN

Dieses Symposion wendet sich sowohl an Frauen, die derartige Projekte durchgeführt haben und an einem Erfahrungsaustausch sowie an einer theoretischen Durchdringung dieses Arbeitsfeldes interessiert sind, als auch an solche Frauen, die Neuland betreten und Anregungen aufnehmen wollen.

Unmittelbarer Anlaß zu dieser Tagung ist die Sammlung und Dokumentation zahlreicher Mädchen- und Frauenkulturprojekte. Die Arbeit an dieser Dokumentation hat zum einen die Heterogenität der Ansätze von Mädchen- und Frauenkulturarbeit, zum anderen die Komplexität des Arbeitsfeldes deutlich werden lassen.

Es zeigte sich an den Inhalten, Methoden und Zielen ein unterschiedlich starker Einfluß der Frauenbewegung und ihrer praktischen wie künstlerischen und wissenschaftlichen Ergebnisse. Sichtbar wurde auch der Einfluß der verschiedenen Einrichtungen, in deren Rahmen die Projekte stattgefunden haben: Volkshochschulen, Einrichtungen der offenen Jugend- und Jugendverbandsarbeit, der Bildungsarbeit oder der freien Kulturarbeit mit ihren spezifischen institutionellen Bedingungen und Rücksichtnahmen.

Zukünftige Mädchen- und Frauenkulturarbeit kann aus den vorliegenden Erfahrungen lernen.Allerdings ist es dazu notwendig, daß diese Erfahrungen theoretisch, pädagogisch und politisch-strategisch reflektiert werden.

Das Symposion will hierzu einen Beitrag leisten und die Diskussion vertiefen.

Gitta Martens   Hildegard Bockhorst

FREITAG, DEN 21. APRIL '89

14.30 Kaffeetrinken

15.00 Begrüßung und Vorstellung

Referate
... herausfordern .... diskutieren

Frauenbewegung - Kulturarbeit - feministische Kulturpädagogik - Bezüge und Herausforderungen
Gitta Martens, Dozentin für Kulturpädagogik und Theater, ARS

Zum Stand kultureller Bildung - Frauen- und Mädchenkulturarbeit (k)ein Thema in den Verbänden?
Hildegard Bockhorst, Bildungsreferentin für kulturelle Jugendbildung, BKJ

Erfahrungen mit kommunaler Frauenkulturarbeit - zwischen politischen Ansprüchen und Vermarktung
Simone Odierna, Sozialwissenschaftlerin

Zusammenfassende Thesen und Diskussion

18.15 Abendessen

19.45 **Filmvorführung und Referat**
"Wir sind stark und zärtlich" - Mädchen- und Frauenbilder im Kinder- und Jugendfilm
Kristin Langer, wissenschaftliche Mitarbeiterin im KJF

24.00 Eine Gute Nacht Geschichte

SAMSTAG, DEN 22. APRIL '89

8.30 Frühstück

9.15 **Projektbörse**
... informieren ...

10.00 **Werkstätten**
... erleben .... erfahren ...

Tanz: Dagmar von Garnier
Bildende Kunst/Textiles: Inge Jacobs
Fototherapie: Karin Günther - Thoma
Theater: Gitta Martens
Literatur: Gisela Schalk

13.00 Mittagessen

14.30 Kaffeetrinken

15.15 **Arbeitsgruppen**
... reflektieren .... streiten ...

Mädchen- und Frauenkulturarbeit - feministische Kulturpädagogik
Eindrücke, Erwartungen, Bedingungen

19.30 **Abendbuffett und Multimediaschau**
... sich stärken ... sich versichern ... feiern ...

16

Gitta Martens
Frauenbewegung - Kulturarbeit - Feministische Kulturpädagogik
Bezüge und Herausforderungen

Vorbemerkung

Bevor ich im einzelnen zu diesen komplexen Themen spreche, möchte ich mich kurz vorstellen und zwar bezüglich meiner Qualifikation, über dieses Thema zu reden.

Seit 1975 bin ich in verschiedenen Zusammenhängen in der bundesdeutschen Frauenbewegung aktiv. Von meiner universitären Ausbildung her bin ich Politik- und Theaterwissenschaftlerin. Ich arbeitete speziell in kulturpolitischen Bildungsprojekten mit arbeitslosen Mädchen, erwerbslosen Frauen, mit Frauen-Theatergruppen. Seit neun Jahren arbeite ich als Dozentin für Kulturpädagogik an der Akademie Remscheid. Im Zusammenhang mit dieser Arbeit zeigte sich, daß in den verschiedenen Kursbereichen immer mehr Frauen im Rahmen von Frauen- und Mädchenkulturarbeit tätig sind. Diese neue Mädchen- und Frauenkulturarbeit wird selten bekannt. Noch seltener wird sie in einer qualifizierten Fachöffentlichkeit zur Diskussion gestellt. Meine Diskussionen mit den Frauen aus den Bereichen Jugend-, Bildungs- und Kulturarbeit mit Mädchen und Frauen zeigte immer wieder deutlich, daß

- ein Mangel an mädchen- und frauenspezifischen Ansätzen in den verschiedensten Bildungseinrichtungen bezüglich kultureller Bildung besteht,
- sich ein breites Arbeitsfeld künstlerisch qualifizierten Frauen erschließt, die einem emanzipatorischen Ansatz in der Mädchenbildung offen gegenüberstehen,
- daß ein großer Bedarf an künstlerisch qualifizierten und bildungspolitisch relevanten Ergebnissen besteht, deren Innovationskraft auf verschiedene Arbeitsfelder übertragbar sein sollte,
- daß ein Austausch darüber dringend notwendig ist.

Aus diesem Grunde, und weil sich seit 1975 im Bereich der Frauenbewegung und der Frauenkulturarbeit sehr viel Neues ergeben hatte, begann ich 1986 mit der Sammlung von Praxisprojekten aus dem Bereich der Frauen-, Kunst- und Kulturarbeit mit Mädchen und Frauen.

Hildegard Bockhorst von der Bundesvereinigung kulturelle Jugendbildung schloß sich dieser Arbeit an, da sie in ihren Arbeitsfeldern ähnliche Beobachtungen gemacht hatte.

Ich wollte herausfinden, welche Qualität Mädchen- und Frauenkulturarbeit heute in der Bundesrepublik Deutschland hat. Meine These dabei lautete:

Kulturarbeit ist Kunst und Kultur von Frauen für Frauen auf der Suche nach weiblicher Identität und Selbstausdruck. Sie ist damit weibliche Ästhetik und Politik in einer patriarchalisch-kapitalistischen Gesellschaft, die mit ihren Vorläufern seit mehr als 4 000 Jahren weibliches Selbstwertgefühl, Wissen und Ausdrucksvermögen zerstört und männlichem Bilde untergeordnet hat.

Wir begannen also mit der Sammlung. Im Verlaufe der letzten drei Jahre wurden uns 31 Projektberichte von Frauen zugeschickt. In ihnen zeigte sich ein unterschiedlich starker Rekurs auf die Ergebnisse der feministischen Wissenschaft und der feministischen Kunst der letzten

Feministische Kulturpädagogik

15 Jahre, ein unterschiedlich starker Einfluß dessen, was theoretisch im Rahmen der bundesdeutschen Frauenbewegung diskutiert worden war, ein unterschiedlich starkes historisches Bewußtsein von den Kämpfen und den Beweggründen, die Anfang der 70er Jahre Frauen dazu gebracht haben, für ihre Rechte als Frauen in dieser Gesellschaft einzutreten, die laut Grundgesetz die Gleichheit von Männern und Frauen postuliert.

Ich werde deshalb im folgenden kurz auf die für unsere Belange wichtigen Aspekte eingehen, die sich aus der neuen bundesdeutschen Frauenbewegung ergeben haben.

Frauenbewegung

Mitte der 70er Jahre arbeitete ich mit arbeitslosen Mädchen und jungen Frauen mit künstlerisch kulturellen Mitteln zur Aufarbeitung ihrer Lebenssituation und ihrer Lebensperspektiven. Gleichzeitig arbeitete ich in einer Arbeitsgruppe, die die Forderung nach der Hälfte aller qualifizierten Arbeitsplätze für Frauen in der Bundesrepublik bekannt machte. Daneben richteten wir Beratungsstellen für erwerbslose Frauen ein. Meine parallel zu dieser praktisch politischen sowie kulturellen und therapeutischen Arbeit stattfindenden Forschungen ergaben zu meinem großen Erstaunen damals:
Der Ausschluß der Frauen aus vielen Arbeitsfeldern sowie ihre höhere Arbeitslosenquote und ihre Fixierung auf frauenspezifische Arbeiten hat Methode.

Diese uns heute gewohnte, wenngleich noch immer schmerzhafte Erkenntnis, war damals - 1976 - noch neu.

Die bundesdeutsche Frauenbewegung begann Mitte der 70er Jahre gerade erst mit ihrer Erkenntnisarbeit in Theorie und Praxis. Wir wußten kaum etwas von der bürgerlichen oder proletarischen Frauenbewegung des letzten Jahrhunderts bis zu den 20er Jahren. Wir wußten nichts von den Leistungen von Frauen auf allen Arbeitsgebieten, und wir kannten noch nicht die Theorien und Mechanismen, mit denen Männer uns systematisch aus der Kultur als Aktive, Selbstbestimmende ausgeschlossen und zur Passivität verurteilt hatten. Kultur meint hier für mich nur zu einem Teil meinem heutigen Verständnis folgend Kunst und Wissenschaft, oder Bildung sondern auch:

"wie und unter welchen Bedingungen wir arbeiten, (dazu gehört die Gestaltung der alltäglichen Umwelt, gehört die Art und Weise, wie wir uns kleiden, unser Umgangsstil privat und öffentlich) ...in ihrer Kultur spiegelt sich eine Gesellschaft unmittelbar wider."

"Die Kultur also bildet das Ferment, den Nährboden, aus dem sich das gesellschaftliche Selbstverständnis der Menschen herausbildet. Sie ist das, woraus der Mensch seine geistige, soziale und seelische Identität bezieht. Kultur ist die Pflege dessen, was den Menschen befähigt, seine Intelligenz schöpferisch einzusetzen." (Brigitte Schäfer, Praxis Kulturpädagogik. Entwicklungsstand und Perspektiven, Hrsg.: Landesarbeitsgemeinschaft Kulturpädagogische Dienste a.A. o.J.)

So schön das Zitat klingt - es ist von einer Frau - auch sie vergißt, was das konkret für uns Frauen bedeutet, denn das Geschlechterverhältnis, das Verhältnis von Männern und Frauen, kommt bei ihrer Definition von Kultur nicht vor. Und damit scheint es mal wieder als natürlich zu gelten. Brigitte Schäfer sitzt damit einem zähen und schädlichen Irrtum auf, der wiederum Methode hat und den zu produzieren sich Generationen von Männern den Kopf zerbrochen bzw. ihrer Abwehr gegenüber Frauen eifrig Stimme gegeben haben.

Für uns Frauen ist wichtig zu erkennen, daß in den Definitionen der modernen Kulturwissenschaft nicht in Bezug auf das Geschlechterverhältnis reflektiert wird, außer von feministischen Wissenschaftlerinnen (Alli Rentmeister).

Nachdem die bundesdeutsche Frauenbewegung mit ihrer Kritik an den linken Männern 1968 neu begonnen und anfangs ihrem links-

Feministische Kulturpädagogik

verstandenen Politikverständnis folgend und der Not der Zeit erst einmal politisch/rechtliche Fragen für die Gleichstellung von Männern und Frauen, aber im besonderen den Kampf um die Reform des § 218 vorangetrieben hatte, differenzierten sich ihre Arbeitsfelder im Verlauf der 70er Jahre aus. (s. hierzu auch Alice Schwarzer: So fing alles an, 10 Jahre Frauenbewegung, Köln 1981)

Die bis dahin gemachten Erfahrungen und Untersuchungen hatten deutlich gezeigt, daß Frauen ihren "eigenen Raum" (Virginia Woolf) benötigen, wenn sie ohne den Konkurrenzdruck von Männern, deren alltäglich praktizierten Sexismus der Abwertung von Frauen und Anmache, an ihren eigenen Themen und auf ihre eigene Art und Weise arbeiten wollten. Denn reale Frauen und ihre Probleme kamen in den Arbeiten und Ergebnissen der Männerkultur nicht vor.

Eine Erkenntnis der Frauenbewegung bestand denn auch darin, daß der Ausschluß von Weiblichkeit und konkret von Frauen konstitutiv ist für die Hervorbringung der kulturellen Ordnung bis heute.

Ergebnisse der Frauenforschung zum Kulturverständnis aus feministischer Sicht

"Daß man an eine, nicht nach Mann und Weib fragende, rein 'menschliche' Kultur glaubt, entstammt demselben Grunde, aus dem eben sie nicht besteht: Der sozusagen naiven Identifikation von 'Mensch' und 'Mann'."

So sagte es ein Mann bereits 1911 (Georg Simmel, Weibliche Kultur in: Sylvia Bovenschen, Die imaginierte Weiblichkeit exemplarische Untersuchungen zu kulturgeschichtlichen und literarischen Präsentationsformen des Weiblichen, Frankfurt 1979)

Das hieß, daß Frauen auf allen Gebieten neu forschen mußten. Es gab nichts, das sie ohne Fragen übernehmen konnten. So entstand die universitäre Bewegung für Frauenstudien, denn die seit 1974 in Berlin einmal jährlich stattfindenden Frauen-Sommeruniversitäten konnten den vielen anstehenden Fragen und interessierten Frauen nicht genügen.

Die Frage tauchte auf, warum Frauen - und wie - aus Bildung, Wissenschaft und Kunst ausgeschlossen wurden und dabei gerieten die Sozialisationsinstanzen Familie, Schule und deren Vermittler in den Blick; die feministische Pädagogik wurde von engagierten Pädagoginnen und Wissenschaftlerinnen vorangetrieben.

Mein Erstaunen war damals groß bei der Vorstellung, daß mein Geschlecht, zumal wenn es aus der Unterschicht und nicht aus dem gehobenen Bürgertum kam, erst seit 1908 offiziell Zugang zu den Universitäten hatte; daß wir also erst seit 80 Jahren bildungsfähig sind. Bis dahin galten die Frauenzimmer, wie es so schön heißt,
"in der Tat nur geschaffen, um zu fühlen und selbst da, wo sie gedacht zu haben scheinen, liegt immer ein Gefühl zugrunde; abstrahieren können sie nicht. Darum ergreifen sie mit Hast alles Wolkige, Dunstige, Neblichte, wo sie hineinfantasieren können, was ihnen beliebt."
So meint jedenfalls August von Kotzebue (geboren 1761) (Renate Feyl, Ansichten und Äußerungen für und wider den Intellekt der Frau von Luther bis Weininger, Darmstadt und Neuwied, 1984).

Und Wilhelm von Humboldt, der Protagonist humaner Bildungsvorstellungen, auf den sich all' die berufen, die eine Allgemeinbildung für alle Klassen und Schichten forderten, stellt sich den Mann und die Frau wie folgt vor:
"Alles Männliche zeigt mehr Selbsttätigkeit, alles Weibliche mehr leidende Empfänglichkeit" (A.A.O. Seite 21)."

Silvia Bovenschen arbeitet in ihrer Untersuchung - literaturwissenschaftliche Arbeit - heraus, daß die Kulturgeschichte, besonders in den Künsten, eine Vielfalt des von Männern "imaginierten Weiblichen" kennt unter weitgehender Abwesenheit der realen Frauen und sie zitiert Horkheimer/Adorno aus der 'Dialektik der Aufklärung'.

Feministische Kulturpädagogik

"Die Frau ist nicht Subjekt. Sie produziert nicht, sondern pflegt die Produzierenden ... ihr war die vom Mann erzwungene Arbeitsteilung wenig günstig. Sie wurde zur Verkörperung der biologischen Funktion, zum Bild der Natur, in deren Unterdrückung der Ruhmestitel dieser Zivilisation bestand. Grenzenlos die Natur zu beherrschen, den Kosmos in ein unendliches Jagdgebiet zu verwandeln, das war der Wunschtraum der Jahrtausende. Darauf war die Idee des Menschen in der Männergesellschaft abgestimmt. Das war der Sinn der Vernunft, mit der er sich brüstete ... zwischen der Frau und dem Mann bestand ein Unterschied, den sie nicht überwinden konnte, ein von der Natur gesetzter Unterschied, das Beschämendste, Erniedrigendste, was in der Männergesellschaft möglich ist. Wo Beherrschung der Natur das wahre Ziel ist, bleibt die biologische Unterlegenheit das Stigma schlechthin, die von Natur geprägte Schwäche zur Gewalttat herausforderndes Mal."
(Max Horkheimer/Theodor Adorno, Amsterdam, 1947, S. 298).

Die Analysen von Horkheimer/Adorno verweisen auf Richtiges. Gleichwohl bleiben sie sprachlich verfangen, denn wieso muß die Funktion des Gebärens gleichgesetzt werden mit Schwäche. Frauenrechtliche Gesellschaften - Matriarchate - zeigten und zeigen sehr wohl die darin enthaltene Stärke.

Für unseren Zusammenhang bedeutsam ist, was Inge Stephan schreibt:
"Die Frau ist - ebenso wie der Mann -... Opfer eines Zivilisationsprozesses, den sie nur als verstümmelte und domestizierte Natur überleben kann. Die Vorstellungen vom Naturwesen Frau tragen ein Janusgesicht. Zum einen führen sie zum Ausschluß der Frauen aus der kulturellen Sphäre und rechtfertigen diesen auch noch, weil Kultur und Natur im zivilisatorischen Prozeß zu unvereinbaren Gegensätzen geworden sind. Zum anderen sind in ihnen die Erinnerungen und Sehnsüchte an ein verlorenes Paradies von Naturhaftigkeit aufbewahrt.

Die Frau wird zum diffusen Symbol all dieser (männlichen) Sehnsüchte. Aber auch dieses Symbol ist außerordentlich ambivalent. Es ist belastet mit dem Prozeß der Zerstörung von innerer und äußerer Natur und ist daher Schreckbild und Wunschbild zugleich. In der Vorstellung vom Naturwesen Frau vermischen sich das Bewußtsein von Schuld, die Angst vor Rache und die Sehnsucht nach Harmonie."
(in: Bilder, immer wieder Bilder, Argument Sonderband 96, Seite 19.)

Diese von Männern zur Legitimation ihrer Macht in die Welt vermittels Wissenschaft und Kunst gesetzten Fantasien haben nun fatale Konsequenzen bis heute in allen Bereichen der Künste, der Werbung, des Alltags.

Silvia Bovenschen:
"Dem Diktat der Bilder folgend, versuchen sich Frauen in ihrem Alltag den männlichen Wunschvorstellungen anzunähern, ohne mit diesem ... zu spielen. (Das würde ein Durchschauen und Souveränität voraussetzen, eigene Anmerkung). Da aber die Frauen sich in der Geschichte nicht selber präsentieren, da sie sich nicht artikulieren, sondern stumm bleiben kann sich das Weibliche immer nur in dieser irgendwie fremden Gestalt ausdrücken." (A.A.O. Seite 57).

Frauen, die in Wissenschaft und Kunst versucht haben, diese Männerfantasien zu zerstören, indem sie ihre eigenen Bilder dagegensetzten, eigen, weil sie als reale Frauen diese Welt und Kultur wahrnahmen und sich dazu verhielten, wurden unterdrückt, verschwiegen, ihre Werke wurden zerstört. Männliche Geschichtsschreibung funktioniert international diesbezüglich einheitlich und reibungslos, denn, so Renate Feyl (A.A.O. Seite 89):

"Hinter Hohn und Häme, Gelächter und Spott, hinter diesem ganzen versteckten Geflecht, diesen fein gesponnenen Intrigen, hinter dieser Front stillschweigenden Einverständnisses und solidarischer Mitwisserschaft fällt endlich die Maske: Die Angst vor der Zerstörung des herrschenden Bildes von Weiblichkeit ist die Angst vor dem Verfall des Männlichkeits-Mythos und damit die Angst vor der Preisgabe der Macht. Macht aber ist die bevorzugte Leidenschaft des Mannes, ist das gewisse Etwas, das ihn erheben und erleuchten kann, das aus den Zwerghöhlen

Feministische Kulturpädagogik

der Gedanken Riesendome des Geistes zaubert. Macht zu haben, heißt die Welt zu haben, Lizenzen für Wahrheit und Recht zu vergeben; Macht zu haben ist das köstliche Privileg, das Männliche am Mann, ist Kraft, Rausch, Potenz und Sucht, ist das, was ihm die Forma Formarum gibt, was auch den schwächsten Mann zum Helden kürt und dem durchschnittlichen Denker Erfolg verspricht."

Fazit: So soll denn das Weib schweigen in der Gemeinde, soll die Götzen des Herren anbeten, darf sie "Gottes kleiner Künstler" sein und mehr nicht.

Wie wirkt sich der Ausschluß der Frauen aus der Kultur für die Realität von Frauen aus?

Ein kurzer Überblick muß hier für unsere Zwecke genügen.

- Frauen sind von der Allgemeinbildung des bürgerlichen Mannes lange ausgeschlossen, dürfen dann, nachdem sie jahrhundertelang einseitig ausgebildet wurden, mit dem Manne gleichziehen. Dies natürlich, ohne daß im positiven Sinne das Angebot auf sie als Frauen zugeschnitten wird oder aber ohne Allgemeinheitsanspruch daherkommt. Man bietet den Frauen Spezifisches für sie allein und diskriminiert es oder zwingt sie in eine unhaltbare Konkurrenz, der sie zudem mit doppelter Belastung unterworfen sind, denn Hausfrau und Mutter sollen sie dennoch bleiben und werden. Im Bildungsangebot für die Frauen wiederholen sich die alten Fußangeln.

- Die den Frauen zugebilligten und von den Frauen abverlangten Tätigkeiten gelten nicht als anerworbene Leistungen, die es entsprechend der gesellschaftlichen Norm zu honorieren gilt, sondern als natürliche Dreingabe des Naturwesens Frau: Kind austragen, gebären, nähren, erziehen, pflegen, Haushalt führen. Deutliches Zeichen für diesen Umstand: Es gibt weder eine Ausbildung noch eine Bewertungsgrundlage dafür. Wenn aber stimmt, daß das Sein das Bewußtsein bestimmt, dieses Sein jedoch offiziell nicht vorkommt, nicht vergleichbar mit dem männlichen Sein ist, so ist klar, daß Frauen nur schwer ein positives gesellschaftliches Bewußtsein ausbilden können, welches Grundlage dafür ist, die fremdgesetzten Grenzen zu sprengen und sich selber zur Welt als einer durch eigene Tätigkeit beeinflußbaren und veränderbaren zu verhalten. Der Ausschluß der Frauen und ihre einseitige Beanspruchung führt in der Regel für die Frauen dahin, daß sie, wenn sie in männliche Bereiche vorzudringen beginnen, zwischen zwei unterschiedlichen Arbeitshaltungen und Lebensbereichen hin- und hergerissen werden. Dieser Konflikt muß von der einzelnen Frau körperlich und seelisch verarbeitet und geleistet werden, ohne daß den Frauen eine wirkliche gesellschaftliche Hilfe geboten wird.

- Haben Frauen sich dennoch in ihnen fremde Gebiete gewagt, so wurde ihnen von Männern nur beschieden, daß sie Adepten seien, nichts Eigenständiges, Schöpferisches, Wertvolles beigetragen hätten. Es versteht sich von selbst, daß die Norm hierfür durch den Mann gesetzt wurde. Der Ausschluß der Frau, ihre Benachteiligung, ihr Hintertreffen wurde und wird verschwiegen. Als Beweis galt und gilt dann, daß Frauen z.B. in der Kunst nicht zur Reife gelangen, weil sie "versagen", sprich heiraten und die eigene Tätigkeit dem Familienleben unterordnen. So wird ihnen bestätigt *"die Frauen im allgemeinen lieben keine Kunst, verstehen keine Kunst und haben kein Genie"* (Rousseau).

Heidrun Hegewald, eine bildende Künstlerin aus der DDR, wirft deshalb mit Verweis auf die Marktgesetze in der Kunst ein: *"Es existiert Chancengleichheit, wenn man mit seinem Bild ins Bild paßt"*, aber wer definiert immer noch, wer mit welchem Bild ins Bild paßt? Dies sind die Männer, die über Geld, Organisation, Entscheidungsmacht verfügen. Heidrun Hegewald sagt deshalb *"Qualität ist kein Mythos,*

Feministische Kulturpädagogik

sondern auch eine konsequente Ansicht, die über längere Zeit geäußert und bewiesen werden muß". Daran aber hindert die Lebensrealität mit Haushalt, Familie und Beruf und Kunst die meisten Frauen in ihrem Kampf zwischen Neigung/ Kunst und Pflicht/Familie. (Heidrun Hegewald, Weibliche Kunst als authentischer Anteil von Wirklichkeit in Tendenzen, 160. Seite 57-62).

Fazit: Die Frauen scheinen nicht produktiv, sondern reproduktiv; sie scheinen nicht kreativ, sondern rekreativ. Und das, was sie können und was sie sind ist im Vergleich des Mannes mit sich selbst: Nichts!
Gefestigt wird dies durch ein Verständnis von Kunst, der man, weil die Kunst als Sphäre der Intuition und des Gefühls von Männern praktiziert wird, einen androgynen Charakter zuspricht. Dadurch werden die gravierenden Unterschiede im kulturellen Schicksal der Geschlechter negiert.

"Diese Negation beschwört nämlich die kulturelle Chancengleichheit, indem sie die Kunst zum geschlechtsneutralen Terrain erklärt, deren angeblich androgyner Charakter sich auch gegen die offensichtliche Ungleichheit in der kulturellen Repräsentanz der Geschlechter behauptet".
(Silvia Bovenschen, A.A.O. Seite 24).

Die mangelnde Präsens in den Bereichen der Kunst wird deshalb wieder Beleg für die mangelnde Eignung der Frauen.

Fazit: *"Auch unter den Vögeln sind es im allgemeinen nur die männlichen, die singen"* (Frankfurter Allgemeine Zeitung vom 9.6.87, zitiert in Irene Below, Künstler ist nun einmal männlich, in: feminin - masculin, Friedrich Jahresheft 7).

In welchen Kunstsparten sind Frauen nun aktiv und in welchen nicht?

Frauen sind sichtbar in allen körperlich darstellenden Künsten wie Theater, Tanz und Film. Auch in der Musik, im Gesang treten sie auf wegen der hohen Stimmen und ihrer schönen Erscheinung. Dies allerdings auch erst seit Beginn der Neuzeit, zuvor sangen Kastraten und spielten Knaben die Frauenrollen, denn die Bühne galt als liderliches Geschäft. Frauen sind seltener in den Künsten vertreten, in denen sie hinter ihren Produkten körperlich verschwinden würden: Malerei und Architektur, Komposition, Literatur...

Wie ist das zu erklären? Im ersten Fall führen Frauen aus, was Männer ihnen anweisen zu sagen oder sich zu bewegen. Zudem sind sie schön anzusehen und können sich dank ihrer anerzogenen Einfühlung gut in die Frauenrollen, geboren aus Männerfantasien, eindenken.

Im zweiten Fall würden Frauen selber Bilder der Welt und der Geschlechter, also auch des Weibes, entwickeln. Dem Mythos folgend, hat, wer Dinge auf den Begriff bringt oder ein Abbild schafft, Macht, wird den Göttern gleich. Dies konnten Männer nicht dulden.

Kenntnisse über die Präsenz von Frauen in künstlerischen Bereichen haben wir auch erst durch entsprechende Fachwissenschaftlerinnen im Kreise der Frauenbewegung in den letzten 10 Jahren. Entsprechend der Situation in den Künsten kommt aus feministischer Sicht hauptsächlich Neues aus den Fachwissenschaften, in denen das imaginierte Bild der Weiblichkeit ganz ohne die Frauen von den Männern produziert wurde unter Ausschluß oder Verfolgung der Frauen.

Fazit der Forschungen ist, daß es komponierende, malende, vor allem immer wieder schreibende Frauen in der Kunstgeschichte gegeben hat und auch heute gibt. Unsere Spurensuche wird erfolgreich sein. Allerdings, es gab sie - gemessen an dem Anteil der Frauen an der Bevölkerung und damit gemessen an ihren kreativen Potenzen - viel zu wenig.

Ein weiteres Ergebnis der bundesdeutschen Frauenbewegung war, daß Mitte der 70er Jahre die künstlerische Produktion der Frauen zunahm. Neue Inhalte wie Sexualität, Hausfrauen-Alltag, Verlassensein, Gewalt gegen Frauen, Verrücktheit wurde in alle Medien umgesetzt - mehr oder weniger professionell.

Feministische Kulturpädagogik

Der Anfang war formal eine Suchbewegung; Dilettantismus war ebenfalls gefragt, denn es war eine revolutionäre Erkenntnis, daß alle Frauen potentiell alles können. Mit der Kunstproduktion der Frauen ergaben sich neue Probleme:

- Nur wenige waren aufgrund des Ausschlusses aus den Ausbildungsgängen auf ihren Gebieten im Besitz der kulturellen Traditionen, mit denen es zu experimentieren galt, bevor Neues gefunden werden konnte.
- Künstlerinnen sollten häufig pragmatisch, d.h. ganz realistisch für die Belange der Frauenbewegung Partei ergreifen und sich künstlerisch einbinden, was den Prozeß der Erneuerung der Künste aber in Ketten legt.
- Viele Frauen konnten/wollten nicht vom geschlechtsneutralen Charakter der Kunst abgehen und sich bewußt als Frau ins Verhältnis zur Welt setzen.
- Die feministischen Forschungen haben ergeben, daß es keine positive Bestimmung von "weiblich" gibt, die von Frauen unhinterfragt übernommen werden kann.
- Die feministischen Forschungen hatten ferner ergeben, daß alles - Sprache, Zeichen, Bilder, Sicht- und Denkweisen- von Männern geprägt ist (Androzentrismus), Frauen nichts übernehmen können. Etwas Neues zu denken, war und ist aufgrund der Denk-/Sprechstrukturen schon ein Abenteuer.

Vor diesem Hintergrund wurde Kritik laut an den neuen Produkten der Frauen. Die Massenmedien begannen zudem zu vermarkten, was von Frauen schnell auf den Markt geworfen werden konnte. Gleichzeitig wurde aber die Erwartung laut, daß wenn Frauen beginnen, neue und alte Inhalte aus ihrer Sicht zu gestalten, auch neue Formen dabei herauskommen müßten - unabhängig davon, daß sie ja jahrtausende lang aus dem aktiven Kulturschaffen ausgeschlossen waren und nur männliches vorfanden.

Wenn Frauen diesem Anspruch nicht genügen konnten, artikulierte die Männerkritik wieder neue Gründe für ihr altes Argument: Frauen seien nicht schöpferisch. Diese neue Such-, Artikulations- und Gestaltungsbewegung läßt Silvia Bovenschen bereits 1976 auf die Frage "Gibt es eine weibliche Ästhetik?" zu folgender Antwort kommen:

"Weibliche Kunstproduktion stellt sich, wie ich glaube, in einem komplizierten Prozeß von Neu- oder Zurückeroberung, Aneignung und Aufarbeitung sowie Vergessen und Subversion dar. In den Arbeiten der Künstlerinnen, die einen Bezug zur Frauenbewegung haben, lassen sich Kunsttraditionen ebenso nachweisen, wie der Bruch mit ihnen. Daß sich keine eindeutigen Formkriterien für 'Feministische Kunst' angeben lassen, hat sein Gutes in doppelter Weise: Es birgt die Möglichkeit eines generellen Verzichtes auf Kunstnorm und es läßt das Bemühen scheitern, eine unausgestandene Ästhetikdiskussion durch den 'Aspekt' Feminismus neu zu beleben."

Sie sagt aber auch, und das gilt heute und nach wie vor:

"Wenn aber der sinnliche Zugang, das Verhältnis zu Stoff und Material, die Wahrnehmung, die Erfahrung und Verarbeitung taktiler, visueller und akustischer Reize, die Raumerfahrung und der Zeitrhythmus - und dies ist etwas, was Ästhetik einem alten Modell zur Folge als Theorie der sinnlichen Wahrnehmung... meinte, weil Frauen qualitativ andere Voraussetzungen haben, dann müßte das auch in besonderen Formen mimetischer Transformation sichtbar werden".
(Zur Frage: Gibt es eine weibliche Ästhetik in: Gabriele Dietze, (Hrsg.). Die Überwindung der Sprachlosigkeit, Texte aus der neuen Frauenbewegung, Seite 82-115).

Dieser Prozeß hat eine neue Gestaltungsform hervorgebracht, die Performance. Dies ist eine multimediale Aktion aus Tanz, Theater, Rauminstallation, technischen Ausdrucksmedien:
"...adäquat für die Darstellung eines revolutionären Aufbruchs und einer großen und tiefgreifenden Verunsicherung... Performance Kunst entsteht zwischen den Stühlen der Kunst als Zwischenräume, als Nie-mandsland und ist dritte Kraft, die frei fließend zwischen den Sinnen und der Vernunft vermittelt..." (Susann L. Cocalis, Performance-Kunst als weibliche Darstel-

Feministische Kulturpädagogik

lungsform in: Weiblichkeit als Avantgarde, Stephan/Weigel (Hrsg.) AS 144, S. 6.

Diese Definition verweist jedoch auch wieder auf ein Problem, denn ist weiblich das, was fließend zwischen den Sinnen und der Vernunft vermittelt? Ist das die "qualitativ andere Voraussetzung", von denen im Zusammenhang mit Frauen immer wieder bei der Kunstproduktion gesprochen wird? Wird nicht damit die Frau wieder festgeschrieben und damit reduziert? Mir scheint notwendig, hier eine Überlegung anzumerken.

Die Frau ist genauso wenig oder soviel Naturwesen wie der Mann. Die qualitativ anderen Voraussetzungen resultieren aus der Domestizierung der Frau durch den Mann und ihres Ausschlusses aus der Kultur. Sie begründen sich nicht allein aus der Biologie. Allerdings erfolgen aus den Erfahrungen der Gebärfähigkeit, des Gebärens und Nährens sowie der Aufzucht und Erziehung der Kinder und der Fesselung ans Haus und, und, und ganz spezifische Erfahrungen. Aber alle zusammen machen "Frausein" in unserer Gesellschaft aus. Und nicht allein die biologische Funktion.

Hier möchte ich zur Klärung Becker/-Schmitt & Knapp zitieren:

"Im deutschen Begriff 'Geschlecht' verschwindet das Merkmal, einer natürlichen oder grammatikalisch festgelegten Gruppe zuzugehören mit der gesellschaftlichen Bestimmung, an eine Frauen- oder Männerwelt gebunden zu sein. Zu erfahren, daß Mann/Frau in diesem Sinne einem Geschlecht zugeordnet ist, bedeutet mehr und etwas anderes, als ein Geschlecht zu 'haben'. Die Grenzziehung, die in gesellschaftlichen Räumen zwischen den Geschlechtern verlaufen, beinhalten soziale Differenzierungen. Ungleiche Statuszuweisungen, ungerechte Verteilung von Arbeits- und Lebensbereichen und in der Folge ein Gefälle von Aneignungs- und Anerkennungschancen führen geschichtlich zu einer Hierarchie der Geschlechter und tradieren sie.

In diesem Bezugsrahmen, in dem Geschlecht als soziale Strukturkategorie und soziologische Kennzeichnung eines polarisierten Gattungsverhältnisses deutlich wird, fragen wir danach, was es heißt, in unserer Gesellschaft Frau bzw. nicht Mann zu sein... (und problematisieren einen Begriff von) Weiblichkeit als stereotyper und stereotypisierender Gedankenform, als unerschöpfliches Legitimations-Reservoire für faktische Diskriminierung."
(Geschlechtertrennung und Geschlechterdifferenz, Bonn 1987, Seite 10/11).

Feminismus setzt hier an, denn *"unsere Auszeichnung als Frau hat die Diskriminierung als Mensch zur Bedingung. Die Sonderung hat sich in weiten Bereichen als Vereinseitigung und Reduktion herausgestellt"* (A.A.O. Seite 155).

Feminismus will die Normen und die Strukturen beseitigen, die die Geschlechter in diesem Sinne trennen und hierarchisch zueinander ins Verhältnis setzen.

Folgen für eine feministische Kulturpädagogik

Was kann aus alldem für ein Fazit gezogen werden, aus dem sich ein konkreter Handlungsrahmen für feministische Kulturpädagogik ergibt?

Meine provozierende Antwort lautet: Wir wissen nicht, wer wir für uns sind und sein wollen und können. Wir müssen uns damit zufriedengeben und einen langen Atem haben, damit Frauen sich selbst als Objekt in den Blick nehmen, sich beschreiben, herkömmliche Bilder und Definitionen hinterfragen und dies in Wissenschaft, Kunst und Pädagogik und in dem sie dies tun, nicht nur das Objekt "die Frau" neu hervorbringen, sondern auch die Methode, es zu erforschen oder es darzustellen. Wir fangen erst an, wir sind wenige und können die Zurichtung der vergangenen vier Jahrtausende nicht in 15 Jahren der neuen bundesdeutschen Frauenbewegung überwinden.

Deshalb ist es m.E. so wichtig, daß Frauen überall und auf allen Gebieten an sich in dieser Radikalität arbeiten. Es wäre vermessen, meine ich, wenn wir ungeduldig mit uns wären.

Feministische Kulturpädagogik

Unsere Erfahrung hat gezeigt, daß der Satz: Der Weg ist das Ziel, für uns inhaltlich wie methodisch adäquat ist. Die Angst vor der Unsicherheit, die Angst vor der Kritik, die Angst, die geforderte Neuerung nicht leisten zu können, könnte uns zu schnell dahin führen, uns selber festzuschreiben. Damit würden wir uns in die Grube begeben, die man uns baut.

Frauen experimentieren mit den Ausdrucks-, Denk- und Verhaltsformen der Männerkultur genauso, wie mit denen tradionell weiblichen Verhaltens, aber auch mit verschütteten weiblichen Stärken wie Spiritualität (nicht gleichzusetzen mit spiritistisch) Intuition, Einfühlung. Frauen organisieren eigene Ausstellungen, Theater- und Tanzgruppen, Frauenverlage, Museen, Zeitschriften und Kulturzentren. Aber diese neu entstehende Frauenöffentlichkeit ist labil. Ihr mangelt es an Geld und Experimentierraum. Mehr und mehr wird sie eingeschränkt von einer leicht konsumierbaren, kommerzialisierten, der herrschenden Ideologie angepaßten Frauenkultur, denn Kultur hat Konjunktur und Parteien und Verbände sowie Kommunen schmücken sich mit ihr.

Was bedeuten diese Ausführungen für eine Kulturpädagogik von Frauen, die sich als Feministinnen verstehen und eine feministische Kulturpädagogik und kulturelle Bildung initiieren und praktizieren wollen?

Ich möchte im folgenden einen Denk- und Handlungsrahmen entwerfen, dessen Hintergrund die vorangegangenen Ausführungen bilden und dessen Erfahrungsbasis geprägt ist durch meine eigene Theaterpraxis mit Mädchen und Frauen sowie die Erfahrungen, die in den 31 Projektberichten in unterschiedlicher Ausprägung und Differenzierung vorliegen. Zuvor erscheint es mir jedoch notwendig, auf zwei Phänomene hinzuweisen, die in den letzten Jahren mehr und mehr deutlich wurden, und die die Kulturpädagogik und kulturelle Bildungsarbeit zu überrollen drohen.

1. In der Politik hat die Hilflosigkeit und Resignation, die anstehenden Probleme mit den bisherigen Mitteln nicht mehr lösen zu können, zum Reden über das Wundermittel 'Kultur' einen wahren Kulturboom entfacht, in dem die Kulturpädagogik in der Gefahr ist, als Beruhigungspille absorbiert zu werden. Kulturpädagogik muß sich darauf beziehen.

2. In der politischen und Erwachsenenbildung in den Verbänden und Volkshochschulen haben sich verstärkt durch die Komplexität unseres feministischen Anspruchs Dozentinnen mehr und mehr vom Gespräch und der Information als vorrangiger Methode abgewendet und zum Einsatz von künstlerischen Medien entschlossen. Dies geschah der Anarchie der Entwicklung folgend jedoch selten durch Fachleute, sondern durch künstlerische Laien. Die kulturelle Bildung erfährt hierdurch eine Aufwertung, denn ihre ganzheitliche Methode, mit der sie Inhalte, Gefühle, Geschichte, subjektive Wahrnehmung, Körper und Intuition greifbar und gestaltbar und damit erkennbar macht, prädestiniert sie für den Einsatz in der Mädchen- und Frauenarbeit. Mit Hilfe der kulturellen Ausdrucksmedien können sich die Mädchen und Frauen ein Bild von sich und der Welt machen und damit einen Schritt in Richtung Selbstbestimmung und Selbstausdruck gehen.

Die kulturelle Bildungsarbeit selbst ist jedoch nach wie vor für die Geschlechterproblematik und deren konstitutive Wirkung für unsere Kultur und unser Kunstverständnis blind. Kulturpädagogik und kulturelle Bildung stehen damit im Moment zur Debatte. Die Chance ist groß, die Belange der Frauen in der kulturellen Bildung bekannt zu machen und zu stärken und die Kulturpädagogik von Seiten der Frauen aus mitzudefinieren. Dabei lasse ich mich von den Erkenntnissen der feministischen Wissenschaft und Praxis in Pädagogik und Frauenbewegung leiten.

Bis Mitte der 70er Jahre gab es weder in Praxis noch in Theorie der Jugend-, Schul- und Sozialarbeit, der politischen Bildung oder Erwachsenenbildung ein Bewußtsein von der Benachteiligung der Mädchen und Frauen allge-

Feministische Kulturpädagogik

mein, und im koedukativen System. Erst die feministische Pädagogik und Pädagogikforschung hat hierfür sensibilisiert. Die damals neue und für viele 'gefährliche' Forderung nach eigenen Räumen für Mädchen und Frauen ist zwar heute in der Öffentlichkeit nach wie vor sehr umstritten, unter Frauen mit feministischem Anspruch hat sie sich durchgesetzt. Die Forderung und Erkenntnis, die Parole der Frauenbewegung 'das Private ist politisch', wird in den Bildungsprozessen umgesetzt.

Die je besondere Frau als Gewordene und sich Verändernde steht mit ihrem Körper, ihrem Intellekt, ihren handwerklichen Fähigkeiten und ihren Erfahrungen als Ergebnis dieser Domestizierung und Benachteiligung. Ihre Eigenschaften und Verhaltensweisen werden dabei in der feministischen Pädagogik im Vergleich zum Mann heute nicht mehr nur aufgewertet, wie es in der Frauenbewegung als Antwort auf die Männergesellschaft und deren Strategien der Abwertung der Weiblichkeit praktiziert wurde. Es gibt heute eine kritische Selbstreflexion, aber es gibt noch keine Gegendefinition.

"Es geht um die bewußte Aufarbeitung der Sozialisationserfahrungen, darum... die typischen geschlechtsspezifischen Problemlagen in den subjektiv erlebten Alltagserfahrungen transparent zu machen; die gesellschaftlich bedingten Rollen, Erwartungen und Werte in den realen Lebens-, Gedanken- und Arbeitsbezügen bewußt zu machen und die Veränderung weiblicher Biographien bewußt zu gestalten"
(Johanna Lehmacher: Feministische Bildungsarbeit mit Mädchen und jungen Frauen, in: Bänder u.a. Mädchen, Frankfurt/Bad Beul 1984).

Die Veränderung soll durch die Mädchen und Frauen selber geschehen. Aus meinen Erfahrungen und den Projektberichten geht hervor:

In feministischen kulturpädagogischen Projekten bestimmen sich Inhalt, Methodik und Mediengebrauch zumeist aus

- den Befindlichkeiten und Interessen der Subjekte. Es ist eine Pädagogik vom Subjekt aus, die vom Geschlechterverhältnis als konstitutivem Machtverhältnis ausgeht. Es gibt eine Dominanz der Selbsterfahrung auch im Umgang mit den Medien.
- Dabei verstehen sich die Lehrenden als Lernende, was in diesem Fall keine Floskel ist, denn die Entwicklung zu einem neuen Selbstverständnis als Frau ist für keine Altersstufe abgeschlossen.
- Es gibt eine starke Betonung der kommunikativen Funktion innerhalb der Gruppen und mit der Öffentlichkeit.
- **"Das Private ist politisch" ist für diese Arbeit prägend bzw. das Politische zeigt sich im Privaten.**

Der Gegenstand der kulturellen Bildung, das ästhetische Lernen ist also zumeist an die Subjekte, hier konkret Mädchen und Frauen, und ihre Themen gebunden. Es findet sich selten, das Spiel um des Spiels wegen, wohl weil alles spielerisch und in einem Experimentierfeld stattfindet. Und es gibt viel zu tun. Gibt es doch für nichts gesicherte Wege und Interpretationen.

Zu kurz kommen m.E. aufgrund von Zeitdruck, Wissenslücken der Lehrenden und Lücken in Forschung und Wissenschaft, bisher die *Spurensuche* nach den eigenen Traditionen der Frauen in der uns fremden Kultur sowie deren kritische Würdigung. Und es kommt zu kurz eine umfassende, *ideologiekritische auch historisch und theoretische Herangehensweise an Themen, Medien und deren Handhabung sowie Produkte*. Auch der Schritt in die Öffentlichkeit, sei es als künstlerisch oder politisch begründeter, kommt zu kurz.

Das hat viele Ursachen, eine wird die aufgezeigte Komplexität unseres Auftrages sein:

In einer uns aufgezwungenen Kultur Fremde zu sein, jedoch ohne eine bewußte eigene Kultur, die dagegengesetzt und aus der Identität geschöpft werden kann, gleichzeitig mit der fremden Kultur verwoben. Unserer Körper und unserer Gefühle können wir uns sicher sein, deren Interpretation schon nicht mehr.

Feministische Kulturpädagogik

Unser Anspruch, in dieser Gesellschaft eine feministische Kulturpädagogik entwickeln und praktizieren zu können ist - so hoffe ich, haben meine Ausführungen deutlich werden lassen - eine Herausforderung. Sie zu meistern, verlangt eine
parteiliche Pädagogik vom Subjekt Frau/Mädchen aus, Spurensuche nach Symbolen, Worten, Taten von Frauen in Kultur, Wissenschaft und Kunst, deren kritische Würdigung sowie das "Schürfen" nach für uns Brauchbarem in den Produkten männlichen Kulturschaffens. Es verlangt eine Anbindung zu anderen Bereichen feministischer Arbeit für unsere Zwecke, vor allem an die der feministischen Kulturforschung und der Künste sowie die Aneignung aller uns nützlicher und wichtiger Themen und Ausdrucksmedien.

Subjekt/Objekt und Mittel in diesem kulturpädagogischen Prozeß sind gleichwertig und bedingen sich gegenseitig. In ihren Beschränkungen und Möglichkeiten sind sie historisch abhängig von der gesellschaftlichen Bewegung des Geschlechterverhältnisses. Der von mir formulierte Anspruch an eine feministische Kulturpädagogik: Eine Pädagogik vom Subjekt als Geschlechtswesen in einem Herrschaftsverhältnis, Spurensuche, Schürfarbeit und zwar bezüglich der Menschen, der Themen, der Medien - kann nur erst einmal einen Denkrahmen darstellen. Jede einzelne Aktion ist notwendig beschränkt, alle zusammen kommen der Komplexität nahe und dem Anspruch, als Frau/Mädchen einen eigenen selbstbestimmten Platz in einer zu schaffenden Kultur einzunehmen. Unsere Arbeit ist deshalb eine genuin kulturrevolutionäre Arbeit mit friedlichen Mitteln.

Dankeschön

Kontaktadresse:

Gitta Martens
c/o Akademie Remscheid für musische Bildung und Medienerziehung
Küppelstein 34
5630 Remscheid
Tel.: 02191/794-1

Hildegard Bockhorst
Zum Stand kultureller Bildung
Frauen und Mädchenkulturarbeit (k)ein Thema in den Verbänden?

Kultur hat Konjunktur, sagt **Mann** - als Mitglied von Bundestag oder Landtag, als Parteifunktionär in CDU, FDP oder SPD, als Aufsichtsratsmitglied von Sparkassen, Stiftungen etc, als Sponsor und Fabrikbesitzer, als Galerie- oder Verlagsbesitzer, als Funktionär in Jugendverbänden, als Kulturpolitiker in Kommunen und kulturpolitischen Vereinigungen.

Doch hat auch Kultur von Frauen und Kulturarbeit von Frauen für und mit Frauen und Mädchen Konjunktur? Findet der Kulturboom seinen Niederschlag auch in feministischen Themen und Förderung ästhetischer Wahrnehmungsprozesse von Frauen und Mädchen und in deren Teilhabe an allen Bereichen kultureller Bildung.

Und konkret: Wie sieht es in den Verbänden der kulturellen Jugendbildung aus, für die ich arbeite und die sich in der Bundesvereinigung Kulturelle Jugendbildung zusammengeschlossen haben? Hierin sind über 1,8 Millionen junge Menschen, Männer wie Frauen organisiert und über 10.000.000 werden allein jährlich durch Veranstaltungs- und Fortbildungsangebote erreicht.

– Welchen Stellenwert hat Frauen- und Mädchenkulturarbeit in den konzeptionellen Ansätzen und in der Praxis der Fachorganisationen kultureller Bildung?
– Welche Bedeutung haben Frauen in diesen Verbandsstrukturen?
– Welche Veränderungen im Hinblick auf eine demokratische Kulturförderung und feministische Kulturpädagogik sind anzustreben?

Dies sind Fragen, denen ich im folgenden nachgehen werde.

Dahinter steht der Wunsch, daß bestehende Konzepte, Strukturen und Entwicklungen kritisch überprüft und geöffnet werden für eine Kulturpädagogik, die Frauen und Mädchen hilft, mit kulturellen Ausdrucksmedien ihre eigene und die gesellschaftliche Wirklichkeit zu reflektieren, sie sich kreativ und gestaltend anzueignen und neu zu definieren. Ein umfassendes Verständnis feministischer Kulturpädagogik hat Gitta Martens in dem vorangehenden Beitrag entwickelt, so daß ich an dieser Stelle auf eine weitere Definition des Begriffes "feministische Kulturarbeit" verzichten kann.

Anzumerken ist ferner, daß es bisher keine empirischen Untersuchungsergebnisse zum Gegenstand meines Beitrages gibt. Die folgenden Einschätzungen zum Stellenwert von Frauen- und Mädchenkulturarbeit sind daher, trotz einer kleinen Umfrage bei den Mitgliedsorganisationen der BKJ, sehr subjektiv und - aufgrund eigener Wut und selbst erfahrener Geschlechtsdiskriminierungen - parteilich, überspitzend und provozierend.

Stellenwert von Frauen und Mädchenarbeit in den Konzeptionen kultureller Bildung

BEHAUPTUNG:

Die Theorie kultureller Bildung oder besser die konzeptionellen Ansätze in diesem Bereich ignorieren die Frauenfrage. Formulierungen sind neutral gehalten; der Mensch und die kulturelle Teilhabe im allgemeinen werden angesprochen. Eine geschlechtsspezifische Sichtweise und Differenzierung gibt es nicht. Diskussionen um "Kultur für alle - von allen" und

Zum Stand kultureller Bildung

auch die - im Gegensatz zur ehemals musischen Bildung - heute formulierte Parteilichkeit kultureller Bildung haben in der BKJ (und auch außerhalb) nicht zu einer gezielten Auseinandersetzung auch mit weiblicher Lebensweise und künstlerischer Produktion von Frauen als Gegenstand theoretischer Reflexion geführt.

ERLÄUTERUNG:

Als Beleg für diese These möchte ich verschiedene Selbstdarstellungstexte der Bundesvereinigung Kulturelle Jugendbildung (BKJ) und die Förderungsrichtlinien kultureller Bildung des Bundesjugendplans (BJPL) zitieren.

In der BKJ-Selbstdarstellungsbroschüre heißt es:

"Die Fachorganisationen der außerschulischen kulturellen Jugendbildung haben sich zum Ziel gesetzt, die kulturelle Bildung der Jugend umfassend zu fördern. Außerschulische kulturelle Bildung der Jugend leistet ihren spezifischen Beitrag zur Entwicklung der Persönlichkeit und erschließt jungen Menschen die Teilhabe am kulturellen Leben der Gesellschaft. Sie

- *befähigt zum differenzierten Umgang mit Kunst und Kultur,*
- *ermutigt zu eigenem gestalterisch-ästhetischen Handeln in den Bereichen Musik, Tanz, Rhythmik, Spiel Theater, Literatur, bildende Kunst, Architektur, Film, Fotografie, Video, Medien und Computer,*
- *fördert Phantasie und Kreativität,*
- *entwickelt Urteilsfähigkeit, Kritikfähigkeit und Toleranz gegenüber eigenen und fremden kulturellen Äußerungen in ihren gesellschaftlichen Zusammenhängen,*
- *bietet sinnvolle Möglichkeiten der Freizeitgestaltung und der bewußten und aktiven Auseinandersetzung mit der eigenen Situation,*
- *erweitert die Möglichkeiten internationaler Verständigung über die Grenzen der Völker, Sprachen und Kulturen hinaus...."*

(BKJ - Selbstdarstellungsbroschüre, Remscheid 1987, S.78)

Es wird von der Jugend, dem jungen Menschen gesprochen. Die Möglichkeit einer geschlechtsspezifischen Sichtweise und Differenzierung zur Gleichstellung von jungen Männern und Frauen bleibt unerwähnt.

Obwohl es um das eigene gestalterisch-ästhetische Handeln und die Auseinandersetzung mit der eigenen Situation geht, d.h. um eine Zielvorstellung, die - wie es an anderer Stelle heißt - "..eng verbunden (ist) mit Bedingungen, in denen Jugendliche leben..." (ebd, Seite 79), also eng auch mit geschlechtsspezifischen Erfahrungen von Mädchen und Jungen, gibt es weder in diesem neuesten Selbstdarstellungstext noch in früheren Veröffentlichungen konzeptionelle Überlegungen im Hinblick auf eine spezifische Förderung von Frauen und Mädchen zum Beispiel in Bereichen kulturellen Bildung, in denen sie unterrepräsentiert sind.

Selbst im Rahmen von Reflexionen zur Demokratisierung der Kulturarbeit (Stichwort: Soziokultur/kulturelle Breitenförderung etc., Stichwort: Zielgruppendiskussionen) waren geschlechtsspezifische Aspekte bisher in BKJ-Publikationen kein Thema.
(Vgl. z.B. die BKJ-Veröffentlichung: "Jugendkulturarbeit - Beispiele für Planung und Praxis, Hrsg.: BKJ, Red.: Walter Gondolf, Bad Heilbrunn, 1983)

Lediglich bei den Projektskizzen, wie sie in der BKJ-Projektmappe "Jugendkulturtage" enthalten sind, finden sich einige Beispiele zur Mädchen- und Frauenkulturarbeit. Z.B. eine Ideenskizze für ein Rockbandprojekt "Wo die wilden Frauen lärmen" oder ein Erfahrungsbericht zu einer "Mädchenfilmwoche im Jugendzentrum zum Thema "Frauen, Mädchen, Sexualität". (Projektmappe "Jugend-Kultur-Tage, Hrsg.: BKJ, Red.: H. Bockhorst/P.Ortmann, Remscheid 1985)
Für die Entwicklung kultureller Jugendbildung wichtige Grundlage (und sicherlich auch ein Gradmesser dafür, was politisch gewünscht wird und in der Auseinandersetzung zwischen freien Trägern und Ministerium durchsetzbar war), sind die **Förderungsrichtlinien des Bun-**

Zum Stand kultureller Bildung

desjugendplans zur kulturellen Jugendbildung. Darin heißt es:

"Kulturelle Bildung der Jugend soll jungen Menschen die Teilhabe am kulturellen Leben der Gesellschaft erschließen. Sie soll zum differenzierten Umgang mit Kunst und Kultur befähigen..."

Auch hier erscheint kulturelle Bildung als geschlechtsneutrale.

Während in der politischen Jugendbildung die Förderung von Mädchenarbeit als wichtige Aufgabe genannt wird, scheint dies für den Förderungsbereich der kulturellen Bildung den Trägern wie dem BMJFFG nicht erforderlich zu sein. Vorschnell, weil Mädchen und Frauen eh als diejenigen gelten, die dem Schönen, dem musisch-kulturellen mehr zugeneigt sind und im Verhältnis zur politischen Bildung anteilig wesentlich stärker vertreten sind, erscheint der kulturelle Bereich als ein natürlich offener und zugänglicher Bereich; keineswegs als Bildungsbereich, der geschlechtsspezifische Benachteiligungen des sonstigen gesellschaftlichen Seins von Frauen fortsetzt.

Allerdings muß man auch sehen, daß die Richtlinien nicht explizit eine Frauen- und Mädchenkulturarbeit behindern. Frau könnte bei dem so wichtigen und richtigen Ziel nach "differenziertem Umgang mit Kunst und Kultur" - wie es die BJPL-Richtlinien festlegen, doch parteilich fragen, wo, wie, von wem differenziert wird und Vorschläge machen für Differenzierungen von Inhalten und Methoden im Interesse von Frauen und Mädchen.

Oder nehmen wir den Absatz der BJPL-Richtlinien, der "zu eigenem gestalterisch-ästhetischen Handeln" auffordert. WEN, frage ich.

Alle jungen Menschen sind doch wohl gemeint und auch **alle** gestalterisch-ästhetischen Bereiche - nicht die Mädchen für die Rhythmik und das Flötespielen und die Jungen für die Jazzmusik und die Rockbands. Es liegt bestimmt nicht am "kürzeren Daumen", wie die Karikaturistin M. Marcks es mal andeutete oder am kleineren Gehirn, daß Mädchen und Frauen weniger Keyboard spielen, weniger in den technischen Medienbereichen anzutreffen sind.

Aber es liegt bestimmt **mit** an der Praxis kultureller Bildung, an den Entscheidungsstrukturen in den Verbänden, den Bildungsinhalten und medialen Fortbildungsthemen, der Auswahl der ReferentInnen, den Ausschreibungstexten und der dabei verwendeten Sprache, daß Frauen und Männer nicht in gleicher Anzahl und gleichberechtigt an allen Angeboten der kulturellen Bildung partizipieren!

Stellenwert von Mädchen- und Frauenkulturarbeit in der Praxis der Verbände kultureller (Jugend-) Bildung

BEHAUPTUNG:

In der Praxis kultureller Bildung führt Frauenkulturarbeit ein Schattendasein, trotz einiger Lichtblicke und animierender Beispiele. Projekte, die sich speziell an Teilnehmerinnen wenden, werden wenig unterstützt. Erst langsam entwickelt sich eine Sensibilität dafür, daß auch in der kulturellen Bildung die Frauenfrage eine Rolle spielen muß.

Das im Titel meines Beitrages eingeklammerte (k) bei der Frage "Frauen- und Mädchenkulturarbeit (k)ein Thema in den Verbänden" spiegelt
- die Gedankenlosigkeit wieder, mit der die Verbände bzw. die hierin Entscheidenden an diese Frage herangehen,
- die Unsicherheit, wie sie sich zu dieser Frage verhalten sollen und
- die Tatsache, daß Frauenkulturarbeit nur da ein Thema ist, wo Frauen es selber zum Gegenstand ihrer Gestaltungsprozesse oder zum Thema von und in Projekten, Fortbildung etc. gemacht haben.

Umfang und Bedeutung differieren zusätzlich noch sehr stark zwischen den verschiedenen

Medienbereichen, von daher werde ich jetzt auch näher auf die einzelnen Sparten eingehen. Auf das Fehlen statistischen Datenmaterials und die damit einhergehende Subjektivität meiner Beschreibungen und Wertungen hatte ich zu Anfang des Beitrages bereits hingewiesen.

Zum Stand kultureller Bildung

ERLÄUTERUNG:

Der Literaturbereich: Nehme ich den Arbeitskreis für Jugendliteratur als Maßstab, so ist das Bild eher positiv. Das Frauen- und Mädchenbild im Kinder- und Jugendbuch oder Rollenklischees, Autonomie und Identitätsfragen in den sogenannten Mädchenbücher waren bereits häufig und seit längerem Thema von Fortbildungsveranstaltungen des Arbeitskreises oder waren ein wichtiges Kriterium für Juryentscheidungen zur Verleihung des Jugendliteraturpreises. Daß dies so ist, hängt mit zwei Faktoren zusammen: einerseits mit dem pädagogischen Impetus der Kinder- und Jugendliteratur, der Buchinhalte nach vermittelnden Werten und Normen hinterfragt und auch Geschlechsrollendefinitionen hinterfragt; andererseits mit dem dominierenden Anteil von Frauen in diesem Bereich. 80 - 90% sind Bibliothekarinnen, ebenfalls die deutliche Mehrheit der Beschäftigen im Buchhandel sind weiblich und auch der Arbeitskreis für Jugendliteratur hat mehrheitlich weiblichen Mitglieder. Dieses Verhältnis setzt sich in der Besetzung von Vorstandsfunktionen fort; in der Jury zum Jugendliteraturpreis sind von elf Personen neun Fach-Frauen.

Im Tanz- und Rhythmikbereich, zu dem ich jetzt komme, sieht es weniger rosig aus. Der quantitative Anteil von Frauen an Aktivitäten des Deutschen Bundesverbandes Tanz (DBT) und des Bundesverbandes Rhythmische Erziehung (BRE) ist zwar enorm hoch. In der Rhythmik nehmen zu 80% Frauen teil, vergleichbare Verhältnisse ergeben sich bei körper- und bewegungsorientierten Veranstaltungen im Tanzbereich. Die Begründung dafür wird darin gesehen, daß z.B. die Rhythmik ein "musisches" Fach mit ganzheitlichem Anspruch ist und das "Fühlen" immer mehr noch den Frauen zugesprochen wird. Die harte künstlerische Arbeit und ebenso der intellektuelle Anspruch in diesem Bereich ist für Männer scheinbar weniger sichtbar und sich auf körperorientierte Bewegungsprozesse einzulassen, erhöht die Hemmschwellen für Männer.

Für mich hängt die quantitative Dominanz von Teilnehmerinnen auch damit zusammen, daß Frauen aufgrund ihrer Sexualität, ihre Menstruation, ihrer Gebärfähigkeit stärker geneigt sind, sich mit ihrem Körper auseinanderzusetzen und ihn dementsprechend auch eher in kulturellen Bildungsprozessen einsetzen. Hinzukommt, daß den Frauen traditionell der Erziehungsbereich zugewiesen wird und da die Rhythmik sehr stark in diesen hineinwirkt, sich hier gesellschaftliche Rollenfestlegungen in Teilnehmerinnenstrukturen widerspiegeln.

Aber wieso denn meine eingangs des Abschnittes formulierte pessimistische Einschätzung dieses Bereiches in Bezug auf unser Thema? Sie hängt damit zusammen, daß diese hohe Präsenz für mich nicht sichtbar zum Thema gemacht wird, daß nicht auch positiv auf diese Situation reagiert wird (statt zu beklagen, daß Männer schwer ansprechbar sind) und mit der Tatsache, daß es keine geschlechtsspezifischen Fortbildungsangebote gibt, gerade wegen und trotz dieses Geschlechterverhältnisses.

Im Veranstaltungskalender des DBT z.B., in dem 506 Fortbildungsangebote verzeichnet sind, also ein Seminarangebot in Hülle und Fülle mit Fortbildungsmöglichkeiten vom Jazztanz zum meditativen Tanz, vom experimentellen zum höfischen Tanz, von internationaler Tanzfolklore bis zu Kinder-, Jugend- und Seniorentanzangeboten existiert, finde ich:

- kein Angebot speziell für Frauen,
- keine Angebot der Reflexion über die künstlerischen Leistungen von Frauen zur Entwicklung des Tanzes
- kein Angebot mit feministischem Projektthema.

D.h. trotz der zentralen Rolle, die Frauen in diesem Bereich spielen, finde ich keine Hin-

Zum Stand kultureller Bildung

weise darauf und keine, im Programm sichtbaren, Anzeichen für ein Bewußtsein über Geschlechtsspezifik und Tanz.

Ein Lichtblick den ich vor zwei Tagen erfuhr: aufgrund meiner Recherche und Rundfragen in den Verbänden schickte mir die Landesarbeitsgemeinschaft Tanz Baden-Württemberg e.V. ihr Veranstaltungsprogramm 1989, in dem erstmalig zwei Fortbildungen zum Thema angeboten werden: ein Tanzseminar "FRAUEN IM TANZ" und ein MultiplikatorInnen-Kurs "FRAUENTÄNZE - MÄNNERTÄNZE" aus Mazedonien und Serbien.

Für den Bundesverband Rhythmische Erziehung gilt die generelle Kritik übrigens ähnlich. Für mich diskriminierend wirkt zusätzlich die Sprache in den Programmen, die Frauen vergißt: der BRE macht z.B. Tagungen zum "Berufsbild des Rhythmiklehrers", richtet seine Programme und Fortbildungen (mit zwei Ausnahmen) an Kolleg**en**, Rhythmik**er**, Musikschullehr**er**... nicht an seine zu 90% weiblichen Mitglieder?!

Der Theaterbereich: Das Teilnehmer- und Teilnehmerinnen-Verhältnis ist hier ausgewogen. Eher überwiegt an der Basis, bei den Seminaren und Workshops, der Anteil von Frauen.

Dies gilt für den Bereich des Amateurtheaters im Bund Deutscher Amateurtheater (BDAT) ebenso wie für die Arbeitsgemeinschaft Spiel in der evangelischen Jugend (AGS) - und das ZuschauerInnen-Verhältnis bei Aufführungen der Internationalen Vereinigung für das Kinder- und Jugendtheater (ASSITEJ). Bei inhaltlichen Punkten bestehen zwischen der AGS und dem BDAT aber große Unterschiede.

Im AGS-Bereich gibt es mehrere Frauentheaterprojekte, während dies im Bereich des Bund Deutscher Amateurtheater nicht der Fall ist. Ebenfalls gibt es in der AGS auch feministische Seminarthemen.
Z.B. "Weibsbilder zwischen Himmel und Hölle" - ein Versuch, mit einfachen Theatermitteln und Bewegung, Stimme, Körpersprache mythisches und klischeehaftes um Frauen aufzuspüren und in lebendiges Spiel umzusetzen. Beim BDAT gibt es derzeit noch keine speziellen Fortbildungsangebote für Frauen.

Leider muß auch noch festgestellt werden, daß bei den Werkstätten der jährlich für die Theaterjugend stattfindenden Bundesjugendkonferenz ein geschlechtsrollentypisches Zuordnungsverhalten auftritt; denn in den Schminkkursen finden sich vor allem die weiblichen Teilnehmerinnen, in den Technikkursen vor allem die männlichen Teilnehmer.

Für die ASSITEJ gilt, daß nicht nur mehrheitlich Zuschauerinnen, sondern auch bei Fortbildungen zu 60% Frauen mit starkem fachlichen Bedürfnis nach Qualifizierung angesprochen werden. Die ASSITEJ weißt darauf hin, daß es thematisch wenig Stücke gibt, wie beispielsweise das Stück der Roten Grütze "Gewalt im Spiel", die Benachteiligungen und Rollenproblematik etc. aufzeigen.

Die ASSITEJ hat daher (konkret das Mannheimer Schnawwl-Theater) eine Auftragsarbeit an Uta Rotermund in Dortmund vergeben, "weibliches und männliches Rollenverhalten ... durch die weibliche Kontaktlinse" unter dem Arbeitstitel "Mädchen sind so" aufzuzeigen.

Der Medienbereich: Der technische Medienbereich ist "historisch" von Männern besetzt, egal ob von künstlerischer oder technischer Seite. Auch heute ist eigenes Filmen Mädchen eher fremd. Sind sie beim Filmen beteiligt, schauspielern sie oder erledigen innerhalb von Gruppen sicherlich viele 'unsichtbare' Aufgaben. Und nur langsam wird hier Veränderung sichtbar, (z.B. durch Mädchen - Videoprojekte). Bei der "Werkstatt für junge Filmer" (Anm.: Frau achte auf den Titel, der bereits Mädchen/Frauen indirekt diskriminiert), einer Veranstaltung der BAG für Jugendfilmarbeit und Medienerziehung, sind von den eingereichten Filmbeiträgen 88 von Jungen/Männern und nur sieben von Mädchen hergestellt.

Zum Stand kultureller Bildung

Die Männerdominanz im Filmbereich macht sich auch in den TeilnehmerInnen - und ReferentInnen-Strukturen bemerkbar. In den BAG-Veranstaltungen sind schätzungsweise 1/3 Frauen und 2/3 Männer. Von den ReferentInnen sind nach Schätzung von Kolleginnen 10% Frauen und ca. 90% Männer. Der BAG-Vorstand ist nur mit Männern besetzt. Die Leiter der einzelnen Landesarbeitsgemeinschaften sind ebenfalls alle männlich.

Allerdings habe ich - und ebenfalls die beiden geschäftsführenden Kolleginnen in der BAG-Geschäftsstelle - den Eindruck, daß diese geschlechtstypische Rollen- bzw. Aufgabenteilung zunehmend mehr ins Bewußtsein rückt und versucht wird, Mädchen und Frauen verstärkt einzubeziehen und ihre Kompetenzen durch spezielle medienpädagogische Fortbildungsangebote zu steigern.

So gibt es, begründet durch das Engagement von einzelnen Frauen, auch bereits geschlechtsspezifische Veranstaltungen bei der BAG wie

– das Seminar in Lübeck "Das Private wird Öffentlich - Filme von Frauen gestern und heute" (Vgl. den Beitrag von Brigitte Tast in unserer Dokumentation)
– Super-8-Workshops für Frauen
– eine Tagung und Dokumentation zu "Mädchenbildern" im Kinder- und Jugendfilm (Vgl. Klaus - Ove Kahrmann / Ulrich Ehlers (Hrsg.), "Mädchenbilder im skandinavischen und deutschen Kinder- und Jugendfilm, Scheersberg 1988) und
– Filmsichtungen zum Thema "Frauen". (vgl. Medien Konkret 1/87, Thema "Frauen-Bilder")

Ob für die anderen in der BKJ vertretenen Medienverbände ähnliche Einschätzungen zutreffen, kann ich nicht sagen. Auffällig feministisch geprägte kulturpädagogische Aktivitäten sind mir allerdings nicht bekannt.

Für den Musikbereich, zu dem ich jetzt komme, kann ich allerdings weniger positive Beispiele anführen.

Musikbereich: Nachdem ich mir z.B. das Programm des Landesarbeitsgemeinschaft Musik NRW durchgesehen hatte, mich dabei - ich zitiere das einleitende Vorwort - als "lieber Musikfreund" angesprochen fühlen sollte und bei den folgenden 121 Fortbildungsveranstaltungen auf über 100 Seiten nur dreimal auch als TeilnehmerIN zur Mitarbeit und zum Lernen eingeladen fühlen durfte, (denn häufiger konnte ich eine weibliche Sprachform nicht entdecken), fühlte ich mich darin bestätigt, daß sich im Kulturbereich allgemein und auch in der Sparte Musik, gesellschaftliche Benachteiligungen von Frauen reproduzieren und Frauen und Mädchen ihre Bedeutungslosigkeit zusätzlich suggeriert wird durch die Art und Weise des männlich geprägten Sprachgebrauchs.

Auf die zwei Fragen an den Verband deutscher Musikschulen danach, ob es bereits geschlechtsspezifische Veranstaltungen, Fortbildungen, Projekte gibt und ob es für wichtig gehalten wird, spezielle Angebote für Mädchen und Frauen in den Bereichen zu machen, wo Frauen bisher wenig Chancen sahen, sich künstlerisch auszudrücken (z.B. Jazz- und Rockbereich) antwortet die VdM-Geschäftsstelle beidemal mit "Nein". Ebenso mit "Nein" antwortet der Vorsitzende der Arbeitsgemeinschaft Spiel in der ev. Jugend.

Und dies, obwohl - nach eigener Erkenntnis beider Verbandsvertreter - das TeilnehmerInnen-Verhältnis in den verschiedenen musikalischen Fächern keineswegs paritätisch ausgeglichen ist. Traditionen unserer patriarchalisch geprägten Kulturgesellschaft dominieren: die Jungen spielen Posaune, Trompete, Saxophon; die Mädchen lernen eher Flöte, Klavier und Gesang.

FAZIT:

Für den Kulturbereich symptomatisch erscheint mir ein vorHERRschender Bewußtseinsmangel gegenüber geschlechtsspezifischen Themen, wie er auch schon bei der Betrachtung konzeptioneller Aspekte zum Ausdruck kam.

Zum Stand kultureller Bildung

Ihm werden Werte wie "Selbstbestimmung", "Freiheit", "Kritikfähigkeit" zugeschrieben, angesichts derer geschlechtsspezifische oder soziale Benachteiligungen nicht ins Blickfeld rücken bzw. anderen Bereichen - wie z.B. dem Erwerbsbereich - zugeordnet werden.

Wie unreflektiert das Verhältnis vieler männlicher Kollegen zu unserer Tagungsproblematik ist, zeigt folgende Antwort auf eine Frage nach dem Verhältnis von weiblichen zu männlichen ReferentInnen in den Fortbildungen: dazu heißt es dann "auch allgemein ausgewogen, eher mehr weibliche Teilnehmer und eher mehr männliche Referenten".
(Anm: was ist denn hier ausgewogen? Daß sich gesellschaftliche Rollenverteilungen nach der Maßgabe "die Frau agiert, der Mann regiert und bestimmt" hier adäquat wiederfinden lassen? Das kann doch wohl nicht ernsthaft vertreten werden)

Welche Bedeutung haben Frauen in den Verbandsstrukturen?

Verbandsstrukturen behindern Frauen- und Mädchenkulturarbeit.

Die geringe Reflexion in den Verbänden kultureller Jugendbildung über das Thema "Feministische Kulturpädagogik" hängt mit einem sehr wichtigen Punkt zusammen: den Entscheidungsstrukturen in diesem Bereich.

Es sind - ausgenommen vom Bewegungs- und Literaturbereich - vorwiegend Männer, die Verbandsfunktionen wahrnehmen und die Leitung und das Sagen haben. (Wie im wirklichen Leben! - Die gesellschaftlichen Verhältnisse reproduzieren sich.)

- Zum Beispiel die Musikschulen:
55% weibliche Schüler
60% weibliche Musikschullehrer
aber 80% männliche Musikschulleiter
und 100% männliche Vorstandsmitglieder.
Auch im erweiterten Bundesvorstand gibt es keine Frau!

- Zum Beispiel die AGS:
Vorstand mit 8 Männern und 2 Frauen

- Zum Beispiel ASSITEJ:
Vorstand mit 7 Männern und 1 Frau

- Zum Beispiel die BAG Jugendfilmarbeit und Medienerziehung:
Vorstand nur Männer

- Zum Beispiel die BKJ:
Vorstand mit 4 Männern und 1 Frau

Ich glaube, daß gerade die Dominanz von Männern in den Entscheidungsstrukturen sehr dazu beigetragen hat, daß Theorie und Praxis in der verbandlichen Kulturarbeit die Aspekte dieser Tagung und die Frauenfrage ausgespart haben. Denn sonst hätte es doch angesichts der Diskussionen um eine "Kultur für alle" - "Kultur von allen" und den Innovationen der Soziokultur nicht möglich sein können, daß die Hälfte der Menschheit als Zielgruppe nicht bewußt reflektiert wird.

Auch das sich wandelnde Verständnis von kultureller Bildung, als immanent politische und soziale Bildung, hätte statt Ausklammerung eine Auseinandersetzung von Frauen und Mädchen mit ihrer subjektiven Wahrnehmung und ihren objektiven Lebensbedingungen ermöglichen und sie bei der Suche nach Formen der Austragung und gegenständlichen Aneignung unterstützten müssen.

Die BKJ, ehemals "Kuratorium Musische Jugendbildung", hatte sich Ende der sechziger Jahre sowohl von ihrem Verbandsnamen wie auch konzeptionell von dem musischen Bildungsdenken getrennt und die Bezeichnung Bundesvereinigung Kulturelle Jugendbildung gewählt.
Nach diesem Verständnis
– hätten die BKJ - Mitgliedsverbände in ihrer kulturellen Bildungsarbeit Frauen und Mädchen ihre aktive, gleichberechtigte Rolle zurückgeben können, die ihnen in anderen Lebensbereichen häufig verwehrt wird.

Zum Stand kultureller Bildung

- Sie hätten Frauen gerade in der kulturellen Bildung Freiräume für Versuche der Orientierung, der spielerischen Aneignung, zum nicht bevormundeten Experimentieren in eigenen Räumen geben müssen.

- Sie hätten ihnen die Chance des intensiven sich Einlassens und mit sich Auseinandersetzens geben müssen;
  - nicht als Konsum en passant,
  - nicht als nur emotionale Äußerung.
  - nicht als nur sachliches Argument,
  - nicht als nur kognitive Wahrnehmung,

  sondern als ein ganzheitlicher Weg gegenständlich-schöpferischer Erkenntnis und als Möglichkeit, Utopien zu gestalten, Veränderungsanstöße zu geben und selbst zu praktizieren.

Welche Veränderungen sind anzustreben? Perspektiven ...

Frauen müssen ihre Sache selbst in die Hand nehmen und ihre Maßstäbe feministisch - emanzipatorischer Kulturarbeit entwickeln und in den Verbänden durchsetzen! Sie müssen sich strukturell wie inhaltlich Raum schaffen, für die Artikulation ihrer Interessen und Bedürfnisse und Neues durch Aneignung, Auseinandersetzung und Verarbeitung menschlicher Geschichte schaffen - auch in der Kultur und Kulturpädagogik. Und viele Beispiele aus unserer Dokumentation setzen diese Forderungen ganz konkret um.

Ich werde im folgenden kurz anreißen, welche Aufgaben und Forderungen meiner Meinung nach formuliert und umgesetzt werden müßten.

1. Die Einbeziehung des Geschlechteraspektes in alle Untersuchungen künstlerischen Arbeitens!

Frauen müssen die Einbeziehung des Geschlechteraspektes in die Untersuchungen künstlerischen Schaffens fordern und statt aus Angst, als Feministin künstlerisch abqualifiziert zu werden, darauf aufmerksam machen, daß auch die Kunstproduktion kein Reich der Freiheit sein kann, auch nicht von Geschlechtlichkeit. Denn der Künstler, die Künstlerin, agieren nicht im geschlechtsneutralen Raum, sondern als Frau wie als Mann in einem patriarchalischen Gesellschaftssystem und - bewußt oder unbewußt, als gesellschaftliches Wesen, auch als geschlechtliches. Jede andere Sichtweise wäre unhistorisch und gegen die Interessen von Frauen gerichtet.

2. Projekte einrichten zur Erforschung weiblicher Zugänge zur Ästhetik in allen Kunst- und Medienbereichen

Eva Weiswieler hat für den Musikbereich mal folgendes formuliert: "Natürlich gibt es keine weibliche und keine männliche Terz. Aber es gibt einen weiblichen Zugang zur Musik, der aus der psychosozialen Erfahrung oder ganz kraß: Leidenserfahrung der Frau resultiert und in der produktiven Ablehnung des Gewaltig-Heroischen besteht".
(Eva Weissweiler, "Die Einführung in die Kompositionslehre war unweiblich", in F. Hassauer, "Frauen mit Flügeln, Männer mit Blei... S. 242)

Ihrer Meinung nach gibt es eine weibliche Ästhetik der Wahrnehmung, die sich gegen das Gewalttätige und das Pathetische in der Kunst richtet und für eine Abstinenz von Monumentalem, Berauschendem, Phrasenhaften, Weihevollem, Dämonischem eintritt.

Die Ergebnisse der Forschung über weibliche Zugänge zur Ästhetik wären die Grundlage für Maßstäbe einer gezielten Förderung ästhetischer Wahrnehmungsprozesse sowie Ausdrucksmöglichkeiten von Frauen.

In diesem Zusammenhang ist es auch Aufgabe, Spurensuche und Schürfarbeit zu leisten, wie Gitta es sagte und Kursangebote gegen die "Tragödie weiblicher Traditionslosigkeit" zu entwickeln.

Zum Stand kultureller Bildung

3. Schaffung von Kursangeboten für Frauen in allen künstlerischen Bereichen, insbesondere aber in denen, wo sie bisher unterrepräsentiert sind.

Die Tatsache, daß sich Mädchen und Frauen bei der Entscheidung für spezifische künstlerische Medien oder Materialien häufig in einem traditionellen, von ihnen erwarteten Rahmen bewegen, darf nicht leichtfertig akzeptiert werden.
Diese Orientierungen sind gesellschaftlich bedingt und bedeuten keineswegs, daß es bestimmte Reservate weiblicher Kunst und spezifischer Ästhetik gibt.

Die Handhabung einer Filmkamera wird ihnen weniger zugetraut, denn Frauen sind - wie Mann weiß - technisch unbegabt, oder sie sind das zarte, sanfte Geschlecht, was sich in der Rockmusik doch nicht wohlfühlen kann und von daher lieber Flöte und Klavier für die Hausmusik spielen lernen sollte.

Frauenkulturarbeit darf sich auf solche Reduktionen weiblicher Kreativität und Geschlechterpolarisierung in den Künsten nicht einlassen.

Genausowenig sollte sich Frauenkulturarbeit inhaltlich-thematisch ausschließlich auf sog. Frauenfragen beschränken und damit zu einer Beschränkung weiblicher Weltaneignung in den Künsten von Frauen beitragen. Frauenprojekte in der Kulturpädagogik zu planen heißt, jeglichen Einengungstendenzen inhaltlicher wie medialer Art entgegenzuwirken, vorausgesetzt sie verfolgen humanitäre Ziele.

Die von G. Breitlich getroffene Feststellung, daß sich Frauen in der Kunst betont "antiklassischen" Materialien zuwenden, z.B. statt auf Malerei auf Objektarrangements, Performances, Fotokollagen konzentrieren und sich Kunstbereichen zuwenden, die außerhalb des "normativ-männlichen" liegen, ist zwar verständlich bzw. erklärbar, muß aber kein Dauerzustand sein und würde vermutlich eine andere Art von Beschränkung von Frauen und erneute Ausgrenzung bedeuten.

4. Fortbildungsmöglichkeiten für ReferentInnen für feministische Kulturarbeit schaffen!

Eine qualifizierte Weiterentwicklung feministischer Bildungsarbeit im kulturellen Bereich ist abhängig von entsprechenden Fortbildungsangeboten.

Die Akademie Remscheid hat dieses Thema in ihren Katalog von Fortbildungsangeboten aufgenommen, beim Arbeitskreis für Jugendliteratur gibt es entsprechende Seminarangebote für Bibliothekarinnen, und bei der LAG-Tanz Baden-Württemberg fand ich - vielleicht auch als Indiz dafür, daß dieses Thema an Relevanz gewinnt, erstmalig 1989 ein Fortbildungsangebot "Frauentänze - Männertänze aus Mazedonien und Serbien" mit dem Anspruch, zu vergleichen, ob sich ein und derselbe Tanz in seinem Charakter ändert, je nachdem, ob er von einer Frau oder einem Mann getanzt wird? Oder ändern sich die Charaktere der TänzerInnen, je nachdem welche Tänze sie tanzen?"

Ein weiteres Beispiel für ein beginnendes Fortbildungsangebot auch in den Verbänden: Haus Villigst zusammen mit der AGS veranstaltet im Mai 89 ein großes Forum: "Kultur von Frauen ist Zukunft für Frauen".

Es kann aber nicht nur um ein Mehr an Fortbildung im kulturellen Bereich gehen, sondern es bedarf auch einer neuen inhaltlichen Qualität. Nicht nur fachlich-künstlerische Qualifikationen müssen ReferentInnen vermittelt werden, sondern auch pädagogisch-psychologische sowie gesellschaftskritische Erkenntnisse über Sozialisations- und -Lebensbedingungen von Frauen (und Männern) und deren subjektiven Aneignungs- und Verarbeitungsmöglichkeiten etc.

5. Frauen müssen auch in der Sprache in den Verbänden sichtbar werden!

Folgendes sollte nicht mehr passieren:
– der Bundesverband Rhythmische Erziehung beschreibt sich in seiner Selbstdarstellung, trotz eines weiblichen

Mitglieder-Anteils von knapp 90%, als Verband von Lehrern

- die Landesarbeitsgemeinschaft Tanz wendet sich an alle Mitarbeiter,

- das Institut für Bildung und Kultur erschließt neue Arbeitsfelder für Künstler,

- die LAG Musik lädt nur Teilnehmer ein, etc.

6. In der Theorie muß eine Verbindung zwischen feministischer Kulturpädagogik und Soziokultur gesucht werden!

Demokratisierungsansprüche in der Kulturtheorie beinhalten eine parteiliche Auseinandersetzung mit traditioneller Hochkultur ebenso wie eine chancengleiche Zugänglichkeit von kulturellen Angeboten für Frauen und Männer und thematische Orientierungen von Projekten an den Geschlechter- und Herrschaftsverhältnissen.

Hierzu müssen wissenschaftliche Studien, Modellprojekte und Forschungsvorhaben initiiert werden.

7. Entscheidungsstrukturen verändern!

Die Hälfte der Welt für Frauen auch in den Entscheidungsgremien von Kulturarbeit und Kulturpolitik, dies muß die Perspektive sein! Strukturen, wie sie zur Zeit vorfindbar sind, müssen von uns Frauen geändert werden - notfalls auch gegen Widerstände. Vereinnahmungstendenzen müssen kritisch reflektiert werden.

8. Verbände und Initiativen sollten die Kooperation suchen!

Frauen haben sich bereits autonome Strukturen neben den traditionellen Verbänden geschaffen; auch im Kulturbereich (vgl. Frauenmusikarchiv, Frauenmusiktreffen / -theatertreffen, Verband der Filmarbeiterinnen, Frauenkulturzentren, Frauenliteraturläden, ...).

Kooperationen mit Frauengruppen und Initiativen würden die Umsetzung von Angeboten für und von Frauen und die Entwicklung von feministisch-interessenbezogenen Konzeptionen in den Verbänden kultureller Jugendbildung erleichtern und könnten insbesondere bei der inhaltlichen Planung und Qualifizierung von Fortbildungen von Nutzen sein.

"Unsere Gesellschaft ist eine maskuline, erst mit dem Eintritt der Frau kann sie eine humane werden" (Ibsen)

Kontaktadresse:

Hildegard Bockhorst
c/o Bundesvereinigung Kulturelle Jugendbildung
Küppelstein 34
D - 5630 Remscheid
Tel.: 02191 / 794-292

Simone Odierna

Erfahrungen mit kommunaler Frauenkulturarbeit zwischen politischen Ansprüchen und Vermarktung

> In Ordnung ist das Mögliche
> von heute und morgen denkbar.
> Unmögliches,
> das heißt das Mögliche von Übermorgen,
> wird ordentlich als Unordnung empfunden
> und ist nur auf Bergen denkbar.
> Deshalb heißen diese Berge Zauberberge.
> Und die Besucher solcher Berge
> werden heute und morgen
> als Ketzer und Hexen bezeichnet
> und übermorgen als Weise.
> Alle Länder der Erde
> haben solche Zauberberge.
>
> Irmtraud Morgner [1]

Kreative Frauen sitzen - manchmal auch nur in den Augen der anderen - "unordentlich auf dem Berg", denken über heute noch irreal Wirkendes nach und versuchen es umzusetzen. Dabei sind sie, auch wenn sie manchmal schon länger in Institutionen arbeiten, nicht in die herr-schenden, männlich strukturierten Verwaltungs-Umgangs-Formen eingebunden. Sie wurden von einflußreichen Positionen dort immer ferngehalten, können daher den Umgangston nicht, wollen ihn oft auch gar nicht übernehmen und haben - berechtigte - eigene Interessen und Umgangsformen im Zusammenhang mit der Frauenbewegung entwickelt.

Es gibt selten solche Weltenunterschiede wie zwischen dem, was Verwaltung, auch Kulturverwaltung, ist und der Lebenswelt und Arbeitsweise von kulturell aktiven Frauen.

Im folgenden möchte ich darstellen, was ich unter kommunaler Frauenkulturpolitik verstehe und wo m.E. nach die Reibungsflächen, Interessenwidersprüche und Knackpunkte für uns als kulturell tätige Frauen in der Kooperation mit Kommunen und auch in unserer Arbeit in kommunalen Verwaltungen liegen.

Ich werde folgende Themen zu beleuchten versuchen:

1. Die kommunale Sicht von Frauenkulturarbeit.
2. Der Kontext, vor dessen Hintergrund eine kommunale Kulturarbeit sich abspielt.
3. Das Projektbeispiel "Kultur und Frau".
4. Einige "Knackpunkte".
5. Thesen zu Aufgaben und Zielen kommunaler Frauenkulturpolitik.

1. Die kommunale Sicht von Frauenkulturarbeit

Was will eine Kommune, wenn sie sich denn vorgenommen hat, Frauenkulturpolitik zu machen?

Frauenkulturarbeit ist für sie eine Form von **Zielgruppenarbeit**. Diese ist im Bereich von sozialer Arbeit, Kulturarbeit und Weiterbildung ein zentraler Ansatz zur Realisierung von Chancengleichheit im Sinne einer den Menschen in seiner Ganzheit erfassenden ge-

Kommunale Frauenkulturarbeit

meinwesenorientierten, sozialen und kulturellen Bildungsarbeit. Als Kulturarbeit in sozialen Feldern hat Zielgruppenarbeit die Aufgabe, die spezifische kulturelle Identität von Gruppen, ihre Eigeninitiative und Handlungskompetenz - ausgehend von deren konkreten Interessen und Bedürfnissen - zu fördern.

Zu berücksichtigen ist dabei auch, welches Selbstverständnis die Adressaten mitbringen. Es gibt "**Zielgruppen**":

- die sich selbstbewußt als Gruppen definieren, wie z.B. Frauengruppen,
- die gesellschaftlich stigmatisiert sind und sich auch selbst als solche wahrnehmen, wie z.B. Behinderte,
- die auf der Grundlage der Fürsorgepflicht des Staates von besonderer sozialer und/oder kultureller Förderung ausgehen können. Diese Fürsorgepflicht kann gesetzlich definiert sein, wie z.B. bei Kindern und Jugendlichen, sie kann auch aus humanitären Gründen erfolgen, wie z.B. bei den Zielgruppen AusländerInnen und AsylantInnen.

Die gesellschaftliche Diskriminierung drückt sich für verschiedene Gruppen von Frauen in unterschiedlicher Weise aus. Frau ist nicht gleich Frau, und es gibt nicht "die Frauen" als Zielgruppe kultureller Angebote. Dies spiegelt sich auch im Bereich der Möglichkeiten von Frauen wider, an Kultur zu partizipieren. Einfluß auf die kulturellen Entfaltungsmöglichkeiten hat die durch soziale Benachteiligung bedingte unterschiedliche kulturelle Sozialisation.

Die Kommunen sind **vorrangig** gefordert, Strategien für eine Animation derjenigen Gruppen von Frauen zu entwickeln, die bisher nicht oder kaum angesprochen werden können. Das sind insbesondere folgende Gruppen:

- **Hausfrauen/Frauen mit Kindern:**

Frauen, die sich ausschließlich dem Haushalt widmen, gibt es nur wenige. Frauen, die nicht erwerbstätig oder teilzeitbeschäftigt sind, sind meist Mütter mit Kleinkindern oder schulpflichtigen Kindern. Für diese Frauen besteht grundsätzlich das Problem, daß die meisten kulturellen Angebote gemeinsam mit Kindern nicht wahrgenommen werden können. Besonders an kulturellen Angeboten, die abends stattfinden, können Frauen mit Kindern nur selten teilnehmen. Ebenso schwierig ist es für Frauen mit Kindern lange Wege zu kulturellen Veranstaltungen zurückzulegen.

Es ist auch zu beachten, daß Frauen die öffentlichen Räume, in denen Veranstaltungsankündigungen zu finden sind, aufgrund ihrer Tätigkeit zu Hause und der damit verbundenen Isolation zu selten betreten.

- **Frauen mit geringem Qualifikationsniveau:**

Sie haben oft keine Kenntnis über die Angebote der Kommunen und wären auch inhaltlich überfordert, säßen sie in Veranstaltungen für deren Verständnis eine umfassendere Bildung notwendig ist.

- **Arbeitslose Frauen, Sozialhilfeempfängerinnen:**

Die Teilnahme an kulturellen Veranstaltungen kostet in der Regel Geld, und sei es auch nur das Fahrgeld. Arbeitslose Frauen haben jedoch nur sehr geringe finanzielle Möglichkeiten, Sozialhilfeempfängerinnen sind prinzipiell aufgrund ihrer finanziellen Situation von fast jeglicher Partizipation an angebotener Kultur ausgeschlossen.

- **Ausländerinnnen:**

Sie können aus verschiedenen Gründen (Sprache, Sitten, etc.) an kommunalen Kulturangeboten nur selten teilnehmen. Im Rahmen der Ausländerpädagogik gibt es zwar einige Initiativen, die auch Frauen ansprechen, jedoch nur wenige kulturelle Angebote, die interkulturellen Charakter haben.

Frauenkulturarbeit als Zielgruppenarbeit ist damit für eine Kommune soziokulturelle Arbeit mit einer sehr wenig homogenen Gruppe, die teilweise aus sich selbst bewußten Frauen, die sich bereits organisiert haben, teilweise aus diskriminierten Frauen, die oft stigmatisiert sind, besteht.

2. Der Kontext, vor dessen Hintergrund eine kommunale Kulturarbeit sich abspielt

Hintergrund kommunaler Entscheidungsprozesse auch im Kulturbereich sind die gesellschaftlichen und institutionellen Rahmenbedingungen vor denen auch die Arbeit mit der Zielgruppe "Frau" betroffen ist, diese sind:

- **zunehmende Massenarbeitslosigkeit**: Arbeitslosigkeit oder die Perspektive von Arbeitslosigkeit führt bei den Betroffenen zu starken psychischen und physischen Belastungen, da der Verlust von Arbeit einhergeht mit dem Verlust einer zentralen gesellschaftlichen Wertorientierung und Identifikation.

- Der **verstärkte Einsatz von neuen Medien und Technologien** im kommerzialisierten Kultur- und Freizeitbereich, der nicht zu einer kreativen Gestaltung der freien Zeit genutzt wird und Gefahr läuft, zu einer "Berieselungskultur" (Stichwort "Kultur als Schlafmittel") für gesellschaftlich benachteiligte Gruppen zu werden und dadurch ungünstige gesellschaftliche Ausgangslagen zu verfestigen.

- Die **Zerstörung von intakten Stadtteilen** in den Ballungsräumen führt zur Zerstörung der damit verbundenen Formen von Kommunikation (wie Vereine, Nachbarschaftshilfe, etc.), Gemeinschaft und Identifikation.

- Der **Rotstift in den Kulturhaushalten** trifft als erste die sogenannten "freiwilligen" Leistungen, die freie Gruppen und Initiativen erhalten.

- In den Institutionen besteht ein **Mangel an ausreichender und sachgerechter Infrastruktur**, es gibt zu geringe personelle Kapazitäten, außerdem zu wenig geschulte Fachkräfte und zuwenig Weiterbildungsmöglichkeiten. Ressortdenken und Konkurrenzen verhindern die notwendige Kommunikation und Kooperation der verschiedenen Stadtämter untereinander und mit den Vertretern von Zielgruppen.

Kommunale Frauenkulturarbeit

Was hat das nun mit frau zu tun ? Ich werde versuchen, dies anhand des Projektbeispiels und im Teil 4: Einige "Knackpunkte", aufzuzeigen.

3. Projektbeispiel "Kultur und Frau"

Das Projekt "Kultur und Frau" im Rahmen des nordrhein-westfälischen Landesprojekts "Kultur '90" des Wuppertaler Sekretariats für gemeinsame kommunale Kulturarbeit NW stellte den Versuch der Stadt Duisburg dar, in einem Teilbereich von Kulturarbeit, bezogen auf Hochkultur und Basiskultur, neue Ansätze für die praktische Arbeit zu entwickeln.

Ausgangspunkt war hierbei ein erweiterter Kulturbegriff, der die Gesamtheit der durch menschliche Arbeit und Kreativität geschaffenen geistigen und materiellen Werte umfaßt: Kultur als organisierender und strukturierender Aspekt der gesellschaftlichen Lebenstätigkeit, der - auf gesellschaftlicher und individueller Ebene - für die Entwicklung und Realisierung von Wertorientierungen sorgt.[2]

Bezogen auf das Spannungsverhältnis von Frau und Kultur, bedeutet dieser ganzheitliche Kulturbegriff, daß Kultur für Frauen und auch Kultur von Frauen für die Entwicklung und Realisierung von Wertorientierungen in Anlehnung an die - zu formulierenden - Interessen von Frauen identitätsstiftend wirkt.

Die sozialen Bewegungen des 19. und 20. Jahrhunderts - dazu gehören auch die "alte" sowie die "neue" Frauenbewegung nach 1968 - entwickelten eigene Kulturen. Gitta Martens ist in ihrem Beitrag auf diese Entwicklung in bezug auf die neue Frauenbewegung näher eingegangen, daher vernachlässige ich hier eine genauere Erläuterung.

Kommunale Frauenkulturarbeit

Festzuhalten ist, daß es in NW bis 1986 keine gezielte kommunale Kulturarbeit für Frauen gab. Ansätze einer kommunalen Frauenkulturarbeit sind allerdings inzwischen vorhanden, z.B. in Duisburg, Gladbeck, Hattingen, Hürth, Unna, neuerdings - meist aufgrund der Aktivitäten der Gleichstellungsbeauftragten - auch in anderen Städten.

Ziel des Projektes "Kultur und Frau" in Duisburg war es, eine an den Initiativen und Interessen von Frauen orientierte Kulturarbeit zu entwerfen und zu entwickeln. Hierzu sollte ein Angebot von Frauenkultur, die dreiwöchigen 10. DUISBURGER AKZENTE 1986 "Man ist Frau", als "Initialzündung" für weitere Aktivitäten der Frauenorganisationen, -verbände und -initiativen vor Ort sowie durch das Kulturamt und die kommunalen Einrichtungen wirken.

Bei der Planung und Durchführung der Aktivitäten im Rahmen von "Kultur und Frau", in deren Zentrum die 10. DUISBURGER AKZENTE 1986 standen, konnte an gute Voraussetzungen angeknüpft werden:

Frauenbildungsarbeit existierte im Rahmen der Weiterbildungseinrichtungen (Volkshochschule, Familienbildungseinrichtungen, etc.). Es gab bereits kulturelle und politische Aktivitäten von Frauenverbänden und -gruppen sowie im Rahmen von Parteien und Gewerkschaften, die Stelle einer Gleichstellungsbeauftragten war gerade eingerichtet worden. Ferner gab es einige Forschungarbeiten zur Frauenthematik an der Universität-Duisburg-Gesamthochschule.

Auch verfügte die Duisburger Kulturverwaltung über eine lange Tradition in der Durchführung kultureller Großprojekte. Dabei wirken jeweils alle städtischen Kultureinrichtungen, die Universität und wechselnde Gruppen zusammen.

Für die Vorbereitung der 10. DUISBURGER AKZENTE gab es eine intensive Zusammenarbeit mit den Frauen an der Universität Duisburg, den Duisburger Frauenorganisationen, -verbänden und -gruppen, den kirchlichen Frauenverbänden und dem Wuppertaler Kultursekretariat, dem Kommunalverband Ruhrgebiet und dem Kultusministerium.

Zusammengefaßt wurden diese Gruppen in **drei vorbereitenden Komitees**, in denen die kommunalen Institutionen, die Frauengruppen und die Frauen an der Hochschule jeweils zusammenarbeiteten.

Ziel der Einbeziehung der Frauengruppen und der Frauen an der Hochschule war die möglichst breite Verankerung der frauenbezogenen kommunalen Aktivitäten bei den aktiven Duisburger Frauen (als Multiplikatorinnen) sowie die Nutzung ihrer Sachkompetenz.

In beiden vorbereitenden Komitees, der Frauenorganisationen und der Frauen an der Hochschule, arbeiteten Frauen des gesamten politischen und inhaltlichen Spektrums der Frauenbewegung zusammen. Die Leitung der Komitees erforderte ein hohes Maß an Fingerspitzengefühl. Die erfolgreiche und letztlich auch gute Zusammenarbeit wurde bei der Auswertung von allen Beteiligten immer wieder hervorgerufen (einigen Spaß soll es ihnen auch gemacht haben).

Die wissenschaftliche Auswertung und Dokumentation der Aktivitäten im Rahmen der 10. DUISBURGER AKZENTE wurde an der Hochschule geleistet.[3]

Konkret sind im Rahmen der 10. DUISBURGER AKZENTE 1986 "Man ist Frau" folgende Veranstaltungen angeboten worden:

Schulanimation zur Vorbereitung durch Diskussionen von Wissenschaftlerinnen verschiedener Disziplinen mit SchülerInnen sowie durch Auftritte einer Pantomimengruppe in den Schulen.

Theater/Musiktheater/Kabarett/Kleinkunst
Am Theater Duisburg fanden 18 Aufführungen statt, das Spektrum reichte von Mozarts "Don Giovanni" bis zur "Mutter" von Brecht. In Schulen, Freizeitzentren, Gemeindehäusern und der Universität gab es insgesamt 37 kleine-

re Theateraufführungen, im Rahmen der Eröffnungsgroßveranstaltung "Langer Samstag an der Uni" und der türkischen Frauenfeste mehrere Kleinkunstveranstaltungen.

Sonderveranstaltungen/Podiumsdiskussionen/Kindertheater
An der Universität wurde zur Eröffnung der AKZENTE ein "Langer Samstag an der Uni" durchgeführt. Es handelte sich um ein großes Frauenfest mit Informationsbörse, Frauentheatergruppen, -kabarett, Kleinkunst, Liedermacherinnen, Workshops, Vorträgen, Kinderfest und Ausstellungen sowie drei Konzerten. An zwei Tagen hatten die Duisburger Frauenorganisationen außerdem Gelegenheit, sich bei einem "Informationsmarkt" vorzustellen, es fanden in diesem Rahmen zwei große Podiumsdiskussionen und mehrere Kabarett-, Theater- und Musikveranstaltungen statt.

Filmprogramm
Im Filmforum der Stadt Duisburg und in bezirklichen Filmvorführstätten wurden 26 Filme zu Frauenthemen vorgeführt.

Literatur/Lesungen
Im Rahmen von Stadtbibliothek, Bezirksbibliotheken und anderen Räumlichkeiten fanden 32 Veranstaltungen dieser Sparte statt. Das inhaltliche Spektrum umfaßte alle Lebensbereiche von Frauen.

Treffpunkt Frauencafé
In der Volkshochschule wurde ein täglich geöffneter Treff mit Café unter der Leitung Duisburger Frauenorganisationen eingerichtet, die diesen Treff auch zur Selbstdarstellung nutzen konnten.

Veranstaltungen für ausländische und deutsche Frauen
Das Programm der AKZENTE wurde in großer Auflage auch in türkischer Sprache gedruckt. Es wurden eine Gesprächsrunde mit türkischen Frauen und Mädchen und eine Tagung und zwei Stadtteilfeste mit der Zielgruppe "deutsche und türkische Frauen" durchgeführt, außerdem ein Konzert mit türkischen Frauenliedern.

Kommunale Frauenkulturarbeit

Ausstellungen
In den Duisburger Museen, den Stadtbibliotheken, den städtischen Sammlungen, dem Theater, der VHS sowie in Kultur- und Freizeitzentren und Bürgerhäusern, Schulen und in Duisburger Banken fanden insgesamt 21 Ausstellungen zur Frauenthematik statt. Das Spektrum reichte von "Der Frau in der Plastik des 20.Jahrhunderts" im städtischen Museum bis zu den Fotoausstellungen "Ledige Mütter" und "Die Rolle der Frau in der Werbung".

Auswertung
Das inhaltliche Spektrum der Veranstaltungen im Rahmen der 10. DUISBURGER AKZENTE umfaßte sämtliche Themenbereiche, die im Zusammenhang mit Leben, Arbeit und Kultur von Frauen stehen. So konnten sich bis auf wenige Ausnahmen alle in Duisburg im Frauenbereich aktiven Frauen in dem kulturellen Programm dieser kommunalen Aktion berücksichtigt sehen.

Manche Frauen kritisierten die Größe des für sie unübersichtlich gewordenen Angebots, sie meinten, weniger "geballtes Angebot" und dafür kontinuierlich mehr Frauenthemen im kulturellen Leben der Stadt wären sinnvoller. Noch nicht ausreichend gelungen ist (bis auf wenige Ausnahmen) die bis zu den AKZENTEN noch nicht aktiven Gruppen von Frauen einzubeziehen. Die bereits organisierten Frauen arbeiteten fast ausnahmslos in den Vorbereitungsgruppen mit, sie besuchten jedoch fast nur Veranstaltungen, die thematisch und politisch in ihren bisherigen Bezugsrahmen paßten.

Die Ausländerinnen blieben u.a. wegen der Sprachbarrieren meist unter sich, die Beteiligung an den besonders für Ausländerinnen geplanten Angeboten war aber sehr groß; sinnvollerweise müßten mehr **interkulturelle Angebote** gemacht werden um Deutsche und Ausländerinnen gemeinsam anzusprechen. (Dies gilt vermutlich auch für Aussiedlerinnen!)

Nachfolgeaktivitäten
Wie oben erwähnt waren die 10. DUISBURGER AKZENTE als erster "Input" von Frau-

enkultur im Rahmen einer längerfristig angelegten Frauenkulturpolitik geplant. Die auf die AKZENTE folgenden Frauenkulturaktivitäten waren:
- Fortsetzung der mit den AKZENTEN eingeleiteten Aktivitäten durch das Projekt **Frauen vor Ort** und durch das **Duisburger Frauennetzwerk**.
- bewußte und gezielte **Förderung und Berücksichtigung von Künstlerinnen und Frauenkulturaktivitäten** seitens der Kommune im Rahmen der ständigen Aktivitäten.

Das **Duisburger Frauennetzwerk** ist eine Einrichtung, die (angesiedelt bei der Gleichstellungsbeauftragten) ressortübergreifend Einzelprojekte verschiedener Fachämter mit dem Ziel ihrer Verzahnung inhaltlich und organisatorisch betreuen soll (2 Jahre ABM).

Das Projekt **Frauen vor Ort**, ein soziokulturelles, gemeinwesenorientiertes Frauenkulturprojekt, ist ein Projekt zur Frauenbildungs- und Kulturarbeit. Es ist bei der VHS angesiedelt. Neun Frauen (eine Leiterin, sieben Bezirksfrauen und eine Verwaltungsangestellte) arbeiten in diesem Projekt, um die Chancen Duisburger Frauen zu vergrößern, an Kultur und Bildung teilzunehmen und selber kulturell tätig zu werden (2 Jahre ABM).

4. Einige "Knackpunkte"

- Frauen sind "in", sie sind Wählerpotential und sie sind dankbar, wenn etwas für sie "getan" wird. Frauenkulturpolitik läuft Gefahr der Einbindung von Frauen zu dienen, ohne wirklich emanzipativen Charakter zu haben - was auch immer das sein mag.
- Frauenkulturarbeit war vor der neunten Novellierung des Arbeitsförderungsgesetzes (AFG) über ABM **billig abwickelbar**. Die Frage ist, was nun, da Frauen-ABM-Stellen nicht mehr einfach zu kriegen sind, strukturell Neues passieren soll.
- **Kultur ist als Wirtschaftsfaktor erkannt** und wird zur Wirtschaftsförderung genutzt. Frauenkultur auch.

Kommunale Frauenkulturarbeit

- **Kultur kann zum Schlafmittel werden**: in Wirklichkeit passiert praktisch und politisch nix für Frauen, es werden aber einzelne Vorzeigeprojekte, manchmal auch Vorzeigefrauen, gefördert und mann kann sagen "Wir tun doch was!".

Schlußfolgerung: eine **feministische Frauenkulturpolitik** muß zum Ziel haben, die Inhalte von Frauenkulturarbeit von denen einer fortschrittlichen Frauenpolitik nicht zu trennen, die insgesamt mehr Räume für Frauen schafft. Sonst laufen wir in Gefahr **Angebotskultur** unter lila Fahnen im Sinne des "Frankfurter Museumsufers" vorzufinden. Das wäre keine interessenorientierte Frauenkultur, das ist dann **Kultur als Falle**.

Die Frage ist, wie eine feministische Frauenkulturpolitik in Kooperation mit kommunalen Trägern umsetzbar sein soll, ich verweise auf die eingangs angerissene Problematik der Kommunikationsschranken zwischen Kommune und Frauenbewegung, bin aber (prinzipiell) optimistisch, benannte Probleme werden lösbarer.

Meine Erfahrungen im Rahmen von "Kultur und Frau" und die Ergebnisse meiner Gespräche mit kompetenten Frauen habe ich zum Abschluß meiner Tätigkeit in Kultur '90 zusammengefaßt, meine Thesen möchte ich abschließend (leicht überarbeitet) vortragen:

5. Thesen

Präambel oder "Vorne-weg":

Für Kulturfrauen ist die Kommunikation mit Verwaltung nicht immer einfach, umgekehrt gilt dasselbe. Es ist jedoch notwendig, daß Frauenbewegung und Institution zusammenarbeiten, wenn Frauen in größerem Rahmen kulturell aktiv werden wollen und (seitens der Kommune) auch sollen.

Der Prozeß der Kooperation ist etwas, was beide Seiten lernen müssen, es bedarf daher eines beidseitig wohlwollenden Umgangs mit-

Kommunale Frauenkulturarbeit

einander! Erleichternd ist es, daß mit den Frauen-, bzw. Gleichstellungsbeauftragten und anderen Institutionsfrauen Bündnispartnerinnen in den Kommunen vorhanden sind.

1. Frauenkulturpolitik sollte **deutschen und ausländischen Frauen** Räume für eigene kulturelle Äußerungen in allen Medienbereichen schaffen, Räume im ganz materiellen Sinne von Platz, jedoch auch im Sinne von: Frauen FREI-Raum für ihre kulturelle Entwicklung geben.

2. Sie sollte damit die **Weiterentwicklung von identitätsstiftender, interessenorientierter Frauenkultur,** besonders durch die bereits in der Frauenbewegung aktiven Frauen, fördern.

3. Frauenkultur sollte seitens der Kommunen, **kooperierend** den Frauen- oder Gleichstellungsbeauftragten und mit den Frauenorganisationen vor Ort, ideell und materiell gefördert werden.

4. Gleichzeitig ist seitens der Kommunen den Frauen der Zugang zum bestehenden Kulturangebot durch geeignete materielle und frauenpädagogische Maßnahmen zu erleichtern und die **Breitenkulturarbeit** auch unter frauenthematischen Aspekten zu betreiben.

5. Frauenkulturpolitik sollte **Kinderbetreuungsmöglichkeiten** in den Kultureinrichtungen schaffen. Sie sollte mit Kinder- und Jugendkulturarbeit verknüpft werden, wo sich dies ermöglichen läßt. (Parallelangebote)

6. **Künstlerinnenförderung.** Künstlerische Aktivitäten von Frauen sind ideell und materiell zu unterstützen, es sind gesonderte Künstlerinnenförderprogramme zu entwickeln.

7. Ziel einer kommunalen Kulturpolitik für Frauen kann es **nicht** sein, eine Zensur der von Männern oft als andersartig wahrgenommenen, kulturellen Äußerungsformen von Frauen zu betreiben. **Jede Frau hat ein Recht auf freie Kulturäußerung**, auch wenn Inhalte und Formen Männern nicht immer recht sein mögen.

Begegnungsorte und Feste nur für Frauen, sind notwendig, denn diese wirken identitätsstiftend. Es ist außerdem zu berücksichtigen, daß islamische Frauen zu Orten, die öffentlich für Männer sind, keine Zugangsmöglichkeiten haben.

Literatur:

1) Morgner, Irmtraud: Amanda. Ein Hexenroman. Darmstadt und Neuwied 1983.
2) Kramer, Dieter: Theorien zur historischen Arbeiterkultur. Marburg 1987.
3) Stadt Duisburg Dezernat für Bildung und Kultur (Hg.): FrauenBilder. Wissenschaftliche Dokumentation der 10. DUISBURGER AKZENTE 1986 "Man ist Frau".

Kontaktadresse:

Simone Odierna
Lichtstraße 37
4000 Düsseldorf 1

Feministische Kulturpädagogik -
29 Praxisbeispiele

Fotografie
Tanz
Bildende Kunst
Theater / Literatur / Spiel
Film / Video / Computer
Aktion / Performance
Kulturarbeit

Karin Günther-Thoma

Fotografie hinter Gittern
Fotoprojekt im Frauengefängnis Frankfurt, Frankfurt-Preungesheim

Der Vollzug ist darauf auszurichten, daß er dem Gefangenen hilft, sich in das Leben in Freiheit einzugliedern. (§ 3, StVollzG)

Ein hoher, mächtiger Wachturm ragt in den Himmel, ein grünlich-gläsernes Nest auf hohem Mast, als Eckpfeiler einer über drei Meter hohen grau-kahlen Betonmauer, gekrönt mit rasiermesserscharfem Natodraht. Die eigenen Körperdimensionen schrumpfen unmittelbar neben der überdimensionalen Mauer des Frankfurter Frauengefängnisses.

Bepackt mit Kamera, Stativ, Lampen, Reflektoren mit Ständern, Tüchern, Hüten und Schminkutensilien, schutzlos vor der Pforte in Regen und Wind stehend. Der Beamte hinter dem grünen, schußsicheren Sicherheitsglas nimmt durch einen Schieber den Personalausweis entgegen. Laufkarte herausziehen, Eingangszeit eintragen. Endlich weiter, durchs Drehkreuz bis zum Eisentor, das sich langsam zu öffnen beginnt. Hindurch, schwer und behäbig schließt sich das Tor wieder. Weiter, die Sachen zum Durchleuchten ablegen, Metallenes aus Mantel- und Hosentaschen kramen, Schmuck ablegen, manchmal sogar die Ohrringe. Dann die Magnetschleuse - piepst noch was? - Nein, also weiter: sämtliche Sachen wieder aufnehmen. Doch langsam, die Formalitäten sind noch nicht erledigt. Erst den Hausausweis mitnehmen, der in der Anstalt den Personalausweis ersetzt. In den fensterlosen und abgeschlossenen Warteraum bis die Kollegin ebenfalls kontrolliert ist. Dann kann es weitergehen, vorausgesetzt einer der Beamten hat Zeit, uns "durchzuschließen", und das kann manchmal lange dauern. Der Warteraum wird aufgeschlossen, nach zwei Metern die erste schwere Eisentür.

Aufschließen, hindurch, Zuschließen. Die nächste Tür, Aufschließen, hindurch, Zuschließen. Klack, klack, es gibt jedesmal dasselbe abgehackte, metallische Geräusch, wenn sich der Schlüssel im Schloß dreht. So wird Sicherheit produziert.

Rahmenbedingungen unserer Arbeit: Alltag im Knast.

Warum diese ausführliche Schilderung scheinbarer Nebensächlichkeiten?
Weil es Bedingungen sind, die zur täglichen Routine des Vollzugsalltags inhaftierter Frauen gehören, aber auch Teil unserer Arbeitsbedingungen als Leiterinnen von Freizeit-Foto-Gruppen sind. So amüsant, ärgerlich oder auch teils erniedrigend die Kontrollprozeduren auch sein mögen, so erfahren wir dabei ansatzweise am eigenen Leibe die infantilisierenden, die Handlungsfreiheit einschränkenden Bedingungen, denen die Frauen im Gefängnis täglich unterliegen: Begrenzung des Freiheitsraumes, Abhängigkeit, Warten vor verschlossenen Türen, Durchsuchung, Einfügung in ein ritualisiertes, eingeschränkt sanktioniertes und kontrolliertes Alltagssystem. Mit der Abgabe meines Personalausweises unterwerfe ich mich der Hierarchie des Vollzugssystems. Das Symbol der Macht ist der Schlüssel - wer keinen besitzt, ist auf das Wohlwollen des Schlüsselbesitzers angewiesen, ist ihm untergeordnet. Es gibt kein Weiterkommen ohne die Zeit und den Willen des anderen. Das spüren schon wir, die wir freiwillig und nur stundenweise ins Gefängnis gehen, wieviel stärker erst die Inhaftierten, die den Vollzugsbedingungen im Gegensatz zu uns zwangsweise und total unterworfen sind.

Morgen ist wieder ein Tag, leider derselbe
Fotoausstellung mit Arbeiten von weiblichen Gefangenen im Historischen Museum Frankfurt

Fotografie hinter Gittern

Du hast nichts zu sagen. Du darfst nur anziehen, was die wollen. Du mußt bei jedem bißchen fragen. Du darfst noch nicht einmal über dein eigenes Geld verfügen. Wie die kleinen Kinder. Ich wollte von meinem eigenen Geld was kaufen. Nein, ich durfte nicht.

Du bist eigentlich niemand.

Du kannst hier drinnen effektiv nichts machen, nichts. Du mußt fragen, wenn du zur Schule gehen willst. Du mußt fragen einfach zu allem. Du mußt fragen, wann du auf das Klo kannst. Auch das mußt du fragen, ob du kannst, für die Abführtablette, für alles.

Du bist nichts mehr. Ich bin nicht mehr ich. Ganz klein bist du hier, so klein, eine ganz kleine Nummer hier im Haus. Die Nummer 31.

In Gedanken, manchmal denkst du, es geht vorbei. Dann kannst du machen, was du willst. Dann hat dir keiner was zu sagen, dann machst du, was du willst. Wenn ich was mit einer Beamtin hab', dann denk ich, die kann mich gerne haben.

Irgendwann hat mir keiner mehr was zu sagen. Dann fliege ich in meinen Träumen in die Freiheit.

C., 1978

Das Gebäude der JVA III ist rund 100 Jahre alt und nach dem vor der Jahrhundertwende üblichen pennsylvanischen Vollzugssystem - strenge Einzelhaft, keine Beschäftigung, Redeverbot, Besserung durch Konsum frommer Schriften[1] - im panoptischen Prinzip gebaut, d.h. alle vier kreuzförmig angeordneten Flügel können vom zentralen Mittelbau aus eingesehen werden. In jedem Flügel gehen von vier übereinanderliegenden Galerien 28 Einzelzellen mit einer Grundfläche von rund acht Quadratmetern ab. Das Mobiliar besteht aus Klappbett, Schrank, Klapptisch, Stuhl und Toilette bzw. Kübel. So reduziert sich die freie Fläche auf einen schmalen Gang. Die sanitären Einrichtungen entsprechen nur in einem Teil des gesamten Komplexes heutigen Anforderungen. Seit 1985 wird die Anstalt daher umgebaut, ein Flügel des alten Backsteingebäudes ist bereits abgerissen und wird durch einen modernen Betonbau ersetzt. Erst die Zukunft wird zeigen, ob dem alten Gemäuer noch nachgeweint wird, denn mit moderner Betonarchitektur ist eine ausgefeilte Überwachungstechnik viel besser zu kombinieren. Wo diese Entwicklung hinführen kann, wissen wir spätestens seit Stammheim. Womit ich nicht sagen will, daß Preungesheim Stammheim ist.

Die A1 (Station), weißt du, wie furchtbar das ist?

Ich kam mir vor wie im Mittelalter! Ich kam da rein, machte das Bett runter. Da ist nichts, gar nichts - kahl. Ja, das ist ganz kahl. Kein Bild kein nichts. Da ist gerade das Radio. Wenn du Glück hast, liegt da noch ein Buch.

Du sitzt da und überlegst.

Hier siehst du nur Stacheldraht. Wenn du genauer guckst, siehst du Kakerlaken kriechen. Löcher in den Wänden. Ich habe den Schrank geöffnet, da kamen mir Kakerlaken entgegen.

Die A1, die war ein Loch. Das war eine Sünde.

C., 1978

Frauen im Gefängnis: eine Minderheit.

Das zeigt ein Blick auf die seit 1822 geführte deutsche Kriminalitätsstatistik, in der ihr Anteil zwischen 10 und 30 Prozent schwankt. Das wirkt sich auf ihre Haftsituation insofern aus, als es bundesweit nur wenige eigenständige Frauenhaftanstalten gibt. Meist ist das Frauengefängnis als kleine Abteilung einer JVA für Männer angegliedert. Die JVA III in Frankfurt-Preungesheim ist seit 1953 eine reine Frauenanstalt für Untersuchungs- und Strafhaft, für Erwachsene und Jugendliche, für "Hochsicherheitsvollzugsmaßnahmen" und für Haftzeiten von einem Tag bis lebenslänglich. Dem Haus ist ein Mutter-Kind-Heim und inzwischen ein Freigänger-Haus angeschlossen.

Fotografie hinter Gittern

Die bekannten Untersuchungen zur weiblichen Kriminalität bleiben die Antwort auf die Frage schuldig, was das nun für Frauen sind, die durch Inhaftierung vom gesellschaftlichen Leben ausgeschlossen werden. Die etablierte kriminologische Wissenschaft zeichnet sich in puncto Frauenkriminalität besonders durch ein betont hartnäckiges Festhalten an einmal aufgestellten Behauptungen aus. So wird aus der statistischen Tatsache, daß weibliche Straftäter vorwiegend Eigentums- und Vermögensdelikte begehen, eine geschlechtsspezifische Delinquenz hergeleitet, ohne zu berücksichtigen, daß für Frauen einige Bedingungen entfallen, die sich bei Männern begünstigend auf die Begehung von Straftaten auswirken. Selbst eine geringere Neigung zur Kriminalität wird so der Frau als Mangel angekreidet, indem man Maßstäbe männlichen Verhaltens anlegt. Denn bei Mädchen wird aggressives Verhalten in der Erziehung schon frühzeitig unterbunden, stattdessen werden Emotionalität, Passivität, Schwäche und Anpassung an von anderen gesetzte Regeln umso gründlicher anerzogen.

Unter diesen Voraussetzungen entwickeln Frauen Problemlösungsstrategien, die wenig an Aktivität und Auflehnung erfordern. Statt in die Kriminalität flüchten Frauen in die Krankheit, statt gegen ihre Umwelt richten sie ihr Verhalten gegen sich selbst.[2] Von wenigen neueren und durchweg von Autorinnen (Ausnahmen abgesehen) erweisen sich die vorhandenen Abhandlungen über weibliche Kriminalität also für die praktische Arbeit mit inhaftierten Frauen als wenig hilfreich.

Die Haftanstalt ist eine in sich geschlossene Welt, ihre Umfassungsmauer hat nicht nur einschließenden, sondern auch ausschließenden Charakter.

Mit der Reform des Strafvollzuges wurde das System offener nach innen. Innerhalb ihrer Station können sich die Frauen nach der Arbeit bis zum Einschluß frei bewegen. Dafür wurden die Stationen gegeneinander stärker abgeschottet, etwa durch Zwischendecken zwischen den einzelnen Galerien, um Kontakte von Station zu Station zu verhindern. Die Abschottung wächst mit der Sicherheitsstufe und reicht bis zur völligen Isolation im Sicherheitstrakt.

Wie sich das gesellschaftliche Leben ändert, ändert sich auch, abhängig von den jeweiligen Schwerpunkten der Strafverfolgung, das Leben in den Haftanstalten. Die letzten Jahre wurden stark geprägt durch verstärkte Rauschgiftfahndung nach meist drogenabhängigen Kleindealern. Im gleichen Maße stieg deren Anteil auch in den Frauengefängnissen. Mit der Unterbringung von Drogenabhängigen, also im psychiatrischen Sinne Kranken, in Haftanstalten lebt ein alter Brauch wieder auf: Kranke und Gesetzesbrecher zusammen einzuschließen. Den Hauptanteil ausländischer Inhaftierter stellten vor Jahren überwiegend Frauen aus der Türkei, denen meist ein Mitglied des Familienclans Heroin zum geldbringenden Transport nach Deutschland untergeschoben hatte. Heute sind es meist Frauen aus Südamerika, die mit Kokain auf die Reise zum vermeintlich leichten und risikolosen Geldverdienen geschickt werden, einer Verheissung, der sie sich angesichts des eigenen sozialen Elends kaum entziehen können.

Fotografie als Kommunikations-, Erfahrungs- und Selbsterfahrungsprozess

Unter diesen Voraussetzungen also und mit stets wechselnder Klientel versuchen wir, mit Hilfe der Fotografie Kommunikations-, Erfahrungs- und Selbsterfahrungsprozesse einzuleiten.

Die Gruppenarbeit findet in einer etwa 12 Quadratmeter großen Zelle statt. Für die Dunkelkammerarbeit wird die verdunkelte Nachbarzelle benutzt. Neben Vergrößerungsgeräten gibt es die notwendigen Schalen und Chemikalien, eine Dunkelkammerleuchte ist fest installiert. Für Filme, Fotopapier und Chemikalien steht ein Jahresetat von 300 Mark zur Verfügung, Kamera, Blitzanlage oder andere Kunstlichtquellen stellen wir Kursleiterinnen,

Morgen ist wieder ein Tag, leider derselbe
Fotoausstellung mit Arbeiten von weiblichen Gefangenen im Historischen Museum Frankfurt

Fotografie hinter Gittern

auch sonstiges Material für die Durchführung der Kurse (Schminke, Bekleidung usw.) stammt meistens aus unseren privaten Beständen. Für größere Projekte gibt es in letzter Zeit häufiger Unterstützung von Seiten der Anstalt.

Im Laufe unserer langjährigen Arbeit mit gefangenen Frauen haben wir auf unterschiedlichste Weise mit dem Medium Fotografie gearbeitet. Ursprünglich wurde die Veranstaltung im Rahmen eines Projektes der Erwachsenenbildung im Strafvollzug[3] als Fotokurs institutionalisiert, in dessen Verlauf die Aufnahme- und Dunkelkammertechnik erlernt werden sollten.

Im Gegensatz zu anderen Darstellungsformen ist bei der Fotografie nicht erst die Hürde der Begabung zu überwinden. Um Fotografie zu erlernen, muß man sich nicht zum Künstler berufen fühlen. Schließlich hängt auch die Entdeckung der Fotografie eng mit dem Bewußtsein der eigenen künstlerischen Unzulänglichkeit ihrer Erfinder zusammen. So findet sich in den Aufzeichnungen von William Henry Fox Talbot, dem Erfinder des heute noch üblichen Negativ-Positiv-Verfahrens, die Schilderung eines vergeblichen Versuchs, die Landschaft des Comer Sees zu skizzieren. Er träumte schließlich davon, *"...märchenhafte Bilder, Schöpfungen eines Augenblicks, ...dauerhaft abzudrucken"*[4], ohne durch die Unzulänglichkeit seiner Zeichenkünste gehemmt zu sein.

In diesem Beispiel sind wesentliche Merkmale der Fotografie enthalten, nämlich die Fähigkeit der Kamera, Phasen aus ihrem zeitlichen Ablauf herauszulösen und Räumliches auf eine Fläche zu reduzieren. Die moderne Fotografie hat unsere Sicht erweitert und den veränderten Perspektiven unserer Naturvorstellung in einer technisierten Umwelt angepaßt. Sie rastert vermeintlich wohlbekannt Objekte in neue Muster auf, und so ermöglicht die fotografische Abbildung die Wahrnehmung von bislang unbemerkt gebliebenen Aspekten unserer Umgebung.[5] Fotografie gehört in ihren vielfältigen Erscheinungsformen zu unserem Alltag. Gerade dadurch besteht aber die Gefahr, ihre spezifischen Eigenschaften und Möglichkeiten zu übersehen.

Mein Porträt und ich

In der Fotogruppe (etwa 5-7 Frauen) lernen die Frauen, die nötigen technischen und handwerklichen Fähigkeiten, um den Traum Talbots zu verwirklichen. Technischer und chemischer Prozeß der Fotografie ersetzen in unseren Gruppen den Zeichenstift. Die Fotografie wird als bildnerisches Mittel eingesetzt, um reale oder Phantasiebilder zu Papier zu bringen. Dabei prägt natürlich die aktuelle Situation der inhaftierten Frauen die Ergebnisse. Die Teilnehmerinnen unserer Gruppen entstammen den unterschiedlichsten ethnischen und sozialen Gruppen und bringen entsprechend vielfältige soziokulturelle Erfahrungen ein.

Viele Frauen verknüpfen mit dem Fotokurs die Vorstellung, schöne Fotos von sich zu bekommen. Diese Bedürfnisse der Frauen nach eigenen "schönen" Bildern versuchen wir stets vorrangig zu befriedigen. Daher ist das Porträt bzw. das Foto der eigenen Person Kernpunkt und Beginn unserer Arbeit. Allerdings muß zunächst die traumatische Erfahrung der erkennungsdienstlichen Behandlung überwunden werden, da vielfach der letzte "Auftritt" vor einer Kamera die erkennungsdienstliche Behandlung war.

Hinzu kommt, daß bei den Frauen häufig ein defizitäres Selbstwertgefühl vorhanden ist, was durch die einschränkende Situation der Inhaftierung häufig noch verschlimmert wird. Dem steht meist als Wunschvorstellung das aus der Konsumwerbung bekannte puppenhafte Klischee des jungen, schönen Mädchens gegenüber.

Die Fotos werden oft verschenkt oder verschickt und sind neben Briefen ein wichtiges Mittel, Kontakte über die Anstaltsmauern hinweg aufrechtzuerhalten.

Mit dieser Erwartung erscheinen die Frauen im Fotokurs.

Fotografie hinter Gittern

Die Porträtfotografie stellt eine merkwürdige Trennung von Bewußtsein und Identität zur Diskussion. Daraus läßt sich erklären, daß Personen vor der Kamera häufig eine verkrampfte Haltung an den Tag legen oder bestimmte Posen einnehmen. Die Pose dient dabei offensichtlich als Schutzschild, hinter dem die Person sich verstecken kann, steht sie doch vor der Frage, wie sie von innen auf ihr Äußeres einwirken soll, um möglichst "vorteilhaft" auszusehen.

Der Prozeß des Fotografierens wird zum Gesellschaftsspiel; man posiert entsprechend den Regeln des Spiels, also vorgegebenen Normen oder Vorstellungen, oder entwickelt eigene Initiative. Bei der Porträtaufnahme findet bereits während des Fotografierens eine Interaktion zwischen Subjekt (Fotograf/-in) und Objekt (porträtierte Person) statt. Die Intensität dieses Wechselspiels wird an den fertigen Resultaten, den Fotos, deutlich.

Bis der Bedarf an gewünschten Fotos gedeckt ist, sind auch Aufnahme- und Dunkelkammertechnik erlernt worden. Zunehmend beginnen die Frauen dann, sich gegenseitig zu fotografieren, und vor der Kamera dominiert die Selbstdarstellung, d.h. die Frau vor der Kamera bestimmt mehr und mehr Inhalt und Aussage der jeweiligen Aufnahme nach ihren Vorstellungen.

In der nächsten Phase ermuntern wir die Frauen, mit den Fotos weiterzuarbeiten und neue Bilder zu gestalten. Die Themenstellung entwickelt sich in der Regel aus Gruppen- oder Einzelgesprächen und orientiert sich an den Bedürfnissen der Frauen. Dabei können Probleme aufgegriffen werden, die aus ihrer gegenwärtigen Situation entspringen, oder es wird dem Wunsch gefolgt, "etwas zu tun, was Spaß macht". Das können Einzel- oder Gruppenarbeiten sein. Natürlich fließen bei solchen Projekten häufig Impressionen aus den unmittelbaren Lebensumständen der Frauen ein. So werden beim Fotografieren ein Stück Mauer, ein Gitter, eine Zellentür oder ein Teil des Gefängnishofes aufgenommen. Häufig werden diese Aufnahmen durch Dunkelkammertechnik bearbeitet oder verfremdet, bis sie den Vorstellungen der Frauen entsprechen. So gesehen entsprechen die fotografischen Produkte Selbstdarstellungen von Frauen in einer geschlossenen Gefängnissituation.

Sie bedeuten ansatzweise die Anerkennung der Realität und eine Suche nach Identität, ein Verarbeiten der Situation und ein wenig Hoffnung für die Zeit nach der Inhaftierung. In vielen spiegeln sich die vorherrschenden Gefühle wider: Trauer, Resignation und Wut, aber auch Wünsche, Träume und Hoffnungen.

Nähe und Ferne - im Objektiv gesehen

Jeder von uns hat die Möglichkeit, Dinge festzuhalten. Wie? Natürlich mit der Kamera in der Hand. Was oft im Leben unscharf ist, läßt sich so mit einem Handgriff "scharf" einstellen, der Augenblick im Detail wird fixiert.

Nur, so einfach ist es nicht. Es genügt nicht, nur zu wissen, wie man mit dem Fotoapparat umgeht, den Film entwickelt, Papier belichtet und im Fixierbad alles Gestalt annimmt.

Hier für uns Frauen in der Frauenhaftanstalt Preungesheim ist es mehr. Jeder Umgang mit der Materie "Bild" ist auch eine Ablichtung von uns selbst "ein Ins-Bild-rücken", ein "Belichten" und "Fertigwerden" in der Situation, in der wir sind, denn unser Motiv, das ist unser Leben h i e r !

Egal, wohin wir die Kamera schwenken - GITTER!

Egal, welches Porträt wir machen - VERZWEIFLUNG!

Egal, welche Landschaft - MAUERN!

Und warum drücken wir dann auf den Auslöser? Weil wir auch Hoffnung haben, noch fähig sind - auch hinter Gittern - Schönes zu erkennen - und: "Wir wollen es festhalten". Nicht nur zur Erinnerung, auch zur Bewältigung.

Fotografie ist Licht und Schatten.

Wir haben beides, deshalb arbeiten wir mit - um uns durchs Objektiv objektiv zu sehen.

P.S., 1987

Fotografie hinter Gittern

Der primäre Prozeß des Fotografierens spielt sich naturgemäß zwischen Fotograf und Objekt ab. Milgram beobachtete dabei Änderungen im Sozialverhalten des Objekts, wie auch Auswirkungen auf Außenstehende. Sein Experiment auf einer belebten Straße in New York erhellt, daß selbst im dicht bevölkerten Manhattan zwischen Fotograf und Objekt eine "Blickschiene" als Tabuzone respektiert und nicht durchschritten wird.[6]

Die "Blickschiene" deutet an, daß beim Fotografieren zwei Individuen aufeinander eingehen müssen, um ein Resultat zu erzielen. Von dieser Einigungsformel - sei es, daß das fotografierende oder das aufgenommene Individuum dominiert, oder sei es, daß beide einen anderen Konsens finden - hängt es ab, ob das Ergebnis ein klischeehaftes Foto mit Pose oder ein "lebendiges" Porträt ist. Dominiert das aufgenommene Individuum, so handelt es sich bei den fotografischen Darstellungen allemal um Externalisierungen eigener Selbstanteile.[7]

Bilder von Menschen aufzunehmen ist eine schwierige Arbeit mit den zerbrechlichen Elementen von Privatsphäre, Selbstbewußtsein und Eitelkeit. Vorstellungen von Selbstbild, Selbsteinschätzung, Selbstakzeptierung und Selbstvertrauen werden hier angesprochen. Die Konfrontation mit fotografischen Abbildungen der eigenen Person schafft positive Möglichkeiten der Selbsterkenntnis und wirkt sich auf Erscheinung, Verhalten und interpersonelle Beziehungen der jeweiligen Person aus. Die Selbstkonfrontation konzentriert die Wahrnehmung auf ein externes eigenes Bild, so daß eine bessere Beziehung zum eigenen realistischen Selbst hergestellt werden kann. Das Bild ist etwas Externes und so ein Teil der Realität, auf den andere genauso reagieren können wie man selbst. Es ist etwas, das man lieben, sich auf diese Weise wieder zuführen, internalisieren kann, was wiederum zu intensiven Erlebnissen führen kann. So läßt sich erklären, daß durch die Selbstbilderfahrung hinsichtlich Selbsteinschätzung und Selbstzufriedenheit signifikante Verbesserungen erzielt werden können, wie Fryrear bereits 1974 mittels Testverfahren nachgewiesen hat.[8]

Vom Selbstporträt zur Gruppenarbeit an Collagen, Montagen, Fotogeschichten.

Die visuelle Selbstkonfrontation, die beim Entwicklungsvorgang des ersten Fotos der eigenen Person einsetzt, leitet einen Erfahrungsprozeß ein: die Teilnehmerinnen beginnen, die eigene, individuelle Schönheit zu erkennen und anzuerkennen. Es ist ein sehr komplexer Prozeß gegenseitigen Austauschs, der bereits während der Aufnahmen beginnt, sich bei der Laborarbeit fortsetzt und in Gesprächen über viele Gruppensitzungen weitergeführt wird. Je vertrauter der Umgang miteinander wird, desto offener und intensiver werden die Darstellungsmöglichkeiten der eigenen Person, weg von der Pose, bis hin zur Abbildung eigener Vorstellungen, Ängste, Träume, Wünsche, Phantasien, Gedanken oder Gefühle. Diese individuellen Entwicklungen der einzelnen Teilnehmerinnen festigen die Gruppe und befähigen sie zu gemeinsamen Arbeiten, etwa Collagen, Montagen oder ganzen Fotogeschichten.

Fotogeschichte: Begräbnis des humanen Strafvollzugs

Die Themen orientieren sich an den Wünschen und Bedürfnissen der Gruppe, einzelner Teilnehmerinnen oder an aktuellen Ereignissen. So lieferten vor einigen Jahren erhebliche Einschränkungen im Vollzugsalltag der Jugendgruppe hinreichenden Anlaß für die Produktion einer Fotogeschichte über das Begräbnis des humanen Strafvollzugs.

Infolge Personalknappheit und steigender Inhaftiertenzahl - die ursprünglich für 240 Insassen konzipierte Frauenanstalt war im Sommer 1980 mit 320 bis 340 Inhaftierten hoffnungslos überbelegt - wurde der Tagesablauf neu gere-

Fotografie hinter Gittern

gelt. Mit dem um zwei Stunden vorverlegten Nachteinschluß entfiel praktisch die gesamte Freizeit auf der Station. Diese als vorübergehend verhängte Einschränkung löste massive Ängste aus, daß so klammheimlich eine Dauerlösung geschaffen werden sollte. Denn Freizeit, das sind die Stunden zwischen Arbeit und Einschluß zum Essen, Duschen, Hofgang, Briefeschreiben, Sich-unterhalten oder zum Besuch einer Freizeitgruppe.

Vom Hessischen Justizministerium fühlten sich die Inhaftierten im Stich gelassen als der Pressesprecher des Ministers verlautbarte, die Fülle der Verurteilungen wegen Rauschgiftdelikten sei nicht vorhersehbar gewesen. "Was", so fragten sich die Gruppenmitglieder, "was sind das für Fachleute, die einerseits die Strafverfolgung intensivieren, aber andererseits nicht imstande sind, daraus den Schluß zu ziehen, daß damit auch die Zahl der Verurteilungen steigen wird?"

Die Fotos wurden mit einfachen Mitteln gestaltet. In der Bildfolge wird der humane Strafvollzug zu Grabe getragen. Unter den Trauergästen weilen die stark angeschlagenen "Resozialisierung" und Justitia mit Augenbinde. Besonders bedrückend wirken die letzten Fotos der Geschichte - nachdem Justitia hämisch grinsend die Zellentür zugeklappt hat, herrscht in der Zelle beklemmende Einsamkeit. Der Text dazu: Morgen ist wieder ein Tag, leider derselbe.

Die Bildgeschichte wird als Fotoausstellung in der Anstalt beim Sommerfest den Gästen von draußen gezeigt. Die Gruppe erkennt schnell, ohne Hilfe von außerhalb ist hinter Gefängnismauern nichts zu verändern. So wird die Ausstellung auch noch in den Räumen der Frankfurter Volkshochschule und dann im Rahmen der Frauenausstellung des Historischen Museums Frankfurt präsentiert.

Gemeinsam mit der ganzen Gruppe haben wir mit äußerst begrenzten finanziellen Mitteln einige weitere hinhaltlich eigenständige Ausstellungen organisiert: 1985 zur Aufführung des Theaterstückes "Strafmündig" von G.Heidenreich in Mainz, 1986 - mit finanzieller Unterstützung der Träger - beim VIII. Deutschen Volkshochschultag in München und 1987 mit Unterstützung der JVA in der Frankfurter Galerie A/opus 111.

Fotogeschichte: Klaras "Traumarbeit"

Wie sich aus den scheinbaren Zufälligkeiten eines Gruppenprojektes die Aufarbeitung der individuellen Lebenserfahrungen einer Teilnehmerin - nennen wir Sie hier einfach "Klara" - ergab, verdeutlicht das folgende Beispiel:
Im Rahmen einer Gruppenarbeit entstanden verschiedene Gruppenaufnahmen, etwa einer Turnriege, ein Familienfoto, eine Putzkolonne, eine Bordellbelegschaft und ein Nonnenchor. Monate später wurden einige Probeaufnahmen für eine Vampirgeschichte angefertigt. "Klara" posierte als Dracula und war von diesem Foto begeistert. Je stärker sie von dem Foto angetan ist, desto mehr wird es von den übrigen Frauen in der Gruppe und vor allem auf der Station abgelehnt (speziell von den Beamtinnen aus Wach- und Sozialdienst), und desto heftiger verteidigt sie das Bild.

Für "Klara" ist es wichtig, zu der "Scheußlichkeit" des Fotos zu stehen, die wohl in Zusammenhang mit der Schwere ihres Deliktes gesehen werden muß, das sie zu verarbeiten hatte. Schließlich kombiniert sie das Dracula-Bild in mehreren Variationen mit einem älteren Foto aus der Nonnenserie. "Das ist es!" - links Dracula und rechts lächelt die Nonne mild über die Schulter Draculas. Dann werden die Lippen der Nonne mit Nagellack knallrot angemalt, so daß sie sich von den Grautönen der Schwarz/Weiß-Vergrößerung abheben und dem frommen Anblick der Gottesfrau mit der Sinnlichkeit ihrer roten Lippen etwas Verworfenes geben.

Es kommen Assoziationen zu "Klaras" früheren Erfahrungen in ihrer Familie auf, die von extremen Gegensätzen geprägt sind: der Polizist und die Straffällige, der Pfarrer und der Alkoholiker..

Ibu's Traum
Fotoausstellung: Morgen ist wieder ein Tag, leider derselbe

Sie arbeitet weiter an ihrem Bild, die Gegenstände verdichten sich, und am Ende bleiben von der Nonne nur noch die rotgeschminkten Lippen im Gesicht von Dracula.

Man erkennt unschwer, daß "Klaras" fotografische Umsetzung Analogien zur Traumarbeit im Sinne Freuds aufweist. "Klara" hat zunächst zwei eigenständige Fotos zu einem Bild kombiniert, dann mit den roten Lippen ein neues Element hinzugefügt (und damit der Nonne einen anderen Charakter verliehen). Der letzte Schritt ist die Verdichtung beider Bilder, in der von der Nonne nur noch das nachträglich eingefügte Element der roten Lippen im Dracula-Gesicht erhalten bleibt.

Im Grunde hat sich bei "Klara" das gleiche abgespielt, was uns der Traum in der Phantasie ermöglicht: "Der Traum ermöglicht eine zwar nur phantasierte, aber funktional wichtige szenisch-bildhafte Selbstdarstellung, eine quasi Selbstobjektivierung, die den Träumenden in die Lage versetzt, prospektiv und experimentell vorläufige Selbstentwürfe und Alternativlösungen durchzuspielen."[9] Fotografien spiegeln also als äußere Bilder innere Erfahrungsstrukturen wider, wenn nicht sogar Traumbilder "nachgestellt" werden. Und daß Traumbilder in der Psychoanalyse die via regia zum Unbewußten bilden, ist seit Freuds Formulierung der Traumtheorie[10] unbestritten.

Für das "Verstehen" des verborgenen Sinnes eines Fotos gelten die strengen Regeln der Traumdeutung. Das bedeutet, ein Foto allein ermöglicht keine Aussage über die Person, die es angefertigt hat, denn die unbewußten Gehalte des Bildes sind ähnlich wie Traumbilder verschlüsselt und entziehen sich ohne die persönlichen Assoziationen der Deutung. Schließlich gibt es auch keine allgemein gültigen Regeln für diese Art von Übersetzungsarbeit, auch kein allgemeingültiges "Wörterbuch".[11]

Eine der wichtigsten Aussagen "Klaras" lautete: "Eigentlich sieht der Dracula ja eher selbst ausgesaugt aus." Für mich ist das eine bedeutende Erkenntnis, denn auch mich erinnert das Dracula-Bild an ein zutiefst trauriges, geschlagenes Wesen. Ist das nicht eine Gedankenbrücke, die die Mauern fallen läßt?

Fotografie hinter Gittern

Traum

In einem Traum wird mir
das Innere des Gefängnisses
mit seinen Eisengeländern,
Gittern und Galerien zum
atmenden Organismus
eines Schneckengehäuses.

Der Schneckengang wird
zu den Eisenbalustraden
der offenen Stockwerke.
Der Organismus atmet.
Das große Tor zur Verwaltung
geht beim Ausatmen weg,
wird klein, entfernt sich.
Beim Einatmen kommt
es bedrohlich auf mich zu,
wird immer größer.
Ich kann nicht zurückweichen,
es geht nicht zurück.
Ich erstarre, finde keinen Schutz.
Das Tor wird immer gewaltiger,
und kommt immer bedrohlicher
auf mich zu.
Das Schneckengehäuse atmet aus...
Angst und Erstarrung weichen.

Ibu, 1983

Einiges hat sich geändert, seit ich diesen Artikel niedergeschrieben habe. Die Fotogruppe besitzt jetzt - nach über 10 Jahren - eine eigene Fotoausrüstung mit Kamera, Beleuchtungsausrüstung etc.

Anmerkungen

0) Die kursiv geschriebenen Zitate stammen aus meiner Diplomarbeit "Fotografie als Medium zur Einleitung von Kommunikationsprozessen, Ffm, 1978 sowie der Broschüre "Gitter - und was noch?" Hg.: S. Düringer, G. Janowski, Ffm 1987.

1) vgl. Mittermaier, W.: Gefängniskunde, Berlin/Frankfurt 1954

2) vgl. Stein-Hilbers, M.: Emanzipation durch Kriminalität, in: psychologie heute, Weinheim/Basel, Jg.5, Nr.8, August 1978;

   auch: Chesler, P.: Frauen - das verrückte Geschlecht?, Reinbek 1977

3) Das Projekt "Themenzentrierte Fotografie" in der Frauenvollzugsanstalt Preungesheim wird von der Volkshochschule der Stadt Frankfurt getragen und von der Landesarbeitsgemeinschaft (LAG) für Erwachsenenbildung im Justizvollzug, einem Zusammenschluß des Hessischen Volkshochschulverbandes und des Gefangenenbildungswerks Dr.Fritz Bauer, aus Mitteln des Landes Hessen finanziell seit 1972 gefördert.

4) Wiegand, W. (Hrg.): Die Wahrheit der Photographie, Frankfurt 1981, S.49.

5) vgl. Kracauer, S.: Theorie des Films, Frankfurt 1973, S.32 ff.

6) Milgram, S.: Jeder knipst sein eigenes Märchen, in: psychologie heute, Jg.4, Heft 6/1977

7) vgl. Mentzos, S.: Neurotische Konfliktverarbeitung, München 1982, S.46 ff.

8) vgl. Fryrear, J.: Photographic Self-Concept Enhancement of Male Juvenile Delinquents, in: Journal of Consulting ans Clinical Psychology, Washington D.C. 1974, Vol.42 No.6, S.915.

9) Mentzos, S.: S.70

10) Freud, S.: GW II/III, Frankfurt 19735, S.283 ff.

11) vgl. Mentzos, S.71

Kontaktadresse:

Karin Günther-Thoma
Neuhofstraße 36
6000 Frankfurt/M. 1

Margarethe Rosenberger, Andrea Schweers
Ich muß die Bilder machen, die ich machen muß

Zur Fotoausstellung: "Erotik - der weibliche Blick" im Frauenkulturhaus Bremen (9.6.-10.7.87)

Die Vorgeschichte

Im Caféraum des Frauenkulturhauses Bremen werden seit der Eröffnung (März 1982) regelmäßig, meist im monatlichen Wechsel, Ausstellungen gezeigt. Ein Schwergewicht lag bis jetzt auf künstlerischen Arbeiten von Einzelfrauen (Zeichnungen, Gemälde, Fotografien, bildhauerische Arbeiten). Etwa 15 Prozent der Ausstellungen zeigten Arbeiten, die Ergebnisse von Gruppenprozessen waren bzw. von Künstlerinnengemeinschaften präsentiert wurden. Viermal wurden bis jetzt Rauminstallationen gezeigt, die den Rahmen der üblichen "Bild-auf-Wand-Ausstellungen" sprengten. Neben den künstlerisch orientierten Ausstellungen gab es 1-2 Mal pro Jahr Informationsausstellungen zu aktuellen politischen Themen.

Organisiert und vorbereitet werden die Ausstellungen von einer oder mehreren Mitarbeiterinnen, wichtige Auswahlentscheidungen von der Kulturgruppe bzw. vom Gesamtplenum der Mitarbeiterinnen getroffen.

Das Frauenkulturhaus hat sich nie als Galerie verstanden, d.h. es ging immer vorrangig um den Austausch, die Auseinandersetzung über künstlerische Arbeiten von Frauen, und weniger um den Verkauf (der natürlich nicht ausgeschlossen war). Ein Ziel unter anderen war die Förderung von Frauen, die aufgrund ihres Anfängerinnenstatus' bzw. wegen der von ihnen gewählten Themen und Ausdrucksformen wenig Chancen auf andere Ausstellungsmöglichkeiten hatten.

Zur Förderung des Kontaktes zwischen Ausstellenden und Besucherinnen wird immer ein Gespräch mit der Künstlerin angeboten, häufig noch ergänzt durch eine Veranstaltung zu dem angesprochenen Thema (Vortrag, Lesung, Diskussion etc.).

Die im folgenden vorgestellte Fotoausstellung war in verschiedener Hinsicht ein Novum bzw. eine Veranstaltung der "Superlative" und reizt daher zu intensiverer (Rück)-Betrachtung.

Ein "heißes Thema"

Gewiß haben wir nicht vermutet, was auf uns zukommen würde. Im Dezember 1986 sprachen wir zum ersten Mal über einen öffentlichen Fotowettbewerb zum Thema "Erotik" und ahnten wohl, daß dies immer noch und immer wieder ein heißes Thema ist. Aber daß uns die Ausstellung neun Monate lang, bis zum letzten Nachlesegespräch im September 87, beschäftigen und eine so heftige Debatte auslösen würde, hatte wohl keine erwartet.

Hin- und hergeworfen zwischen unseren eigenen Extremen - Begeisterung und Frustration -, gerieten wir als Veranstalterinnen zudem in die wechselnden Feuer von Lob, Kritik und Selbstkritik. Die Diskussion über weibliche Sichtweisen von Erotik und Möglichkeiten ihrer Umsetzung in Fotografie spitzte sich schließlich zu in einer Debatte über unser Selbstverständnis als Frauen- bzw. Lesbenkulturprojekt. Da ging es dann nicht mehr um Kunst oder das gestellte Thema, sondern um das **eine** Bedürfnis, im Frauenraum zensurlos alle Themen behandeln zu dürfen, und das **andere** Bedürfnis, wenigstens an einem Ort in der Stadt sich als Frauen/Lesben uneingeschränkt wohlfühlen zu können.

Fotoausstellung: "Erotik - der weibliche Blick"
Foto: Barbara Baum, "ohne Titel"

Entstehungsgeschichte

Ich muß die Bilder machen, die ich machen muß

Aktueller Anstoß für unsere Wettbewerbs-Ausschreibung war eine große Akt-Fotografie-Ausstellung gewesen, die erst in München und im Dezember 86 in Bremen gezeigt wurde - eine Ausstellung, die mal wieder/wie immer, unter dem Anspruch der Allgemeingültigkeit überwiegend den männlichen Blick auf den nackten weiblichen Körper präsentierte. Aus unserer Enttäuschung und Empörung über die Ausstellung entstand der Wunsch, dieser - unausgesprochenen - männlichen Sichtweise eine andere, von uns Frauen, entgegenzusetzen. Statt des Themas "Akt" wählten wir den Titel **"Erotik - der weibliche Blick"**. Wir wollten damit die erotische Komponente, die unter dem Mantel künstlerischer Aktfotografie häufig versteckt bleibt, deutlich beim Namen nennen.

Andererseits ging es uns um eine Erweiterung des Themas - *"was alles nehmen Frauen als erotisch wahr?"* - hieß eine Frage in der Ausschreibung. Das Thema wurde bewußt so offen formuliert, um die Phantasien der Frauen nicht von vornherein auf den menschlichen Körper einzuschränken. Die Ausschreibung - verbreitet über Frauenpresse, Buchläden, Kultureinrichtungen - sollte sich bewußt nicht nur an bereits bekannte Fotografinnen wenden, sondern auch an Amateurinnen, die mit ihrer Einsendung einen Beitrag leisten wollten zu "weiblichen Fotografie-Sichtweisen". Mit der Ausschreibung als Wettbewerb hofften wir, einen zusätzlichen Anreiz zur Beteiligung gerade auch für nicht Ausstellungs-erfahrene Fotografinnen zu geben.

Die Bilder

Etwa 80 Arbeiten von 27 Frauen wurden eingesandt - eine breite Palette vom Urlaubsschnappschuß im Taschenkalenderformat bis hin zum 2 m großen Fotogramm. Erste Überraschung: Entgegen unserer Ausschreibung verbanden fast alle Einsenderinnen "Erotik" mit verschiedensten Aspekten von Körperlichkeit; nur wenige suchten in anderen Bereichen (Natur, Alltagsgenüsse etc.). Zweite Überraschung: Trotz der offenen Thematik kommen nur in wenigen Fällen Männer ins Bild; für die meisten Fotografinnen ist v.a. der weibliche Körper, häufig der eigene, von größtem Interesse. Mag sein, daß diese Auswahl auch im Bezug zum Ausstellungsort getroffen wurde (Bilder von Männern kommen im Frauenkulturhaus nicht gut an - siehe Absatz "Publikum"); sie entspricht aber auf jeden Fall einer allgemeinen Tendenz, wie sie z.B. Gisela Breitling in ihrem Artikel "Über die Abwesenheit der Männer in der erotischen Kunst der Frauen" beschreibt: *"Sie (die erotische Kunst von Frauen) holt sich das Bild der Frau zurück, das bisher nur Anblick für Männer zu sein hatte."*

Und dies ist sowohl Ausdruck für das erotische Interesse von Frauen am (anderen) Frauenkörper, als auch, vor allem, eine Auseinandersetzung mit der eigenen Gefühlswelt. Daraus erklärt sich die überraschend große Anzahl von Bildern, in denen Frauen sich selbst zum Modell nahmen, häufig noch unterstrichen durch Titel wie "Selbstauslöser", "Auto-Erotik". Der Blick, die Perspektive, der Entstehungsweg sind also ganz "andere", auch wenn sich die Ergebnisse nicht unbedingt und sofort erkennbar von denen männlicher Aktfotografie unterscheiden.

Eine ironische Hinterfragung der gängigen Vorstellungen zu Erotik lieferte v.a. die Bremer Fotogruppe Auslöser-Lesben (siehe Seite 69); einige andere Arbeiten fielen durch technisches Experiment aus dem Rahmen (besonders Margit Tabel-Gersters Fotogramm), insgesamt aber spiegelten die Einsendungen v.a. eine ernsthafte bis lustvolle (Selbst)-Erforschung des Themas mit relativ traditionellen Mitteln.

Die Fotografinnen

Von den 27 Einsenderinnen (aus Bremen und sechs weiteren Städten) sind schätzungsweise die Hälfte mehr oder weniger professionell arbeitende Fotografinnen, die anderen Amateurinnen mit wenig Ausstellungserfahrung.

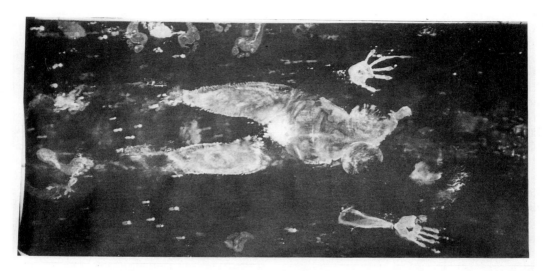

Fotogramm auf Lichtpauspapier 102 x 173 cm
die hellen (heißen) Stellen sind im Original orange,
die dunklen (kalten) tiefes violett.

Margit Tabel-Gerster
"Autoerotik" (Fotogramm, 102 x 173 cm)
Das Selbstportrait in verschiedenster Art nimmt in meinen Arbeiten einen wichtigen Platz ein.
"Autoerotik" entstammt einer Phase, in der Erotik hauptsächlich mit mir selbst und mit meiner
Arbeit aufkam. Diese wechselseitige Liebesbeziehung steckt im vorliegenden Fotogramm:

Autoerotik

Erregt mit sich beginnt mein Körper
heiß zu werden
ich gehe auf engsten Kontakt
mit meinem Arbeitsmaterial
Licht und Wärme müssen dabeisein
der Akt ist vorbei
ein merkwürdiger Nachgeschmack folgt
und bleibt

Fotogrammatik

Die Haut stößt mehr
oder weniger Salzwasser aus
ich werfe mich auf
darauf reagierendes Lichtpauspapier
ich belichte mit UV-Strahlen
ich verlasse das Papier
es wird unter Ammoniakdampf entwickelt
und fixiert

Unser Ziel, ein möglichst breites Spektrum von Frauen anzusprechen, wurde also erreicht, wobei die Ausschreibung als Wettbewerb manche zum Mitmachen gelockt hatte, andere im Gegenteil abgeschreckt, weil sie entweder diese Form von Bewertung ablehnten oder sich nur beteiligt hätten mit einer anonymen Einsendung. Für viele lag der Reiz zum Mitmachen u.a. in der angebotenen öffentlichen Auseinandersetzung, was durch die große Beteiligung an den Diskussionsveranstaltungen deutlich wurde.

Die Jury

Vier Frauen - eine Fotografin, eine Malerin, zwei Mitarbeiterinnen vom Frauenkulturhaus - bildeten die Jury. Aufgabe der Jury war nicht, Bilder auszuwählen, da die Vorbereitungsgruppe (mit durchaus banger Erwartung) beschlossen hatte, in diesem Sinne keine Zensur zu betreiben und alle Einsendungen auszustellen.

Die Jury sollte vielmehr ein Votum abgeben, unter anderem mit dem Ziel, die Publikumsdiskussion - dafür und dagegen - anzuregen. Maßstab war, neben der technischen Qualität, die ganz bewußt subjektiv bewertete Ausstrahlung der Bilder. Von den sechs Arbeiten, auf die sich die Jury nach langen Diskussionen einigen konnte, wurden drei "preisgekrönt", drei weitere kamen in die "engere Wahl". Daß ausgerechnet eines der "Männerbilder" gewählt wurde, gab den anschließenden Debatten heftigen Zündstoff.

Meinungen im Publikum

Viel mehr, als das im üblichen Galerie- und Museumsbetrieb der Fall ist, ging es in unserer Ausstellung um eine Anregung zur Diskussion, eine Präsentation und Auslotung des Ist-Zustandes im Bereich erotischer Fotografie von Frauen. Für Besucherinnen und Fotografinnen wurden mehrere Gelegenheiten zur Meinungsäußerung angeboten - ein vorbereitender Sonntagsfrühschoppen zum Thema

Ich muß die Bilder machen, die ich machen muß

"Erotik", die Ausstellungseröffnung mit Verleihung des Jurypreises und die Abschlußdiskussion mit Verkündung des Publikumspreises. 142 Besucherinnen gaben ein Votum für ihr "bestes Bild" ab, die meisten Stimmen bekam Bernadette Lahmer, deren Bild auch in der engeren Wahl der Jury war. Insgesamt waren die Stimmen breitgestreut - auch hier, ähnlich wie bei der Jury, ein wenig einheitliches Bild.

Im Folgenden soll versucht werden, die wichtigsten Themen des heftig geführten Abschlußgesprächs anhand einiger zentraler Äußerungen nachzuzeichnen.

"Zur Schwierigkeit, Erotik abzubilden"

- Ich fand gar kein Bild erotisch. Wir haben in kleinerem Kreis immer wieder darüber geredet. Ich für mich bin zu der Erkenntnis gekommen, daß ich Erotik mit einer bestimmten Frau verbinde (...) und nicht mit einem Foto. Dazu habe ich keinen Zugang. (...) Es gibt Fotos, die meine Phantasie ansprechen, aber das habe ich hier nicht gefunden. Wenn ich ein Foto sehe von einer Frau, zu der ich auch einen Bezug habe, eben auch einen erotischen Bezug, dann kann ich auch so ein Foto erotisch finden (...).

- Es ist einfach schwierig, Erotik, die sich aus vielen Elementen zusammensetzt, fotografisch zu fassen, da kommst du immer wieder auf das, was optisch da ist. Wie willst du Gerüche fassen oder sensible Empfindungen?

- Ich habe große Schwierigkeiten, den Begriff überhaupt zu gebrauchen. Eine Möglichkeit für mich ist, den Begriff gesellschaftskritisch auf die Schippe zu nehmen (Beispiel: Auslöser-Lesben).

"Über einzelne Bilder"

-Mich hat an den Bildern überrascht, daß fast alle gestellt sind. Es ist eine Situation hergestellt worden, die ist fotografiert worden und es ist nicht eine Momentaufnahme eines erotischen

Augenblicks. Für mich ist das Bild mit der Frau im Hauseingang von Jutta Oelkers-Schaefer das einzige, wo ich dachte, ja da steckt was drin.

- Weil es wie ein Griff aus dem Leben ist?

- Ja. Da ist etwas dahinter. Es ist nicht drapiert auf ein Bettuch oder vor der Leinwand. (...) Es weckt meine Phantasien. Ich kann mir vorstellen: das ist ein toller Urlaub, wo alles drin ist. Und das andere sind Ausschnittsituationen. Gemachte Situationen, keine Zufallsprodukte. Ich möchte in meinem Alltag Erotik zufällig finden und nicht als produzierte.

- Ich finde diese drei Bilder (Serie von Regina Koch, ohne Abb.) so todlangweilig. Die Frau liegt da wie die Jungfrau Maria (...), so als wär sie noch nie berührt worden, als würde sie nie jemand selber berühren (...) das ist die Frau wie sie immer noch sein soll, unschuldig, ohne irgendetwas Triebhaftes. (...) Ja, schön find ichs auch, aber das reicht nicht. (...) Wenn ich mein Frauenbewußtsein jetzt da reinbringe, find ich das Bild bescheuert, sonst find ichs schön.

"Über Frauenbewußtsein"

- Das ist für mich die Frage: Wie drückt sich das Frauenbewußtsein aus auf den Bildern? Ich vermisse Bilder, wo Frauen auch mal kraftvoll und stark dargestellt werden. Nicht passiv, liegend, sitzend, gebückt, gekniet, statt einer Haltung, die auch Raum einnimmt, die etwas ausstrahlt. Das finde ich traurig. (...) Ich würde solche Fotos nie machen. (...) Ich wünsche mir einfach etwas anderes. (...) Dies hier sind für mich objekthafte Darstellungen. Ich empfinde nichts, was sich zwischen Personen abspielt. Als ich hier reinkam, ist mir ganz kalt geworden. Natürlich kann ichs mir erklären: Wir haben teilweise Formen übernommen.

Eine längere Diskussion entstand darüber, ob einige Bilder, besonders solche, die einzelne Teile des Frauenkörpers (also nicht die ganze Person) zeigen, an Illustrierten-/Pornofotos erinnern.

Ich muß die Bilder machen, die ich machen muß

- Also erstmal sind die Fotos, die man in Illustrierten sieht, alle farbig. Dann sind die Köpfe nicht abgeschnitten, es ist immer ein Grinsemund dabei und schöne Haare vom Frisör und Schminke, du siehst nie solche Bauchfalten, das stimmt einfach nicht. (...)

- Ich finde das gerade einen männlichen Blick, einen sexistischen Blick - Kopf abgeschnitten - auf Körper reduziert.

- Wenn es nun wirklich so ist, daß solche Bilder nie in einer Illustrierten wären, du aber denkst, das sind solche Bilder, dann kann das doch nur bedeuten, daß dein Blick besetzt ist und nicht die Fotos. (...)

Besonders die Fotografinnen beschäftigten sich mit der Frage, wie der Anspruch nach "anderen" Bildern nun tatsächlich in ihrer Arbeit umgesetzt werden kann.

- Ich glaube einfach, daß Frauen sich nie fotografieren, bzw. die Fotos, die sie von sich machen, nie veröffentlichen. Und daß die Männer das schon seit Jahrzehnten, seit Jahrhunderten machen. Und daß deshalb jedes Bild männlich besetzt ist. Also kannst du die Kamera in die Ecke schmeißen (...).
Ich kann nichts daran ändern, daß die Männer die Bilder alle schon mal gemacht haben. Ich muß sie trotzdem machen, die Bilder, die ich machen will. Ich weiß nicht, wo's herkommt. In dem Moment, wo ich's mache, ist es meins. (...) Wenn ich mich selber fotografiere, weiß ich, daß zumindest mich noch nie jemand so fotografiert hat. (...) Man hängt sich das viel zu hoch, weil man sich sagt, wir müssen einen anderen Blick entwickeln. Dann kannst du nämlich nur ganz wenig machen.

- Ich kann ja nicht immer rechts und links schielen, was wollen die Frauen wohl sehen? Ich muß das machen, was ich machen muß. Und zwischen Bilder machen und darüber reden, ist ja auch noch ein großer Unterschied.

- Wenn ich fotografiere, gehe ich mit den Frauen, die ich aufnehme anders um, als ich vermute, daß Männer das tun (bezahlte Modelle etc.). Das

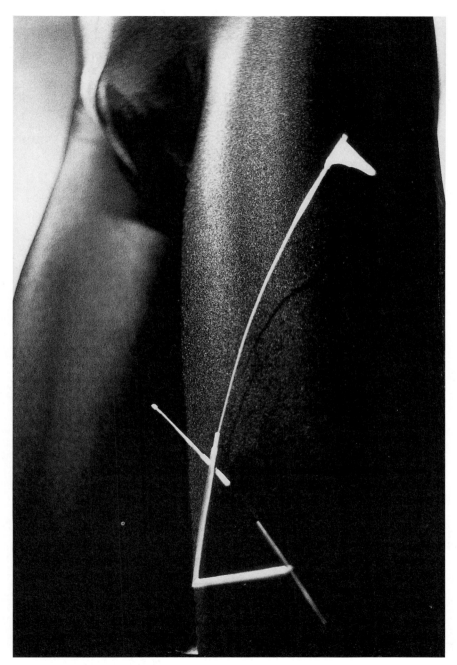
Fotoausstellung: "Erotik - der weibliche Blick"
Foto: Ingrid Heger, "Glanz" (1987)

Problem ist, daß ich diese andere Art der Beziehung nicht unbedingt sehe in den Bildern. Das ist genau die Schwierigkeit.

Am umstrittensten waren die Bilder, auf denen Männer abgebildet waren, besonders die preisgekrönte Arbeit von Ingrid Heger. Frauen, die das Haus regelmäßig besuchen, denen das Café ein Stück Heimat ist, fühlten sich provoziert und belästigt durch diese Bilder. Sie sahen darin einen Einbruch von Männern in den Frauen vorbehaltenen Raum. Dazu noch einige Stimmen:

Ich muß die Bilder machen, die ich machen muß

- Ich hab das Männerbild eingereicht und gedacht, na, Frauenkulturhaus, da flieg ich doch gleich raus mit dem Bild. Aber ich hab gedacht, das ist mir egal, ich mach das, und ich setz mich mit Erotik auf meine Art auseinander. Und dann hab ich 'nen Preis gekriegt und war ganz platt. Eine Frau aus der Jury hat mir gesagt, das Bild wirkt auf sie erotisch durch den Kontrast von glatt

Fotoausstellung: "Erotik - der weibliche Blick"
Foto: Renate Rochner, "ohne Titel"

und hart, es war für sie und andere aus der Jury-Gruppe am Anfang egal, ob es sich um einen Mann handelt. (...) Es hat mich gefreut, weil ich gedacht habe, dann gibts offensichtlich was, das über das rein auf männlich-weiblich Determinierte hinausgeht. (...) Eine sinnliche Qualität.

- Ich find das Bild ganz furchtbar, aber nicht, weil ein Mann drauf ist, sondern weil grad das die eiskalte, glatte Werbefotografie ist, die so auch oft von Männern gemacht wird. (...)

-Mich hat grad das Kühle angesprochen, das dich so abstößt. Für mich hat es beides - etwas ganz Kühles, aber gleichzeitig auch was Reizvolles, wo ich Lust kriege, das anzufassen. (...)

- Selbst wenn eine Frau nun einen Pimmel erotisch anziehend findet, meine Güte, das gibt es. Wir sind ein Frauenkulturhaus, wo das auch einen Platz haben kann, weil es ein Ausdruck ist von einer Frau, die hat das eben angesprochen und die hat das so gemacht. Von daher hat es auch einen Platz in dieser Ausstellung. Ich kann mir sehr gut vorstellen, eine zweite Ausstellung zu machen, wo es ausschließlich um Frauenbild geht.

- Ich wäre ganz stark dafür eingetreten, daß dieses Bild hier nicht aufgehängt wird. Ich hätte auch das Thema anders formuliert. Mein Selbstverständnis ist, daß hier ausschließlich Frauenbilder hängen sollen. Ich finde hier auch viele Frauenbilder schlecht, aber die hätte ich auch aufgehangen. Wenn es so ist, könnte ich auch genauso gut fragen, warum kommen hier keine Männer rein?

- Da machst du wirklich ein Tabu aus der Tatsache, daß schätzungsweise die Hälfte der Frauen, die hierherkommen, Beziehungen mit Männern haben. Ich stehe auch dazu, daß das so ist in diesem Haus. Sonst müssen wir das Haus Lesbenkulturhaus nennen.

- Ja, das wäre auch mein Anspruch.

Ich muß die Bilder machen, die ich machen muß

Vorschlag zum Abschluß:

-Du willst dir nen schönen Abend machen, dann kommst du hier her und drehst das Bild einfach um, das dich stört.

Wie geht es weiter?

Bei aller Kritik, die auch Infragestellungen bei uns als Veranstalterinnen auslöste, war die Ausstellung für uns ein spannendes, anregendes Experiment. Wir haben sie aufgefaßt als eine Momentaufnahme, einen Beitrag auf dem schwierigen Weg, eine andere, von Frauen geprägte, Bildsprache zu entwickeln. Viele Fotografinnen und Besucherinnen äußerten den Wunsch, daß es weitergehen soll, eine zweite Ausstellung zum selben Thema wurde vorgeschlagen mit stärkerer Betonung experimenteller, auch den Rahmen klassischer Fotografie sprengender, Arbeiten.

Literaturhinweis

Gisela Breitling: "Über die Abwesenheit der Männer in der erotischen Kunst der Frauen" in: Anna Tüne (Hrsg.): KörperLiebeSprache - Über weibliche Kunst, Erotik darzustellen, Berlin-West 1982 - S.23 ff

Kontaktadressen:

Frauenkulturhaus
Im Krummen Arm 1
2800 Bremen 1
Tel. 0421/701632

Dokumentationsbüro vom
Frauenkulturhaus
z.Hd. Margarethe Rosenberger,
Andrea Schweers
Auf der Kuhlen 34
2800 Bremen 1
Tel. 0421/78028

Fotoausstellung: "Erotik - der weibliche Blick"
Fotos: Birgit Kleber, aus der Serie "SELBST" 1987

Fotogruppe: Auslöser-Lesben
"*Schaumlaune...*"

Die Bremer Fotogruppe Auslöser-Lesben - das sind sechs bis sieben Frauen, die sich seit zwei Jahren einmal wöchentlich treffen, um gemeinsam mit dem Medium Fotografie zu arbeiten. Die meisten von ihnen sind Autodidaktinnen. Sie bezeichnen sich selbst als humorvolle Fotografinnen.

Die Ausschreibung zum Fotowettbewerb "Erotik - der weibliche Blick" war für sie Anlaß, zum Thema fotografisch zu arbeiten und gleichzeitig die erste Ausstellung, an der sie sich als Gruppe beteiligten.

Der nachfolgende Text ist eine Zusammenfassung aus einem Interview mit zwei Frauen der Gruppe.

Die Annäherung an das Thema fand durch Diskussionen darüber statt, was die einzelnen Frauen unter Erotik fassen. Nicht die Reproduktion der **herr**kömmlichen Abbildungen von Erotik (= nackt/Akt) und von Schönheitsidealen reizte sie, sondern die Gruppe wollte mit ihren Fotos provozieren. Sie versuchten eine Umsetzung der verschiedenen Aspekte der Erotik, d.h. von erotischen Genüssen im Alltag über den Witz bis ins Negative, den Horror. Inhalt ihrer Provokation war u.a. die dicke Frau im Bild, weil dicke Frauen in der **heutigen** Fotografie unter der Rubrik Erotik kaum einen Platz haben, obwohl dicke Frauen Erotik leben/erotisch sind.

Im Laufe der Ausstellung wurden den Fotografien der Auslöser-Lesben der Begriff "Anti-Erotik" zugeordnet, mit dem sich keine der Frauen der Gruppe identifiziert hat - im Gegenteil. Ihrer Meinung nach hat sich das Publikum zu wenig mit dem Thema "Erotik" auseinandergesetzt, weil es den meisten Betrachterinnen offensichtlich darauf ankam, ob die Fotos auf sie erotisch wirkten. Die Gruppe hat sich mit ihrer beabsichtigen Provokation vom Publikum insofern auch nicht verstanden gefühlt, weil die zweite Ebene von Erotik im Bild - Darstellung dessen, was für die **fotografierte** Person erotisch ist - weitestgehend undiskutiert blieb (weil unreflektiert?). Ihre Kritik an den anderen Fotos der Ausstellung: es gab nichts Kritisches zu sehen, nur Glattes, Unkompliziertes aus der Fotomaschine!

Die Gruppe hat das Thema "Erotik" vorerst fotografisch auf "Eis" gelegt und arbeitet z.Zt. an dem Thema "Frauen in ihren Räumen".

FRAUEN KULTUR HAUS BREMEN
Im Krummen Arm 1
2800 Bremen 1
Tel. 0421/70 16 32
(Büro: Mo–Do 10–12 Uhr)

FRAUEN FOTOGRAFIEREN ...

Fotowettbewerb Rheinland-Pfalz '88

Der Landesfilmdienst Rheinland-Pfalz e. V. und die Leitstelle für Frauenfragen des Landes Rheinland-Pfalz im Ministerium für Soziales und Familie

laden Mädchen und Frauen ein, ihr Leben, ihre Erfahrungen, Aktionen, Gedanken und Gefühle aus ihrer Sicht fotografisch darzustellen.

Themen, Anregungen

- **Wie erleben Mädchen und Frauen** sich selbst, ihren Alltag zuhause, in Büro und Fabrik, Stadt und Land, ihre Heimat, Freizeit und Ferien, Gesundheit und Sport, Kinder und Erwachsene, Jugend und Alter, Frauen und Männer, Werbung und Medien?
- **Wie zeigen Mädchen und Frauen** Freude, Schmerz, Neugier, Liebe, Haß, Ärger, Zorn, Glauben, Angst, Glück, Leid?
- **Wie beurteilen Mädchen und Frauen** ihre Ausbildungs- und Erwerbssituation, Vereinbarkeit von Familie und Beruf, technischen Fortschritt, Mädchenerziehung im Wandel der Zeit, ihre Stellung im Vergleich mit früheren Generationen?
- **Wie engagieren sich Mädchen und Frauen** für Zukunft, Umwelt, Friede, Beruf, Familie, Partnerschaft, Gesellschaft, für andere Menschen, in Vereinen, Verbänden, Parteien, Gewerkschaften, Kirchen?

Mögliche Darstellungsweisen

Einzelbild – Gegenüberstellung von Fotos (es können auch Reproduktionen von Fotos aus früheren Zeiten verwendet werden) – Fotoserie – Fotoreportage – Chemogramm, Fotobatik, Fotogramm (Bilder ohne Kamera).

Texte

Es können eigene und/oder fremde Texte mitgeschickt werden. Entstehungsgeschichte, Reflexionen, Einschätzungen, Gedichte, aus der Literatur u. ä.

Teilnahmemöglichkeit

Mädchen ab 14 Jahren und Frauen, die in Rheinland-Pfalz ihre(n) 1 oder 2 Wohnsitz, Schule, Ausbildungsplatz oder Arbeitsstelle haben. Familien, Gruppen u. a. können sich mit Gemeinschaftsleistungen von mehreren Bildautorinnen zum gleichen Thema beteiligen.

Einsendeschluß: 7. Oktober 1988 (Poststempel)

Die Fotos sollen mindestens 13 cm x 18 cm groß sein.

Auf der Rückseite eines jeden Fotos sollen notiert sein: Vor- und Familienname, bzw. Name der Familie oder Gruppe vollständige Anschrift, Beruf, Alter. Bei Serien und Reportagen soll die fortlaufende Nummer verzeichnet sein.

Das können nicht angenommen werden. Bitte reichen Sie Papierabzüge vom Dia ein.

Jeder Einsendung soll der anhängende Begleitzettel – bitte vollständig ausgefüllt – beigelegt sein.

Die Urheber- und Nutzungsrechte an den eingereichten Fotos müssen bei der Einsenderin liegen. Durch die Einsendung bestätigt die Teilnehmerin, daß erkennbar abgebildete Personen mit einer Veröffentlichung einverstanden sind. Mit ihrer Einsendung erkennt die Teilnehmerin die Bedingungen an.

Die Veranstalter behandeln die Fotos sorgfältig und pfleglich. Für Verluste oder Beschädigungen, z. B. auch auf dem Postweg, haften sie nicht.

Ausgezeichnete Fotos gehen mit der Zahlung des Preises in das Eigentum der Veranstalter über. Das Eigentum an den Negativen und allen anderen Rechten verbleiben bei der Autorin. Den Veranstaltern werden jedoch auf Wunsch Verwertungsrechte für nichtgewerbliche Zwecke kostenlos überlassen, ebenso teilweise Negative Nicht ausgezeichnete Fotos können zu Ausstellungen und Publikationen bei den Veranstaltern bleiben.

Preise

Es stehen Preise im Gesamtwert von 9.000 DM zur Verfügung. Über die Vergabe entscheidet eine Jury. Sie kann bei Bedarf Fachleute hinzuziehen.

Preise werden vergeben in zwei Altersgruppen:
- bis einschließlich 17 Jahren,
- ab 18 Jahren.

jeweils für die beste Leistung bei:
- Einzelbildern,
- Fotoserien bzw. -reportagen,
- Fotos ohne Kamera.

je ein Hauptpreis in Höhe von 1.000 DM.

Auf alle Altersgruppen und die Fotoarten werden insgesamt weitere **vier Preise zu je 500 DM** und **zehn Preise zu je 100 DM** vergeben.

Einzeln oder zusätzlich können jeweils in unbegrenzter Zahl Fotos ohne Kamera eingesandt werden.

Inge Jacob
Frauenbilder - Bilderfrauen

"Ich möchte die festen Grenzen verwischen, die wir Menschen selbstsicher um alles uns Erreichbare zu ziehen geneigt sind."
Hannah Hoech

Identität als Rollenspiel

"Die Gesichter der Frau: Diese Nüstern beben, diese Lippen zittern, diese Kehlen füllen sich, und das alles bildet eine Gemeinschaft von Parfums, Gedanken und Atemzügen, die uns zu diesen Wesen hinzieht wie zu keinem anderen, die uns von neuem das Schönste spüren läßt, das wir erlebt haben: das Erwachen unserer Herzen unseres Jahrhunderts. Dieses Verhalten, wunderbar instinktiv ist noch wie das erste, das sie erlernt haben. Jede von ihnen ist eine Summe von Wünschen und Träumen, die noch nie gezogen wurde und auch nie wird." André Breton

Frauen vor der Kamera, das schöne Geschlecht, unvergleichlich ewig gleich auf die Fläche gebannt, die Strahlende, die zeitlos Junge, die Lässige, die geheimnisvoll Lächelnde. Die Unnahbare, am entferntesten für sich selbst.

"Ich sehe mich an, mich zu erkennen. Lauter fremde Gesichter fallen mir ein." Heiko Idensen

Nie sind wir so, wie unsere Ideale in den Illustrierten, doch berauschen wir uns an der Vorstellung, zu werden, wie wir nie sein werden; kaum meinen wir, den Bildern nähergerückt zu sein, wirft ein Fleck den unverzeihlichen Makel auf das schöne Bild.

"Die jeweiligen Verkleidungen sind ein ernstes Spiel. Denn im Moment der Fertigstellung des starren schönen Bildes beginnt es schon wieder zu zerbröckeln: das Kleid knittert, die Schminke verwischt, der Körper wird alt."
Angelika Maiworm

Ewige Gefallsucht, das Mädchen mit den Knicksebeinen, wie hübsch, kaum zu erkennen, der verräterische Riß um die geschminkten Mundwinkel, der alle Anstrengung in vergebliche Lächerlichkeit stürzt. Leid der Verpackungen. Spiegel-Blick, Spiegel-Reflex, Spiegel, Kontrollorgan des gewünschten Blicks.

"Spiegel: Zu meines Wassers blumenloser Spiegel/ muß ich nach jedem meiner Fahrten wanken/ Schon immer führte ich zu diesen Spiegeln/ all meine Träume, Wünsche und Gedanken/ Auf daß sie endlich sich darin erkennten - sie aber sahen sich stets blaß und nächtig/ Wir sind es nicht, so sprachen sie bedächtig/ und weinten, wenn sie sich vom Spiegel trennten"
Stefan George

"In unserem Glauben an die Identität spiegelt sich vielleicht nur eine bestimmte Kultur wieder."
Claude Lévi-Strauss

Kein Bild ist ohne Geschichte.

Frauen hinter der Kamera, das schöne technikscheue Geschlecht, Fotografierende oder Knipserinnen? Gewohnt, den Objektivdeckel zu halten, noch ungeübt im zweitliebsten Hobby deutscher Männer, gehuscht und gepfuscht, improvisierte Vorläufigkeit, nie zur Perfektion des Gerätes gebracht. Auslösende Frauen. Statt Tiefenschärfe ungeahnte Brennpunkte. Was sehen Frauen, wenn sie durch die Linse gucken?

"Ich bin das Modell meiner Übertreibungen, zugerichtet, als Gegenwärtige gerahmt. Verschleiert die Welt enthüllen!" Verena von Gagern

"Der Objektcharakter der Kunst kann vielleicht erst verschwinden, wenn die Frau aufhört, jenes seltsam entfremdete Wesen zu sein, das man mit einem Blick umfassen kann. Im neuen Verhält-

Frauenbilder - Bilderfrauen

nis zu sich ist sie viele, oder vielmehr: sie löst sich augenblicklich auf in reine Bewegung."
Elisabeth Lenk
(gesammelt von Birgit Mandel)

"One-Frau-Show"

Wenn ich die Ziele meiner Projekte beschreiben sollte, würde ich es den Versuch nennen, Gegensätze zu beschreiben, zu akzeptieren und in meine Person zu integrieren und diese Anstrengung für mich und andere nutzbar zu machen. Gegensätze wie:

Mutter/Hausfrau - Berufsleben
Kunst - Wissenschaft
Leben - Arbeit
Wünschen - Können
Frau - Mann

Es handelt sich also um das tägliche Leben einer Frau mit dem Bewußtsein der Benachteiligung von Frauen in unserer Gesellschaft, die versucht, eine "gute" Mutter-Hausfrau zu sein und dennoch ein Berufsleben außer Haus zu haben, die sowohl als Künstlerin arbeitet, als auch an einer "wissenschaftlichen" Hochschule lehrt, für die Leben und Arbeit zusammengehören, deren Wünsche aber ihre Möglichkeiten weit übersteigen und die sich deshalb fragt, warum das so ist, so sein muß bzw. wie andere Frauen damit zurechtkommen und welche Alternativen vorhanden sind. Meine Einzelprojekte sind unter diesem Großnenner zu verstehen und ich versuche, Antworten zu finden auf die genannten Fragen, in unterschiedlichen Zusammenhängen.
Grob unterscheiden lassen sich drei Bereiche in meinem Arbeitszusammenhang: Kunst, Wissenschaft und Pädagogik, wobei ich diese nicht trenne und die Erkenntnisse ineinanderfließen lassen möchte.

Voraussetzungen:

Nach meinem Abitur an einem Mädchengymnasium machte ich eine Fotografenausbildung (Werbung und Reportage) und versuchte, in diesem Bereich zu arbeiten. Es machte mir keinen Spaß und lief meinen Vorstellungen zum Teil zuwider. Heute weiß ich genauer, warum. Nach Versuchen in unterschiedlichen Berufen studierte ich Pädagogik (Werken/Kunst /Textiles Gestalten) nach dem Motto der "Lehrerin als idealem Frauenberuf mit der Möglichkeit, nebenbei eigene Kinder zu haben". Meine Kinder belehrten mich eines besseren! Ich wurde "Nur-Mutter", aber leider nicht glücklich. Es fehlte mir etwas. Gegen anfängliche familiäre Widerstände und später mit deren Unterstützung studierte ich ein zweites Mal (Kulturpädagogik). Ich verstand das Studium der Kunst/Literatur/ Pädagogik als "Selbstverwirklichung" und verstehe es heute als Notwendigkeit einer "finanziell versorgten, familiär gebundenen aber geistig nicht ausgelasteten Bildungsbürgerfrau", aus dem Alltag zu entkommen. Ich bin eine Spätentwicklerin und brauchte offensichtlich einen so langen Weg, um mir über die Bedingungen meiner Erziehung, meines Lebens und die Möglichkeiten der Veränderbarkeit klar zu werden.

Bereich: Kunst

Schon seit einigen Jahren befasse ich mich in meinen künstlerischen Projekten ausschließlich mit meinem Selbstbild. Ich fotografiere mich selber, verarbeite und verfremde die Fotos zu Bildentwürfen, ich benutzte den Fotokopierer als Bildermaschine, die ein schnelles, spontanes und preiswertes Medium darstellt, ich mache Performances und Rauminstallationen. Alles läuft auf die Frage hinaus: wer bin ich? Dies ist keine Elfenbeinturmfrage, denn sie betrifft mein gesellschaftliches Gewordensein durch Übernahme von Rollenerwartungen (Frau, Mutter, Dozentin, Künstlerin etc.) ebenso wie eine Medienreflexion (Fotografie, Copy-art als vermittelte Realität also Reflexion über das Medium und das Sein). Sie ermöglicht Frauen und Männern die Frage, wie denn ihr eigenes Selbstbild aussieht und läuft darüberhinaus auf die Frage nach dem Sinn des Lebens zu. Von großer Wichtigkeit waren mir bei den Ausstellungen

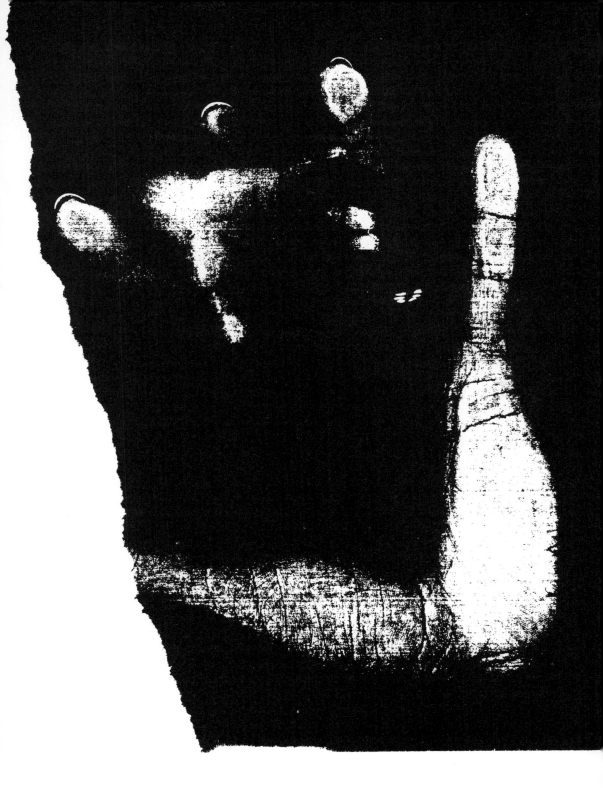

Inge Jacob: "Sich selbst an die Hand nehmen"

Frauenbilder - Bilderfrauen

immer die Gespräche, die ich mit den BesucherInnen geführt habe. Sie kreisen schnell um "private" und aktuelle Probleme der jeweiligen Person (Scheidung, Berufserwartung, Familienkonflikte etc.) besonders den Bruchstellen in deren Entwicklung.

Es ist für mich eine spezifische Eigenschaft der Kunst, daß sie, über die Möglichkeiten der freien Assoziation, Gefühle und Gedanken anstößt, Fragen aufwirft, Probleme aktiviert auf einer anderen Ebene als der des begrifflichen Denkens und dadurch oft schockartige Erkenntnisse möglich macht. Meine eigene Person, mein eigener Körper ist in diesem Zusammenhang Katalysator.

Wissenschaftliche Ebene:

Ausgehend von meinen Erfahrungen im künstlerischen Bereich und gefördert durch das Studium und die Auseinandersetzung mit Konzepten anderer KünstlerInnen, befasse ich mich seit mehreren Jahren mit wissenschaftlichen Erklärungsmodellen der Philosophie, Psychologie, Pädagogik und Kunst.

Ich arbeite an einer Veröffentlichung zu der Frage der Möglichkeiten der Fotografie in unserer (Medien-) Welt. Meine Antwort ist die Entwicklung einer Theorie "antropozentrischer" Fotografie, die die sog. "objektive" Technik mit den "subjektiven" Möglichkeiten der Selbsterforschung verbindet. Aus dem bisher Gesagten wird deutlich, daß die Frage der "weiblichen" Ästhetik eine große Rolle spielt. Parallel zu dieser wissenschaftlichen Auseinandersetzung arbeite ich an diesem Thema künstlerisch.

Die Veröffentlichung soll dann die Ergebnisse beider Erkenntniswege beinhalten, weil mir das wissenschaftliche Arbeiten allein zu viele Bereiche des Lebens ausklammert.

Pädagogische Ebene:

Durch die Erfahrung mit meiner künstlerischen Arbeit, als Praxisüberprüfung meiner wissenschaftlichen Erkenntnisse, um selber weiter zu lernen und Geld zu verdienen, unterrichte ich in unterschiedlichen Zusammenhängen künstlerische Techniken/Fotografie und Selbsterforschung und Kunst. Einer meiner Interessenschwerpunkte ist der Gesamtkomplex "Frauen und Fotografie", wobei von Fragen der Frauen vor der Kamera (als "Objekt der Begierde") bis zu Fragen von Frauen hinter der Kamera, ihre künstlerische und gesellschaftliche Bedeutung sowie Fragen der "weiblichen" Ästhetik eine Rolle spielen.

Wie setzen sich diese Erfahrungen und Kenntnisse in meine Projekte um?

Beispiel: "Frauen und Fotografie" - Seminar

Grundsätzlich zeigen sich bei weitgefaßten "Frauen und Fotografie Seminaren", deren Teilnehmerinnen sich bewußt für diese Fragestellung entschieden haben, zwei unterschiedliche Interessenschwerpunkte:

1. Ein eher theoretisch-wissenschaftliches Diskussionsbedürfnis bezogen auf Fragen einer "weiblichen" Ästhetik sowie deren praktische Umsetzung.
2. Ein sehr handfestes Bedürfnis nach Kenntnissen, die es ihnen ermöglichen, angstfrei und gleichberechtigt neben Männern ihre Kamera zu benutzen.

Die Planung eines solchen Seminars könnte folgendermaßen aussehen: Ausgehend von der Fragestellung: sind frauenspezifische Seminare nötig? (Gefahr der Ghettoisierung kontra Chancen im Schonraum), verbinde ich diese Fragestellung mit der persönlichen Betroffenheit und dem gleichzeitigen Kennenlernen (Vorstellungen, Wünsche, Erfahrungen). Das ermöglicht gerade auch diskussions- und theorieunerfahrenen Frauen, sich einzubringen. Ich berichte ebenfalls über meine Entwicklung, Kompetenz, persönliche Interessenlage etc. Wichtiger Gesichtspunkt bleibt für mich:
1. Anknüpfen an die persönliche Interessenlage (keine abstrakte Theoriediskussion, kein reines Technikseminar).

Frauenbilder - Bilderfrauen

2. Gegenseitige Akzeptanz.
3. Gemeinsames Lernen (auch ich lerne immer dazu).

Als Zusammenfassung der unterschiedlichen Interessenlagen, als Einstieg und Vorstrukturierung stelle ich dann Künstlerinnen und ihr Werk unter feministischen Gesichtspunkten vor:

1. Fotografinnen haben eine Tradition bis zu den Anfängen der Fotografie.
2. Im Verhältnis zu anderen Künstlerinnen gibt es sehr viele Fotografinnen.
3. Fotografie ist kein "männliches" Medium.
4. Fotografie kann Außen- und Innenwelten darstellen.
5. Fotografie läßt sich als Waffe auch für spezifisch feministischen Inhalt verwenden.
6. Fotografie ist ein technisches Medium, die Technik ist erlernbar, muß aber nicht dominieren.

Um die Diskussion zu konkretisieren, zeige ich Beispiele:

1. Frauen als Objekte in der Werbung,
2. Frauen fotografiert von Frauen für Frauen,
3. Selbstportraits von Frauen und Männern,
4. feministische Konzepte in Theorie und Fotografie.

Durch den persönlichen Einstieg, durch mich auf eine allgemeinere Ebene gehoben, werden Bandbreite und Möglichkeiten aufgezeigt und die Phase der Selbsttätigkeit provoziert:

Die Angst und die Lust in der Fotografie - (Partnerinnen oder Kleingruppe), Angst vor dem Fotografiert werden; Lust, Modell zu sein; Interaktion zwischen Modell und Fotografin; Verweigerungsmöglichkeiten; Fähigkeiten und Fertigkeiten der Fotografin, der Fotografie; Lust am Arrangieren, Dominieren, Manipulieren; Angst vor der Technik; gemeinsames Arbeiten - werden konkret erfahren und in Bildern ausgedrückt. Fotos entstehen wie: "Ich als Modell, als Hausfrau, als Emanze, Endlich ein tolles Bild von mir, Ich als Mann, Frauenalltag, Gegenbilder etc."

Nach dieser ausgiebigen Praxisphase, die allen die Möglichkeit gibt, miteinander und voneinander zu lernen, Fähigkeiten zu erwerben, ist das Bedürfnis und die Notwendigkeit einer erneuten Reflexion gegeben, Gesichtspunkte: technische, gestalterische, inhaltliche.

Z.B. inhaltliche: Modell-Fotografin (ist es etwas anderes ob ein Mann oder eine Frau fotografiert); ist das schon "weibliche" Ästhetik, wenn Frauen Frauen fotografieren; welche feministischen Inhalte sind thematisiert worden etc.

Neben den im Seminar gemachten Fotos werden weiter Fotos der beteiligten Frauen betrachtet und unter oben angeschnittenen Gesichtspunkten besprochen. Danach kann eine weitere Praxisphase auch über einen längeren Zeitraum anschließen.

Ein großes Problem ist die Angst vor der Technik. Hier sehe ich meine Aufgabe darin, die Technik handhabbar zu machen, sie vom 'Podest' der Fotowerbung herunterzuholen. Die häufigste Erkenntnis ist die, daß jede Frau das Fotografieren erlernen kann und die Erfahrung, daß sie mit ihren Ängsten nicht allein ist. Oft bilden sich aus solchen Seminaren kleine Gruppen, die über längere Zeiträume zusammenarbeiten und es mich ab und zu wissen lassen. Das freut mich!

Ich habe diesen Themenkomplex 'Frauen und Fotografie' in Jugendbildungsstätten, Universitäten, Frauenwochen und Workshops sowohl mit reinen Frauengruppen als auch mit gemischten Gruppen erarbeitet. Zwei grundsätzliche Erfahrungen habe ich dabei gemacht:

1. Wird ein schon im Titel "frauenspezifisches" Thema angeboten, erscheint selten ein Mann (mögliche Ursachen: Schwellenängste, Gefühle des Unerwünschtseins, bewußte bzw. unbewußte Ablehnung?)

(Beispielaktion siehe letzte Seite)

COPY ART - COPY ACTION

Copy art - Copy action
Die Frau als Re-Produzentin

DI-FR 10°°-13°°   S3/E06

ich glaube an den Gegensatz 'Weiblich-keit-Technik'
ich glaube nicht an den Gegensatz 'Weib-lichkeit-Technik'

Der Kopierer als Vervielfältiger ist für viele Frauen im Berufsleben eine alltäg-liche Erscheinung. Sie be-dient ihn (funk-tioniert er nicht, kommt ein Mechaniker!)
Der Kopierer als 'Kunstmaschine' ist nahe-zu unbekannt, eröffnet aber ungeahnte Möglichkeiten der Produktion gerade in seinen Fehlern, Ungenauigkeiten, Auslas-sungen, Eigenheiten, die einer Reproduk-tionsmaschine eigentlich nicht zugestan-den werden.
Mein Vorschlag: wir nähern uns gemeinsam der Maschine, dem Kopierer, probieren ihn aus, seine Möglichkeiten und seine Gren-zen, funktionieren ihn um, erproben ihn für unsere Belange. Agieren, reagieren, überreagieren auf, mit, in der Technik.
it's a copy copy world!

Inge Jacob

Frauenbilder - Bilderfrauen

Möchte ich also auch Männer ansprechen, so formuliere ich ein "neutrales" Thema und versuche, ohne Reizwörter auszukommen.
(Beispiel siehe letzte Seite)

Das Thema der Frauen vor und hinter der Kamera spielt aber zwangsläufig immer mit hinein, wenn ich Seminare mache, da ich mich selber als Frau, Fotografin, Fotografierte mit einbringe. Ich fasse mich in diesem Zusammenhang als Reibungsfläche auf und thematisiere diesen Komplex auch. Erkenntnisse, die bei dieser Art Arbeit aufkommen, erfassen die ganze Person und sensibilisieren die jeweils Betroffenen für ihr weiteres soziales Umfeld. Insofern verstehe ich mich nicht als Wissensvermittlerin, sondern glaube, Kristallisationspunkte legen zu können, in denen sich im Laufe der Zeit Erkenntnisse entwickeln. Das wiederum macht meine Arbeit wissenschaftlich schwerer überprüfbar.

2. Derartige Erkenntnisse lassen sich nur durch eine "weiche" Arbeitsweise erreichen. "Weich" meint inhaltlich z.B. bezogen auf die Fotografie: nicht die Vermittlung von Fakten, Techniken, Rezepten, sondern die Frage nach dem Sinn der Fotografie für den/die jeweils Betroffene.

Beispiel: Eine Gruppe äußert nach einer Arbeitswoche, daß diese ihr zu wenig "strukturiert" gewesen sei. Sie beschließt als Inhalt für die folgende Arbeitswoche die Erarbeitung von Gestaltungsproblemen. Es ist leicht für Außenstehende zu erkennen, daß es einen Zusammenhang gibt zwischen Gestaltungsproblemen und Strukturproblemen. Es ist das Bedürfnis nach Regeln, nach "geordneten Verhältnissen". Kläre ich also beim nächsten Mal theoretisch-begrifflich die Gestaltungsgesetze der Bildenden Kunst, propfe ich Wissen auf, ohne sie zu befähigen, zufriedener mit ihren Fotos zu sein. Gelingt es mir, der Gruppe ihr Bedürfnis nach Gliederung klar zu machen, kann ich dann die Fotografie zur Hilfe nehmen und übersetzend damit üben. "Weiche" Arbeitsweise meint dann methodisch: Ich versuche, eine möglichst konkurrenzarme Athmosphäre herzustellen (eventuell Entspannungs- oder Meditationsübungen), um die TeilnehmerInnen für die Wahrnehmung ihrer eigenen Bedürfnisse zu sensibilisieren. Gelingt dieser Transfer, können Übungen zur Gestaltung der Fotografien weiterhelfen. Beide Wege, über die Kunst- und über die Selbstwahrnehmung müssen zusammenkommen und so die Erkenntnis erzeugen. Erkenntnisse dieser Art brauchen Zeit, lassen sich schwer abfragen oder messen. Ich vermute, daß wir Frauen durch unsere Erziehung (nicht durch Erbfaktoren!) eher in der Lage sind, diese Prozesse zu begleiten, Geduld für dieses "Werden und Wachsen" aufzubringen und nicht so sehr auf das Produzieren von Daten und Fakten angewiesen sind. Vielleicht fällt es den Frauen aus denselben Gründen leichter, sich derartigen Prozessen zu überlassen, ohne immer gleich zu fragen: "Was genau habe ich denn heute gelernt/nicht gelernt?" "Technik-Freaks", "Chauvis" und "kühle Denker" (mann verzeihe mir diese Klischees) sind auf diese Art und Weise sehr schwer zu erreichen (und das sind nur zu oft diejenigen, die ihre Kamera als "Waffe" benutzen, um auf Jagd zu gehen und ein Foto zu "schießen").

Problematisch ist diese Arbeitsweise deshalb. Ich erreiche einen wichtigen Teil der Fotoge- und verbraucher so nicht. Außerdem will ich keine Ghettoisierung von Frauenarbeit oder Frauenkunst. Gleichzeitig sehe ich die Notwendigkeit eines Schonraums für Frauen, wo sie sich ausprobieren können, aber auch die Dringlichkeit von gemeinsamen Zukunftsentwürfen eines partnerschaftlichen Miteinanders jede/r nach seinen Möglichkeiten. Es gilt zu diesem Zeitpunkt, alle unsere Fähigkeiten zu nutzen und in diesem Sinne bin ich für jeden Hinweis, jede Erfahrung, Veröffentlichung, Zusammenarbeit, Austausch, Kritik interessiert und dankbar.

Kontaktadresse:

Inge Jacob
Am Deich 68/69
2800 Bremen 1

"Ein Fest für das Erbe der Frauen... mit Musik und Tänzen, Schönheit und Kreativität, Lachen und Überschwang. Nachdenklichkeit und Widerspruch."
Tanz auf dem Opern-Platz Frankfurt - Fest der tausend Frauen 7. Juni 1986

Inge Müller, Dagmar von Garnier

Schritte zur Mitte
Meditativer Tanz aus der Folklore der Völker

"Und dann war da noch der Artikel für das Frauen-Kunst-und-Kultur-Buch", denke ich, während ich mich durch den Feierabendverkehr stadtauswärts kämpfe. Dabei habe ich an diesem Wochenende ganz anderes vor: Christian und ich wollen mit unseren Familien und vielen Bekannten ein Fest für unsere kleine Tochter feiern, die am Sonntag gerade vier Wochen auf der Welt ist. Auf dem Sitz neben mir liegt in einem Korb eine alte russische Tracht, die Sonjas Urgroßmutter vor langer Zeit getragen hat. Ich werde sie am Sonntag anziehen, wenn wir feiern und tanzen.

Tanzen - meine Gedanken springen zurück zu dem längst fälligen Artikel... es ist immer so schwer und widersinnig, Bewegung auf Papier bannen zu wollen! Vielleicht beginne ich mit einem Sprung mitten hinein in Sonjas Fest und erzähle, woher ich - hauptberuflich freie Journalistin, nebenberuflich Tänzerin - die Ideen und die Sicherheit nehme, ein solches Fest zu gestalten? Oder ich fange mit Dagmar von Garnier an, die wohl als erste in Deutschland die Frauenstärke im folkloristischen meditativen Tanz benannt und gefördert hat - wie wär's mit ihrem Lebenslauf im Zeitraffer?

Vielleicht wird der Artikel aber auch eine bunte, ungegliederte Collage der vielen Auswirkungen und Aufbrüche, die das Tanzen hervorbringt - tatsächlich ist die Geschichte des meditativen Tanzens eine Geschichte davon, wie Frauen im wahrsten Sinne des Wortes "in Bewegung" kommen, wie Gewohntes, Erstarrtes, Langweiliges in ihrem Leben zu tanzen, zu fließen beginnt... aber wo beginnt diese Geschichte? Wieder ein Blick auf die Tracht der Urgroßmutter: Sie ist kunstvoll handgearbeitet, bestickt mit Blumen und verschlungenen Mustern, sie erzählt vom Leben und der Arbeit der Frauen im slawischen Teil Europas, von den Gegenden, wo Dagmar von Garnier ihre Formen des meditativen Tanzes gefunden hat. Und jetzt weiß ich, mit welcher Szene mein Artikel beginnt - und mit welchen Fragen an Dagmar.

So einfach wie das Leben

Sommer 1978. Ich bin zum ersten Mal in Bulgarien und besuche eines der großen alljährlichen Folklorefestivals mit BesucherInnen aus allen Teilen des Landes, mit tagelangem Tanzen, Singen, Musizieren, Feiern auf vielen Bühnen. Ich lasse die vielen Farben, Töne, Gerüche auf mich wirken. Gerade geht ein kraftvoller, unglaublich schneller Tanz zu Ende, den eine Gruppe von Tänzerinnen und Tänzern vorgeführt hat. Plötzlich wird es still im Publikum, etwa dreißig Frauen betreten die Bühne, es sind Frauen sehr unterschiedlichen Alters, die jüngste mag sechzehn, die älteste vielleicht siebzig sein. Ich habe es immer als wohltuend empfunden, daß das TänzerInnen-Ideal auf dem Balkan nicht dem Bild entspricht, das bei uns durch die Massenmedien propagiert wird - hier zählt Alter und Lebenserfahrung, die dem Tanz Tiefe und Ausdruckskraft verleihen.

Die Frauen auf der Bühne wiegen sich leicht hin und her und stimmen ein Lied im typisch "ungeraden", treibenden Balkan-Rhythmus an. Sie beginnen, einen Kreis abzulaufen, mit ganz einfachen Schritten, einige vorwärts, ein kurzes Verweilen, wieder das Vorwärtsgehen. Am Ausgangspunkt wiederum Wiegen, Singen, eine neue Runde auf der Kreisbahn. Das sieht schlicht aus, längst nicht so spektakulär wie der temperamentvolle Tanz von vorhin, und doch

Schritte zur Mitte

spüre ich, wie schwierig das zu tanzen ist, dieses einfache Gehen - es wirkt auf mich wie eine getanzte Geschichte über das Leben, so einfach und so kompliziert wie das Leben selbst. Stark, weise und uralt.

"Was ich auf diesem Festival gesehen habe, war abgesehen von dem Gesang eine Grundform deines meditativen Tanzens, Dagmar?"

"Ja. Diese einfachen Kreistänze der Frauen Bulgariens, Jugoslawiens, Griechenlands und Rumäniens sind die ältesten, bis heute überlieferten Tänze Europas."

"Wie hast du diese Tänze kennengelernt?

"Durch den vor zwei Jahren verstorbenen Tanzmeister Berhard Wosien, der während meines Studiums an der Münchener Sozialfachhochschule Folkloretanz als praktisches Fach lehrte. Er hat uns das ganze Ausdrucksspektrum der Balkan-Folklore - Freude, Trauer, Wut, Kampf, Erotik, Tod, Leben ... was du willst - erleben lassen und später auch eigene meditative Tanzformen entwickelt. Für mich bedurfte es dann nur noch eines kleinen Anstoßes, um selbst auf den Balkan zu gehen und die Heimat dieser Tänze kennenzulernen. Ich habe dort intensive Monate mit Lernen, Zuhören und -sehen, Tanzen, Kontakte-Knüpfen verbracht.

Mit einem jugoslawischen Orchester habe ich in dieser Zeit für den Münchner Calig Verlag Folklore-Tanzschallplatten herausgebracht. Meine ersten Tanzkreise gründete ich in Berlin und Frankfurt, Vorformen meines späteren Folklore-Tanzensembles SLAWIA, das 1968 seinen ersten Auftritt hatte. Heute ist SLAWIA das älteste Ensemble der BRD, das Balkantänze in choreografischer Gestaltung und in Original-Kostümen auf der Bühne zeigt."

"Vor dem meditativen Tanzen stand also die Balkanfolklore in ihrer ganzen Vielfalt. Meditatives Tanzen ist demnach eine Spezialisierung für dich?"

"Ja, ich bin zuerst in die Breite gegangen und dann in die Tiefe. Ich habe zunächst auch nur mit gemischten Gruppen getanzt und erst allmählich entdeckt, wieviel Frauengeschichte und Frauenstärke gerade in den einfachen Tänzen verborgen ist."

"Eine Frage, die dir oft gestellt wird: Warum Tänze vom Balkan und nicht aus Deutschland?"

"Das ist erst einmal eine Frage meiner Biografie, meiner intensiven Lernzeiten auf dem Balkan, und dann: Die deutschen Volkstänze werden erst in letzter Zeit von Gruppen und Vereinen wieder unbefangener getanzt, sie waren lange verschüttet, sie wurden im Dritten Reich künstlich belebt, ideologisch besetzt und ausgebeutet. Die Folklore auf dem Balkan lebt - das Tanzen hat hier eine lange, ununterbrochene Geschichte, insofern steckt in diesen Tänzen Freude und Leid, der Ausdruck der Menschen vieler Jahrhunderte. Das teilt sich mit, wenn du diese Tänze tanzt."

"Welche Bedeutung haben die einfachen Folklore-Tanzformen, aus denen du das meditative Tanzen entwickelst? Wurden oder werden sie nur von Frauen getanzt und bei welchen Anlässen?"

"Tanz ist die älteste Kunstform der Menschheit. Den ursprünglichen Rhythmus, Herzschlag und Atem haben wir in uns, dazu die Hände, den Mund, die Stimme als Verstärkung. Gehen auf diesen Ur-Takt, das könnte der älteste Tanz gewesen sein. Und warum so häufig im Kreis? Der Kreis hält die tanzende Gruppe am stärksten zusammen, er konzentriert die Aufmerksamkeit und die Kräfte zum Mittelpunkt hin und er entspricht einer sehr frühen, wahrscheinlich matriarchalen Auffassung vom Leben als Zyklus aus Geburt, Werden, Vergehen, Neubeginn - vielleicht auf einer anderen Ebene. Indem du im Kreis tanztest, vollzogst du also den Lebens-Lauf - in dem Wort steckt ja schon die Bewegung drin - oder den Kreis-Lauf der Natur, die vielen Kreise, die sich im Mikro- und Makrokosmos finden. Ich könnte mir gut vorstellen, daß diese einfachen, das Leben symbolisierenden Tänze vor allem von Frauen getanzt wurden, vielleicht auch mal von einer gemischten Gruppe mit einer Frau als Anführerin."

"Aber ist das nicht eine sehr einfache, auch sehr belastete Verbindung: Werden und Vergehen war den Frauen zugeordnet, deshalb waren ihnen die Kreistänze vorbehalten. Steckt in diesen Tänzen nicht noch mehr als das Sichtbar- und Erlebbar-Machen natürlicher Vorgänge?"

Schritte zur Mitte

"Natürlich, diese Tänze sind Ausdruck einer ganzen Kultur mit ihren Festen und ihrem Alltag. Es gibt viele festliche Frauentänze, aber auch eine ganze Reihe, mit denen Frauen ihre ganz alltägliche Arbeit, zum Beispiel Wäschewaschen, sichtbar und bewußt machen. Der Tanz, in der Fortführung auch der meditative Tanz, macht alles bedeutsam: Deine Umgebung, die Natur, den Raum, deine Mittänzerinnen, deine Arbeit, deine Persönlichkeit. Die Grundformen des Kreistanzes, auch Spiralen und Mäander findest du in den Stickmustern vieler Trachten und in der Bemalung von Geschirr, diese Formen haben gewissermaßen das Leben der Frauen gestaltet und geordnet."

"Sind sich die Frauen in den Balkanländern, nach dem, was du auf deinen Reisen erlebt hast, dieser Tradition, dieser Stärke bewußt?"

"Ich glaube schon, aber du wirst auf dem Dorf wahrscheinlich keine finden, die da Spuren bis in die Zeit einer ungebrochenen Frauenstärke zurückziehen würde. Das hätten wir Frauen hier vielleicht gerne, auf der Suche nach Frauentraditionen, nach starken Vorbildern - für die Frauen auf dem Balkan ist das Nähen der Trachten, das Tanzen, das Ausrichten der Feste, einfach selbstverständlich.

Erst aus der Distanz, aus dem Blickwinkel der Ethnologin, zeigt sich, daß die Wurzeln des kulturellen Schaffens auf die Frauen zurückgehen, was heute zunehmend von Fachleuten z.B. in Mazedonien, betont wird. Natürlich wird aber auch die lange Tradition der Verfälschung, des Mißbrauches und der Okkupation von Frauenstärke sichtbar. Und auch diese Elemente, die die Kraft der Frauen einschränken - zum Beispiel bestimmte Teile der Hochzeitszeremonien - werden von Frauen weitergegeben, die damit die herrschenden patriarchalen Gesellschaftsformen quasi zementieren."

"Es ist also nicht möglich, auf den Spuren der Balkanfrauen ins goldene Zeitalter ungebrochener Frauen-Power zurückzutanzen?"

"Wie gesagt, diese Stärke liegt in den Tänzen selbst und teilt sich mit. Es kommt aber darauf an, daß wir durch diese uralten Schritte, heute unsere eigenen, aktuell wirksamen Kräfte finden, die Fähigkeiten, die mitten in uns schlummern: Kreatives, Intellektuelles, Emotionales, Persönliches, Politisches ... was du willst."

"Die Kraft in unserer Mitte - nennst du diese einfachen folkloristischen Tanzformen deshalb 'meditativ' - eine Bezeichnung, in der das Wort 'Mitte' steckt?"

"Es ist ein Suchen nach der individuellen Mitte, nach dem Schatz deiner inneren Bilder, Gedanken, Gefühle, Pläne, Träume, aber auch nach der gemeinsamen Mitte der tanzenden Frauengruppe."

"Wird dabei die Einzel-Frau nicht 'aufgesaugt' oder eingelullt? Der Vorwurf kommt immer wieder von Frauen und Männern, die in diesen Tänzen Massensuggestivkräfte vermuten."

"Sicher lassen sich gemeinsame Tänze derart mißbrauchen. In unseren Tanzkreisen ist die Einzelne in ihrer Einzigartigkeit, in ihrer Unterschiedlichkeit gegenüber den anderen absolut wichtig, ihr Beitrag, ihre Anwesenheit macht aus dem Tanz ein reichhaltiges, vielfältiges und doch ganzheitliches Kunstwerk. Du mußt selbst beim Tanzen die Balance Gruppenwesen - Einzelwesen herausfinden.

Meditatives Tanzen ist auch ein Wechselspiel zwischen Geben und Nehmen - du bringst deine Person, deinen Rhythmus, deine Inhalte in den Kreis hinein, du läßt dich auf den Kreis ein, bleibst eine Weile in diesen Tanzformen und spürst allmählich, was sich dir von den anderen mitteilt, was du aus dem Kreis mit hinausnehmen wirst, wenn der Tanz zu Ende ist.

Meditativ nenne ich die Tänze auch wegen der starken Konzentration der Einzelnen und der Gesamtgruppe, wegen ihrer Schlichtheit, in der

Schritte zur Mitte

dennoch tiefe Weisheit steckt, wie in einem einfachen Satz oder einem Bild, das zu zur Meditation verwenden kannst, auch deswegen, weil viele Wiederholungen eines einzigen Tanzes nötig sind, um die Tanzformen in ihrer Tiefe auszuloten. Du mußt eine Bewegung zwanzigmal, vielleicht fünfzigmal machen, um wirklich zu spüren, was das heißt: Vorwärtsgehen, die Mitte suchen, sich annähem, sich wieder entfernen, Nähe und Distanz aushalten, auf dem Weg verweilen, zurückblicken, spüren, da ist neben mir die andere Frau, die mich hält, wir lassen uns los - bei den freieren Tanzformen - wir finden uns wieder für eine Weile.

Es braucht nicht nur Muße, Zeit, sondern auch Mut, über die Bedeutung dieser Schritte ganz allgemein und dann persönlich für dich nachzudenken, es kann ein tanzendes Nachdenken über dich werden - dazu brauchst du einen starken Mut, finde ich.

Die Mitte hat also in den meditativen Tänzen tatsächlich eine starke, vielfältige Bedeutung - deshalb gestalten wir sie auch immer in einer besonderen Form - zum Beispiel mit Blumen, Kerzen oder Gegenständen, die die Frauen mitgebracht haben."

"Du sprichst von 'freieren Tanzformen' - heißt das, du hast die ursprünglichen, aus der Balkanfolklore stammenden Tänze verändert?"

"Verändert nicht. Wenn ich Folkloremusik verwende, - die bei mir meist von Schallplatten oder Kassetten kommt, die ich vom Balkan mitgebracht habe - dann nehme ich auch Schritte und Schrittfolgen aus dem entsprechenden Land. Aber das ist eben der Unterschied zum 'normalen' Folkloretanz: Ich reduziere bewußt die Schrittvielfalt, ich wähle ein kleines Motiv aus, das wir wiederholt tanzen und so auskosten. Wenn ich - was seltener vorkommt - klassische Musik verwende, werden auch die Tanzformen freier. Typisch für das folkloristische meditative Tanzen aber ist die gebundene, einfache Form. Frauen, die diese Art des Tanzens selbst weitergeben, halten sich im allgemeinen an die Tanzformen, die sie bei mir gelernt haben und* entwickeln erst nachdem sie gründliche Kenntnisse und Sicherheit in folkloristischer Tanztechnik und Ausdrucksweise gewonnen haben, ihre Eigenschöpfungen."

"Gebundene Tanzformen - bei mir gelernt - gründliche Kenntnisse erwerben - da fällt mir wieder eine Szene ein, die unser Gespräch weiterführen kann..."

Wer zieht?

Haus der Jugend in Frankfurt, ich glaube, es ist Mai 1981 - aber das ist unwesentlich, ich habe diese Szene in vielfachen Variationen gesehen: Zwanzig, dreißig Frauen tanzen hintereinander, jeweils die rechte Hand auf der linken Schulter ihrer Vorderfrau. Der Weg führt spiralig gewunden zur Mitte des Kreises. Dagmar führt die Reihe an. Ich weiß, wie das ist, Folkloretänze anzuführen, zu "ziehen". Ich fühle mich dabei wichtig, herausgehoben, andererseits in meinen individuellen Bewegungen stark eingeschränkt, ich kann nicht in meinem normalen Tempo tanzen, das Gewicht der hinter mir Tanzenden scheint an mir zu hängen, manchmal fühle ich mich auch geschoben, häufiger aber selbst tragend. Dagmar hat keine Vorderfrau, auf die sie sich stützen könnte, hebt aber nach einiger Zeit dennoch wie alle anderen den Arm und läßt ihn in der Luft wie unsichtbar gestützt. Die Rolle der Leitenden - tanzend dargestellt: wichtig, belastet, getragen, einsam. - Ein zweiter Gedankensplitter, aus dem Brief einer Frau, die sich mit Dagmars Führungsqualität auseinandersetzt: *"Frauen, warum schließt ihr euch einer Leitkuh an, indem ihr euch an ihr festhaltet und macht sie dann zu eurer Leitkuh, beißt euch fest, anstatt loszulassen und euch auf eure Eigenverantwortlichkeit zu besinnen!"*

"Festhalten - loslassen, sich leiten lassen - verantwortlich handeln - sind auch das Balance-Akte, die die Tänzerinnen gemeinsam einüben?"

"Sicher, das sind sehr schwierige Balance-Akte. Zunächst einmal bin ich ja wirklich die 'Leitkuh'

Schritte zur Mitte

- ich bringe das Schritte-Repertoire und die Tanzschöpfungen mit, die Musik, dazu meine Erfahrungen aus ungezählten meditativen Tanzabenden, woraus ich ein Programm für diesen Abend, dieses Wochenende, dieses Fest entwikkelt habe. Ich lege die Musik auf und gebe vor, was wie oft getanzt wird. Zu dieser persönlichen Autorität kommt der gebundene folkloristische Stil hinzu: Die Schritte liegen fest, ich mache sie vor, die Tanzenden ahmen sie zunächst einmal nach, ehe der eigentliche individuelle Prozeß beginnt. Außerdem: Du bist in einer Gruppe eingebunden, die du zwar verlassen kannst, aber du fühlst dich doch auch für das gemeinsam geschaffene Tanzbild verantwortlich. All das bedingt: Die teilnehmenden Frauen müssen sich ein Stück weit auf vorgegebene Formen, auch auf mich als Leitende einlassen.

Es klingt vielleicht paradox, aber ich glaube, nur eine selbstbewußte, starke Frau schafft es wirklich souverän, sich für eine gewisse Zeit auf den Status der Lernenden einzulassen und die Vorgaben der Leitenden zu akzeptieren. Ich denke, dieses Sich-Einlassen und Hineingeben ist ungeheuer wichtig, um überhaupt zu erfahren, was meditatives Tanzen ist. Wenn du einmal wirklich durch diese Tanzformen hindurchgegangen bist, kannst du immer noch entscheiden: Das ist etwas für mich - oder eben nicht. Manche Frauen haben Schwierigkeiten damit, sich einer Leitenden oder auch einem getanzten Gruppenprozeß anzuvertrauen..."

"Vielleicht empfinden sie dieses Sich-Anvertrauen, entsprechend den Oben-Unten-Autoritätsmodellen unserer Gesellschaft als Unterordnung?"

"Ich sehe darin mehr die Offenheit, die Vorbehaltlosigkeit, auch: Neugier - statt gleich mit Vorurteilen und Kritik aufzuwarten. - Das Thema 'Frauen und Macht' hatten wir übrigens mal bei einem Seminar mit Astrid Osterland."

"Du hast mit Astrid und vielen anderen Wissenschaftlerinnen, Schriftstellerinnen, Künstlerinnen Seminare und Abende gehalten, bei denen Vortrag, Gespräch und Tanz ineinander übergingen."

"Diese Veranstaltungen sind eine Möglichkeit für Frauen, wichtige Themen nicht nur mit dem Kopf aufzunehmen und weiterzuspinnen, sondern tatsächlich weiterzubewegen - eine ganzheitlichere Methode, mit dem Thema umzugehen. Aber auch wenn der Abend ganz dem meditativen Tanzen gewidmet ist, finde ich es wichtig, daß wir uns eine Zeit reservieren, um uns über das Erlebte auszutauschen - die ganze Unterschiedlichkeit, der Reichtum der Frauen in dem, was sie in die Tanzkreise hineintragen, was sie aktuell erleben, was sie mit nach Hause nehmen, wird in solchen Gesprächen deutlich.

Weil wir vorhin von meiner Leitungsfunktion sprachen: Bei solchen Gesprächen fühle ich mich immer auch als Beschenkte, als Nehmende und Lernende. Die vielen Anregungen durch andere Frauen haben meine Arbeit beeinflußt und gefördert. Ich finde es sehr wichtig, mit wieviel Respekt vor der Person der anderen und ihren besonderen Fähigkeiten wir bisher miteinander umgegangen sind - obwohl ja nicht immer dieselben Frauen an den Einzelabenden und Tanzseminaren teilnehmen."

"Wenn du gemeinsam mit einer anderen Frau, die vielleicht auf einem intellektuellen Gebiet oder in einer bestimmten Kunstform als Expertin gilt, ein Seminar leitest, hast du dann Probleme damit, dich auf das Angebot der anderen 'Leitkuh' einzulassen, so wie manche Frauen mit deiner Autorität Schwierigkeiten haben?"

"Nein, gar nicht, ich stelle mich sofort darauf ein, daß ich von dieser Frau etwas lernen, etwas aufnehmen will. Problematisch wird es, wenn wir beide auf derselben Ebene etwas tun oder sagen wollen. Dann ist es nach meiner Erfahrung am besten, vorher Abmachungen zu treffen: Dieser Bereich steht für diese Zeit dir zu."

"Bei welchen Gelegenheiten, außer bei den Tanz-und-Gesprächs-Seminaren hast du bisher mit Frauen die meditativen Tänze getanzt?"

"Zuerst gab es ja die gemischten Einzelabende, mit Männern, die sich allmählich aus meinen ge-

wöhnlichen Volkshochschulkursen herauskristallisiert haben. Später habe ich begonnen, meditative Tanzabende und -seminare nur für Frauen anzubieten, Frauen einen Schutzraum zu geben, in dem sie sich ganz auf den Austausch untereinander und auf das Entdecken der eigenen Stärken konzentrieren können - ein Angebot, daß von Frauen aus allen Alters- und Berufsgruppen angenommen wird. Diesen Schutzraum haben wir eigentlich zum ersten Mal in Gelnhausen wieder verlassen..."

You can't kill the spirit...

Gelnhausen, eine malerische Stadt mit zahlreichen mittelalterlichen Gebäuden, vierzig Kilometer östlich von Frankfurt. Es ist Samstag, der 26. April 1986.

Auf dem Rasen vor dem Hexenturm - vor wenigen Monaten Schauplatz eines karnevalistisch angehauchten "Hexenrummels" mit anschließender "Hexenverbrennung", anläßlich der Wiedereröffnung der restaurierten Folterkammer samt Werkzeugen - hat sich an diesem Tag eine ernstere Menschengruppe zu einer in Deutschland bisher einmaligen Feierstunde versammelt:

Nach behutsamen Verhandlungen zwischen Gelnhausener Frauengruppen, der Stadtverwaltung und der Künstlerin Eva Gesine Wegner aus Frankfurt, wird das erste Denkmal für die Opfer der Hexenverfolgung enthüllt: "Die Rufende", eine "Baumfrau" in Bronze, gestaltet von Eva Gesine, die ihr Engagement, bestärkt durch viele andere Frauen, aus den Tanz- und Gesprächskreisen heraus entwickelt hat. Mitten in der Feierstunde: Ein einfacher meditativer Tanz mit Eva Gesine, Dagmar und Frauen aus Gelnhausen und Frankfurt.

Zum Abschluß ein Lied, das ich aus England, aus den Frauenlagern vor den Kasernen von Greenham Common kenne: "You can't kill the spirit, she is like a mountain..." Was wir zu diesem Zeitpunkt noch nicht wissen: Während wir unseren Widerstand gegen historische und aktuelle Vernichtung von Frauen-Wissen und

Schritte zur Mitte

Kreativität Ausdruck verleihen, hat eine weitere Etappe dieser Vernichtung bereits begonnen: Die radioaktive Wolke von Tschernobyl ist auf dem Weg nach Mitteleuropa.

"'You can't kill the spirit...', da ist er ja endlich, der Anklang an die 'Spiritualität', dieses Wort, das in Zusammenhang mit dem meditativen Tanzen immer wieder auftaucht. Für die Frauen, die mit dir, Dagmar, getanzt haben, ist 'Spiritualität' ein Synonym für ein Reservoir an innerer Stärke und Weisheit, für die Energie, die sie aus dem Tanzen gewinnen, aber auch für den Mut, nach außen zu wirken, sich institutionell, organisatorisch, finanziell, politisch Raum zu schaffen. Für viele andere Frauen und Männer steht 'Spiritualität' dagegen für Weltfremdheit, Rückzug in die Innerlichkeit, Geheimniskrämerei, politisches Desinteresse. Politische Spiritualität, Politik mit Tiefgang und Weisheit - diese Synthese ist anscheinend kaum denkbar. Eher spalten sich Frauen in das "Spirit-" und das "Polit-" Lager auf, dazwischen gähnt ein Graben von Sprachlosigkeit und Mißverständnissen."

"Die Frauen, mit denen ich getanzt habe, gehen vielfach in beide Richtungen, nach innen und nach außen - auch wenn sich das widersprüchlich anhört. Dieses Reservoir an innerer Stärke, das auch durch das Tanzen entsteht und dadurch, wie Frauen im Gespräch einander akzeptieren, fördern, herausfordern - 'hör mal, das kannst du, trau' dich doch, statt nur zu träumen, du schaffst es' - das ist der Antrieb für zahllose politische, künstlerische und wissenschaftliche Aktivitäten von Frauen.

Solche Sätze klingen vielleicht übertrieben - aber Worte können das Tanzerlebnis ja ohnehin nicht ersetzen. Die Erkenntnis, daß die Seele den Körper beeinflußt, ist mittlerweile Allgemeingut. Daß du aber über den Körper, der sich bewegt, sich Raum nimmt, eigene Dynamik und Unterstützung durch andere spürt, auch Geist und Seele beeinflussen kannst, ist vielen nicht klar. Du wirst nicht immerzu gemeinsam mit anderen Frauen die Arme ausbreiten, vorwärtsgehen, den Kopf und den Blick heben und dabei seelisch am Boden bleiben oder dort, wo du immer gestan-

"Du mußt eine Bewegung vielleicht fünfzigmal machen, um zu spüren, was das heißt: vorwärtsgehen, die Mitte suchen, verweilen, rückblicken, festhalten, loslassen..."
Tanz am Vorabend des Festes der tausend Frauen, 6. Juni 1989

Schritte zur Mitte

den hast - oder oft tanzend dein Leben bewegen und im Alltag alles in den alten, erstarrten Formen belassen."

"Tanzen bringt also tatsächlich die Verhältnisse zum Tanzen, meinst du?"

"Und wie! Das erlebe ich immer wieder - Eva Gesines Skulpturen, ihr Vorhaben, Lebenszeichen an Stätten des Todes zu setzen, sind ein Beispiel dafür. Oder denk' an die Frauen, die mit Forschungen nach der verlorenen Geschichte der Frauen begonnen haben, die mit ihren Erkenntnissen und Ideen an die Öffentlichkeit gegangen sind, Vorträge und Unterrichtseinheiten gehalten haben, Artikel geschrieben, manchmal gegen den Widerstand der eigenen Familie, manchmal um den Preis einer zerbrochenen Beziehung. Du hast lange genug getanzt, du weißt, was das Tanzen zum Tanzen bringen kann. Wir könnten Bücher damit füllen."

"Na ja, ein Buch gibt es ja immer schon: 'Mit Mut und Phantasie', die Dokumentation des 'Festes der tausend Frauen', auf das wir gleich zu sprechen kommen werden.
Zwei Themen noch vorab: Öffentlichkeit und Organisation. Was bedeutet es für dich, mit den stillen, meditativen Tänzen den Schutzraum, den du vorhin erwähntest, zu verlassen? Du setzt dich Mißverständnissen aus, das haben skeptische und ablehnende Reaktionen der Presse und einzelner Frauen, die die vermeintliche Harmonisierung und Innerlichkeit bemängelten, deutlich gezeigt."

"In Gelnhausen zum Beispiel haben wir uns vorher untereinander gesagt: Das kann nur funktionieren, wenn wir uns sicher sind, wenn wir uns auf das Anliegen und auf uns selbst konzentrieren. Ich habe es immer wieder erlebt: Eine starke Konzentration nach innen hin bewirkt, daß auch die Außenstehenden berührt werden. Eigentlich sollten sie das Gefühl bekommen: In einem solchen Kreis möchte ich auch einmal mittanzen und herausfinden, was mit mir passiert, was in mir steckt."

"Das ist schwer zu verstehen für Außenstehende: Du magst es nicht, wenn das Publikum nach einem meditativen Tanz klatscht, obwohl das ja die gewohnte Art ist, Kunst zu rezipieren."

"Stimmt, ich mag es nicht. Meditatives Tanzen ist keine Show, sondern ein einzigartiger Prozeß, der in der Gruppe abläuft und auch bei den Umstehenden etwas in Gang setzen soll, das nicht mit Klatschen abgetan werden kann. Ich glaube, nur wenn du Tänze in Ruhe auf dich wirken läßt, können sie etwas in dir auslösen."

"Das zweite Thema: Du bis ja nicht nur 'Tanzfrau', sondern wesentlich auch Organisations-Frau - macht es dir Spaß, Finanzen und Räume zu beschaffen, Werbemaßnahmen zu organisieren, endlose Telefonate zu führen, Karteien zu führen, schriftlich die Erfahrungen auf deinen Seminaren festzuhalten, dich auf vorgegebene Strukturen in Politik, Kunst und Kultur einzulassen - oder ist Organisation für dich nur Mittel zum Zweck?"

*"Für mich ist die Sache wichtig, die Idee, die Utopie... so etwas gärt in mir sehr lange, und wenn ich mich dann auf den Weg zur Verwirklichung mache, bin ich ziemlich unbeirrbar. Was dann an Organisatorischem sein muß, muß sein. Organisation ist für mich unabdingbar, wenn wir uns Institutionen und Finanzen nehmen wollen, die uns längst zustehen, so wie wir uns auch Tanz- und Feierformen zurückerobern müssen. Gerne mach' ich es nicht.
Wenn ich zum Beispiel einen Brief an die Stadtwerke Frankfurt schreiben muß, wie im Juni '86, daß wir im Stadtzentrum an der Hauptwache ein öffentliches Gedenken für die Opfer der Hexenverfolgung halten wollen und das in einer sehr ungewöhnlichen, getanzten Weise - dann leide ich geradezu beim Schreiben. Und doch, oft gelingt es mir, wie auch in diesem Fall, daß eine positive Rückantwort kommt, daß die Leute - bei den Stadtwerken! - verstanden, worum es ging. Das ist dann ein Ausgleich für die Quälerei vorher."*

"Hast du es lernen müssen, dich auch organisatorisch von anderen Frauen mittragen zu lassen? Ich halte dich eher für eine 'Einzelkämpferin' - kannst du Verantwortung delegieren?"

Schritte zur Mitte

"Beim 'Fest der tausend Frauen' war es klar, daß eine zweite Organisationsfrau her mußte mit eigenem Bereich, in den ich dann auch nicht mehr hineingucken konnte - allein wäre ein solches Fest nicht machbar gewesen."

"War die Zusammenarbeit mit dieser zweiten Frau, mit Sibylle Brüggemann, eine Schule für dich?"

"Ja, ich bin es gewohnt, sehr viel in der Hand zu behalten, in der Vorbereitung, auch in den Festsituationen selbst. So dachte ich anfangs, auch als Sibylle schon da war: du mußt noch das und das und das erledigen... bis ich merkte, Sibylle ergreift zuverlässig die Initiative, es läuft ohne mich. Das war dann ein wunderbares Gefühl."

"Und deine Familie? Daß sie deine vielen Aktivitäten nicht nur duldet, sondern häufig mitträgt, kann man sicher nicht so einfach auf die Verhältnisse anderer Frauen übertragen."

"Sicher nicht - aber ich habe schon immer meinen Freiraum klar abgesteckt, auch gegenüber meinen Kindern Jens und Sarah. Außerdem sind meine Aktivitäten allmählich gewachsen, nicht von heute auf morgen. Aber auch, daß Thomas, mein Mann, mir im Hintergrund zuarbeitet und keine Steine in den Weg legt, läßt sich nicht ohne weiteres übertragen."

"Und die Finanzen? Ich werde manchmal gefragt: 'Lebt sie denn vom Tanzen?'"

"Wenn die Honorare für die Seminare und die Engagements für mein Folklore-Ensemble SLAWIA nicht wären, ginge es wahrscheinlich nicht. Dann gibt es aber auch wieder Jahre, in denen SLAWIA viel kostet, zum Beispiel durch die Neuanschaffung von Kostümen oder es stehen große Ereignisse bevor, wie das 'Fest der tausend Frauen', wo ich meine Lebensversicherung aufgelöst, meinen Vater um Kredit gebeten habe, um erst einmal starten zu können. Nur wenn es ganz eng wird, nehme ich Geld von Thomas.
Aber es ist auch eine Tatsache, daß ich für meinen Lebensunterhalt, für meine Miete kein Geld heranschaffen muß."

"Das 'Fest der tausend Frauen' zu dem du, gemeinsam mit Anne-Marie Gesse, in die Alte Oper Frankfurt eingeladen hattest - wie wär's mit einer kleinen Einblendung in die Nacht vom 7. zum 8. Juni 1986, entnommen aus der Dokumentation 'Mit Mut und Phantasie. Frauen suchen ihre verlorene Geschichte.' Herausgegeben von Erika Wisselinde und Helma Mirus, Sophia Verlag 1987.:

Laßt uns unsere Unterschiedlichkeit feiern!

An diesem 7./8. Juni 1986 gehörte die Alte Oper den Frauen - vielen hundert Frauen aus allen Teilen Deutschlands, aus der Schweiz, Österreich, Frankreich, Holland, Schweden, Italien und der Türkei, aus allen Berufsgruppen und Lebensaltern - die jüngste zehn, die älteste 74. Das Gemeinsame: Jede Festteilnehmerin vertrat eine Frau aus der Vergangenheit, eine historische oder mythologische Gestalt, jede hatte sich mit "ihrer" Frau seit längerem beschäftigt und versucht, deren Leben und Wirken in der Gegenwart sichtbar zu machen. Ein Fest für das "Erbe der Frauen" also, für unsere Vorfahrinnen und ihre weitgehend unbekannte Geschichte - aber auch für die Frauen von heute, die diesen Tag feierten. Sie beschenkten sich gegenseitig mit Musik und Tänzen, Schönheit und Kreativität, persönlichen Gesprächen und großen Reden, mit Lachen, Überschwang, Nachdenklichkeit und Widerspruch, sie sammelten Ideen für einen privaten/politischen/kulturellen Aufbruch und Energie, um unsere Gegenwart zu verändern.

Das Motto des Festes entsprach einem Leitsatz, der auf der Frauenfriedenskonferenz in Nairobi geprägt wurde: "Laßt uns unsere Unterschiedlichkeit feiern:"

Jetzt sind die Räume leer, doch mit ein bißchen Einbildungskraft kann ich noch die vielen Stimmen hören: Die flammende Rede der Kaiserin Agrippina, Gründerin der Stadt Köln und Mutter Neros; die Gedichte der italienischen Poetin Gaspara Stampa; das Interview, in dem die Staatssekretärin bei der Frauenbeauftragten der Hessischen Landesregierung, Marita

Schritte zur Mitte

Heibach, gleich zwei Personen darstellte: sich selbst als Fragende und die Frauenrechtlerin Margret Sanger als Antwortende; die stolze Selbstdarstellung der Mitbegründerin der deutschen Frauenbewegung, Louise Otto-Peters, "Dem Reich der Freiheit warb ich Bürgerinnen!" und die ermutigenden, starken Wünsche der antiken griechischen Göttinnen und Legendengestalten an ihre verkannte "Zeitgenossin" Pandora...

Musik klingt in mir nach: Kreistänze aus Griechenland, Israel, Bulgarien, indianische Trommeln und griechische Flöten, orientalische Klänge zum Tanz der Königin Zenobia, Lieder von Zarah Leander und Alison Moyet und - einer der Höhepunkte des Tages -: Die Orchester-Ouvertüre C-Dur von Fanny Mendelssohn-Hensel, uraufgeführt durch ein Frauensinfonie-Orchester. Die Dirigentin: Elke Mascha Blankenburg - als Fanny Mendelssohn-Hensel.

Und die Kleider, die phantasievollen Gewänder, die die meisten Frauen selbst entworfen und angefertigt hatten, auch wenn einige zuvor die Schrecken des Handarbeitsunterrichts in den hintersten Winkel ihrer Erinnerungen verbannen mußten! Strenge Trachten und schillernde Flattergewänder, schlichtes Leinen, enge Mieder und bequeme Hosen, Tunika und Tellerröcke, Krawatte und Kollier, Federschmuck, Krone und Dutt, Originalgetreues, Gewagtes, Symbolisches. Nicht zu vergessen die große Ausnahme: Lady Godiva, die getreu ihrer Historie nackt erschien, bekleidet einzig mit ihren langen Haaren, die ihr bis zu den Kniekehlen reichten...

Ein internationales Frauentreffen, ein Tanzfest, ein Geschichtskongreß, ein Forum der Ideen, eine konstruktive Protestveranstaltung, Teil eines Prozesses, der längst nicht beendet, sondern gerade erst in Gang gekommen ist?

Dieser Tag läßt sich nicht mit einem einzigen Begriff umschreiben. Ich bin sicher, es wird weitere Treffen geben, private und öffentliche, international oder konzentriert auf eine Stadt, ein Dorf...

Dagmar: *"... und so ist es ja auch gekommen. Das Kontaktnetz, das schon vor dem Fest entstanden war, als die Frauen sich in vielen Städten trafen, um sich kennenzulernen, Erfahrungen mit 'ihrer' historischen Frau auszutauschen, Ideen zu sammeln - dieses Netz existiert ja noch heute in lockerer Form, mit vielen voneinander unabhängigen Initiativen, die plötzlich irgendwo wieder zusammenfließen können..."*

"...wie zum Beispiel im letzten Jahr, als es darum ging, durch Protestschreiben ein dümmlich-diskriminierendes "Kräuterhexen"-Preisausschreiben des Zahnpasta-Giganten Colgate zu stoppen - was auch tatsächlich geglückt ist."

"Außerdem ist vor und nach dem 'Fest der tausend Frauen' eine vielfältige, neue 'Kultur des Festes' entstanden, manchmal wird die Idee aufgegriffen, das Erbe der Frauen in Berichten, Gesprächen und im Tanz sichtbar zu machen, manchmal geht es darum, ein privates Fest zu gestalten oder eine öffentliche Feierstunde."

"Der Gedanke, zu einem 'Fest der tausend Frauen' einzuladen, kam dir ja durch die Beschäftigung mit der DINNER PARTY, diesem Kunstwerk in Form eines großen, kostbar gedeckten Bankettisches, das die amerikanische Künstlerin Judy Chicago 1038 Frauen aus Mythologie, Geschichte und Gegenwart gewidmet hat."

"Ja, als ich THE DINNER PARTY in Edinburgh und London gesehen hatte, stand für mich fest: Dieses Kunstwerk muß in Deutschland ausgestellt werden - was im Frühjahr 1987 - nach langem zähen Engagement der Frauen hier, ja auch geschehen ist.

Gleichzeitig entstand in London vor meinem inneren Auge ein farbiges, lebendiges Bild: Wie wäre es, wenn ich viele Frauen dazu einladen würde, die Idee der DINNER PARTY - tausend historische und mythologische Frauen treffen sich zu einem Fest - in Wort, Bild, Farbe, Gewänder, Kostüme, Ton und Tanz umzusetzen, und das nicht in irgendeinem Bürgerhaus oder Gemeindesaal, sondern an einem Ort, der der ver-

Schritte zur Mitte

leugneten, verkannten und vernichteten Schönheit der Geschichte der Frauen gerecht wird: Eben in der Alten Oper. Ich wußte, daß die DINNER PARTY hierher kommen würde und daß dieses Fest stattfinden würde - ich glaube an meine inneren Bilder."

"Die alte Oper mieten, einen gemeinnützigen Verein gründen, Frauen aus deinem Bekanntenkreis anschreiben und eine Art 'Schneeballsystem' initiieren, fortlaufende Informationen herausgeben, Medienkontakte, Büroraum, Bezahlung für drei Frauen (darunter mich als Presse-Frau) und so weiter... das Fest und die Vorarbeiten zur DINNER-PARTY-Ausstellung haben große Geldsummen verbraucht, angefangen mit den Lebensversicherungen, die du und dein Mann aufgelöst haben, Kredite..."

"...und den Beiträgen der Frauen: 390,-- DM mußte - wenn irgend möglich - jede Teilnehmerin am 'Fest der tausend Frauen' in einen Fond einzahlen, aus dem das Fest, die Öffentlichkeitsarbeit zur Ausstellung und später die Dokumentation des Festes bezahlt werden sollten.

Das Schlimme daran: Es waren wieder einmal Frauen, die sich eine Angelegenheit, die alle angeht, selbst finanzieren mußten. Die meisten haben es mit Phantasie und Engagement geschafft, den Beitrag aufzubringen. Aber es gab Härtefälle, außerdem waren wir 'nur' 600 Frauen statt 1038 und die Kosten für das Fest stiegen durch viele Zusatzideen der Teilnehmerinnen. Ich hatte ja, wie im Kleinen bei meinen Tanzseminaren auch, nur den Rahmen vorgegeben, den großen Programmablauf und die Tänze - aber dieser Rahmen füllte sich mit immer mehr Einzelideen. Am Ende blieb nicht einmal Geld für die Dokumentation, dafür mußte ich wieder auf die mühevolle Kreditsuche gehen."

"Ich entsinne mich an die Journalistin von den 'Nürnberger Nachrichten', die mir einfach nicht glauben wollte, als ich ihr Monate vor dem Fest die Idee schilderte. 'Wie wollen sie denn tausend Frauen dazu bringen, so viel Geld zur Verfügung zu stellen, nur für ein Fest, zu dem eine gewisse Dagmar von Garnier einlädt', fragte sie mich."

"Mein erster Verteiler war die große Kartei der Frauen, die damals bei mir ein Tanzseminar oder einen Vortrags-und-Gesprächs-Abend besucht hatten. Die Pressearbeit und die Rundbriefe haben den Adressatinnenkreis allmählich ausgeweitet. Aber du weißt, wie langsam es voranging und daß wir im Januar 1986, fünf Monate vor dem Fest, erst hundert Anmeldungen vorliegen hatten. Dazu kam meine Erfahrung in Organisation und Verhandlung, Sorgfalt und Präzision im Arbeiten, all das auf einen großen Maßstab übertragen. Am wichtigsten war sicher die Unterstützung durch andere Frauen und meine persönliche Zähigkeit, an meinem Traum festzuhalten."

"'Das schönste, reichhaltigste, ermutigendste Fest meines Lebens... ein Ort, an dem meine Begeisterung, Neugier, Lust und Liebe zu Frauen lebendig werden konnte...' und ähnlich positiv haben dir viele Frauen nach dem Fest geschrieben. Aber es gab auch Wermutstropfen, zum Beispiel Konflikte und Mißverständnisse mit Judy Chicago, deren Kunstwerk der Auslöser für das 'Fest der tausend Frauen' gewesen war. Judy beschreibt in ihrer Biografie 'Durch die Blume' Autoritätsprobleme, Schwierigkeiten, Nähe und Distanz zwischen Frauen auszubalancieren, Rollenkonflikte... Phänomene, die du kennst. Sind in der Alten Oper zwei gleichstarke 'Leitkühe' unsanft aufeinandergeprallt?"

"So wie ich es gewohnt bin, mich bei Seminaren mit meinen Co-Leiterinnen abzusprechen, Erwartungen abzuklopfen und dann Regeln für das Sich-wechselseitig-gelten-lassen aufzustellen, so hätte es auch mit Judy und mir laufen müssen. Die Zeit dazu fehlte und ich fühlte mich von ihr regelrecht überrollt. Sie wiederum konnte sich nicht darauf einlassen, daß ihre Idee, die sie in bildender Kunst ausgedrückt hat, von mir in die darstellende Kunst, in Tanz und in verschiedene kreative Aktionen von Frauen übertragen worden war. Das ist der Gegenpol: Nicht nur an einer Idee, einem Traum festhalten, sondern auch loslassen können, zusehen, wie sich eine

Schritte zur Mitte

Idee vervielfältigt, wandelt, wie jede Frau anders damit umgeht."

"Für Judy war es in der Alten Oper vielleicht so, als wenn du, Dagmar, auf ein großes Happening mit deinen meditativen Tänzen eingeladen würdest und die leitende Frau sagte dir, du müßtest dich doch freuen, wie viel deine Tänze bewirken, wie viele Frauen sie ansprechen - und du denkst: Was da passiert, ist nicht mehr 'meines'..."

"Ja, und dann loslassenkönnen und sagen: O.k., es ist gut, so wie es ist... das wäre nicht leicht."

"Hast du selbst deine Kritik am 'Fest der tausend Frauen', was würdest du anders machen, sollte es ein Fest von ähnlichen Ausmaßen nochmals geben - noch mehr Vorarbeit, mehr Information...?"

"Mehr Information nicht, ich glaube, wir haben genügend beschrieben, was das Tanzen bedeutet, wie frei die einzelne ist, sich darauf einzulassen, welche Regeln es für das Mittanzen gibt. Ich denke, es gäbe selbst bei noch mehr Vorab-Information immer noch Frauen, die das in den falschen Hals bekommen. Besonders bei den Medienfrauen gab es eine Mauer, eine selektive Wahrnehmung. Warum haben wir diese Frauen nicht wirklich als Personen erreicht?"

"Erika Wiesslinck, die Herausgeberin der Fest-Dokumentation, hat dem Thema Politik/Spiritualität, Irrationalität als Vorwurf des herrschenden Systems an Frauen, gleichzeitig Vertuschung der wahnsinnigen Irrationalität der Herrschenden selbst, ein ausführliches Nachwort gewidmet. Sie meint, daß viele Frauen unter dem beruflichen oder privaten Druck stehen, den männlichen (Pseudo-) Rationalitätsbegriff, dieses 'Entweder-Kopf-oder-Bauch', anzuerkennen und jeden Versuch einer kreativen Synthese abzuwerten, um sich selbst in den Augen der Männer aufzuwerten."

"Ich denke, das Fest war auch fast zu vielschichtig, es gab zu viele Möglichkeiten, sich einzulassen, sich abzugrenzen, es war sehr anspruchsvoll und sehr beanspruchend, das Ganze. Feste mit eingeschränkteren Frauenthemen und kleinerem zeitlichen Rahmen - wir haben ja vierzehn Stunden gefeiert! - wären sicher leichter machbar."

"Wir haben über das Loslassen eigener Ideen gesprochen. Du bietest jetzt eine Seminarreihe in meditativem Tanzen an, die Ausbildungscharakter hat. Damit ermunterst du noch mehr Frauen, die Tänze weiterzugeben und zur Gestaltung von Festen zu verwenden. Läßt du damit noch mehr los?"

"Ja, es ist für mich eine Möglichkeit, mutiger nach draußen zu gehen mit den meditativen Tänzen und gleichzeitig dafür zu sorgen, daß die Formen und Inhalte, die mit ihnen verknüpft sind, intensiv gelehrt werden. Manche Frauen haben das folkloristische meditative Tanzen in den kirchlichen Raum hineingenommen. Das muß ich natürlich akzeptieren. Schöner finde ich es, wenn Frauen eigene Feste, losgelöst vom patriarchalen Kontext, gestalten - ich könnte auch sagen: Rituale entwickeln, aber das klingt gleich so fremd und abgehoben, obwohl der Begriff 'Alltags-Ritual' ja durchaus gebräuchlich ist. Was ich meine, ist ein intensives Be-gehen (da steckt ja schon wieder Bewegung drin!) eines besonderen Tages, eines Geburtstages, eines Anfangs oder eines Abschiedes oder eines Festes, das sich eine Gruppe 'einfach so' gönnt. Oft gibt es eine große Hilflosigkeit, nicht nur bezüglich der Inhalte, der vermittelnden Bilder und Symbole, sondern auch der Formen. In diese Situation passen die meditativen Tänze. Zur Zeit überlege ich zum Beispiel mit meiner Tochter, wie wir den Beginn ihrer Menstruationszeit zusammen mit anderen Frauen und Mädchen feierlich begehen können."

Ein Fest für Sonja

Sonntag, 12. Juni 1988. Gleich kommen Christians und meine Verwandten und Bekannten, um unsere kleine Tochter zu feiern, die heute vier Wochen bei uns ist. Wir werden ihr gute Wünsche sagen, etwas, das uns im Leben wichtig geworden ist, mitgeben. Wir werden sie auf einen Spaziergang durch die nahegele-

Schritte zur Mitte

nen Wiesen mitnehmen, für sie Blumen pflücken und damit eine Lebenskerze schmücken. Wir werden essen, lachen und zusammen tanzen, auch mit Sonja: Ein breites Tuch, das wir alle festhalten, wird zur großen Wiege, in der wir sie schaukeln.

Ich habe die meditativen Tänze bei Dagmar kennengelernt, aber ich feiere nicht Dagmars Feste, auch wenn ich kleine Gestaltungen und Tanzformen übernehme. Ich habe, was ich gelernt habe, quasi durch mich hindurchgehen lassen - jetzt sind es meine Feste, meine Ideen, meine Inhalte geworden. Ich suche vor einem solchen Festtag, ich lasse mir Zeit, herauszufinden: Was verbinde ich mit diesem Tag, was sind meine Inhalte, in welchen Formen könnte ich sie ausdrücken und glaubwürdig vertreten, wer sind meine Gäste, wie kennen sie mich, was erwarten sie, worauf können sie sich einlassen, was können sie selbst einbringen.

Sonja versucht ein kleines Lächeln. In ein paar Stunden wird sie zusammen mit vielen anderen die Kunst des Augenblicks erleben, die Kunst der Töne, Rhythmen, Schritte und Wege, jahrtausendealt und gerade erst erschaffen: den Tanz.

Kontaktadresse:

Dagmar von Garnier
Schneckenhofstraße 33
6000 Frankfurt/M.

FRAUEN

TANZEN
AUS DER REIHE

Klaudia Becker
Frauen tanzen aus der Reihe

Wochenendseminar für haupt- und ehrenamtliche Mitarbeiterinnen im Amt für Jugendarbeit der EKvW

Das Amt für Jugendarbeit ist eine landeskirchliche Einrichtung der Ev. Kirche von Westfalen, in der mehrere Referenten und Referentinnen in unterschiedlichen Fachbereichen tätig sind. Unsere Fortbildungs- und Beratungsangebote richten sich in erster Linie an Multiplikatoren und Multiplikatorinnen aus der Jugendarbeit.

Im Rahmen einer feministischen Bildungsarbeit führen meine Kollegin und ich spezifische Fortbildungsangebote (Seminare, Fachtagungen, Großveranstaltungen) für Mitarbeiterinnen durch, mit dem Ziel, einerseits über aktuelle und gesellschaftpolitische Entwicklungen zu informieren und frauenspezifische Aspekte hierbei aufzugreifen und zu bearbeiten, und andererseits pädagogische Ansätze, Methoden und Konzeptionen für die Arbeit mit Mädchengruppen zu vermitteln und zu entwickeln. Ein Schwerpunkt dieser Fortbildungsangebote ist die Kulturarbeit von und mit Frauen. In jedem Jahr bieten wir zum Bereich Kulturarbeit ein Kreativitäts- und Selbsterfahrungsseminar für haupt- und ehrenamtliche Mitarbeiterinnen an (Bisherige Themen waren: "Macht und Maske", "Märchen und Mythen", "Frauen machen Theater"). Für 1989 planen wir eine Großveranstaltung zum Thema "Kultur von Frauen ist Zukunft für Frauen."

Bevor ich nun konkret das Seminar "Frauen tanzen aus der Reihe" beschreibe, möchte ich vorab noch einige konzeptionelle Gedanken und Zielsetzungen benennen und erläutern, die bei der Durchführung und Planung der Angebote einen zentralen Stellenwert haben.

Priorität bei diesen Seminaren haben die persönlichen Erfahrungen von Frauen, denn wichtig ist bei diesem Austauschprozeß, daß Frauen erkennen, daß ihre Lebensrealität und ihre Zukunftsperspektiven auch bestimmt und geprägt sind von gesellschaftlichen Strukturen und Mechanismen. Erst aus dieser Erkenntnis heraus lassen sich Schritte vollziehen, die scheinbar festgelegte Rollen und Verhaltensweisen verändern können. Die Auseinandersetzung mit dem, was Frauen ohnmächtig macht, ist oft der erste Schritt auf dem Weg zur Selbstfindung und -behauptung. Folgende Ziele finden dabei Berücksichtigung:

- Bewußtmachung der Stärken bei Teilnehmerinnen und Raum geben, 'neue' Stärken entwickeln zu lasen;
- eigene Aggressionspotentiale entdecken;
- Selbstbehauptungs- und Bewältigungsstrategien entwickeln und ausprobieren, Selbstbehauptung trainieren, dabei aber nicht in männliche Verhaltensmuster fallen.

Bei allen Seminarangeboten zum Bereich Kulturarbeit steht der erlebnisorientierte Ansatz in unserer pädagogischen Arbeit im Vordergrund, d.h. die verstandes- und gefühlsmäßige Komponente eines jeweiligen Themas wird formuliert und erarbeitet. Dies läßt sich durch unterschiedliche Arten der Kreativität und der Medien erreichen.

Ausgehend von der These, daß eine schöpferische Form der Auseinandersetzung mit Umwelterfahrungen auch eine Art der Verarbeitung dieser Erfahrungen ist, stellt sich gleichzeitig die Frage nach einer spezifischen weiblichen Kreativität und weiblicher Kultur; denn die Prägung durch geschlechtsspezifische Sozialisation und frauenspezifische Lebenserfahrungen beeinflussen entscheidend das Ausmaß und das Produkt des kreativen Prozesses.

Welche neue Qualität zeichnet aber nun eine weibliche bzw. eine feministische Kultur aus? Einige Aspekte seien hierzu genannt, die wir für unsere pädagogische Praxis als Zielvorstellungen formulieren können:
- Feministische Kultur ist gebunden an die Entwicklung eines 'neuen' weiblichen Selbstbewußtseins.
- Eine 'neue' weibliche Ästhetik schafft auch eigene weibliche Leitbilder, Symbole und Mythen und löst sich von bestehenden Idealisierungen.
- Die Befreiung von patriarchalischen Bildern und Klischees zeigt sich auch in einer anderen Verwendung von Material, anderen Inhalten und in der Entwicklung anderer Arbeitsweisen.
- Eine feministische Kultur stellt sich der herrschenden Kultur kritisch gegenüber und trägt somit zu gesellschaftlichen Prozessen und Veränderungen bei.

Erfahrungsbericht:

Vom 4. bis 6.11.1988 fand das Seminar "Frauen tanzen aus der Reihe" statt, an dem neunzehn Frauen teilnahmen, die haupt- oder nebenamtlich in der Jugendarbeit tätig sind (Alter zwischen zwanzig und fünfundvierzig Jahren).

Unsere Ausschreibung lautete folgendermaßen:

Frauenpersönlichkeiten der Mythologie und der Kulturgeschichte verkörpern oft weibliche Stärken und Fähigkeiten oder stehen symbolisch für spezielle Charaktereigenschaften oder Verhaltensweisen. Frauenfiguren wie Carmen, Medusa, Artemis, die Erdgöttin oder Elfen rufen bestimmte Assoziationen hervor, denen wir als Frauen ablehnend, bewundernd, befürwortend oder zurückhaltend gegenüberstehen.

In diesem Seminar werden wir uns durch tanzpädagogische Methoden und Methoden der Gestaltarbeit mit unterschiedlichen Frauenfiguren

Frauen tanzen aus der Reihe

auseinandersetzen, um so unsere eigenen weiblichen Anteile bewußt zu entdecken und zu erleben.

Wichtig war uns bei diesem Seminar zum einen, Wurzeln der weiblichen Kulturgeschichte aufzuzeigen, deshalb die Auseinandersetzung mit Frauenpersönlichkeiten der Mythologie und Geschichte und zum anderen den Bezug zur eigenen Persönlichkeit zu schaffen und neue Erlebnisebenen als Frau für die Teilnehmerinnen zu ermöglichen. Ebenso wollten wir die besondere Bedeutung des Tanzes für Frauen verdeutlichen, denn die Beschäftigung mit matriarchalen Gesellschaftsformen zeigt, daß der Tanz einen zentralen Stellenwert im kulturellen Leben hatte.

Entschieden haben wir uns für vier Frauenfiguren bzw. -gruppen:
- Elfen als Symbol für Zartheit, das Sanfte, Zärtlichkeit;
- Amazonen als Symbol für Kraft und Kampf;
- Carmen als Symbol für Erotik, die sexuell Aktive;
- Hexen als Symbol für das Groteske, Bedrohliche.

Ausgehend von diesen Frauengestalten haben wir thematische Einheiten erarbeitet, die so strukturiert waren, daß wir zu Beginn jeder Einheit mit unterschiedlichen Medien (Geschichten, Musik, Kurzreferat) die jeweilige Frauengestalt vorgestellt haben, um so einen Bewußtwerdungsprozeß und eine Sensibilisierung für das Thema bei den Teilnehmerinnen zu ermöglichen. Die anschließende Erlebnisebene gestalteten wir mit tanzpädagogischen Methoden und Methoden der Gestaltarbeit, die einen starken Selbsterfahrungswert für die Teilnehmerinnen hatten. Zu jeder thematischen Einheit fand ein Auswertungsgespräch im Plenum statt, bei dem jede Teilnehmerin die Möglichkeit hatte, ihre ganz persönlichen Erfahrungen anderen Frauen mitzuteilen und ebenso Probleme formulieren konnte, die, wenn es notwendig wurde, aufgearbeitet werden konnten. Jede thematische Einheit wurde mit einer Tanztheatergestaltung abgeschlossen.

Nach einer persönlichen Vorstellung unsererseits und der Vorstellung der geplanten Inhalte des Seminars begannen wir mit einem Angebot zur Körperarbeit. Jede Teilnehmerin hatte die Aufgabe, zunächst durch Körperhaltung, dann durch Bewegung, unterschiedliche Frauenrollen darzustellen, die von uns vorgegeben wurden. Abgeschlossen wurde die Übung durch eine bewußte Besinnungsphase, in der sich jede Frau entscheiden mußte, welche Eigenschaften/Charakterzüge sie für sich ablehnt und welche sie besonders attraktiv findet und mit welcher Frauengestalt (Hexe, Amazone, Elfe, Carmen) sie sich am meisten identifiziert. Hierzu malte jede Teilnehmerin ein Bild, mit dem sie sich dann in der Gruppe vorstellte.

In dieser Vorstellungsrunde zeigte sich, daß sich die meisten Frauen mit der Hexe oder der Elfe identifizieren konnten, die Carmen gerne leben würden, aber sich nicht trauen und über die Amazone zu wenig wußten, als daß sie sich mit ihr identifizieren konnten, aber sehr neugierig auf die Auseinandersetzung mit dieser Gestalt waren.

Die erste Frauengestalt, mit der wir uns auseinandersetzten, war die **Figur der Elfe**, der wir folgende Themen zuordneten: Die Sanfte und Zarte in uns, die Sensible, Leichtigkeit, das Unbeschwerte. Zur Einstimmung lasen wir einen Text aus dem Buch "Mond, Magie und Tanz" (S. 75) von Luisa Francia vor:

"Verstehst du, was die Bäume sagen? Die Blumen? Die Sträucher? Was sagt dir Nebel? Ein Windhauch? Wenn du das erfahren willst, suche eine Begegnung mit den Elfen. Sie gehören wie die Feen zu den "kleinen Leuten", zu den Geistwesen, wie Zwerge und Moosleute. Während aber Zwerge Schätze hüten und Moosleute Wege weisen, sind Elfen die Hüterinnen der Töne, Gerüche, Gesänge. Sie initiieren in die Magie der Luft, der Farben, der feinen Düfte und Ahnungen.

In den Dolomiten habe ich zum ersten und bisher einzigen Mal eine Elfe gesehen. Ich stieg allein auf einen Berg und machte bei einem Alpenrosenbusch Rast. Ich schlief ein, wurde aber bald darauf von einer sehr feinen Stimme geweckt, die ich zuerst für das Plätschern eines weit entfernten Baches hielt. Angestrengt starrte ich auf den Rosenbusch, in dem sich eine Form abzuzeichnen schien: rosa Wangen, ein dunkelrotes Westchen, ein hellroter weiter Rock.

Das Schwierige an unwahrscheinlichen Begegnungen ist, daß du nur wahrnimmst, was du für wahrscheinlich hältst. Alles andere wird ständig vom Gehirn korrigiert, in seine übliche Erscheinungsform gebracht. Es hat ziemlich lange gedauert, bis ich meinen Verstand überlisten und mein Auge die Elfenform herausarbeiten konnte. Dann begriff ich, daß die Rosenelfe mir etwas erzählte. Aus dem Plätschern und Wispern schälte sich langsam heraus, daß sie schon seit geraumer Zeit versuchte, Kontakt zu einer Colabüchse aufzunehmen, die neben dem Rosenbusch lag. Ich machte ihr klar, daß Unterhaltungen mit Coladosen praktisch unmöglich sind und nahm bei der Gelegenheit die Dose an mich, um sie auf einer Hütte in den Müll zu werfen.

Es fiel mir nicht leicht, so eine zarte und feine Unterhaltung zu führen. Immer spreche ich etwas zu laut. Die Elfe gab mir einen Tip, wo ich Kristalle finden könnte, was ich praktisch, weil "nachweisbar", fand. Tatsächlich gelang es mir, an der bezeichneten Stelle ein Stück Marienglas und eine Deiserkugel, das heißt eine Steinkugel, die Kristalle birgt, zu finden."

Frauen tanzen aus der Reihe

Anschließende Übungen:
- Im Sitzkreis den eigenen Körper berühren und sich in eine melodische Musik (Musikbeispiel: Sally Oldfield 'Water Bearer' oder Musik von Andres Vollenweider) einzufühlen;
- zunächst kleine, dann immer größer werdende fließende Bewegungen von möglichst vielen Körperteilen ausführen und dabei in den Stand kommen;
- federn am Platz und in der Fortbewegung, um Leichtigkeit auch in den Beinen zu spüren;
- freie Tanzimprovisation nach Musik zum Thema Leichtigkeit, Sanftheit und zu assoziierten Bildern zur Elfe;

- ausprobieren und entwickeln von Bewegungsabläufen wie Wellenbewegungen, Drehungen, lautloses Gehen und Springen usw;
- freie Tanzimprovisation mit Stimme (flüstern, kichern...) und Tüchern;
- jede Teilnehmerin gestaltet ihren "Elfentanz";
- ein Kreis wird mit allen gebildet, wobei jede in ihrer Bewegung bleibt. Jede tritt einzeln in die Kreismitte, stellt ihren Elfentanz vor, und die Außenstehenden übernehmen eine Zeitlang die Bewegungen. Dabei wird vor allem das typisch Elfenhafte aufgenommen. Die Frau in der Kreismitte bestimmt, wann sie aus dem Kreis heraustritt. Jede geht dann wieder in ihre elfenhafte Bewegung zurück, bis die nächste in die Kreismitte tritt.

Äußerungen von Teilnehmerinnen im anschließenden Auswertungsgespräch:

"Leichtigkeit kann auch anstrengend sein und kostet Kraft, obwohl es nicht so aussieht!"

"Mir ist bewußt geworden, daß ich im Alltag nicht fürsorglich mit mir umgehe und ich bei all meinen Kraftanstrengungen meine Leichtigkeit und meine Freude verliere."

"Es war so schön, mal wieder das kleine Mädchen von früher sein zu dürfen und trotzdem war ich mir meiner Kraft bewußt."

"Elfen sind selbstbestimmt, unabhängig und nicht greifbar. Sie verschwinden, wann es ihnen paßt. Sie können alles mögliche anstellen und durcheinanderbringen, ohne gesehen und dafür verantwortlich gemacht zu werden."

Bemerkenswert war bei dieser thematischen Einheit, daß Frauen, die die Gestalt der Elfen anfangs ablehnten, weil sie damit Hilflosigkeit, Schwäche und Kraftlosigkeit assoziierten, nun auch die Stärken dieser Gestalt annehmen konnten, wie Selbstbestimmung, klein sein dürfen ohne Unterdrückung zu erleben und fürsorglich mit sich umgehen zu können und nicht immer nur mit anderen (in der Rolle als Mutter mit Kindern, in der Rolle als Ehefrau/Partnerin mit dem eigenen Mann).

Frauen tanzen aus der Reihe

In der nächsten Einheit beschäftigten wir uns mit den **Amazonen** und erzählten zu Beginn folgende Geschichte, die wir selber geschrieben haben, in Anlehnung an die Bücher von Luisa Francia "Mond-Tanz-Magie" und Ranke-Graves "Griechische Mythologie":

"Es war beim Übergang von Matriarchat zum Patriarchat, als die Zeit der Frauengemeinschaften im Nebel zu versinken drohte, als aus den friedlichen, von Frauen behüteten Siedlungen Verteidigungsanlagen wurden, in einer Zeit gewaltiger Veränderungen, verließen die Frauen die Gemeinschaften, um die alte Ordnung wiederherzustellen: Die Amazonen, wie wir sie heute nennen. Ihr Stolz war nicht gebrochen, sie wollten nicht Mütter und Hüterinnen von Privatbesitz werden. Sie waren Freie, die umherzogen und nur ihre Gefährtinnen liebten. Sie konnten reiten, Wurfspieße weit werfen, stellten sich im Zweikampf und hatten klirrende Waffen. Wurden sie angegriffen, so konnten sie kaum besiegt werden, weil sie ohne Furcht waren.

Bis ins siebzehnte Jahrhundert gibt es Berichte beispielsweise aus dem Dschungel Südamerikas, die von unüberwindlich starken Frauen berichten, die anzugreifen den sicheren Tod bedeutete. Die Spanier zogen es vor, diesen Frauen aus dem Weg zu gehen. Obwohl es zu jeder Zeit Amazonen gegeben hat, die überall auf der Welt lebten, wird als Heimat der Amazonen Anatolien angesehen, wo die Amazonen große, wunderbare Städte bauten: Smyrna, Ephesos, Sinope...

Als griechische Eroberer nach Lykien kamen, dem ursprünglichen Stammland vieler Amazonen, wollten sie, daß dort ansässige Männer ihnen Paläste bauen sollten. Die kicherten aber nur und druckten herum: Das könnten sie nicht. Auf die Vorhaltung der Griechen, daß sie doch wunderschöne Bauten in ihrem Land gesehen haben, lachten die Männer und sagten: Aber wir Männer können doch gar keine Häuser bauen, das machen nur die Frauen. Was die Griechen kaum fassen konnten.

Als eine von ihnen von einem König auf sein Schiff geladen und dann geraubt wurde, waren sie über den frechen Raub entrüstet und sannen auf Rache. Sie ritten zur Stadt des Königs, umzingelten die Stadt, brachen in die Stadt ein und schlugen dort ihre Lager auf, während die Einwohner sich auf eine Burg zurückzogen. Die Menschen fürchteten sich vor den Amazonen, staunten zugleich über ihre Anmut, ihre Schönheit, Klugheit und Stärke."

Bei den nachfolgenden Übungen sollten die Teilnehmerinnen ihre eigene körperliche Kraft entdecken und auch demonstrieren und spielerisch ihre Kraft mit anderen Frauen messen, wobei die Lust an der Kraft im Vordergrund stehen sollte und nicht das Siegen oder Verlieren. Zwischen den Übungen verdeutlichten wir durch Bewegungsdemonstrationen, was für eine kraftvolle Ausstrahlung wichtig ist, z.B. einen sicheren Stand haben, Blickkontakt, richtig atmen.

Die Übungen:

- Kraft in den Beinen spüren, im Stand und in der Fortbewegung durch Stampfen, lautes Springen und Hüpfen;
- Kraft in den Händen und Armen spüren und kraftvoll bewegen; Gesten wie abwehren, zuschlagen, heranziehen ausführen;
- Arm- und Beinbewegungen miteinander verbinden und so durch den Raum bewegen; jede tanzt ihren "Krafttanz";
- zu den Bewegungen die Stimme einsetzen;
- ein Kreis wird mit allen gebildet und jede Teilnehmerin geht in den Kreis und sagt: "Ich kann besonders gut...!" Dazu soll jede Frau eine entsprechende Haltung oder Bewegung finden. Die gesamte Gruppe wiederholt den Satz und die Bewegung.
- "Kampfspiele" als Paarübung: Wegdrücken, schieben, am Boden und im Stand.

Im anschließenden Auswertungsgespräch formulierten einige Teilnehmerinnen, daß sie sich schlecht auf die Übungen einlassen konnten, weil sie zum einen 'männliches' Verhalten für sich nicht reproduzieren wollten und andererseits einen Verlust an Harmonie in der Gruppe

Frauen tanzen aus der Reihe

befürchteten. Diese Äußerungen lösten heftige Diskussion über Fragen aus wie: Können Frauen miteinander streiten? - Ist Streit in Frauengruppen notwendig? - Welches Aggressionspotential habe ich als Frau? - Wie lebe ich meine Aggressionen? - Richte ich sie gegen mich oder gegen andere?

Wichtig war für alle die Erkenntnis, daß Körpergröße und -fülle nicht mit Kraft gleichgesetzt werden muß, sondern das Bewußtsein "Ich bin stark" viel entscheidender ist für die Ausübung der eigenen Kraft.

Übertragen auf die alltägliche Situation heißt das auch, Männer, die ich meistens stärker einschätze als mich, müssen nicht unbedingt stärker sein. Wenn ich mir als Frau meiner Kraft bewußt bin, kann ich mich wehren und schützen.

Zum Abschluß dieser Einheit choreographierten die Teilnehmerinnen einen 'Amazonen-Krafttanz' in zwei Gruppen und führten ihn jeweils der anderen Gruppe vor. Von den Gestaltungen waren alle sehr beeindruckt, hinsichtlich der Ausstrahlung, der Macht und der Kraft, die jede Frauengruppe in einer anderen Weise verkörperte.

Zur Gestalt **Carmen** sammelten wir zunächst gemeinsam Assoziationen, Begriffe, Bilder und Phantasien, die uns spontan zu dieser Frauengestalt einfielen: erotisch, unabhängig, aggressiv, verführerisch, Leidenschaft, alles oder nichts, bunte Röcke, unberechenbar, sie weiß immer, was sie will, wild. Darauf folgte ein kurzes Referat über den Roman von Prosper Mérimée und die Entwicklungsgeschichte der Filme, Opern und Musicals, die diesen Roman zum Thema hatten.

Deutlich wurde hierbei, daß je nach sozio-kulturellem Hintergrund der Gesellschaft auch eine Romanfigur immer wieder anders interpretiert wird und dies wiederum Auswirkungen auf Lebensziele und -ideale der Menschen, in diesem Falle auf die Rolle der Frauen hat.

Nach dieser ausführlichen Einleitung folgten tanzpädagogische Übungen, in denen die Teilnehmerinnen ihre eigene Erotik entdecken und ausspielen sollten. Um sich in die Person 'Carmen' einfühlen zu können, wählten wir hierfür zunächst auch den zu Carmen passenden Tanzstil Flamenco.

- Alle Teilnehmerinnen klatschen zunächst einen typischen Flamencorhythmus im Kreis und nehmen dabei schon eine 'stolze' Körperhaltung ein. Wir haben an dieser Stelle auch mit der Vorstellung gearbeitet, daß sie die schönsten und größten Frauen sind.
- Dann wird der Rhythmus gestampft, zunächst am Platz, dann in der Fortbewegung. Alle Teilnehmerinnen bewegen sich nach Flamencomusik (z.B. Flamencofestival Paco Pena, Span. Vol. 1) durch den Raum und begegnen sich mit ihren 'Tänzen'. Es sollen alle Körperteile bewegt werden, aber immer mit der Vorstellung, daß sie selber 'Carmen' sind.
- Typische Flamencoelemente werden vorgegeben (Schreiten, Hand- und Armhaltung, Schrittkombiniationen) und vor allem ausprobiert.
- Nach diesem 'Tanz' verkleiden sich alle Teilnehmerinnen als Carmen. Wichtig ist hierbei, daß typische Flamencorequisiten wie Röcke, Tücher, Fächer, evtl. Schuhe mit Blockabsätzen (keine Stöckelschuhe) vorhanden sind.
- Mit dieser Verkleidung wird nochmals nach Flamencomusik getanzt, mit der Aufgabe, daß alle Teilnehmerinnen sich auf eine erotische und 'anmachende' Art begegnen und für eine bestimmte Zeit in einer Beziehung zu einer anderen Frau bleiben sollen. Es sollte nicht dabei gesprochen werden, sondern ausschließlich getanzt werden. Während des Tanzes mit einer anderen muß Blickkontakt gehalten werden.

Diese Übungen ermöglichten den Teilnehmerinnen nicht nur die Auseinandersetzung mit der Person 'Carmen', sondern gleichzeitig bekam jede einen Einblick in eine Tanzrichtung, in der die Rolle der Frau einen besonderen Stellenwert hat. Sie ist dem Mann auch in Paartänzen nicht untergeordnet, sondern nimmt immer eine selbständige, aktive und selbstbestimmte Rolle ein.

Um noch mehr die erotische und sexuelle Komponente unserer weiblichen Anteile zu entdecken, probierten wir gemeinsam Beckenbewegungen aus. In Kleingruppen entwickelten die Teilnehmerinnen dann Tanzszenen nach Musik von Eartha Kitt 'Sugar daddy". Die anschließende Reflexionsphase zeigte, daß viele Frauen überrascht waren, daß sie Spaß an erotischen Bewegungen haben und Mut bekamen, die Rolle der sexuell Aktiven auch im Alltag mehr zu leben.

Bei der letzten Einheit, zur Gestalt der **Hexe**, war es uns wichtig, den Teilnehmerinnen die Möglichkeit zu geben, einmal laut, grotesk und furchterregend zu sein. Wir haben hierbei deutlich gemacht, daß es uns nicht um die historische Aufarbeitung (Hexenverfolgung, Hexenverbrennung, neue Hexen- und Frauenbewegung) ging, sondern wir uns auf die Hexe als Märchen- und Sagenfigur beschränken wollten. Zur Einstimmung spielten wir das Lied 'Hexen' von der Frauenmusikgruppe Schneewittchen und lasen anschließend die Geschichte von der Percht vor:

"Es war eine stürmische, düstere Novembernacht, kurz nach Allerheiligen, Neumond. Ein Angetrunkener folgte einer Frau durch die neonerleuchteten Straßen der Stadt. An einer Ampel blieb sie stehen. Sie führte einen Hund an der Leine. Sie sah sich nicht um.
"Na, Mädel, wohin so allein", rief er hinter ihr. Sie drehte sich nicht um. "So eine schöne Frau und ganz allein." - "Ich bin, sagte sie, indem sie sich umdrehte, daß ihre dunklen Locken um die Schulter flogen, "grausam, häßlich und uralt."
Nein, sie war wunderschön, atemberaubend. Aber während sie sprach veränderte sich ihr Gesicht. Mit jedem Wort wurde ihre Erscheinung furchterregender, der Hund an ihrer Seite glich mit seinen gefletschten Zähnen eher einem Wolf. Der Mann erschrak, wich zurück, aber nun wollte

sie nicht locker lassen und folgte ihm, raunte über seine Schulter: "Schöner Knabe, wohin so allein?" und beschleunigte ihre Schritte, sobald er schneller ging. Sah er sich um, so schnitt sie ihm gräßliche Fratzen, stampfte auf, daß die Häuser zitterten. Dann setzte sie zu einem Lachen an, das grollend und dumpf begann und zu einem Gelächterinferno anschwoll. Der Mann hatte zu laufen begonnen, als sei die wilde Jagd hinter ihm her, und in der Tat, so war es. Wieherndes kreischendes Gelächter im Nacken ließ sein Blut gefrieren. Er wünschte sich sehnlichst, einen anderen Mann zu treffen, der ihm gegen dieses entfesselte Weib zu Hilfe kommen könnte, doch als er einem begegnete, wußte er seine Angst nicht zu formulieren, und der Helfer zog ahnungslos vorüber, was die Alte zu immer neuen, gräßlichen Lachsalven animierte.
(Luisa Francia, "Mond-Tanz-Magie", S. 15)

Tanzpädagogische Übungen:

- Nach Musik (z.B. 'Baba Yaga', Tomito) durch den Raum bewegen und abrupt groteske Standbilder durch Körperhaltung einnehmen.
- Zu den grotesken Standbildern kommt noch eine groteske Mimik wie Fratzen schneiden, schielen usw.
- Schließlich wird noch die Stimme eingesetzt. Es kann gekrächzt, gekichert, geschimpft, gedroht... werden.
- Alle Teilnehmerinnen verteilen sich im Raum und stellen sich ein imaginäres Ziel im Raum vor, auf das sie sich grotesk zubewegen sollen; ebenso werden Stimmen/Mimik eingesetzt.
- Die Teilnehmerinnen bewegen sich durch den Raum und bleiben auf ein Signal (klatschen, zischen, Trommel schlagen) hin verzaubert stehen. Eine Frau liest das Hexeneinmaleins in grotesker Körperhaltung und Mimik mit verzerrter Stimme vor.

Jede behält aus diesem Text ein Wort oder einen Satz für sich. Dieser Satz oder dieses Wort wird nun ständig gesprochen und gleichzeitig auch durch Bewegung und Musik dargestellt. Alle reden durcheinander, aber jede sollte auch gehört werden.

Frauen tanzen aus der Reihe

Die Gruppe einigt sich auf einen Satz des Hexeneinmaleins. Eine beginnt den Satz zu sprechen, andere reagieren mit dem selben Satz, nur mit anderer Stimmlage und Körperhaltung. Jede kann bestimmen, wie lange die Gruppe bei einem Satz bleibt.

Das Hexeneinmaleins

Du mußt verstehn!
Aus Eins mach Zehn
Und Zwei laß gehn
Und Drei mach gleich,
So bist du reich.
Verlier die Vier!
Aus Fünf und Sechs,
so sagt die Hex',
mach Sieben und Acht,
So ist's vollbracht:
Und Neun ist Eins,
Und Zehn ist keins.
Das ist das Hexen-Einmal-Eins.

(Goethe)

Wenn eine das Gefühl hat, daß es ausreicht, muß sie sich mit einem anderen Satz aus dem Hexeneinmaleins durchsetzen, so daß andere Frauen aus der Gruppe den Satz übernehmen. Der Abschluß der Improvisation wird durch die Teilnehmerin bestimmt, die das Wort 'kein' ausspricht.

Während der Improvisation entwickelte sich eine großartige Spielfreude, so daß wir zwei Gruppen bildeten und somit jede Gruppe einmal in der Rolle der Zuschauerinnen und einmal in der Rolle der Agierenden sein konnte. Viel Humor, aber auch das Bewußtsein von Stärke und Widerstandskraft waren bestimmend für die Atmosphäre in der Gruppe nach diesem gemeinsamen Erlebnis.

Im Rahmen eines freien Angebotes zeigten wir einen Videofilm über Tänzerinnen, die im wahrsten Sinne des Wortes aus der Reihe

Frauen tanzen aus der Reihe

tanzten, d.h. sie entwickelten neue Tanzrichtungen und setzten zum Teil ihre revolutionären Ideen über Frauenrollen in Tanz um, wie Isodora Duncan, Váleska Gert, Anita Berben.

Zum Abschluß des Wochenendseminars gestaltete jede Teilnehmerin eine Einzelarbeit in Form einer Tanztheaterszene zum Thema "Die Frau, die ich immer schon sein wollte" oder "Die Frau in mir, die ich im Alltag nicht leben kann". Beabsichtigt hatten wir hiermit, daß jede Frau das im Seminar Erlebte für sich zum Abschluß bringen und einen Bezug zu ihrem Alltag schaffen sollte, d.h. bewußt Rückschau halten nach persönlichen Veränderungen oder Verstärkungen, die sich aus den Inhalten des Seminars entwickelt hatten. Außerdem wollten wir jeder Teilnehmerin die Möglichkeit geben, sich auch in der Rolle als Künstlerin/Tänzerin vor einem Publikum auszuprobieren.

Nach der Erarbeitungsphase teilten wir den Raum in Bühne und Zuschauerinnenraum auf und dekorierten die Plätze entsprechend. Jede Frau führte nun ihre Einzelgestalt vor. Während der gesamten 'Vorführung' herrschte eine knisternde Spannung, die für einige Teilnehmerinnen fast unerträglich war. Uns als Pädagoginnen wurde bewußt, daß viele Frauen während der Erarbeitung der Einzelgestaltung sich nochmals intensiv mit einer Frauenrolle auseinandergesetzt hatten. Diese Intensität hatten wir an der Stelle nicht mehr erwartet und waren daher auch überrascht. Um die Intensität zu verdeutlichen, hier noch die Titel einiger Tanztheaterszenen: "Alte Frau - Was nun?"; "Der Vamp"; "Aus dem Leben einer Alkoholikerin"; "Die Elfenkönigin".

Die abschließende Gesprächsrunde war geprägt von:
- Gefühlen tiefer Betroffenheit über die Inhalte der Stücke und Ausdrucksstärken,
- Berührtsein,
- Ablehnung gegenüber intensiven Selbsterfahrungsprozessen und dem Wunsch, die aufkommende Spannung zu lösen.

Einzelnen Frauen gaben wir in dieser Phase die Gelegenheit, für sie noch Ungeklärtes oder Unangenehmes abzurunden und abzuschließen.

Mit einem gemeinsamen Gruppentanz und einer persönlichen Verabschiedung untereinander beendeten wir das Seminar.

Kontaktadresse:

Klaudia Becker/Brunhild Schmidt
Amt für Jugendarbeit der EKvW
Iserlohner Str. 25
5840 Schwerte 5
Telefon 02304/755-191/192

Die Dokumentation des 2. Villigster Mädchen- und Frauentreffens vom 20./21.5.89 mit dem Titel
"Kultur von Frauen ist Zukunft für Frauen"
kann über die Kontaktadresse bezogen werden.

Gerlinde Lambeck
Ist Tanzen weiblich?

Im Rahmen der Frauenkulturtage "von uns aus" in Wuppertal 1985, bot ich einen Workshop "Tanzimprovisation" an - für einen Tag.

Ich will kurz anführen, um was es ging.

Im 1. Teil des Tages beschäftigten wir uns mit dem Erwärmen des Körpers, dem Entdecken von Bewegungsmöglichkeiten, der Wahrnehmung und Gestaltung des Raumes durch Rhythmus und Form der Bewegung, der Bewegung mit einer Partnerin und dann mit der Gruppe, um zur tänzerischen Interaktion miteinander zu finden. Durch bewußte Wahrnehmung der körperlichen Aktion im Augenblick und im Verhältnis zu den anderen entstehen vielfältige spannungsvolle Bewegungs-Ereignisse, die gerade auch Anfänger immer sehr überraschen und erfreuen.

Am Nachmittag veranstalteten wir ein Verkleidungs-Happening. In der Programm-Ausschreibung hatte ich gebeten, daß jede Frau ein Kleidungsstück mitbringen sollte, in dem sie sich gerne mal tanzend erleben möchte. In dieser spannenden, z.T. humorvollen, aber auch sehr rituellen Improvisation hatte jede Frau die Möglichkeit, durch die Verkleidungen in wechselnde Rollen zu schlüpfen und dadurch neue Bereiche von sich selber zu erproben und zu erfahren. Dieser Tag hatte uns allen recht viel Freude gemacht.

Wir haben leider versäumt, anschließend darüber zu reflektieren, warum es gut war, daß dieses Angebot "nur für Frauen" war. Es lag sicher an meiner zwiespältigen Einstellung dazu, daß ich das Thema gar nicht anschnitt. Was mich betrifft, so wären wahrscheinlich der Inhalt, die Durchführung und der Stil des Workshops nicht wesentlich anders gewesen, wenn auch Männer dabeigewesen wären. Ich biete meine Kurse gewöhnlich allen an - aber: es kommen fast "nur Frauen"!

Von daher zögerte ich auch zuerst, diesen Kurs auf den Frauenkulturtagen anzubieten, weil ich den "frauenspezifischen Aspekt" nicht sah, und ich zögerte, einen Beitrag für diese Dokumentation zu schreiben, weil ich nicht wußte, was ich frauenbewegend zu dokumentieren hätte.

Aber nun möchte ich meine Reflexionen dokumentieren!

Ich habe in meinen Kursen Gruppen von nur Frauen oder ca. zehn Frauen plus ein bis zwei Männern. Es macht schon einen gewissen Unterschied, ob nur Frauen im Kurs sind, ob ein Mann dabei ist, oder ob mehrere Männer mit den Frauen gemeinsam teilnehmen. Wenn ein Kurs neu anfängt und es kommen zuerst einmal nur Frauen, dann gibt es - so meine ich zu spüren - so ein "gemütliches Gefühl": "wir unter uns". Taucht dann noch ein Mann auf, ist das im ersten Moment wie eine Störung, was sich aber bald legt. Kommen mehrere Männer, wird das eher als "normal" angesehen.

Die Erfahrungen mit dem einzelnen Mann in der Frauengruppe sind verschieden. Mancher fühlt sich wie der Hahn im Korb und kann durchaus eine leicht charmante Spannung einbringen. Ein anderer kann es nicht aushalten, der einzige Mann zu sein zwischen vielen Frauen und bleibt weg. Oder er bleibt, ist schüchtern und farblos und fällt kaum auf. Manchmal kommen besonders hölzern und gehemmt wirkende Männer in Tanzkurse, vor allem in solche, die auch die Körpererfahrung zum Thema haben. Ich beobachte dann so eine Atmosphäre: Sie werden geduldet - aber keine möchte mit ihnen eine Partnerübung machen. Eine etwas schwierige Situation!

Ist Tanzen weiblich?

In einer meiner fortlaufenden Gruppen war lange Zeit ein Mann neben 11 Frauen (ein Hahn-im-Korb-Typ!). Als er ausschied, lehnten die Frauen neue männliche Bewerber ab. Sie wollten "lieber keinen, als nur einen, oder gleich mehrere", so daß es eindeutig die "Gruppe der Männer und Frauen" oder eine "Gruppe der Frauen" sei.

Im Allgemeinen habe ich den Eindruck, daß es als angenehm empfunden wird, wenn auch einige Männer da sind. Es ist eine gewisse Herausforderung für beide Geschlechter, sich tanzend auf eine Interaktion einzulassen. Wir machen oft Improvisationen in kleinen Gruppen als Vorführung für die anderen. Da wird es durchaus als ein bestimmender Charakter registriert, ob es ein Drei-Frauen-Tanz ist oder ein Tanz von zwei Frauen und einem Mann oder von zwei Männern und einer Frau oder gar ein Drei-Männer-Tanz.

Eines aber muß ich sagen: In meinen Tanzkursen habe ich bisher nicht die Situation erlebt, daß der Mann herrscht, bestimmt, dominiert - weshalb die Frauen es nötig hätten, alleine, unter sich zu arbeiten, um sich zu stärken und zu ihrem freien Ausdruck zu finden. Eher habe ich das umgekehrte Gefühl: Es wäre für die allgemeine Emanzipation der Menschen und der konstruktiven Annäherung der Geschlechter wichtig, wenn mehr Männer tanzen würden. (Wohlgemerkt: Ich meine den "freien" Tanz oder den künstlerischen Tanz - nicht den Gesellschaftstanz, in dem natürlich der Mann "führt"!)

Tanzimprovisation oder improvisiertes Tanztheater z.B. können ein wunderbares Erfahrungsfeld sein für bewußte sensible Wahrnehmung von sich selber, vom Partner und von der Gruppe, von Prozessen der Interaktion und Kommunikation. Es sind bezeichnenderweise auch meist nur bestimmte Männer, die überhaupt kommen. So ein Prototyp von Mann, so ein Macho oder Macker, würde sich nie in so einen Tanzkurs verirren! Die freie Form, die Emotionalität, die Breite der Ausdrucksskala, die Freiheit, das Wagnis der Spontanität - all das ist vielen Männern scheinbar unheimlich; sie könnten womöglich ihre gewohnte Rolle der Stärke nicht aufrechterhalten! Ich als Kursleiterin spüre manchmal, wie es mich kurz durchflackert, wenn da Männer sitzen, die "Kronen der Schöpfung", denen ich nun eine Lehrerin sein soll, d.h. ihnen mit der Stärke zu begegnen habe, die ihnen doch gebührt! Und dieses Flackern ist eine kurze Angst, der Mut könnte mich verlassen.

Wie schön und wichtig wäre es, wenn mehr Männer den Mut besäßen, solchen Momenten der Schwäche nicht auszuweichen - beispielsweise zu tanzen! Ist nicht auch die ja noch recht junge Form des Tanztheaters in Deutschland vor allem in den Händen von Frauen? (Pina Bausch, Reinhild Hoffmann, Vivienne Newport etc.) Und auch in der Tanztherapie, die sich in den letzten Jahren immer mehr etabliert, findet man fast nur weibliche Therapeuten, ja, in dem Verein für Tanztherapie, dem ich angehöre, sind ausnahmslos weibliche Mitglieder.

Wäre es also vielleicht ein angemessener und notwendiger Beitrag an Frauenkulturtagen, einen Kurs "Tanzimprovisationen für Männer" anzubieten??! Oder: Ist Tanzen weiblich? Über diese Frage könnte man/frau mal forschen...!

Kontaktadresse:

Gerlinde Lambeck
Luisenstraße 116
5600 Wuppertal 1

Ilse Albert-Stuckenbrok, Peggi Nischwitz

Unsere Erfahrungen sind BE-GREIFBAR
Auf der Suche nach neuen Ansätzen in der Bildungsarbeit mit Mädchen und Frauen

In einem Bildungsurlaub im Juni 1986 auf dem Hof Barkelsby haben Frauen, die im Jugendhof Steinkimmen Seminare mit Mädchen und Frauen durchführen, nach neuen Wegen der Verbindung von kultureller und politischer Bildung gesucht.

Kurz vorweggenommen war der Ausgangspunkt für das Seminar unsere gemeinsamen Erfahrungen in der politischen Bildung. Es gibt viele Wege, politische Sachverhalte zu begreifen. Uns ist es in der Bildungsarbeit wichtig, den Gedanken, den Gefühlen und dem Körper Ausdrucks- und Auseinandersetzungsmöglichkeiten zu bieten. Wir wollten auch in unserer Auseinandersetzung über Mädchen- und Frauenbildung nicht bei der Theoriearbeit stehenbleiben. Unter Anleitung von Peggi Nischwitz und Ilse Abert wurde ein künstlerisches Verfahren ausprobiert:

Der Gipsskulpturenbau

In dieser Arbeit ist unser Denken und Fühlen zum Ausdruck gekommen, indem wir unsere Körper sprechen ließen. Die Bilder von dem Entstehungsprozeß der Gipsskulpturen bleiben: - nicht nur auf dem Papier. Sie sind uns als gewonnene Erfahrung lebendig. Unsere gemeinsame Arbeit, der vertraute Umgang miteinander und das Wissen um unsere Lebensgeschichten sind bleibende Verbindungen.

Im folgenden wollen wir den Ablauf des Seminars schildern und daran anschließend verdeutlichen, was wir für wesentlich in der Bildungsarbeit halten.

1. Tag

Zu Beginn wurden in lockerer Atmosphäre zunächst einmal die Möglichkeiten des Skulpturenbaus mit Gips erklärt. Dazu hatten wir eine Dia-Serie vorbereitet mit Beispielen von Künstlern wie George Segal oder Edward Kienholz, die in vergleichbarer Weise mit diesem Material (Gipsbinden, Gips, Unterkonstruktionen bei den Figuren) gearbeitet haben. An den Bildbeispielen konnten die Wirkungen, Aussagemöglichkeiten, überhaupt Ideen für Ganz-Körper-Skulpturen gesehen werden. Kunstbetrachtung bedeutete hier nicht passive Rezeption sondern Anregen der Phantasie für eigenes Tun - sie blieb nicht äußerlich, sondern trat ein in ein Gespräch mit uns. Die Gruppe wuchs an den Beispielen anderer auf der Grundlage ihrer eigenen Erfahrungen zusammen. Nicht eine Frau allein sollte sich ausdrücken; wir suchten einen gemeinsamen Ausdruck und erlebten dabei einen vielfältigen sozialen und inhaltlichen Prozeß.

Das Ziel, den gemeinsamen Lebenshintergrund von Frauen auszudrücken und zu verdichten, setzte voraus, sich auszutauschen, sich kennenzulernen, sich in verschiedenen Bildern zu zeigen.

*"Angesichts unseres Vorhabens, mit Gipsskulpturen eine zentrale Position zum Thema **Frauenleben** darzustellen, fühlte ich mich herausgefordert, mein Wissen und meine Erfahrungen 'auf den Punkt' zu bringen. In Diskussionen läßt sich vieles benennen, frau muß nicht alles in*

einem Satz unterbringen und eine Entscheidung für das Wichtige ist zunächst nicht unbedingt nötig. Das war diesmal anders. Es war die Entscheidung für das 'Wichtige' zum Thema Frauenleben gefragt. Ich war verblüfft, daß es gelang, ohne endlos lange zu diskutieren, eine gemeinsame zentrale Erfahrung und Position herauszufinden, deren Darstellung uns allen wichtig war."
(eine Teilnehmerin)

Es entstand sofort eine offene und sehr lebendige Diskussion über uns: Was ist das Wesentliche für Frauen von heute? Was hat sich geändert, auf welchem Hintergrund leben wir jetzt in unseren Beziehungen, im Beruf, mit uns selbst, mit anderen? Was bewegt uns da, warum? - Bilder und Gesten tauchen auf:

– Frau allein mit Kind und Haushalt
– Frau mit Maske bei der Hausarbeit
– Frau als Lustobjekt: nein, für uns persönlich nicht das, was unseren Alltag, Wünsche und Träume ausmacht.
– Frauen in der dritten Welt
– Frau ist in Bewegung
– Frau verändert sich
– sitzen, alte Zwänge
– und neue Freiheiten, rosa Band
– Widersprüche...

Eine Idee war gefunden, ein Bild mit zwei Frauen, die dann in Gips modelliert werden sollten, stand fest: Beide nebeneinander sitzend, zwischen beiden das rosa Band, typisch in Farbe und Form für unsere Mädchenkindheit. Rosa ist niedlich, weiblich, verspielt. Bänder schmücken uns zu Mädchen und Frauen. Freiwillig und unfreiwillig sind wir mittendrin. Eine Frau eher eingeengt und gebunden darin, die andere versucht, sich zu lösen, zu spielen.

Es ging also los. Haltungen wurden ausprobiert und mit der Polaroid-Kamera festgehalten. Lachen, Probleme, sich zu bewegen, alle erleben Unsicherheit aber auch Lust dabei.

"Auf der Suche nach möglichen Motiven, die in Gipsfiguren umsetzbar wären, die unsere gemeinsame Geschichte evtl. ausdrücken könnte,

Unsere Erfahrungen sind BE-GREIFBAR

war es spannend, wie wir Frauen trotz Unterschiedlichkeiten, ähnliche Momente als Frau kannten. Die Art und Weise der Sitzhaltung, des Gehens, der Mimik oder allein wieviel Symbolik wir kannten, die uns als Frauen kennzeichnete, die uns gelehrt wurde, und die wir als Mädchen auch selbstverständlich mehr oder weniger gelebt haben. Und dann die Frage, was ist jetzt anders und warum. Wie wir uns sehr schnell einig wurden, daß sich unsere Geschichte sehr deutlich an der Sitzhaltung ausdrücken läßt."
(Teilnehmerin)

Ideen konkretisieren sich, wir sahen uns an, lachten, spielten mit Haltungen, helfen uns, verändern uns, wir schaffen unser gemeinsames Bild und kamen uns dabei sehr nahe. Alle Sinne waren offen, um die Fragen, die jetzt entstanden, zu beantworten; Gefühle und gesellschaftliche Hintergründe konnten in der Diskussion zusammenwachsen. Das Phantasiegewächs hat einen Stamm gefunden, das gemeinsame Bild der Skulpturen - jetzt können wir nach Belieben gemeinsame Wurzeln suchen und unsere Blätter probeweise in die Sonne strecken.

2. Tag

Die Arbeit ging los. Gipsteile wurden abgenommen, wir faßten uns schweigend an, rieben den Gips vorsichtig, um die richtige Form rauszubekommen, mit den Gipsbinden läßt es sich da gut arbeiten. Am Busen wird es besonders spannend. Sexualität, körperliche Erlebnisse, der Frauenkörper in unserer Gesellschaft, das waren Gespräche nebenbei, zwischen der ruhigen Nähe und gemeinsamen Arbeit.

"In der Arbeit habe ich nicht - wie so oft - nur einen Teil von mir einbringen können: meinen Kopf. Ich war als ganzer Mensch gefordert und am meisten Spaß gemacht hat mir die Verbindung von Kopf- und Handarbeit. Doch auch die Gefühle wurden nicht ausgesperrt. Während der Arbeit wurden Erinnerungen wach, und mir waren eigene Knoten und Versuche, Prozesse der Befreiung von diesen gegenwärtig. So fand für mich die Auseinandersetzung mit meiner ei-

Unsere Erfahrungen sind BE-GREIFBAR

genen Lebensgeschichte während der Herstellung der Skulpturen sozusagen 'nebenbei' statt und dennoch war sie mehr als ein 'Nebenprodukt'.
(Teilnehmerin)

Es war kein Problem, neben der Arbeit Diskussionen einzuschieben. Unser Thema war ohnehin eigentlich die ganze Zeit über 'immer gegenwärtig'. In unterschiedlicher Weise arbeiteten wir intensiv daran.

Frauen und Mädchen können in der Regel Nähe zulassen, die bei dieser Arbeit einfach dabei ist. Die Arbeit ist beruhigend und entspannend. Die Gedanken kreisen auch genußvoll um die gemeinsam abgenommenen Gipsabdrücke: *"Das sieht aber toll aus! - Weißt du, woran mich das erinnert? - Ja, genau, damals, meine ..."*

3. Tag

Die ersten Teile sind fertig. Ein Unterleib sitzt im Gras, er ist hohl. Die Frau als Sexualobjekt, die Frau als Hexe, die Jungfrau, Ideologie ... Der Oberkörper lehnt am Baum, die Frau ohne Unterleib, Blockierung, Sexualtabus ... "Frauenteile" liegen im Gras, wir sitzen dazwischen und reden über Gewalt gegen Frauen, unsere eigenen Erfahrungen, unser Verhalten, Ursachen und politische Konsequenzen.

4. Tag

Die Figuren werden zusammengesetzt, stabilisiert und wetterfest gemacht. Technisch durchaus eine Anforderung. Wir erleben, daß wir nicht nur Phantasie, sondern auch Fähigkeiten haben, sie umzusetzen.

"Der Erwerb von handwerklichen, kreativen Fähigkeiten hat in meiner Lebensgeschichte eine absolut untergeordnete Rolle gespielt. So war ich zum Seminar mit der Einstellung gefahren, mich wahrscheinlich wenig produktiv einbringen zu können. Ich hatte mich auf die Rolle der Zuschauerin und Handlangerin eingerichtet. Im Seminar selbst war es dann anders als gedacht: Ich konnte mehr, als ich angenommen hatte und war an unserer gemeinsamen Arbeit beteiligt und nicht nur Beobachterin.

Ich stand nicht - wie befürchtet - staunend neben den anderen Frauen, sondern arbeitete mit ihnen zusammen. Eine schöne und mutmachende Überraschung!"
(Teilnehmerin)

Rollenverteilung, Arbeitsteilung. Was trauen wir uns selbst zu, Frauenberufe, Situation auf dem Arbeitsmarkt, wo haben wir Chancen, neue Fähigkeiten zu lernen, wo nicht?

Wir können was: *"Sieht doch gut aus, unsere Figur - Ich bin richtig stolz!"* Das rosa Band muß noch angebracht werden. Es verbindet zwei Extreme in uns: Die sittsame, schwache, ängstliche, verknotete Frau und die selbstbewußte, aktive, in sich ruhende, bewegte Frau. Widersprüche in uns.

Was war und ist unsere Entwicklung? Welche Wege haben wir zurückgelegt? Was behindert uns? Wie lassen wir unsere Widersprüche zu? Besonders unsere "Modell"-Frau, die ständig unter den Gipsabdrücken steckte, ist voll von Eindrücken und Erinnerungen aus ihrer Entwicklungsgeschichte und erzählte davon. Sie hat sie "hautnah" erlebt.

"Die Erinnerungen an die Zurechtweisungen, daß Mädchen nicht breitbeinig sitzen dürfen, sondern halt anständig, was auch heißt unbequem zu sitzen, wenig Raum einnehmend und immer bereit, schnell aufzustehen, tauchen auf. Und dann mich betrachtend, wie sitze ich heute.

Besonders in Situationen, wo der Gips hart wurde, ich Teile von mir bewegen konnte, aber nicht mich als ganze Person bewegen konnte, kamen Gedanken. Wünsche, mich aus meiner passiven Rolle, aber nicht als Modell, sondern als ich, die ich vielen Dingen verhaftet bin, mich endlich zu lösen, zu bewegen, selber aktiv werden zu wollen. Und als ruhig sitzendes Modell hatte ich viel Zeit, über mich nachzudenken."
(Teilnehmerin)

5. Tag — Unsere Erfahrungen sind BE-GREIFBAR

"Am Ende der Woche gemeinsamer Arbeit stehen die Frauen vor uns: in Gips! Sie waren Subjekt und Objekt zugleich! Viele Fäden von Gefühl, Gedanken, Erfahrung, Geschichte, Kunstgeschichte und Politik sponnen ein dichtes Netz. Im Mittelpunkt standen die eigenen Schwächen und Verknotungen, die auch in unseren "starken Zeiten" nicht ganz verschwinden. Aber nie sind wir entweder stark oder schwach, beide Momente bestimmen unser Leben. So sind die Gipsskulpturen miteinander verbunden - an dem Band hängen viele unserer Geschichten: Jene der Verknotungen und jene der Befreiung." (Teilnehmerin)

Die Arbeit ist fertig und doch fängt sie erst oder nochmal an. Können wir künstlerische Arbeit - und wie - mit in unsere sonstige Bildungsarbeit aufnehmen? Wir diskutieren dazu verschiedene Ansätze aus den Bereichen der Kunst- und Kulturpädagogik und der ästhetischen Erziehung.

Lernen heißt für uns, immer wieder Erfahrungen machen und davon abstrahieren, sie theoretisch beleuchten, empfinden, überdenken, hinterfragen, begreifen.

Durch die gemeinsame Arbeit in dieser Woche wurde uns selbst noch mal klar: Wenn wir beim Lernen etwas "Anfassen" haben wir auch etwas "Begriffen". Allerdings, was hier beschrieben wurde, hat mit diesem Sinngehalt in erster Linie mit uns als Beteiligten etwas zu tun. Den lebendigen Ablauf, die Arbeit mit allen Sinnen ist in der Beschreibung mit Worten nur begrenzt wiederzugeben. Trotzdem kann ein ähnlicher Lernzusammenhang mit jeder anderen Gruppe hergestellt werden.

Die Technik der Gipsskulpturen

Die Technik, mit Gips so zu arbeiten wie beschrieben, ist in dieser Form hauptsächlich von dem amerikanischen Künstler George Segal benutzt worden. Sie hat sich für das, was wir wollten, nämlich mit künstlerischen Mitteln eine Form prozeßhaften Lernens zu erleben, als vorteilhaft erwiesen. Fast alle Themen lassen sich in Alltagssituationen ausdrücken, d.h. als realistische Abbilder darstellen. Die Verwandlung der Geste (Situation) in weiße, und damit etwas entrückt wirkende Figuren, verstärkt die Übertragbarkeit: Die Figuren haben etwas Zeitlos-Unendliches, dadurch stellen sie einen Spannungsbogen her zwischen der Geste (Situation) und der gesellschaftlichen Bedeutung. Die Figuren bekommen eine Bedeutung über die Situation hinaus.

Gleichzeitig stellt das Verfahren nur begrenzte Anforderungen an die Fähigkeiten der Teilnehmerinnen, die bei entsprechender Anleitung erstaunliche Ergebnisse erzielen. Die einfache Technik, die geradezu Lust und Mut macht auf die Herausforderung des Ausprobieren und Lernens, kann jede lernen, obwohl auch technische Kenntnisse notwendig sind, um das richtige Funktionieren zu erreichen.

Zudem läßt die Arbeitsweise eine gemeinsame Arbeit in einer Gruppe zu. Ihr ganz großer Vorteil ist die Einbeziehung des ganzen Körpers durch Gesten, Modell-sein und die Berührungen der anderen während der Arbeit an den Abdrücken.

Nach unserer Einschätzung haben die Produkte, die Figuren, schon einen hohen künstlerischen Wert. Sie sind allerdings sehr zeit- und arbeitsaufwendig, eignen sich aber gut, um einen Lernprozeß, wie beschrieben wurde, zu ermöglichen, in dem das Wichtigste nach wie vor der Prozeß des Lernens ist und nicht in erster Linie das Produkt. Trotzdem haben die Figuren auch als Produkt einen wichtigen Stellenwert.

Zum Hintergrund unserer Arbeit

Verbindung von politischer und kultureller Bildung

Im Kreis der Teilnehmerinnen und Teamerinnen waren eine ganze Reihe von Vorerfahrungen aus der erfahrungsbezogenen politischen

Bildungsarbeit vorhanden[1]. Die gemeinsame Grundlage für dieses Skulpturenbau-Seminar war bei allen die Suche nach Möglichkeiten künstlerisch-kreativer Arbeit im Rahmen ganzheitlicher Lernansätze.

Unsere Arbeit mit dem Skulpturenbau ist auf große Resonanz gestoßen und wir werden sicher in dieser Art weiterarbeiten. Diese, aber auch andere Formen (Medien, Theater etc.)

Unsere Erfahrungen sind BE-GREIFBAR eignen sich gerade auch in der politischen Jugend- und Erwachsenenbildung.

Wenn Bildungsarbeit sich dem Anspruch verpflichtet fühlt, "etwas zu bewegen", dann kann sie nicht bei der Reflexion eigener Erfahrung und der Vermittlung von Wissen über gesellschaftliche Zusammenhänge stehen bleiben. Künstlerisch-kreative Arbeit im Seminarzusammenhang, so hat sich hier wie auch in

anderen Veranstaltungen gezeigt, ist eine Möglichkeit, die Einbeziehung der gesamten Persönlichkeit, des Körpers, der Haltung, der Gestik und Mimik zu erreichen. Es ist der Versuch, die Kunst einzusetzen, um die Einheit von Fühlen, Denken und Handeln im Hinblick auf die Erweiterung der Handlungskompetenz herzustellen.

Gestalterische, kreative Bildungsarbeit kann und soll nicht an die Stelle einer verbalen Auseinandersetzung treten, und trotzdem geht es ihr auch um die Entdeckung und Entwicklung der eigenen "Sprache". Uns geht es darum, verschiedene Kommunikations- und Auseinandersetzungsformen anzubieten (Den gleichen Stellenwert haben da sicherlich auch die Arbeit mit Medien, Theater etc.).

Wir haben in anderen Seminarzusammenhängen die Erfahrung gemacht, daß gerade Frauen sich in Diskussionsgruppen nicht immer einen für die Verarbeitung und Reflexion wichtigen Schonraum zubilligen. Das ständige Reden über sich und mit anderen kann als Dauerzustand einen zwischenzeitlich notwendigen Abstand zur eigenen Situation entgegenstehen. In unseren Seminarerfahrungen mit Frauen und Mädchen hat sich gezeigt, daß über geeignete Methoden, wie z.B. Medienarbeit und auch und gerade künstlerisch-kreative Arbeit zu einer aktiven Auseinandersetzung mit ihrer Lebensrealität angeregt werden konnte und zwar in einer anderen Weise, als es über das Gespräch / die Diskussion möglich gewesen wäre.

Es gilt, in der Bildungsarbeit auch einen Raum zu bieten für menschliche Tätigkeiten, *"in der Praxis nicht so vollständig in ungegenständliche, symbolische Form aufgelöst ist, wie die Sprache"*.[2)]

Unterschiedliche Formen der Aneignung von Wirklichkeit lassen auch unterschiedliche Erfahrungen zu: Mit künstlerischer Arbeit können neue Möglichkeiten der Selbstbetrachtung der besseren Beobachtung, des Selbstausdrucks und der intensiven Fremd- und Selbst-

Unsere Erfahrungen sind BE-GREIFBAR

wahrnehmung erfahren werden. Vielseitigkeit gehört auch in den politischen Lernprozeß.

"Ästhetische Erziehung ist notwendig nicht nur als Voraussetzung, sondern als Bestandteil der politischen Erziehung, denn diese wäre ohne jene auf gefährliche Weise unvollständig. Einbildungskraft und Empfindungsvermögen, Phantasie und Sensibilität sind keine Überschußmöglichkeiten, von denen nur zu Feierabend und Mußestunden Gebrauch zu machen wäre, sondern gehören zu den konstituierenden Faktoren auch des sozialen und politischen Lebens, das ohne sie jedenfalls auch erheblich ärmer wäre und - allenthalben ja leider auch ist."[3)]

Literaturhinweise

1) Zu unserer Arbeit siehe auch unsere Konzeption "Blick zurück nach vorn" - Bildungsarbeit mit Mädchen und Frauen im Jugendhof Steinkimmen; zu bestellen bei: Jugendhof Steinkimmen, 2875 Ganderkesee I, Telefon 04222/8248, 10,-- DM

2) Hartwig, H.: Zeichnen als Aneignung von Wirklichkeit.
In: Kunst und Unterricht 36/1976, S. 32 ff

3) Kerbs, D.: Ästhetische und politische Erziehung. In: Kunst und Unterricht 1/1968, S. 28ff

---

Kontaktadressen:

Peggi Nischwitz
Kasmarker Weg 95
2331 Barkelsby
Telefon 04351/85213

Ilse Albert-Stuckenbrok
Kantstraße 43
2800 Bremen
Telefon 0421/556413

Detel Aurand
Farben sind Taten des Lichts
(Goethe)

Malen als Möglichkeit

Vor cirka vier Jahren begann ich, Malstunden für Mädchen und junge Frauen im Mädchentreff/Neukölln zu geben. In dieser Zeit sind viele Erfahrungen gemacht worden, und das, was ich davon zu berichten habe, kann nichts Endgültiges sein. Ich sehe mich heute, mehr denn je, am Anfang meiner Arbeit.

Es fällt mir schwer, aus der Fülle der Erfahrungen eine Auswahl zu treffen, die den Geschehnissen gerecht werden kann. Denn das Malen ist in erster Linie eine individuelle Tätigkeit, und so wurden die gemeinsamen Malstunden hauptsächlich durch die Zusammensetzung der Teilnehmerinnen bestimmt. Jede hätte hier etwas anderes zu berichten, meine Worte können nur einen kleinen Ausschnitt vom wirklichen Geschehen geben.

Um nun Außenstehenden einen Einblick in die Erfahrungen der letzten vier Jahre zu geben, erscheint es mir nicht sehr sinnvoll, die Geschehnisse möglichst getreu wiederzugeben oder eine psychotherapeutische oder künstlerische Auswertung der Bilder bzw. des Verhaltens der Mädchen zu machen. Der Sinngehalt des Geschehenen kann sich immer nur den Beteiligten selbst in der Tat offenbaren. Das Wort ist beschränkt, es kann dem lebendigen Augenblick wohl kaum gerecht werden. Die Malstunden wurden von allen Sinnen mitgetragen und bestimmt. Wie soll ich etwas in Worten wiedergeben, was für sich keine Worte benötigt hat? Darum bitte ich beim Lesen dieses Textes um Vorsicht, denn Worte sind mächtig, sie können einem leicht Vorstellungen und Vorurteile über das kreative Schaffen entstehen lassen und damit den eigentlichen Gegenstand verfehlen.

Das Picasso Phänomen

Ist das Malen eine reine Freizeitbeschäftigung? Oder sollte das Malen eher therapeutischen Zwecken dienen? Oder sollten die Mädchen zwischen dem 'grauen' Alltag mit seinen vielen Anforderungen mal eine Abwechslung bekommen, ein Mehr an Freude und Spaß gewinnen? Oder sollten gar Künstlerinnen herangezogen werden? Kreativität werden die Mädchen in Zukunft brauchen, ist doch die Ausbildungs- und Berufssituation nicht die beste. Ganz bestimmt haben alle Fragen bis zu einem gewissen Punkt ihre Berechtigung, aber dennoch sind sie alle begrenzt. Denn beim Malen geht es um die Entdeckung und Entwicklung der eigenen Sprache.

Alle haben wir etwas Mitteilungswürdiges mitzuteilen. Es gilt dabei nur, dies an die Oberfläche zu transportieren, es in die bewußte Wahrnehmung zu integrieren. Dann werden wir uns auch als schöpferische Wesen wahrnehmen können, die sich selbst und ihre Umwelt gestalten.

Ich versuchte immer während meiner Arbeit, das kreative Schaffen in den Mittelpunkt zu stellen, was nicht unbedingt eine Produktion von Werken bedeuten soll, sondern eher das Lernen einer bestimmten Haltung im Leben, die Fähigkeit, jedwede Situation zu meistern. Beim schöpferischen Arbeiten wird die Erfahrung zur Initiative trainiert, die gewohnten Bahnen einer Konsumentenhaltung werden für diese Zeitspanne einmal verlassen, und es kann mehr Unabhängigkeit erlebt werden.

Beim Malen sich selbst auf die Spur kommen zu können, setzt einen relativ zweckfreien

Farben sind Taten des Lichts

Malprozeß voraus. Für die meisten war dies etwas völlig Ungewohntes. Kein Wunder! Gibt es doch eine unübersehbare Masse schlechter Gewohnheiten, mit denen wir alle unsere Erfahrungen gemacht haben: die aufgegebenen Malthemen, Zeichnungen, die Texte kommentieren sollen, oder gar vorgegebene Bilder, die es nur noch auszumalen gilt, Bilder, die das Klassenzimmer schmücken sollen, Malwettbewerbe, viele "pseudo"-psychoanalytische Interpretationen usw... All das gab es in unseren Malstunden nicht.

Ich arbeitete die vier Jahre über vor allem mit "freien" Mädchengruppen im Alter von ca. 17 bis 22 Jahren. Zwischenzeitlich hatte ich auch mit Jüngeren (ca. 8-12 jährigen) zusammengearbeitet, und ein Jahr lang malte ich mit einer "geschlossenen" Gruppe, mit den Mädchen einer 9. Hauptschulklasse. Elvira Surrmann, ihre Klassen- und Kunstlehrerin, und ich arbeiteten diese Zeit über eng zusammen, was sehr wichtig für die Gruppenatmosphäre war. Die Mädchen wußten, daß wir uns miteinander absprachen. Die verschiedenen Altersstufen und Gruppenformen beinhalten unterschiedliche Bedingungen, auf die ich im einzelnen später eingehen möchte.

Wir arbeiteten in allen Gruppen hauptsächlich mit freien, experimentellen Techniken, die während des Malprozesses Lebendigkeit und Spontaneität zuließen, aber anfänglich auch viel Unsicherheit schaffen konnten. So manches Mal vernahm ich Sätze wie: *"Das ist doch nur Geschmiere und Gekleckse."* Aber bemerkenswerterweise machte das "Geschmiere und Gekleckse" Spaß und hat ein Erleben von Gelungenem oder Mißlungenem entstehen lassen. Wie konnte das nur möglich sein?

In diesem Zustand von Verwirrung, einer Mischung aus Skepsis, Unsicherheit und Begeisterung, ist auch sehr häufig der Name "Picasso" gefallen. Ein Beispiel: Brigitta hatte mehrere Monotypien gemacht und mit Pastellkreiden bearbeitet. Sie hob das Bild, welches ihr am gelungensten erschien, empor und rief mit lauter Stimme, sodaß es alle vernehmen mußten: *"Siehste, ich hab doch schon immer gewußt, daß ich ein Picasso bin!"* Der Name "Picasso" ist nach einigen Wochen oder Monaten in der Versenkung verschwunden, aber in neuen Gruppen, mit neuen Mädchen, habe ich ihn so oft hören müssen, daß ich begann, mir die Frage zu stellen: Warum? Und was verbirgt sich dahinter?

Picasso steht für Kunst, Geld und Berühmtheit. Picasso ist einer der populärsten Maler des 20. Jahrhunderts. Er ist "das Genie", das bewiesen hat, daß es sein Handwerk versteht und es geschafft hat, "den Klecks" ins Museum zu bringen. Er ist die Moderne schlechthin. Dahinter verbirgt sich aber ein Vorurteil, mit dem der Kunst häufig begegnet wird. Es besagt: Du kannst nur dann ein Künstler bzw. eine Künstlerin sein, wenn du das Glück hast, als Genie vom Himmel zu fallen, oder wenn du es verstehst, ein "Nichts" als Kunstwerk zu verkaufen; unter der Devise: ein Pinselstrich genügt und fertig ist das Kunstwerk! Dabei gerät in Vergessenheit, daß Kreativität und künstlerisches Schaffen für alle erlernbar ist, daß der künstlerische Schaffensprozeß nicht vom Menschen loszulösen ist und daß das Schöpferische niemals einer Zufälligkeit unterworfen werden kann.

Dieses Vorurteil trennt den Menschen von der Kunst. Kunst wird vom Alltagsleben isoliert und in einen luftleeren Raum gestellt. Das Verhältnis zur Kunst verkümmert dann leicht zu einer "Kapitalanlage" oder wird zu einem sonntäglichen Museumsbesuch. In den Malkursen machten wir ab und zu gemeinsame Ausstellungsbesuche, bei denen ich gelegentlich erleben mußte, daß einige Mädchen noch nie zuvor in ihrem Leben Ausstellungsräume von innen gesehen hatten! Und das in dieser Kulturmetropole Berlin!

Wenn nun in den Malstunden solche Sätze gefallen sind wie: *"Siehste, hab ich doch schon immer gewußt, daß ich ein Picasso bin"*, oder *"Das hätte auch von Picasso sein können"* usw., dann drückt sich darin eine ambivalente Haltung aus, die besagt: Einerseits wird mir endlich Glauben geschenkt, daß ich etwas mitzuteilen habe. Ich bin nur verkannt, ein verkanntes Genie, und bisher hatte niemand Notiz genommen. Auf der anderen Seite behauptet sich darin ein stiller Protest: Beim Malen ist doch alles erlaubt!

Letzteres ist sehr verständlich. Denn viele von ihnen waren es gewohnt, daß das Malen ein Lernziel hatte: die naturgetreue Abbildung eines Gegenstandes. Ihnen war somit ein klar erkennbarer Maßstab gesetzt worden, an dem sie sich "messen" konnten. In unseren Malstunden fiel dies plötzlich weg; das Malenkönnen hing nun nicht mehr von der Wiedergabe eines Gegenstandes ab. Aber wovon dann?

Wenn niemand mehr sagt, was zu tun ist, bzw. keine festgelegten Leistungsanforderungen gesetzt werden, dann ist wohl alles erlaubt? Bedeutet der gewonnene Freiraum Beliebigkeit? Ist nun alles einer Willkür unterworfen? Provokative Fragen, die eigentlich nach einer Orientierungshilfe suchen. Eine Orientierung läßt sich aber nicht von heute auf morgen finden. Um ein Vertrauen in sich selbst und ein angstfreies Arbeiten mit Farben entwickeln zu können, braucht es Zeit. Dabei war es mir ganz besonders wichtig, daß die Mädchen die Erfahrung machten, sie selbst und ihre Bilder werden ernst genommen, dann fällt es ihnen auch leichter, sich selbst zu vertrauen.

Der Glaube, daß das Bild der Welt der Erscheinungen zu dienen hat, sitzt tief. Kommentare von Außenstehenden über die Arbeiten haben mich immer wieder darauf hingewiesen: *"Lernt man bei Ihnen auch etwas Zeichnen?" "Sie geben wohl ab und zu ein Thema, um die Phantasie anzuregen, sonst herrscht ja wohl völlige Freiheit?" "Bei Ihnen kann wohl jede machen, was sie will?"* usw.

Ich möchte zurückfragen: Warum nicht von der Kunst und ihrer Geschichte lernen? Es hat lange Zeit gedauert, bis es in der Kunst gestattet war, daß der Pinselstrich nicht unbedingt die Wiedergabe eines Gegenstandes zum Ziel hatte. Zum Glück leben wir heute in einer Zeit, in der wir auf Erfahrungen zurückschauen können, in denen die bildende Kunst sich weit-

Farben sind Taten des Lichts

gehend ihrer Tabus entledigt hat. Dies Privileg unserer Zeit bedeutet aber auch Verantwortung!

Kunst kommt von "können". Kunst meint aber noch lange nicht, irgendetwas machen zu können, sondern möchte Gültiges schaffen, was über den Tag hinaus von Bedeutung ist. Und was gibt es Gültigeres als das Leben selbst?

Ein gelungenes Kunstwerk gestaltet lebendige Augenblicke, verschafft ihnen eine gerechte Form. Das Leben ist unberechenbar, es ist nicht zweckgebunden. Somit läßt sich die Bedeutung eines Kunstwerkes niemals durch festgelegte Maßstäbe bemessen. Das, was in der Kunst Notwendigkeit ist, wird leider aus gesellschaftlichen Bereichen verbannt. In der Kunst gilt die Einmaligkeit, die Dinge dürfen aus sich selbst heraus begriffen werden, ein zweckfreies Tun wird gefordert. Anderswo herrscht Zweckbestimmtheit. Der Sinn und Wert einer Tat ist hier scheinbar eine ganz berechenbare Angelegenheit, denn er wird allein aus ihrer Funktion für andere heraus bestimmt. Der eigene Blick richtet sich dabei ständig auf irgendwelche Gegenleistungen, er zielt auf Anerkennung ab.

Dem Leben wird ein Maßstab der Berechenbarkeit und Effizienz angelegt. Vor diesem Hintergrund ist es kein Wunder, daß sich in den Malstunden bei einigen Unsicherheit breit machte. Denn die Mädchen sind es gewohnt, daß ihre Leistungen bemessen werden, ob von zu Hause, der Schule oder ihrer Arbeit. Zuerst wird immer die Frage gestellt: Was bringt es ein? Nichts darf an erster Stelle aus sich heraus getan werden, es hat immer einem äußeren Zweck zu dienen. *"Ich werde diese Arbeit acht Stunden lang verrichten, daß ich dafür 300 DM bekomme."* Oder: *"Ich werde mich auf die nächste Klassenarbeit vorbereiten, denn ich brauche eine gute Note."* Dreht mir jemand den Rücken zu, ist sofort die Frage da: Was habe ich falsch gemacht. Der Blick ist immer auf Anerkennung aus, von der die eigene Selbstwahrnehmung abhängig gemacht wird. D.h., alles erhält immer erst durch etwas anderes einen Wert! Mit anderen Worten: Erst durch mein

Gegenüber bin ich wer! Eine subtile Form von Sklaverei. Dabei wird aus den Augen verloren, daß die Welt für den Menschen geschaffen ist und nicht umgekehrt! Zum Beispiel orientieren sich die heutigen beruflichen Tätigkeiten kaum noch an der menschlichen Berufung, vielmehr hat sich das Bild durchgesetzt, daß der Mensch dem Beruf zu dienen hat.

Farben, Papier und Pinsel sind für uns geschaffen. Sie bilden beim Malen unser Handwerkszeug, welches uns zu gehorchen hat und nicht dem Erscheinungsbild eines äußeren Gegenstandes.

Für die Mädchen war nun scheinbar alles erlaubt. Aber sehr schnell änderte sich das Bild: Sie erfuhren ihre eigenen Grenzen. Die eigene innere Stimme ließ ein Bild als etwas Gelungenes oder Mißlungenes erscheinen, oder die Farbensprache wurde plötzlich als unzureichend erlebt. Neue Farbtöne wollten ins Bild kommen, und es kostete einige Anstrengungen, bis sie sichtbar wurden. Und manchmal konnte ein Mädchen voller Glück und Zufriedenheit ganz neue Bildwelten entdecken.

Lob und keine Beschönigungen

Leider haben sich die meisten Menschen an die vielen "Entweder-Oder" gewöhnt. Begriffe wie Arbeit, Pflicht und Leistung werden einer anderen Welt zugeordnet, die nichts mehr mit Freizeit, Freude und Gelassenheit zu tun hat. Daß Freude aber Pflicht ist, eine Leistung ohne Anstrengung vollbracht werden kann und Arbeit Spaß macht, ist vielen fremd.

Kein Wunder! Denn schon von Kindesbeinen an heißt es in der Schule: Aus Fehlern lernt man! In den Schularbeiten werden die Fehler rot markiert, und die vollbrachten Leistungen berechnen sich aus der Summe ihrer Fehler. Immer wieder wird mit dem Finger auf das "Schlechte" gezeigt; eine Haltung, die nicht gerade das Selbstvertrauen stärkt. Und ohne ein Gefühl des Selbstvertrauens lassen sich nun mal keine Anforderungen erfolgreich bewältigen. Ein Teufelskreis! Der Blick wird dabei

Farben sind Taten des Lichts

immer auf die Fehler gelenkt. Auch wenn das Ziel heißt, "fehlerfrei" zu sein, so gilt dabei immer noch der Maßstab vollbrachter bzw. nicht vollbrachter "Fehler". Wenn "Fehler" und "Mangelhaftes" uns erziehen sollen, dann verlangt das eine Haltung der Selbstdistanzierung. Selbstzweifel und Ängste sind die Folge. Wir alle kennen diesen Satz: "Nein, das kann ich nicht ..."

Manchmal werde ich aber auch mit Äußerungen konfrontiert wie: *"Na, Detel findet ja alles gut."* Ich hörte aus diesem Satz Verwirrung und Provokation zugleich. Die Mädchen waren es bisher gewohnt, daß ihnen klare Maßstäbe gesetzt wurden bei dem, was sie nicht tun sollten. Wie sehr die Selbstwahrnehmung auf das Negative gerichtet war, konnte ich auch öfter in dem Verhältnis zwischen Malprozeß und fertigem Bild beobachten, d.h. je intensiver der Malprozeß verlief, umso heftiger wurde sich von dem fertigen Bild distanziert. Ein Beispiel: Korinna malte ohne Unterbrechung ca. eine Stunde lang sehr konzentriert und intensiv an ihrem Bild. Sie hatte keine Fragen gestellt, keine Gespräche mit anderen geführt usw. Ich hatte sie beobachtet und wußte, daß sie sich dem Malen ganz hingegeben hatte. Als sie mit dem Bild fertig war, zeigte sie es kommentarlos mit dem Hinweis, daß es fertig sei. Sie erwartete eine Reaktion. Ich zeigte meine Freude über das sehr farbenfrohe und prachtvolle Bild. Darauf sagte sie nur: *Das (Bild) ist aber blöd."* Ich spürte, daß sie nicht wirklich mit ihrem Bild unzufrieden war, sondern es nicht zulassen konnte, etwas "Schönes" geschaffen zu haben.

Jede wollte gefordert werden. Dabei versuchte ich, mich von folgenden Grundsätzen leiten zu lassen:
- Beim Malen können keine "Fehler" gemacht werden, sondern nur Erfahrungen.
- Es gilt nicht, das Schlechte zu verbessern, sondern das Gute zu stärken. Mit anderen Worten: zu loben, ohne zu beschönigen.

Wenn z.B. ein Mädchen sich während des Malprozesses hat ablenken lassen, es ihr an genügender Konzentrationskraft fehlte und sie darüber ganz unzufrieden wurde, dann war es meine Aufgabe, ihr beizustehen, indem ich mich gemeinsam mit ihr auf das Bild erneut einließ.

Ein anderes Beispiel. Die Malende war mit ihrem Bild unzufrieden, wußte aber nicht warum. Deshalb versuchte ich, durch Fragen herauszubekommen, was sie unzufrieden macht. Die Fragen können die Farb-, die Formsprache, z.B. Wiederholungen bestimmter Formen oder Farbkombinationen betreffen, auch ein Festhalten an "Gelerntem" kann ein Gefühl der Unzufriedenheit entstehen lassen und vieles mehr...

Etwas anderes ist es, wenn sich eine Unzufriedenheit über etwas ganz bestimmtes äußert. Z.B. kann es die Farben betreffen: Ein Mädchen greift immer wieder zum Blau, das Auge aber kann es nicht mehr ertragen. Ich könnte dann die Malerin auf andere Farben, die sie in ihrem Bild gemalt hat, aufmerksam machen oder ihr zeigen, daß die Welt des Blau noch weitere Entwicklungsstufen braucht, die u.a. durch neue Themenanstöße gegeben werden könnten (z.B. das nächste Bild ganz in Blau zu malen).

Ich möchte, daß die Mädchen mit Hilfe meiner Ratschläge ihre eigenen Kriterien des bildnerischen Ausdrucks entwickeln und kennenlernen.

Das Malen in Gruppen

Wir haben immer in Gruppen gemalt, ob in sogenannten "freien" oder "geschlossenen" Gruppen. Die Zusammensetzung, die Gruppengröße und -atmosphäre spielten eine sehr wichtige Rolle. Obwohl jede immer in erster Linie mit sich selbst und ihrem Bild beschäftigt ist, ist trotzdem - oder vielleicht gerade deshalb - darauf zu achten, daß sich gemeinsame Berührungspunkte finden lassen. Geschah dies einmal nicht, konnte es leicht passieren, daß zwar alle eifrig an ihrem Bild arbeiteten, am Schluß aber völlig erschöpft waren. Heute weiß ich, daß es den Teilnehmerinnen dann nicht

Farben sind Taten des Lichts

möglich gewesen war, eine Unterstützung innerhalb der Gruppe zu finden. Jede "kämpfte" im Stillen um ihren "Platz". Die Gruppe hatte meine Kräfte überstiegen. Ich hatte in den Malstunden darauf zu achten, meine Aufmerksamkeit nicht nur den einzelnen Teilnehmerinnen und ihren Bildern zu schenken, sondern auch der Gruppe. Es ist wichtig, daß zwischen allen ein gutes Klima besteht!

Meine Aufgaben bestanden vor allem darin:
- Den Überblick über die Gruppe zu bewahren, ihr einen Bezugsrahmen zu setzen. Mit der Zeit konnte ich feststellen, daß mir persönlich Gruppen mit mehr als acht Teilnehmerinnen zu groß sind. (Abgesehen davon, daß die Räumlichkeiten des Mädchentreffs keine größeren Gruppen zulassen.) Wir malten während der vier Jahre in Gruppen mit 4 - 10 Teilnehmerinnen.
- Mein Ziel war es, daß sich in den Gruppen eine Atmosphäre des Vertrauens herstellt. Konkurrenz und Gleichgültigkeit sollten keinen Platz haben. Wichtig ist, daß jede ihr eigenes Arbeitstempo entwickeln kann, ohne dabei durch andere unter Druck gesetzt zu werden. Eine kann drei Wochen brauchen, bis das Bild fertig ist, eine andere kann drei Bilder in einer Stunde malen.

Jede muß sich "frei" fühlen können und darf nicht ein Gefühl des "Beobachtetwerdens" haben. Das Malen mit den Mädchen einer 9. Hauptschulklasse stellte mich dabei vor besonders schwierige Aufgaben. Denn sie waren natürlich schon ein fest gewachsener Gruppenzusammenhang mit speziellen Freund- und Feindschaften. Wie so oft teilte sich die Gruppe in zwei Lager mit ihren jeweiligen "Wortführerinnen" und "Außenseiterinnen". Diese Strukturen galt es während unserer Malstunden zu neutralisieren.

Mit welchen Techniken wurde gearbeitet?

In der Hauptsache haben wir mit Techniken gearbeitet, die eine Spontaneität zulassen konnten und Experimentierfreudigkeit förderten. Jedes Mädchen sollte während der Malkurse möglichst verschiedene Techniken kennengelernt haben. Natürlich hat nicht jede Technik alle gleich angesprochen, und wenn die Widerstände zu groß waren, mußte davon abgelassen werden. Manchmal dagegen war es wichtig, sich über erste Widerstände hinwegzusetzen; manchmal durfte es auch nicht "zu leicht" gemacht werden. Gelegentlich bin ich auch Wochen später erneut mit einem Vorschlag an ein Mädchen herangetreten. Z.B. kann das malen mit Aquarellfarben zu einem völlig unpassenden Moment vorgeschlagen werden. Drei Wochen später dagegen wird es begeistert aufgenommen.

Das Laufbild

Hier werden die Farben direkt auf das Papier gegossen und durch Bewegungen des Papiers zum Fließen gebracht. Es soll dabei möglichst großformatiges Papier benutzt werden. Mit dieser Technik lassen sich schnelle Effekte erzeugen, deshalb ist es wichtig, daß die Bilder weiterbearbeitet werden, entweder mit dem Pinsel oder mit Öl- bzw. Pastellkreiden. Zu schnelle Effekte können schnell langweilig werden.

Besonders geeignet ist die Technik zum Erlernen einer differenzierten Farbwahrnehmung. Auch kann das Auge viele Neuentdeckungen machen, mit denen sich leichter Stereotype überwinden lassen.

Aluminiumpapier

Aluminiumpapier eignet sich besonders gut für Fingermalerei, da es eine glatte Oberfläche hat, die die entstandenen Strukturen gut erkennen läßt. Die Malbewegung kann fließen. Es dient vor allem der Lockerung.

Das Knitterbild

1. Das Blatt wird angefeuchtet. 2. Die Farben werden aufgetragen. 3. Das Blatt wird zu einem Knäuel zusammengeknickt. 4. Es wird wieder geglättet und erneut mit Farben bearbeitet usw. Es lassen sich mehrere Durchgänge machen.

Diese Technik fördert die Experimentierfreudigkeit. Die Phantasie wird angeregt,

Farben sind Taten des Lichts

Neues zu entdecken. Da das Bild aus vielen Arbeitsgängen besteht, hilft es, das einmal Gemalte schneller loslassen zu können.

Monotypien

Monotypien sind eine Drucktechnik. Die Farbe wird auf eine Glasplatte aufgetragen, dann wird das Papier daraufgelegt und mit Stiften, dem Fingernagel usw. Zeichnungen eingeritzt. Zum Schluß wird das Papier abgezogen. Monotypien regen die Experimentierfreudigkeit an.

Schwammbilder

Die Farbe wird mit Schwämmen auf das Papier aufgetragen. Die Bilder werden stehend an der Wand gemalt, es schafft mehr Bewegungsfreiheit.

Bürstenbilder

Bürste in Farbe tauchen und auf das Papier auftragen. Am besten ist es dabei, wenn mit schwarzer Farbe auf weißem Papier gearbeitet wird. Es läßt die Kraft der Linie am klarsten erkennen. Es hilft, die Angst vor dem eigenen Strich zu überwinden.

Collagen:

Sind gute Übungen für Bildkomposition.

u.a....

Warum nun gerade Malen mit Mädchen und jungen Frauen?

Diese Frage habe ich ab und zu hören können, doch ich möchte darauf hier nicht mehr grundsätzlich eingehen. Denn für mich ist es eine Selbstverständlichkeit geworden. Vieles ließe sich dazu sagen, doch ich möchte mich auf weniges beschränken. Auf unserer Suche nach einem Selbstausdruck benötigen wir alle Raum. Und ganz bestimmt darf das Geschlecht dabei niemals aus den Augen verloren gehen. Es verlangte viele Bemühungen und Aufmerksamkeit, um es in die eigene Persönlichkeit vollständig integrieren zu können; vor allem unter gesellschaftlichen Bedingungen,

BRIESESTR. 70, 1000 BERLIN 44 (U-BAHN BODDINSTR., BUS 4), TEL.: 621 20 43

die leider heute immer noch den Unterschieden der Geschlechter keinen gleichwertigen Platz einräumen.

Im Laufe der Jahre habe ich erlebt, wie sehr sich die Mädchen unzähligen Anforderungen gegenübergestellt sehen. Z.B. stellte sich immer wieder das "Zeitproblem": Viele waren in familiäre Pflichten eingebunden, Geschwister und Haustiere mußten versorgt werden, der Haushalt mitgeführt werden, oft auch durch finanzielle Hilfen, durch Ersparnisse und Hinzuverdientes; bei einigen verlangten die Ausbildungsverhältnisse viele Überstunden, verschiedenste Arbeitszeiten ließen nicht immer eine regelmäßige Beteiligung zu; auch die langen Fahrtwege in einer Großstadt wie Berlin spielten eine Rolle. (Nicht alle kamen aus dem Bezirk Neukölln.) Die Malkurse waren niemals in ihrer Durchführung planbar, es benötigte viel Flexibilität.

Dazu kamen all die Zukunftssorgen, Sorgen um Lehrstellen, um den Schulabschluß, Sorgen um familiäre Verhältnisse usw... Und die ersten Erfahrungen mit dem Geschlechtsleben werden gemacht. Das Verhältnis zum eigenen und zum anderen Geschlecht stehen unter Hochspannung. Es ist eine Phase des Suchens, Ausprobierens, des Erfahrungssammelns, aber leider stehen die meisten allein damit, ohne Führung und Orientierung.

Aber vieles hat sich bereits in den letzten Jahren geändert. Mädchenarbeit bedarf heute keiner grundsätzlichen Rechtfertigung mehr, sie hat sich ihren Platz gesichert. Das Weibliche befindet sich in einem Bewußtseinswandel, alte Formen und Symbole werden zunehmend hinterfragt, ob es die männliche Ausdrucksweise in der Sprache ist oder männliche Autoritäten in Wissenschaft, Kunst und Politik, bis hin zur männlichen Gottesdarstellung. Männliche Symbolik wird nicht mehr unhinterfragt als zukunftsweisend für die Menschheit verstanden.

Die Gleichung Männlichkeit = Menschlichkeit läßt sich heute nicht mehr so leicht aufstellen.

Farben sind Taten des Lichts

Bisher wurden neue Bewußtseinsstufen in der menschlichen Entwicklung durch Kämpfe zwischen alten und neuen Strukturen und Symbolen eingeleitet. Jeder neue Gedanke, jede neue Idee ist bestrebt, sich neue Kleider, neue Formen zu verschaffen, leben wir doch in einer Welt der Formen und Materie. Die Künste spielen dabei ihre besondere Rolle; ihre Aufgabe besteht in der Formgebung! Stilepochen sind kein Zufall. Ein Michelangelo, Rembrandt oder Cézanne oder... waren dabei behilflich, neue Epochen des Bewußtseins einzuleiten. Mit ihren Bildern schafften sie neue Symbole, ein neues Werkzeug für ein neues Bewußtsein.

Hier liegt für mich die besondere Bedeutung des bildnerischen Gestaltens. Den Mädchen kann es dabei behilflich sein, ihre eigene Symbolwelt zu entdecken bzw. sich bewußt darüber zu werden, selbst kreativ zu sein, d.h. potentiell auch immer eine eigene Sprache entwickeln zu können, ohne auf andere zurückgreifen zu müssen. Wenn ich einmal die Erfahrung, schöpferisch zu sein, gemacht habe, gewinne ich Unabhängigkeit; denn ich weiß dann, daß ich jederzeit Neues schaffen kann, ohne mich an Altes hängen zu müssen.

(gekürzte Fassung entnommen aus: Mädchenbildung - Praktisches, Spielerisches, Theoretisches. Zu beziehen über: Wannseeheim für Jugendarbeit e.V., Hohenzollernstraße 14, 1000 Berlin 39, Telefon 030/805 30 87)

Kontaktadressen:

Mädchentreff Neukölln
Briesestraße 70
1000 Berlin 44
Telefon 030/621 20 43

Detel Aurand c/o Schienke
Paul-Lincke-Ufer 35
1000 Berlin 36
Telefon 030/618 27 46

Inge Broska, Marianne Pitzen
Frauen Museum Bonn
Die andere Kunst der Frauen

Zielsetzung

Die Entwicklung einer eigenständigen Kulturarbeit ist das Hauptanliegen des 1981 gegründeten Frauen Museums, das als erstes diesen Namen führt und darunter auch für die Neudefinition von Kunst und Kultur und damit aller damit verbundenen Begriffe eintritt. Die Kunst der zeitgenössischen Künstlerinnen zu fördern ist eine wesentliche Aufgabe des Hauses, Frauengeschichte und Ausdehnung der künstlerischen und musealen Arbeitsfelder ist ein Schwerpunkt der Institution.

Normen in Kunst und Kultur, Wertungen und Begrenzungen, an denen Frauen kaum beteiligt waren und es auch heute kaum sind, sollen kenntlich gemacht und überwunden werden.

Durch die Aufarbeitung des Oevres von Künstlerinnen der jüngeren Vergangenheit und früherer Epochen sollen Unterlassungen und Fehleinschätzungen der Kunstgeschichte revidiert werden. Kataloge, Quellenmaterial und Werke derzeit tätiger Künstlerinnen sollen gesammelt und archiviert werden, um von Anfang an Lücken zu vermeiden, denn die Geschichte und Kunstgeschichte geschieht in den Ateliers und Ausstellungen heute und in jedem Augenblick.

Die andere Kunst der Frauen

Die Frage nach der weiblichen Malweise ist unvermeidlich, gibt es eine weibliche Ästhetik oder ist schon der Gedanke eine unzulässige Festschreibung und ein Fehler? Die meisten Künstlerinnen sind an einer neuerlichen, wenn auch ideologisch begründeten Einengung ihres künstlerischen Ausdrucks nicht interessiert, sie haben eher ein Interesse, aus jeglichen Vorurteilen auszubrechen.

Trotzdem läßt sich feststellen, daß Künstlerinnen und generell weibliche Kulturschaffende nahezu nie sexistische oder menschenverachtende Werke produzieren, insbesondere Künstlerinnen, die ein feministisches Bewußtsein haben. Es wäre ein Forschungsprojekt, das die Unterschiede zwischen der Produktion von Künstlerinnen allgemein und bewußten feministischen Künstlerinnen erkundet.

Trotzdem - bei aller Vorsicht und jahrzehntelanger Beobachtung - lassen sich einige Schwerpunkte im Kunstschaffen von Frauen ausmachen: so läßt sich eine Neigung zum Prozeßhaften und eine hohe Materialsensibilität feststellen, von den dargestellten Inhalten abgesehen, die sich aus den sozialen Gegebenheiten und der Biografie ergeben und nicht aus-

tauschbar sind. Auch eine Verbindung von Kunst und Kultischem interessiert Frauen sehr. Hier tun sich interessante neue Wege auf.

Die Haltung des Frauen Museums zur Frage nach der weiblichen Ästhetik ist eine mehr abwartende. Schnelle Antworten und Theorien werden nicht provoziert. Bewußt gefördert wird jedoch die Arbeit der Künstlerinnengruppen, die sich nicht nur als Ausstellungsgemeinschaft sondern darüber hinaus als inhaltliche Arbeitsgruppe verstehen und während der Projektzeit auch entsprechend leben. Gefördert wird neben der inhaltlichen auch die Arbeit mit dem Ausstellungsraum, der Ausstellungsgestaltung, der Gesamtrauminszenierung. Auf diese Weise tritt die Kunst der Installationen sehr in den Vordergrund und ist ein besonderer Schwerpunkt gerade dieses Hauses.

Frauengeschichte

Viele Künstlerinnen gehen mit Geschichte und Mythologie um. Vielen ist die Vorstellung einer weiblichen verlorengegangenen Kulturgeschichte vor der belegten Geschichte gemeinsam. Ohne dieses Bewußtsein (s. "kollektives Gedächtnis") wäre das Frauen Museum kaum entstanden. Durch die jüngeren Forschungen der Archäologie werden die Hypothesen zunehmend erhärtet, daß es matriarchale Zeiten und hochentwickelte Kulturen gegeben hat. Den Künstlerinnen erwachsen daraus neue Identifikationsmöglichkeiten, deren Auswirkungen auf die Kunst und Kultur unserer Zeit noch gar nicht abzuschätzen sind.

Mit den Ausstellungen "Hexen" oder "Bonn zu Zeit des Nationalsozialismus" oder "Die Welt der Anne Frank" u.a. werden einzelne Phasen der Frauengeschichte, die natürlich nicht nur Frauen betrifft, sondern die vielen Namenslosen und vergessenen Gruppen, beleuchtet - bewußt subjektiv und von Geschichte betroffen. Geschichte wird wiederum als permanenter Prozeß verstanden, die in jedem Augenblick geschieht und daher nahelegt, sie selbst in die Hand zu nehmen und zu gestalten.

Frauen Museum Bonn

In diesem Sinne arbeitet die neue Geschichtsgruppe im Hause. Das Projekt "Die Bonnerinnen" verweist auf das Thema Frauengeschichte am Beispiel dieser Stadt. Die Einbeziehung der älteren Bonnerinnen ist hierbei unerläßlich.

Zur Geschichte des 1. Frauen Museums

Die Vorlaufgruppen hießen "Frau + Futura" und "Frauen formen ihre Stadt" und hatten dementsprechend die Mobilisierung der kreativen Kräfte der Stadtbewohnerinnen zum Ziel. Seit 1973/74 wurde bundesweit zur Mitarbeit aufgerufen.

Die überregionale Ausstellungstätigkeit förderte die Suche nach einem festen Ort, der mehr Kontinuität versprach. März 1981 wurde das 3000 qm große Gebäude, ein ehemaliges Kaufhaus, der Gruppe für eine erste Ausstellung zur Verfügung gestellt. Das Haus gehört der Stadt Bonn. Ein darauf entwickeltes Ausstellungs- und Aktivitätsprogramm wurde akzeptiert und führte zu einem vorläufigen und später festen Mietvertrag mit der Stadt - damit waren Absicherung und Anerkennung samt einsetzender Förderung (1987 217.000,-- DM) gegeben.

Von Anfang an erfüllten vielseitige Aktivitäten, Veranstaltungen und Ausstellungen die leeren Hallen mit Leben, frischem Wind und Experimentellem. Da auch andere Einrichtungen das weitläufige Haus begehrten, gab es eine längere "Kampfphase" mit bzw. gegen die "etablierte" Kunstszene. Das bedeutete ständigen Einsatz und Präsenz. Die Arbeitsgruppen tagten von Anfang an im Museum, obwohl es sehr kalt war, da die Heizung unbezahlbar war. Die ersten Kursprogramme mit Masken, Schminken und Textilkunst waren angelaufen.

Nachträglich zeigt es sich, daß wenige Frauen mit einem ausgeprägten Zielbewußtsein relativ viel erreichen können. Inzwischen ist das Frauen Museum fester Bestandteil des Bonner Kulturlebens geworden, es strahlt auf die ganz Bonner Nordstadt ab, die sich zunehmend zu Bonns Kunstmeile Nr. 1 entwickelt.

Inzwischen gibt es auch in anderen Städten Initiativen zur Gründung von Frauen Museen, so in Aahus/Dänemark, Wiesbaden, Frankfurt und in den USA. Letzteres agiert wie die meisten auf schmalerer Basis, versteht den Begriff Museum wesentlich traditioneller.

Frauen Museum Bonn

Gründe zur Gründung von Frauen-Museen

Obwohl seit zwei Jahrzehnten (die ersten Frauenbewegungen nicht mitgezählt) viel über die Emanzipation von Frauen und ihre berechtigten Forderungen geredet wird, hat sich wenig getan: Künstlerinnen sind auf den großen wegweisenden Ausstellungen wie Dokumenta 8 noch immer nicht über 10% hinausgekommen. Die Einrichtung von Frauenstudien macht nur langsam Fortschritte, die Professorin für Frauengeschichte an der Bonner Universität hat unendlich viel Mühe, sich zu behaupten - alles Gründe, die eigenen Institutionen weiter auszubauen.

Schon die Statistik müßte ausreichen, jeden Weg aus der Unterrepräsentanz von Frauen und Kunstproduzentinnen zu unterstützen, und das "Sich Separieren" der betroffenen Gruppe war schon immer ein Weg, doch es interessiert auch der Freiraum als solcher, die Tatsache, einen ausgegrenzten Raum innerhalb einer festgefügten Gesellschaft zu haben, die Exklave, die einen deutlichen Aspekt von Utopia hat.

Die Exklave

Die Außenseiterinnenposition wird bewußt gewählt, um in einem geschlossenen Bezirk und von keinerlei Integrationsbemühungen verwässerten Rahmen experimentell und risikofreudig arbeiten zu können. Es gilt das "große Experiment", das "andere Museum" in aller Klarheit durchzuführen; ein Modellprojekt, dessen Modellcharakter an vielen Punkten abzulesen ist: die andere Art der Organisation, der Aufgabenverteilung, der Programmgestaltung, der Geschichts- und Kulturauffassung, des Umgangs aller Beteiligten untereinander in Bezug auf Künstlerinnen, Öffentlichkeit usw.

Zur Organisation

Heute verwaltet ein 9-Frauen-Kollektiv, das zugleich der Vorstand des Trägervereins ist, das Museum. 1987 wurde die erste Stelle, die der Geschäftsführerin, geschaffen. Praktikantinnen, größtenteils werdende Museumsfrauen mit abgeschlossenem Kunstgeschichtsstudium und Historikerinnen, kommen hinzu und bleiben meist drei Monate bis zu einem Jahr

Der Verein für gemeindenahe Psychiatrie vermittelt Praktikantinnen, die aus Büro- und anderen Berufen kommen und im Museum ein Arbeitstraining absolvieren. Für das Kollektiv bedeutet dies Betreuungsarbeit und Entlastung zugleich im Museumsalltag.

Zwar ist es erwünscht und notwendig, daß alle über alle Vorgänge im Hause informiert sind und in der Lage sind, andere Aufgaben zu übernehmen, doch grundsätzlich hat sich herausgestellt, daß eine Aufgabenteilung nach Interessenschwerpunkten sinnvoll, weil motivierender ist. Die erste Entscheidung liegt jedoch bei der einzelnen selbst, die tätig werden will. Durch die sehr offene Struktur ist es möglich, daß sich interessierte Frauen selbständig Projekte heranziehen, die sie dann weitgehend eigenverantwortlich durchführen, unterstützt von einer weitreichenden Toleranz und Ermutigung durch die Verantwortlichen. Solidarität und Schwesterlichkeit sollen im detailfreudigen Tageslauf nicht zu Leerformeln werden. Hierarchie ist zu vermeiden, sie entsteht ansatzweise durch Mehrarbeit und verschieden hohen Einsatz.

Undenkbar ist jedoch der weitverbreitete Brauch, die Arbeit und Projekte der MitarbeiterInnen durch die Spitze des Hauses zu subsumieren. Auf Hierarchisierungstendenzen reagierte das Kollektiv des Hauses mit Ausweitung der Arbeitsgebiete, und so wird die Gesamtarbeit zunehmend umfassender, komplexer und effektiver. Hauptmerkmal der Museumsarbeit ist, daß sie weitgehend als selbstbestimmt und lustvoll empfunden wird - sofern der Termindruck nicht zu stark ist.

Nichtsdestotrotz sollen weitere feste Stellen eingerichtet werden: Der Fotobereich mit Fotoarchiv, theoretischer Arbeit und Ausstellungsprojekten soll von Ulrike Hermann und Marita Hilgers (Labor, Dokumentation) geregelt werden. Die neue Abteilung Museumspädagogik wird von Inge Broska aufgebaut.

Infrastruktur

Durch die finanzielle Situation bedingt dauern die Anfangsschwierigkeiten lange. Eigenleistung kann nicht jede finanzielle Lücke kompensieren. Der Zeitplan sieht die Bewältigung der Arbeitsvergütung vor, Computer, ein neues Stellwand- und Beleuchtungssystem, das variabel und von den Museumsfrauen selber zu betätigen ist. Sicherungsmaßnahmen und Temperaturregelung sind ebenfalls nötig.

Raumkonzept

Der Löwenanteil der Gesamtfläche ist Ausstellungsraum, ca. 2300 qm, unverbaut und großzügig belassen. Im Erdgeschoß sind Büros, Gruppenräume, Werkstätten und zwei Cafés, die 1. Etage beherbergt zwei Ateliers, das Fotolabor und einen Gästinnenbereich. Die 2. Etage bietet neben dem kleinen Ausstellungsraum von 200 qm fünf Ateliers.

Zum Ausstellungsprogramm

Die Ausstellungen laufen meist dreigleisig: Im Erdgeschoß, der Kommunikationsebene, die Reihe der Dokumentationen, z.B. "Frauen der 3. Welt", die 1. Etage beherbergt die großen Wanderausstellungen, z.B. "Spekulum" aus Bremen, "Cilenas - von Widerstand und Exil" aus Berlin, oder die "Identitätsbilder" der IntAkt aus Wien, "Die andere Eva", Marburg. Hier werden auch die großen Sonderausstellungen wie "Positionen Berlin (w)" anläßlich der Berliner Theaterwochen in Bonn installiert, "Stroomupwarts" im Rahmen der Begegnung mit den Niederlanden, demnächst kommen die Griechinnen - überhaupt ist die Zusammenarbeit auf der kulturellen Ebene mit anderen Ländern ein sehr wichtiges Anliegen des Museums.

Mittlere Gruppenprojekte, die themenbezogen und prozeßhaft arbeiten, haben auf der 2. Etage Platz, hier ist auch ein überschaubarer Raum für Einzelausstellungen, auch wenn selbst hier großformatig und raumbewußt gearbeitet werden muß, um im Raum zu bestehen, z.B. gab es die raumfüllenden "Streicheleinheiten" von Renate Bertlmann/Wien oder die Bildergeschichte der Emma-Cartoonistin Franziska Becker.

So wichtig es einerseits ist, qualitätvolle, anerkannte Ausstellungen wie "Women of Influence" mit Colette, Ellen Lampert u.a. aus den USA ins Frauen Museum zu bringen, so bedeutsam sind auch die freien Aktionszeiten, in denen Künstlerinnen aus dem weiten Umfeld des Frauen Museums spontan, lustvoll und vehement ihren Ideen Raum geben können, sich in Dimensionen bewegen, die nicht gerade bescheiden sind. Die Ansprüche wachsen, das Museum motiviert die Künstlerinnen zu hohen Ansprüchen und Leistungen.

Schwerpunkt im Ausstellungsprogramm sind jedoch die großen, alle drei Etagen umfassenden Themenausstellungen, die alljährlich inszeniert werden, die einmal ohnehin Zentralthemen der Frauen sind, oder durch die neueren gesellschaftlichen Entwicklungen an Relevanz für Frauen gewonnen haben. Die Ausstellungen bestehen aus vielen z.T. begehbaren Installationen, die oft in wochenlanger Aufbauzeit - "Werkstattzeit" - entstanden sind, im Laufe dieser Zeit auch in Verbindung zu den anderen Objekten und Installationen treten können, sich annähern oder abgrenzen, so daß am Ende des Prozesses eine Gesamtraumwirkung, ein Szenarium von großer Spannung und Dichte als auch Homogenität erzielt wird.

Doch diese Art der Ausstellungsarbeit braucht Zeit, auch Entwicklungszeit. Gerade Künstlerinnen wird selten ein solch geradezu maßloser Entfaltungsspielraum zugestanden, den erhalten nach gängiger Hierarchie in der allgemeinen Kunstszene nur die arriviertesten Künstler.

Doch im Frauen Museum soll ja durchaus das System des Starkultes abgebaut und durchbrochen werden, das die Nachkommenden bis zur absoluten Entmutigung bekämpft, so daß sich nur die Härtesten durchsetzen können und die kommunikativ Begabten, man andererseits davon ausgehen kann, daß die Qualität der Kunstproduktion so schmal nicht sein kann und auch nicht ist, wie die Spitzenverdiener und überall vertretenen Künstler weismachen wollen. Das verbreitete Konkurrenzdenken soll im Frauen Museum - der seltsamen Insel der Kunstszene - so weit wie möglich vermieden werden. Dazu waren die großen Themen der vergangenen sechs Jahre durchaus angetan:

- 1981 "Wo Außenseiterinnen wohnen", 40 Künstlerinnen und Gruppen aus Kunst und Stadtplanung, Installationen zu Räumen der Phantasie und Realität. 5 Tagungswochenenden zu Film, Wohnerfahrung, Randgruppen und Kunst.

- 1982 "Der Winterplanet" nach dem Science Fiction Roman von Ursula K. Leguin, Eislandschaft mit Feuerinsel - Aktionsnacht - man konnte das Museum noch nicht heizen - (Edelgard Breitkopf, Julia von Randow, Chris Werner)

- 1982 "Mythenbäume - Frauengärten", pseudoantike Gartenlandschaft im 2. Hof, Lauben und Tempel für Göttinnen im Haus (Aktionen z.B. Melanie Heinz)

- 1983 "Haut", 50 Künstlerinnen, z.B. Gerlinde Beck, E.R.Nele, Ursula Baur, "Unter die Haut gegangen" (Szene Schweiz)

- 1984 "Utopia", Wanderweg von Schreckengefilden, verlassenen Planeten (Anne Kieschnick), seriellen Wesen und vereisten

Frauen Museum Bonn

Toren zur großen Raumwaage von Inge Mahn zum goldenen Zelt von Ella Kuhl und fernem Traum (Chris Werner). 70 Künstlerinnen hatten eine Gesamtinstallation errichtet.

- 1985 "Umwelt - Naturkunst" (Öko-art hieß es zuerst) Wald und Äcker im Haus, Dokumentationen, Foto-Dok. Kunst-Landschaft von Ruth Falazik, Kunstverein Neuenkirchen

- 1985 "Die Rationale" - Konzepte konstruktiver Künstlerinnen 1915-1985, Werke der russischen Avantgarde, Frauen am Bauhaus, Rekonstruktion der "Aubette" von Sophie Taeuber-Arp, Installationen von zeitgenössischen Künstlerinnen z.B. Rune Mields, Susanne Mahlmeister, Ilse Teipelke, Francoise Pierzou

- 1986 "Erotik" rote Räume, Phalli in allen Variationen, erotische Werke.

Archiv

Im Aufbau begriffen sind ein Handarchiv aller erreichbaren Künstlerinnen, das durch die Auswertung von Katalogen, Tageszeitungen, Fachzeitschriften, Galerie-Mitteilungen und sonstiges Quellenmaterial erwächst. Auf diese Weise wird ein Teil der gegenwärtigen Kunstgeschichte bewahrt, der in der Regel nicht aufgehoben wird, denn gerade diese kleinteiligen Relikte und Spuren werden nur von den bekannten KünstlerInnen in einem sehr späten Stadium gesammelt, nicht aber die Anfangszeiten und die Einladungskarten und Kritiken der Unbekannten.

Durch die Sammlung dieser Spuren werden weitere Quellen aufgetan, und es wird sichtbar, welche Beziehungsnetze und Kommunikationsfelder die einzelne Künstlerin pflegt und bearbeitet, wie generell die Wege der Erfolgreichen sind, was im Einzelnen dahinter steckt, Wirkungskreise werden deutlich. So gesehen ist das Archiv der Zeitgenössinnen auch ein Lernfeld zur Erkundung der Mechanismen in Kunstmarkt und -szene.

Sammelgebiete sind u.a.:

- Künstlerinnenhandarchiv
- Fotografie
- Video, Performance
- Theater, Theorie und Einzelpersönlichkeiten, Gruppierungen
- Künstlerinnen in allgemeinen Ausstellungen
- Kunstkritikerinnen
- Ausstellungsmacherinnen, Galeristinnen, Museumsfrauen, leitende Personen
- Textilkunst, Theorie, Ausstellungen, Projekte und Einzelkünstlerinnen
- Musik, Theorie, Geschichte, Projekte und Einzelinterpretinnen und Komponistinnen
- Dirigentinnen
- Film, Theorie, Geschichte, Projekte, Festivals, Filmemacherinnen
- Architektur, Städtebau, Projekte, Theorie, Architektinnen/Planerinnen
- Frauen und Geschichte, allgemeine Sammlung, Hexen, NS-Zeit, Mittelalter usw.
- geschichtliche Persönlichkeiten, Historikerinnen, neue Ansätze
- Bonnerinnengeschichte
- feministische Kunsttheorie
- Dokumentation des Frauen Museums
- andere Frauen Museen

Bestände und Leihgaben

Im Aufbau befindet sich die Sammlung der Werke von Künstlerinnen. Aus Schenkungen und kleineren Ankäufen ist ein Grundstock entstanden: Blätter von Gisela Breitling, Valie Export, Ulrike Rosenbach, Annegret Soltau, Ida Kerkovius, Gruppe WeibsBilder usw.; Leihgaben stellten E.R.Nele, Gerlinde Beck u.a. zur Verfügung.

Die Reaktion - Rezeption

Die ersten Reszensionen handelten mehr von der Tatsache, daß es um eine neuartige Einrichtung geht, dann wurde öfter behauptet, das Frauen Museum sei ein Schonraum für Künstlerinnen, biete Deckung vor harter Kritik, aber das Gegenteil ist der Fall, die Öffentlichkeit reagierte bisher geradezu hyperkritisch, härter als in vergleichbaren Fällen von "gemischter" Besetzung. Deshalb bedeutet ein Engagement im Frauen Museum für Künstlerinnen nach wie vor Mut, Mut zur Exponiertheit. Doch die Befreiung von Normen und Festlegungen anderer heißt in jedem Fall ein Mehr an Kunst, und wirkliche Kunst, die Bestand hat, kann nicht ängstliche Anpassung sein.

Die Besucher kommen zahlreicher bei Themenausstellungen und dann auch von weit her. Sie gehen allein gelassen oft sehr schnell durch die Ausstellungen und finden nicht leicht den Zugang zur Ausstellungsidee und den Gegenständen und Bildern. Sie nehmen auch Wegweiser und Hinweisschilder selten wahr. Wenn sie persönliche Ansprache finden, steigen Interesse, Aufmerksamkeit und intensive Betrachtung sprunghaft an, anfängliche Ablehnung erweist sich nachträglich oft als Schutzhaltung: statt zu fragen wird oft vorschnell Kritik geübt. Die Barriere der Unlust und Frustration muß deshalb erkannt und bekämpft werden. Hier ist ein eigenes Arbeitsfeld der museumspädagogischen Betreuung zu beachten: die permanenten Besucherströme nicht alleine lassen, für sie besondere Formen der Vermittlung ausarbeiten, die für beide Seiten, die Ausstellungsmacherinnen und die RezipientInnen viel Gewinn und Einsichten bringt.

Die erweiterte Museumsarbeit: Ateliers, Veranstaltungen und Museumspädagogik

Zum umfassenden Kunst- und Kulturverständnis der Museumsfrauen gehört die Möglichkeit, Kunst nicht nur zum Konsumieren anzubieten, sondern auch ihre Herstellung im Hause selbst. Von Anfang an wurde im offenen Raum für Ausstellungen gearbeitet und auch während laufender Ausstellungen. Die offenen Ateliers erlauben den Besuchern Einblicke in die künstlerische Produktion, Fragen werden beantwortet, insgesamt ist die Akzeptanz ungleich höher als bei Besuchern, die allein gelassen sind. Für neun Künstlerinnen gibt es geschlossene Atelierräume, die zunächst im offenen Raum entstanden sind und zunehmend mehr abgeschlossenen Charakter bekommen, indem die Künstlerinnen feste Wände einbauten. Jeden Sommer kommen Gastkünstlerinnen ins Haus, die die Ateliers der verreisten Kolleginnen nutzen. Die Aktivitäten hießen "Farbe & Lust I, II, III" und setzen sich als prinzipielle Grundidee fort. Der Atelieraustausch nimmt ständig zu.

Veranstaltungen bilden das Ausstellungsbegleitprogramm oder sind eigenständige Reihen. Es gab die Reihen "Konzerte aus dem Frauen Museum" mit Werken von Komponistinnen, es finden viele theatralische und literarische Ereignisse statt. Die Frauenbildungswerkstatt führt das Filmprogramm durch. Darüberhinaus werden Tagungen und Diskussionsveranstaltungen angeboten. Für die Veranstaltungen gibt es außer den Cafés keinen gesonderten Raum, sondern wie für alle Aktivitäten nur die offenen Ausstellungshallen, in denen u.a. der literarische Hörerkreis jeweils ein Forum suchen muß. So gibt es mehr unbewußte und auch oft bewußt angestrebte Verbindungen zwischen den verschiedenen Disziplinen. Für "Utopia" wurde insbesondere Science Fiction Literatur ausgewählt, und Neue Musik, für "Erotik" hieß das literarische Lesungsprogramm "Die Romanzen".

Dem Museum sind Werkstätten angegliedert, die ganz eigenständig sind, z.B. Marcos Studio, Seidenmalerei, in der psychisch Kranke arbeiten, die Frauen-Bildungswerkstatt, die jedoch Ende 87 ausziehen wird. Vor allem ihre Aufgaben wird die neue museumspädagogische Abteilung übernehmen, die von Inge Broska geleitet wird.

Erstmals wird u.a. ein spezielles Kinderprogramm beginnen: Ausgehend von der Alltagswelt der Kinder wird über die Nahrungsaufnahme das Interesse für das "Besondere" geweckt, wobei "kulinarisches" Lernen im Vordergrund steht. "Eat-Art" ist der eine große Themenblock, "Klangbilder" der andere. Musikpädagoginnen erarbeiten mit Kindern neue Klangkörper und eigene Instrumente und geben ihre eigenen "Konzerte" und Ausstellungen. Den Ausstellungen angegliederte Kinderprogramme sind: Zu "Semiramis": Klangbilder, Mosaikarbeiten und "Eat-Art-Riesentorten"; zu "Textil-Theater": Thema "Feuervogel" mit Bühnenbild und Theaterstück; zu den "Bonnerinnen": für Kinder "Römisches Essen", "Kindercafe", Rokoko-Kleidung, Drachenbau u.ä.

(Marianne Pitzen)

Zwei Projekte mit Frauen und Mädchen im Rahmen künstlerisch-sozialer Kulturarbeit

Seit 1.1.88 hat das Frauen Museum eine eigene museumspädagogische Abteilung. Es werden sowohl traditionelle als auch neuere Kunstrichtungen in Kursen und Workshops angeboten. Das Angebot ist in Teilbereichen auch für Männer zugänglich, jedoch hauptsächlich ist es den Frauen vorbehalten, die ohne männliche Beeinflussung und "Konkurrenz" hier arbeiten möchten.
Die museumspädagogische Arbeit des Frauen Museums unterscheidet sich von der anderer Museen insofern, als daß sowohl die traditionellen als auch die neueren künstlerischen Arbeitsgebiete feministischen Charakter haben.

Beispiel Aktzeichnen:

Neben der Vermittlung technisch-künstlerischer Fähigkeiten wird das Thema auch geschichtlich und feministisch hinterfragt: Warum hat z.B. der weibliche Akt unbeschadet aller politischen Strömungen, von der Weimarer Republik über den Faschismus, bis hin in die 80er Jahre - vorwiegend von Männern dargestellt - als "Kauernde, Sitzende, Stehende (und als Renner) Liegende" überlebt? Welche Rolle spielte das weibliche Aktmodell hauptsächlich in der Vergangenheit (und auch heute)?[1]

"Das" Modell ist nicht mehr nur Objekt für ein Bild, sondern handelnde und teilnehmende Partnerin eines Arbeitsprozesses (wobei der

Artikel "das" für ein menschliches Wesen, gleich welchen Geschlechts, ja auch schlichtweg eine sprachliche Diskriminierung bedeutet).[2]+[3]

Beispiel eat art:

Im Frauen Museum wurde das Projekt "eat art" bereits mehrmals mit Realschülerinnen, Kindern von 4 bis 8 Jahren und mit psychisch kranken Frauen durchgeführt. Neben der künstlerisch-technischen Arbeit hat es auch die Intention, für geschlechtsspezifisches Rollenverhalten sensibler zu machen. Eat art (Essen als Kunst, Kunst mit Essen, eßbar und nicht eßbar) als Kunstrichtung ist hierzu besonders geeignet. Sie schafft über die Persiflage Distanz zu "weiblichen" haushälterischen Tätigkeiten: Nahrungszubereitung (kochen, brötscheln) und Entsorgung (Müll wegschaffen). Eat art erlaubt auch Frauen, sich darüber lustig zu machen. Wenn sich auch bereits in der Generation der heute 17-25jährigen Ansätze für einen geschlechtsspezifischen Wandel der Rollen im Haushalt zeigen, so orientiert sich diese Altersgruppe oft noch stark an ihren Eltern, bei denen oft noch tradiertes Rollenverhalten praktiziert wird. Eat art stellt dies alles auf den Kopf.

Das heißt: Eßkunst ist nicht nur lecker kochen und kultiviert essen und was sonst noch dazu gehört, sondern auch das, wovor frau sich (oft unausgesprochen) ekelt, was frau am liebsten an die Wand klatschen würde. Geheime und offene Aggressionen gegen all die unbezahlten, diskriminierten und rentenversicherungstechnisch nicht abgesicherten Arbeiten werden künstlerisch verarbeitet. Als Pendant dazu wachsen dann Berge von Sahnetorten, Pralinen und Früchten "normal" und überlebensgroße aus Gips, Ton, Pappmaché usw. Manche sehen so echt aus, daß man erst beim Draufbeißen die Kunst spürt.

Die Verbindung zwischen "eklig" und "lecker" scheint besonders beliebt zu sein, wie einige Beispiele zeigen: Da ist zum Beispiel eine ganz delikat angerichtete graue Maus in der Falle auf einem rosa Teller mit einem Besteck daneben, fertig zum Essen... Von frischen Adamsäpfeln bis zu Silberfischen in Dillsoße reicht das lukullische Repertoire bis zur "angerichteten" Seejungfrau im Schüsselchen. Nachdenklich stimmt das blutunterlaufene Kotelett einer ca. 40jährigen Hausfrau ... dazu reicht frau dann "Menu á la Wackersdorf (gelbe Pflastersteine 4/4 cm aus Ton auf Dessertteller).

Als Beilage empfiehlt frau italienisches Gemüse: Paprika, Pilze, Spargel, sehr echt aussehend, sehr appetitlich (Ton). Da war die lukullische Welt noch in Ordnung! Beim Nachtisch geht es dann turbulent weiter, nicht ohne einen Schuß Feminismus. Für Damen wird Herrentorte serviert - "Alia und die 18 Schokoräuber" heißt das Gericht (Gericht ist hier wörtlich zu nehmen): Auf einer Schokoladentorte (Pappmaché) sitzt eine Madame vor einer schönen dicken Kerze in der Kuchenmitte, 18 Männer bemühen sich verzweifelt, zur Kuchenspitze vorzudringen, wobei sie aber leider alle abgestürzt sind und auf dem unteren Kuchenrand liegen bleiben.

In der eat art Diskussion wurde von den Frauen immer klarer formuliert, daß der Bereich "Essen" zwar nach unserem gesellschaftlichen Verständnis leider immer noch - von wenigen Ausnahmen abgesehen - als "weiblich" gesehen wird, zumindest wenn es um die tägliche "Versorgung" geht. Diese Ausnahmen verzerren nicht selten das weibliche Emanzipationsbild. Der Fernsehkoch z.B. ist zwar selbst emanzipiert (privilegiert), das heißt aber noch lange nicht, daß die vielen schnibbelnden, schnetzelnden, ungenannten Helferinnen, die für die "Zutaten" zuständig sind, das auch für sich in Anspruch nehmen könnten. Der "echte" Lorbeer bleibt ihnen vorenthalten.

Dies, so vermuteten die Frauen, könne sowohl daran liegen, daß es zu wenig "Regisseurinnen" gibt, sowohl im eat art als auch im Fernsehbereich. Das wiederum könnte u.a. auch an den Auswahlkriterien der Fernsehanstalten liegen.

Fazit: Frauen müssen selbst Regisseurinnen ihrer eigenen Arbeitsbereiche werden.

Frauen Museum Bonn

Damit eat art nicht nur intellektuell und optisch bleibt - das wäre nicht im Sinne der museumspädagogischen Abteilung des Frauen Museums - gibt es nach jedem eat art Projekt ein großes Essen aller Beteiligten. Dabei ist überraschend, wie sehr die Praxis oft von Theorie und Kunst abweicht (abgesehen von den ekligen Gerichten).

Obwohl wir ständig darüber sprachen, wie sehr doch die "Kalte Platte" im Vormarsch ist und das Essen insgesamt immer "platter" zu werden droht (platt = gleich), war das Ergebnis des ersten Abschlußessens niederschmetternd. Die Schülerinnen brachten hauptsächlich Fritten, Cola, Würstchen mit.

Der beste Beweis dafür, daß ein Museum, soll es einem gesellschaftverändernden Anspruch auch nur annähernd gerecht werden, eine gut ausgestattete Küche braucht, in der eat art "praktisch", also nicht nur haptisch und optisch, betrieben werden kann. Denn keine Kunstrichtung ist mehr geeignet, nicht nur lukullisch etwas zu verändern sondern auch gesellschaftlich, wie eat art (Geschäftsessen, Parteiessen usw.) Die meisten Entschlüsse von schwerwiegender Bedeutung werden beim Essen gefaßt.

(Inge Broska)

Hinweise

1) Frauen, Bilder, Mythen - Barta/Breu/Hammer - Tugendhat/ Jenni/ Nierhaus/Schöbel, Berlin 87
2) Modell, Malerin, Akt - Doris Krininger, Darmstadt 86
3) Frauensprache: Sprache der Veränderung, Senta Trömel-Plötz, Frankfurt 82

Kontaktadresse:

Marianne Pitzen
Inge Broska
Frauen Museum
Im Krausfeld 10
5300 Bonn 1

FRAUEN ♀ MUSEUM

das Bild des Weiblichen -

sie haben sich endlich doch aufgemacht,
eine Suche nach neuen Bildern
begonnen,
für Träume
und die Ahnung einer Utopie,
die Wünsche und Begehren beantworten.
... Unterdrückung macht sehnsüchtig
aber Freiheit macht süchtig ...
So sind sie doch fast permanent
einem spezifischen Mangel ausgesetzt,
da die Existenz des weiblichen Imaginären
nicht zugelassen wird.
Auf dem Weg danach
müssen sie alles,
aber auch alles neu durchqueren,
Künste, Räume, Tänze
sowie das ganze Tun und Denken,
um die sogenannte weibliche Frage zu stellen,
versteckte – nein verdeckte
emotionale Wahrheit zu finden
zwischen Verachtung und Idealisierung
des Weiblichen,
das sich nicht so einfach verschweigt ...
das Bild des Weiblichen.

Julia Bargholz, entnommen dem Ausstellungskatalog "Frauen - frei - Räume", S. 16

Babette Lissner
Frauen-frei-Räume
Ein Herforder Frauen-Kulturprojekt

Das Zusammentreffen dreier Frauen, die sich mit Kunst beschäftigen und sie selber produzieren, führt kurz darauf zu dem Abend, an dem das erste Herforder Frauenkulturprojekt ins Leben gerufen wurde.

Dreierlei war ausschlaggebend: Der Wunsch, in einer Gruppe Frauen künstlerisch zu arbeiten, Juttas Besuch der Ausstellung "Chambres d'amies" in Gent, von der sie begeistert aber auch ärgerlich zurückkam (51 Ausstellungsräume und nur vier Frauen, die einen Raum ausgestattet hatten) und der Anstoß von Sabine, dieses Projekt in Herford zu machen. Das Thema Frauenräume war gefunden und wurde den fünfzehn eingeladenen Frauen vorgeschlagen.

In der Runde waren vertreten:
Die Architektin, die Sekretärin, die Weberin, die Photographin, die Hausfrau, die Kunsterzieherin, die Mutter, die Ehefrau, die

Christa Näher: "Frauen die malen, drücken sich vor der Arbeit" (1984)
Postkarte der Edition Staeck

Frauen-frei-Räume

Putzfrau, die Politikerin, die Schaufenstergestalterin, die Graphikerin, die Musikerin, die Filmerin, die Therapeutin, und so manche konnte gleich mehrere Bezeichnungen für sich beanspruchen ... aber die Künstlerin?

"..., daß ich eine Welt schuf, die eine Antithese zu der Welt um mich herum war, einer Welt voll von Sorgen, Kriegen, Schwierigkeiten. Ich schuf die Welt, die ich wünschte, und in diese Welt, ist sie einmal geschaffen, lädt man andere ein, und dann fühlen sich Seelenverwandte angezogen, und die Welt wird zum Universum. Es ist keine private Welt mehr, sondern etwas, das das Persönliche überschreitet und Verbindungen zu anderen herstellt."[1]

Ohne unsere Politikerinnen wäre alles wahrscheinlich längst nicht so rasant gelaufen: gleich am ersten Abend wurde festgelegt, daß wir an die Stadt Anträge stellen, um aus dem Kulturtopf für dieses einzigartige Projekt in Herford etwas abzuzwacken. Und ich hatte noch gar nicht so recht begriffen, worum es eigentlich ging. Es war noch der einen oder anderen zu schnell, aber die Begeisterung für das geborene Projekt überflügelte jeden Zweifel. Von Anfang an war klar: nicht die Ausstellung, sondern in erster Linie der Prozeß, der sich über monatelange Zusammenarbeit entwickelt, ist das Entscheidende.

Das Herforder Projekt "Frauenräume" entstand u.a. aus der Beschäftigung mit Judy Chicagos "Womenhouse". Ein Haus, in dem bisher die häuslichen Aktivitäten von Frauen wie Putzen, Kochen, Waschen, Nähen... vorherrschten, wurde durch kreative Energien in ein Kunstenvironment umgestaltet. Hier hatten Frauen die Möglichkeit genutzt, sich und ihre Erfahrungen ernst zu nehmen und diese phantasievoll in Räumen darzustellen. Über 10.000 Besucherinnen und Besucher sahen sich im Laufe von einem Monat das Womenhouse an. Eine weitere Anregung war die Genter Ausstellung "Chambres d'amis", die ich im Sommer 1986 besuchte.

In vorsichtiger Weise drang die Kunst in Regionen ein, zu denen sie bisher kaum Zugang hatte, in Räume, die keinen musealen Charakter haben, sondern lebendig belebt sind. Das Elitäre der Kunst wurde aufgebrochen. Es fanden sich Räume in einfachen Arbeiterwohnungen, in besseren Bürgerhäusern.

Die Künstler/innen waren herausgefordert, die banale Wirklichkeit des Alltags zur Kunst umzugestalten. Die Integration der Kunst in diese Wirklichkeit zerstörte den geheimnisvollen in sich geschlossenen Charakter mancher Kunstwerke und ermöglichte einen neuen Zugang. Ein faszinierendes Erlebnis, durch die Stadt Gent zu radeln und Kunsträume in den verschiedenen Stadtteilen aufzusuchen.

Nachdem wir wußten, daß wir kein ganzes Haus gestalten wollen, sondern unser Konzept an der Ausstellung in Gent anlehnten und somit Privaträume zu unseren Ausstellungsräumen werden sollten, konnten die Anträge eingereicht werden. Erstaunlich war: uns wurden bereits 1987 Gelder - wenn auch bescheidene - bewilligt. Die erste Phase begann. Um uns und unsere ganz privaten Vorstellungen von Raumgestaltung kennenzulernen, trafen wir uns bei jeder einzelnen. In diesen Gesprächen entstanden auch die ersten Ideen für Raumkonzepte.

**Sonntag, im Februar 1987
zum Frühstück bei Rita -
Eine Diskussion um Vorgehensweise und Themenstellung**

Sollten wir von bestimmten Räumen ausgehen, etwa von Räumen, die wir selbst schon einmal zur Verfügung stellen, oder sollten wir von Themen ausgehen?

Was bedeutet der Raum Küche für die Frau?

B: *Ich möchte nicht fragen: was bedeutet die Küche für die Frau? Da geht es um die Fessel und mir geht es irgendwie um die Freiheit.*

JB: *Was passiert mit so einem Boden, wenn du immer wieder darübergehst?*

JB: *...erzählt von der Bodenfrottage, die in Stuttgart gemacht wurde. Was für Wege zeichnen sich in der Küche ab?*

B: *Ich meine, daß wir uns von den Gegenständen lösen können. Wenn die Gegenstände nicht da sind, guck' ich mir die Spuren an.*

S: *Ich möchte nicht nur Fußspuren, ich möchte Fäden spannen; wie so ein Spinnennetz.*
R: *Nachher bin ich nicht mehr die Spinne, sondern die Fliege, die gefangen ist.*

Ri: *Habt ihr schon mal beobachtet, wo Frauen gehen? Ganz selten in der Mitte, immer am Rand, an den Häusern entlang.*

JB: *Ja, es gab eine Untersuchung, daß Frauen, wenn's Arkaden gibt, immer unter den Arkaden gehen, und daß sie so gut wie nie Plätze mittig überqueren.*

Wieder geht es um das Küchenprojekt:

Ri: *Eigentlich gehören noch Befehle dazu.*

S: *Bitte n' bißchen bewußter und gesünder.*

Ri: *Widerliche Männerstimmen.*

B: *Aber soft, einschmeichelnd, immer das gleiche.*

R: *Ich finde es auffällig, daß wir immer an der Küche kleben. Wenn wir unsere Diskussionen haben, geht es oft um Kinder, Küche, Mann. Es ist wichtig, daß wir das so vorstellen, daß wir alle Frauen meinen. Jede Frau ist eine Hausfrau. Du bist jederzeit einsetzbar im Haushalt. Wenn du dich weigerst, hast du mit entsprechenden Reaktionen zu rechnen."* (Protokoll von Renate)

Raum - Zeit - Möglichkeit

Wie in einer Kettenreaktion löst ein Raumgedanke den nächsten aus, treffen, schneiden, erwecken sich die bildhaften Reflexionen verschiedenster Erinnerungen. Nicht gerufen, und doch sehr intensiv: den "losgelösten Raum"

Frauen-frei-Räume

gibt es nicht. Der Raum ist nicht nur das dreidimensionale Bild einer Puppenstube. Der Raum, das ist auch Geruch, Tageszeit, Licht, Schatten, Atmosphäre, Gefühl, Kälte und Wärme und eben auch Bild, Metapher. So intensiv, weil die Erinnerungen an Räume Erinnerungen an Seelenbilder sind, für die diese jeweiligen Räume stehen oder aber weil das Erlebnis eines Raumes Seelenbilder, Hoffnungen und Wünsche für die Zukunft schafft.

Ein Raum ist gut oder schlecht; aber er kann nichts dafür. Räume sind an Zwecke gebunden, an die Phantasie, an die Mittel. Räume sind Fiktionen, die die Menschen Wirklichkeit werden lassen. Bewußt, unbewußt. Es gibt schreckliche und wunderbare Räume. Der Raum ist an die Menschen gebunden und erhält durch diesen seine Form und seinen Sinn. Den losgelösten, vom Menschen losgelösten Raum gibt es sehr wohl. Unabhängig vom Menschen bezeichnet er sich am besten als Universum, der endlich unendliche Raum, dessen milliardenfache Möglichkeiten dem Menschen in ihrer Unendlichkeit verschlossen bleiben. Abhängig von diesem Raum werden wir von ihm ergriffen. Der Freiraum. Der freie Raum. Der noch nicht eingenommene Raum. Der unbesetzte Platz. Der Freiraum des Menschen liegt im vom Menschen losgelösten Raum; der weiße Fleck für das menschliche Auge, der durch Gedanken und Handeln ausgefüllt wird: mit Schrecken oder mit Glück. Freier Raum subjektiv vom einzelnen Menschen erfahrbar, der von anderen vielleicht längst entdeckt ist. Raum hier durchaus nicht nur auf der Ebene der Metapher gesehen, sondern als viereckigen, runden, eingemauerten, überdachten oder freien Raum in der Natur, der gleichfalls entdeckt werden muß, um in Besitz genommen zu werden. Nur das, was die Frau weiß, sieht sie. (Babette)

Frauen-Räume

Frauen tun sich zusammen, um Räume zu verändern und auszustellen, Räume in eigenen und fremden Wohnungen. Mitten im ganz Privaten werden Räume öffentlich.

Was wollen wir denn?
Nein, keine Möbel-Ausstellung; keine neue Gemütlichkeit; kein gestyltes Environment. Wir wollen Räume einmal nicht ordnen und aufräumen und dekorieren, wie wir es jahrzehntelang getan haben. Wir ziehen die Gardinen auf und setzen Sofa und Sessel vor die Tür.

Wir schieben den Schrank von der Wand und schreiben mit großer Schrift die kleinen Wörter auf die Tapete, die Wörter, die wir bisher kaum leserlich auf abgerissenen Zetteln in der Tasche trugen.

Wir hängen den Himmel vor den Blick auf Blumenrabatte und Gemüsebeet und schütten Strandsand über den Teppichboden. Wir verwünschen die Welt und stecken sie in Guckkästen und geben den Blick frei in neue Räume. Wir ribbeln unser Strickzeug auf und lassen aus Wänden wollige Fäden wachsen.

Frauen-frei-Räume

Ende '86 setzen wir uns zum ersten Mal zusammen und beginnen, über Räume zu sprechen. Ein gemeinsames Projekt? Die Politikerin treibt uns an: wenn ihr Geld haben wollt, müßt ihr es jetzt beantragen. So sind wir mit unserer Sache in der Öffentlichkeit, ehe wir selbst so recht wissen, was wird. Wir sollen Räume beschreiben, die noch kaum in unserer Vorstellung sind. Geld gibt es eigentlich nur für fertige Produkte.

Wir sagen: das Wichtige ist der Prozeß. Wir haben nichts vorzuweisen, als eine Idee und ein paar gestalterische Erfahrungen. Das Wort "Kunst" schreckte uns und schreckte den Kulturausschuß. Wir waren keine Künstlerinnen.

Wir waren die Nachbarin, die kenne ich doch? Die Lehrerin - meine Tochter hat doch bei der Unterricht? - Die Frau, die immer linke Leser-

briefe schreibt. Und diese Frauen, von weitem vertraut, behaupten, sie machten Kunst - lächerlich!
Oder nicht?
Was ist Kunst?
Was ist weibliche Ästhetik?

Fragen, die bis zuletzt ungeklärt blieben. Die Wirklichkeit sah ganz anders aus als das, was wir uns vorgestellt hatten. Wir wollten uns in Räumen ausdrücken, gemeinsam, ohne den üblichen Konkurrenzdruck der Männergesellschaft. Wir wollten Konflikte offen austragen. Es sollte überhaupt alles ganz anders sein.
Der ideologische Anspruch trübte den Blick und erschwerte die Arbeit. Wir verwirrten uns in endlosen Diskussionen. Schließlich gingen wir an die Gestaltung der Räume, allein, zu zweit, im Gespräch mit den anderen. Viele der Räume sind von jeweils einer Frau geprägt, ihrer besonderen Fähigkeit, ihrem Blick.

"Frauenfreiräume" - das war eine Idee. Was ist übriggeblieben? Was zeigen die Räume?

Vielleicht das, was schließlich für uns dabei herausgekommen ist. Lust und Mut, etwas zu gestalten und zu zeigen; den privaten Raum zu öffnen; das Alltägliche zum Thema zu machen; zu sagen: kommt, seht was wir gemacht haben. (Renate)

Grenzüberschreitung

"Die feministische Theorie hat für die Kreativität der Frau wiederholt ein 'Zimmer für sich allein' gefordert, in dem die weibliche Imagination entstehen kann, nicht zu verwechseln mit den vier Wänden, in die man Frauen von jeher eingeschlossen hat, jenen dekorativ überfüllten Zimmern, in denen es nichts mehr zu erobern gibt."[2)]

Als wir Frauen uns vor 1 1/2 Jahren zusammenfanden, waren unsere Vorstellungen von dem Projekt "Frauenräume" sehr unterschiedlich. Für mich stand vor allem im Mittelpunkt, Räume anders sehen zu lernen, meine Phantasie und Kreativität in Bewegung zu setzen und Gestaltungsideen zu finden, die nichts mit Dekoration oder Möblierung zu tun haben sollten. Ich, die ich mich tagtäglich in einem Haus mit vielen Räumen bewege, diese in Ordnung halte, wollte es schaffen, Räume von ihrem Ballast freizuräumen, um meinen Gedanken und Gefühlen Platz zu verschaffen.

Frauen-frei-Räume

Es fiel mir zunächst schwer, in Räume, die bisher als Eß- oder Schlafzimmer genutzt wurden, die Möbel wegzudenken. Ganz allmählich jedoch gewöhnte ich mich an die Vorstellung, in den Räumen meine Gedanken zu visualisieren. Ich habe mit verschiedenen Medien, Video, Tonband, Text und mit Sand und Spiegeln gearbeitet, je nach dem, was ich auszudrücken beabsichtigte.

Im Gespräch mit den anderen Frauen entwickelten sich die Raumideen weiter. Mehr als ein Jahr gemeinsames Nachdenken liegt nun hinter uns. Manche Ideen können, bedingt durch die Begrenzung des Projekts, nicht umgesetzt werden. Ich hoffe jedoch auf die Fortsetzung der Arbeit und auf weitere Verwirklichung. (Jutta)

Literaturhinweise

1) Anais Nin "Die Sanftmut des Zorns" Fischer Taschenbuch 5242
2) P.Gorsen "Die Inszenierung des Verschwindens" aus Kunst mit Eigensinn, S.106, Löcker-Verlag

Kontaktadresse:

Babette Lissner
Uhlandstraße 17
4900 Herford

Jutta Heckmanns
Meierstr. 53
4900 Herford

Dragana Cukavac

"Unberechenbarkeiten" in der Theaterarbeit mit Mädchen

Die Theatergruppe im Mädchentreff Neukölln

Vorerfahrungen einer 'feministischen Theaterspezialistin'

Meine Arbeit im Mädchentreff begann im Herbst 1983. Zu diesem Zeitpunkt war ich stark im damals neu entstandenen "Transformtheater" engagiert, in dem ich auch eine Frauenpantomimengruppe ins Leben gerufen und geleitet hatte. Ich kam von der Pantomime, hatte Bühnenerfahrungen in diesem Bereich, sowie im Straßentheater und "Commedia dell'arte" und befand mich am Anfang einer schauspielerischen Ausbildung im "Transformtheater".

In verschiedenen Schulen, Kursen und Workshops machte ich die Erfahrung, daß die TeilnehmerInnen dieser Veranstaltungen meist Frauen waren, daß aber besonders im halbprofessionellen Bereich vorwiegend Männer den Schritt zur Bühne wagten. Woher kam das? War mir nicht aufgefallen, daß es in Kursen vorwiegend Frauen waren, die sich für Übungen, Improvisationen und PartnerInnen öffneten, sich wirklich einließen, daß aber Männer immer schneller dabei waren, wenn es darum ging, etwas "Vorzeigbares" zu produzieren? Auch war es für mich sichtbar, daß sich Frauen sehr schnell an den Ergebnissen der männlichen Teilnehmer orientierten - auch wenn es ein einziger war - und sich so gut wie nichts zutrauten.

Als vom "Mädchentreff" das Angebot kam, dort eine Theatergruppe zu übernehmen bzw. neu aufzubauen, sah ich es als eine Möglichkeit an, meine Erkenntnisse über die körperliche Theaterarbeit mit Frauen zu erweitern und mit Mädchen zu überprüfen.

In den meisten mir bekannten Theaterprojekten mit Jugendlichen nehmen Mädchen Statistinnenpositionen ein. Sie kommen nicht zur Entfaltung eigener Ideen, weil Jungs viel schneller im Durchsetzen eigener Interessen sind. Auch sind die meisten Stücke auf das Bedürfnis der Jungs, sich zu exponieren, in den Vordergrund zu stellen oder eine Show abzuziehen abgestimmt, und es liegt auf der Hand, daß Mädchen, denen gesellschaftlich die entgegengesetzte Rolle der Zurückhaltenden, Abwartenden zugewiesen wird, nicht mithalten können. Bei solchen Stücken kann ein Mädchen - erfüllt es alle erforderlichen Bedingungen: Figur, Frauenrolle ... - es höchstens bis zu einer verwunschenen Prinzessin bringen. Und in diesem Punkt unterscheiden sich die theaterspielenden Mädchen wohl kaum von ihren professionellen Kolleginnen.

Im Laufe meiner Arbeit im Mädchentreff hat sich gezeigt, daß sich vieles, was ich in verschiedenen Frauengruppen gelernt hatte, auf die Mädchenarbeit übertragen läßt, daß aber in der Arbeit mit Mädchen eine Unzahl von "Unberechenbarkeiten" auftritt, die das Selbstbewußtsein einer "feministischen Theaterspezialistin" schwinden lassen und sämtliche Konzepte über Bord schmeißen kann.

Mit den Mädchen auf der Suche nach der nicht-konventionellen Geste

Mein theaterpädagogisches Konzept für die Arbeit im "Mädchentreff" unterscheidet sich nicht von dem für die Arbeit in den Erwachsenengruppen. Ich gehe davon aus, daß für das Theaterspielen eine Wahrhaftigkeit, ein

Unberechenbarkeiten

"authentischer Ausdruck" einer/s jeden Spielerin/s notwendig ist; daß sich also die Arbeit mit Jugendlichen von der mit Erwachsenen nicht in der Methode, sondern nur in den Ergebnissen unterscheiden kann. Nicht ich als Leiterin gebe unterschiedliche Bedingungen vor, worauf sich dann automatisch verschiedene Ergebnisse bilden, sondern bei gleichen Voraussetzungen entstehen unterschiedliche Ausdrucksformen, abhängig vom Alter, dem sozialen Standort, den persönlichen Erfahrungen der TeilnehmerInnen: Aus ein und derselben Übung wird eine 15jährige etwas anderes machen als eine 30jährige Frau, eine Sekretärin etwas anderes als eine Gemüseverkäuferin, eine Dozentin etwas anderes als eine "Klofrau". Und nie wird man sagen können, welche Interpretation der Übung "richtiger" ist. Man wird nur beim Beobachten feststellen können, ob sich die TeilnehmerInnen wirklich auf die Übung eingelassen haben oder nicht, ob sie etwas Authentisches, Ureigenes, Kreatives entdeckt und veräußerlicht haben, ob sie wirklich im Rahmen der Übung gespielt haben, oder ob sie ein "Als-ob-Spiel" veranstaltet haben. Wenn man eine Entdeckung gemacht hat, etwas Neues in/an sich kennengelernt hat, erfährt man es als eine Befreiung von der konventionellen Geste und als einen Schritt zum "authentischen Ausdruck". Die Suche nach dieser nicht-konventionellen Geste, nach dem eigenen Ausdruck bestimmt in erster Linie meine Arbeit.

Das Eigenartige am Theater ist nämlich, daß es uns einen der wenigen Räume liefert, in denen man überhaupt dieses Authentischsein erfahren kann, daß es uns aber auch das bewußte "In-Formbringen" des Erfahrenen abverlangt, will man es wirklich bis zur Aufführung bringen. In der Praxis ist es tatsächlich wie ein Balanceakt zwischen der Selbsterfahrung und der Darstellung; die beiden Bereiche scheinen sich manchmal auszuschließen, wobei sie doch im Theaterspiel so wunderbar verknüpft sind.

Da sich zu Beginn meiner Arbeit die Theatergruppe im "Mädchentreff" aus Mädchen zusammensetzte, die auch zu anderen Veranstaltungen des Treffs kamen und somit den hauptamtlichen Kolleginnen bekannt waren, entschieden wir uns, an der Gruppenleitung eine "Spezialistin" und eine "Pädagogin" zu beteiligen, wobei sich die letzte mehr um die Arbeitsbedingungen und die Gruppenprozesse kümmerte und die erste für die konkrete inhaltliche Vorbereitung zuständig war. Wie fraglich diese Arbeit- und Zuständigkeitsteilung war, zeigte sich später in der konkreten Arbeit. Ich wurde jedenfalls einer Pädagogin zugeordnet, die sich zu diesem Zeitpunkt auch mit der sogenannten "Körperarbeit" beschäftigte.
Unsere Zuständigkeitsbereiche konnten wir im Laufe der Arbeit nur selten wirklich verbinden - da wo es geschah, werde ich beim weiteren Schreiben Entscheidungsschwierigkeiten zwischen dem Ich und dem Wir haben.

Die Gruppe selbst bestand aus zwei Mädchen, die bereits eine Theatererfahrung in gemischten Gruppen gemacht hatten, die also vorgefertigte Ansprüche an sich selbst hatten, was sich später als hinderlich für unsere Art der Arbeit erwies; aus einem jüngeren Mädchen, das wohl nicht nur in unserer Gruppe um Anerkennung kämpfte, beim Improvisieren unerwartete Offenheit und Bereitschaft zeigte, aber, sobald das Wort "Zeigen" fiel, in völlige Verkrampfung geriet; und aus der berühmt-berüchtigten "Spaghettibande" junger Mädchen, die oft in den Mädchentreff zum Gucken, Checken oder eben Spaghetti-Kochen kamen. In die Theatergruppe kamen sie wohl auch, um die "Neue" zu checken.

Wir fingen mit der Arbeit am eigenen Körper an, weil dieser die Basis jedes Theaterspielens ist, auch dann, wenn es sich der Sprache bedient. Unser Ziel war nicht, sofort zu einer Theaterproduktion zu kommen, Themen zu suchen und diese in eine theatralische Form zu pressen, wobei bekannterweise meist nur Reproduktionen gesellschaftlich festgelegter Verhaltensmuster, nur Klischees herauskommen. Wir wollten zunächst einen Rahmen schaffen, in dem Mädchen das Medium Theater kennenlernen und sich darin erproben können.

Meine Übungen gliederten sich in vier Bereiche:

- Aufwärmtraining, Lockerungs- und Stimmübungen, bei denen es in erster Linie darum geht, den Körper beweglicher, flexibler zu machen, eigene körperliche und stimmliche Grenzen zu erfahren und diese nach Möglichkeit zu erweitern, sowie den Körper warm und offen für die darauf folgenden Übungen zu machen. Dazu können Übungen zur Bewegungsanalyse, Entspannungsübungen, gymnastische sowie pantomimische Übungen gehören.

- Sensibilisierungsübungen, wobei TeilnehmerInnen die Möglichkeit haben, ihre sinnlichen Fähigkeiten bewußt zu erfahren und mit diesen in Kommunikation mit Partnern und Gegenständen zu treten. Dazu gehören Übungen wie: sich mit geschlossenen Augen von der Partnerin führen zu lassen und alle Gegenstände des Raumes ertasten; einem imaginären Ton zuhören, der immer lauter/leiser wird; in einem hell erleuchteten Raum treten; im dunklen Raum tasten; in der Hitze laufen, im Regen, auf verschiedenen Unterlagen...

- Interaktionsübungen, bei denen die Konzentration auf die Partnerin im Vordergrund steht. Sie können bereits improvisatorische Züge haben. Dazu gehören Übungen wie "der Spiegel", wobei eine Teilnehmerin versucht, die Bewegungen der Partnerin zu übernehmen; "die Marionette", wobei sich eine Spielerin an unsichtbaren Fäden von der Partnerin leiten läßt; "die Maschine", wobei mehrere Spielerinnen durch Addition der selbst gewählten und festgelegten Bewegungen einen gemeinsamen, maschinellen Rhythmus entwickeln; sowie Stimmübungen zum Abnehmen des Tons der Partnerin, als auch einfache schauspielerische Übungen: Auf die Partnerin zugehen und nur mittels des Körperausdrucks ihr etwas mitteilen; eine Partnerin, die sich stets in einer festgelegten Bahn (Viereck) bewegt und immer wieder denselben Satz wiederholt, versuchen, "aus der Bahn zu bringen"; einer Partnerin, die sich laut Spielanweisung bewegen kann, jedoch keine Stimme hat, eine Stimme geben und ähnliches mehr.

- Improvisationen zu verschiedenen Themen, bei denen jeder der genannten Bereiche ins Zentrum des Interesses treten kann. Die Improvisation ist auch eine Art Maßstab des Gruppenstandes, denn in sie fließen die bereits gemachten Übungen, das eigene Körper-, Zeit- und Raumgefühl, sowie Partnerwahrnehmung mit ein. Die Thematiken ergeben sich meist aus der Arbeit selbst und berühren oft Bereiche, wo die meisten Schwierigkeiten für die Gruppe liegen, bzw. Stoffe, die man als Inhalte der Szene/des Stückes gewählt hat.

Diese oben genannten Übungen sind eine persönliche Zusammenstellung aus Übungen verschiedener Theateransätze. Literatur, die konkrete Spielanleitungen beinhaltet, befindet sich im Anhang.

Die Arbeit an eigenem Körper oder der Mut zur Häßlichkeit

In der ersten Phase der Arbeit dominieren Übungen aus den beiden erstgenannten Bereichen, da es zunächst galt, den eigenen Körper sowie seine Grenzen und Fähigkeiten zu erforschen, um sie später gezielt einsetzen zu können. Augusto Boal schreibt zu Übungen dieser Art:

"Ziel der Übungen dieser ersten Phase ist es, die Muskelstrukturen der Teilnehmer wahrzunehmen, sie 'auseinander zu nehmen', sie zu untersuchen, damit sie sich bewußt werden... Der Teilnehmer soll sich seines Körpers bewußt werden, seiner körperlichen Vermögen ebenso wie der Deformation, denen sein Körper durch die ihm auferlegte Arbeit ausgesetzt ist."

Das, was Boal meist in Bezug auf Männer und die Tätigkeit, die sie ausüben, untersucht, interessiert auch uns. Die Frage nach den sogenannten Deformationen stellt sich allerdings viel früher: bereits bei der geschlechtlichen Rollenzuweisung.

Unberechenbarkeiten

Ich kann mich erinnern, daß bei unseren ersten Treffs die Mädchen die Körperübungen nahezu verweigerten. Es sei zu anstrengend, war eine oft gegebene Erklärung. Daß etwas anderes dahinter steckte, begriff ich erst, als ich erfuhr, daß sie in ihren Turnvereinen oder im Sportunterricht mindestens genauso anstrengende Übungen machten. Unsere Aufwärmübungen entstammen meist dem Pantomimentraining, gingen also über die pure Gymnastik hinaus und erforderten Imaginationskraft. Oft lachten Mädchen bei den neu gezeigten Übungen: *"Nein, wie sieht das aus?!"* Und ich begriff langsam, daß meine Übungen nicht zu anstrengend sind, sondern daß sie oft in Konflikt mit dem äußeren Bild, das Mädchen von sich haben, geraten.

Es fehlte offenbar an "Mut zur Häßlichkeit", etwas zum Theaterspielen unbedingt erforderlichem. Woher soll dieser Mut kommen, wenn einen täglich die genormten Jugendidole vom Bildschirm freundlich lächelnd zurechtweisen? Woher sollte ein Mädchen, das die Hüfte, dieses Symbol des Weiblichen, anstandshalber meistens unbeweglich hält, den Mut zu pantomimischen Isolationsübungen haben, wobei die einzelnen Körperteile - eben auch diese Hüfte - bis in die Extreme der Gelenke bewegt werden? Ich habe die Erfahrung gemacht, daß die meisten Frauen die Beweglichkeit ihrer Hüfte zunächst verleugnen und in der Regel erschrecken, wenn sie sie entdeckt haben. Nichts anderes war es mit den Mädchen. Die Spannung entlud sich meist im Lachen.

Ich mußte also Übungen, die diesen "Mut zur Häßlichkeit" förderten, dazwischen schieben. Das Isolationstraining wurde zum regelmäßigen Programm, das den Mädchen die Scham vor ungewohnten, unanständigen, unnatürlichen Bewegungen nehmen sollte. Dieses Training wurde bald zum Bewegungsgrundstock, den die ganze Gruppe beherrschte und eventuell auch ohne Anleitung ausführen konnte. Und darin lag eine weitere Bedeutung der Übungen: Sie bildeten die gemeinsame Basis, von wo aus sich die Gruppe erst als solche definieren konnte.

Während dieser Arbeit merkte ich, daß in der Gruppe, die anfangs stark fluktuierte, gegenseitige Konkurrenz- und Kontrollmechanismen herrschten, die ich selbst fast vergessen hatte. Ich fühlte mich an die Zeit erinnert, als eine Frau der anderen nicht Freundin sondern Konkurrentin war oder anders: wo Freundin und Konkurrentin ganz nahe beieinander liegen. Ich stelle mir vor, daß der Besuch im Mädchentreff für viele Mädchen nicht widerspruchslos verlaufen kann. Wie gehen sie auf der Straße, in der Schule, im Lehrbetrieb miteinander um? Wie vergleichen und beurteilen sie täglich ihr Äußeres? Wie werden sie von anderen in Schubladen gesteckt: "die Dicke", "die Zicke", "die Blonde", "die mit dem dicken Busen" usw. usw. Wie prägend sind diese Etiketten in einer Zeit, in der frau gar nicht so recht weiß, wer oder was frau ist. Aus Angst vor vergleichenden Blicken schafft sich jede ein Korsett an, das den vermuteten Fehler, der sich meist als ein persönliches Merkmal erweist, verdecken soll.

Am Anfang der Arbeit war es selten möglich, diese Korsetts zu lockern, denn man fürchtete offenbar den verurteilenden Blick. Wir sahen uns gezwungen, das konkurrente Verhalten teilweise zu ignorieren und als ihre Umgangsformen zu akzeptieren, teilweise es zu benennen und zu diskutieren, meistens aber durch das eigene Verhalten zu zeigen, daß uns die scheinbar so wichtigen Urteile der anderen egal sind. Oft machte ich eine Übung vor und kümmerte mich nicht um die Zurufe: *"Nein, wie seht denn das aus!"* Ich machte einfach weiter, besonders wenn ich mit einer Partnerin arbeitete, bis sie merkten, daß die Übung mehr enthält. Wenn ihre Wahrnehmung auf eine andere Ebene überwechselte, waren sie meist bereit, sich mit der Übung wirklich auseinanderzusetzen. ('Die Maus, die hat so einen Rhythmus, daß man nervös dabei wird.')

Zu einigen Übungen oder auf dem Weg zur eigenen Persönlichkeit

Im Hinblick auf die Frage nach einer feministischen Theaterpädagogik wäre interessant zu

Unberechenbarkeiten

untersuchen, welche Übungen/Aufgaben bei Mädchen "ankommen", mit welchen sie Schwierigkeiten haben, welche bei ihnen Blockaden auslösen. Eindeutige Antworten wird man auf diese Fragen sicherlich nicht finden können, denn die Arbeit ist voller Überraschungen. Oft sind Aufgaben auf Echo gestoßen, die ich bei der Vorbereitung für zu schwierig hielt und mich kaum traute, sie zu stellen. So erging es uns beispielsweise in der Arbeit mit der *Neutralmaske*. Neutralmaske ist eine ausdruckslose, stilisierte, weiße Vollmaske (kein persönlicher Gesichtsabdruck), die in der Theaterarbeit eingesetzt wird, um den Körperausdruck hervorzuheben und diesen bewußt zu schulen. Die Maske - einer Totenmaske ähnlich - nimmt der Spielerin den Gesichtsausdruck, reduziert sie auf den körperlichen Ausdruck und zwingt sie somit, diesen bewußt einzusetzen.

Das erste, was uns die Neutralmaske lehren kann, ist, daß es keinen "neutralen Körper" gibt, daß jeder Körper von sich aus eine Information, eine Geschichte, einen Ausdruck hat, der oft durch die natürliche, dazu passende Mimik verdeckt bleibt. Nimmt man diese Mimik weg, steht der Körper gewissermaßen nackt vor uns und wir können bereits beim einfachen Gehen zehn verschiedenen Körpern zehn verschiedene Informationen entnehmen. Wir stellen fest: bei einer sieht der Gang aus, als hätte sie vor etwas Angst, bei der anderen so, als würde sie jemandem drohen, bei der dritten so, als wüßte der Körper nicht genau, wohin er will. Diese Erkenntnis übte auf die Mädchen eine große Faszination aus, die uns zur Weiterarbeit zwang. Das Wichtigste in dieser ersten Phase der Arbeit mit der Maske war: Lernen zu beobachten und das Geschehene genau benennen, ohne jedoch zu werten. In dieser Art des Zuschauens können Beurteilungskriterien geschaffen werden, die frei von Vorurteilen sind. Für unsere Gruppe war es ein wichtiger Schritt zum Abbau der bereits genannten Kontrollmechanismen.

Bei der weiteren Arbeit mit der Maske kam es darauf an, den eigenen Körper als ein bewußtes Ausdrucksmittel zu begreifen, ihn zum Darstellungsmedium zu machen. Eine bekannte Krankheit des Laientheaters ist, daß die Darsteller in der Regel zu viel auf der Bühne agieren und durch das Überangebot keine Akzente setzen können, worunter die Spannung des Spiels leidet. Die Neutralmaske schärft den Blick für die Feinheit der Bewegung; mit ihr erscheinen die Bewegungen vergrößert wie unter einem Mikroskop, und es erfordert nicht viel Vorkenntnisse, um beurteilen zu können, ob eine Bewegung organisch oder unorganisch, zu groß oder zu klein ist, ob die Bewegungen aufeinander aufbauen oder ob sie sich wiederholen und eventuell gegenseitig relativieren. Ich war sehr überrascht, daß sich alle Mädchen auf diese präzise, ernsthafte und recht persönliche Arbeit einließen. Auffällig für mich war, daß alle Übungen und Improvisationen, in denen die Erforschung der eigenen Persönlichkeit sowie deren Wirkung auf andere im Vordergrund steht, auf großes Interesse stießen.

Dagegen schwieriger wurde es bei den Übungen, die Selbstvertrauen erfordern. Was Mädchen zunächst ungern machen oder wozu ihnen der Mut fehlt, ist, sich in den Mittelpunkt zu stellen, sich darzustellen oder bewußt einzugreifen und die Übung voranzutreiben, bzw. zu stören. Dieses eher passiv-abwartende Verhalten der Mädchen ist ein typisch konditioniertes und Übungen, die es durchbrechen und schrittweise abbauen, scheinen mir die wichtigsten in der theaterpädagogischen Arbeit mit Mädchen zu sein. Eine Übung vorzumachen, eine Partnerin im Raum zu führen, der ganzen Gruppe Rhythmus anzugeben oder schließlich der Gruppe etwas vorzuführen sind die größten Mutproben für die Mädchen. In einer gemischten Gruppe wären Mädchen, die zu uns kommen, bei solchen Mutproben sicherlich gescheitert oder hätten sich völlig männlichen Vorbildern angepaßt. Hier jedoch war es möglich, Rollen zu tauschen, sich führen zu lassen, auch zu führen, also auch neues Rollenverhalten spielerisch auszuprobieren.

Ein weiterer Bereich, zu dem Mädchen ein zwiespältiges Verhältnis hatten, waren die Entspannungsübungen. Ich führte sie, gekop-

Unberechenbarkeiten

pelt mit Atemübungen, als Vorbereitung für die Stimmübungen ein. Die Mädchen machten sie zunächst sehr gerne, weil sie ihnen einen neuen Zugang zum eigenen Körper eröffneten. Bei diesen Übungen kann man jedoch gerade die eigenen Verspannungen spüren. Und diese Erfahrung ist nicht angenehm. Die Mädchen kamen oft direkt aus der Schule oder von der Arbeit, und als ich ihnen vorschlug, mit den Entspannungsübungen anzufangen, waren sie froh. Nach einer kurzen Zeit war ihnen jedoch diese Arbeit "von Innen", bei der sie meist mit ihrem Körper alleine gelassen wurden, zuviel. Oft konnten sie die Stille und die Konzentration nicht ertragen; es kam zum Kichern oder im anderen Extrem zum Einschlafen. Als Vorbereitung auf die Stimmübungen erwiesen sich jedoch diese Entspannungs- und Atemübungen als sehr wichtig. Die Stimme ist wohl das meist benutzte, jedoch am wenigsten bewußte Ausdrucksmittel in unserem Körper.

Es ist erstaunlich, mit welcher Selbstverständlichkeit wir die Stimme täglich benutzen und welche Schwierigkeiten wir haben, sie voll klingen zu lassen. In alltäglicher Weise benutzt, ist sie etwas Öffentliches, in der anderen jedoch etwas höchst Intimes. Zum einfachen, nicht sprachgebundenen Erklingen der Stimme waren die Mädchen anfangs nicht bereit. Erst durch das Erkunden der Innenräume des Körpers in den Entspannungsübungen trauten sie sich zaghaft an die eigene Stimme heran. Dieser Bereich ist bis heute einer geblieben, den man mit viel Vorsicht und Feingefühl behandeln muß. Bei dieser nach innen gerichteten Arbeit habe ich auch gelernt, wie wichtig es ist, stets offen für Schwingungen in der Gruppe zu sein; daß diese schließlich dafür verantwortlich sind, wenn eine Übung an einem Tag nicht geht und am nächsten von den Mädchen erwartet wird.

Aus der Beschreibung der von uns gewählten Übungen wird deutlich, daß wir in dieser Gruppe keine Produktionsarbeit durchpowern wollten, sondern ein Stück nur dann machen wollten, falls es sich aus der Auseinandersetzung mit dem Medium ergibt. Diese Vorgehensweise beinhaltete also eine Ernsthaftigkeit und erforderte ein stetiges Interesse und Durchhaltevermögen sowie Lust und Mut, etwas über sich selbst zu erfahren - und das war einigen Mädchen zu viel, zumal wir im Selbsterfahrungsbereich nicht stecken bleiben wollten, sondern Darstellungsansprüche hatten.

Diejenigen Mädchen, die länger in der Gruppe blieben, lernten durch die genaue Arbeit, das Beobachten und die Kritik, daß es zum Theaterspielen nicht genügt, einen Tisch mit vier Stühlen auf die Bühne zu stellen, um dort einige Familienklischees abspielen zu lassen; sie bekamen ein Gefühl davon, daß die Bühne ein Raum sein kann, der verzaubert ist und verzaubern kann. Mit der Zeit ließen sie das gängige Vorurteil, was das Theater sein soll, los. Natürlich gerieten sie damit in das Niemandsland. Das Theater konnte plötzlich alles sein und hing nur von der eigenen Kreativität ab, nicht von gekonnt gemalten Kulissen und teuren Kostümen.

Vor die "Öffentlichkeit"?

Nach einer halbjährigen Phase der Vertrauensbildung und des Kennenlernens des Mediums entstand eine deutliche Ungeduld in der Gruppe, die zu diesem Zeitpunkt aus sechs Mädchen, davon vier "Hartnäckigen" bestand: Silke, Anja, Nicole und Marina. Sie wollten sich gerne in der Öffentlichkeit zeigen, um damit andere Mädchen zu erreichen und zum Mitmachen in der Gruppe zu bewegen. Wir fingen an, Themen zu sammeln. Aus den Beiträgen der Mädchen wollte sich aber keine Handlung herauskristallisieren.

Für mich persönlich war das der Zeitpunkt, an dem ich mein Konzept überprüfen mußte: waren meine einführenden Übungen zu weit von jeglichem Theaterspielen entfernt, wenn die Mädchen aus ihnen kein Material für das Stück beziehen konnten? Ist das tiefere Einsteigen in das Medium falsch gewesen; hat es einen falschen Respekt vor dem Medium hervorgerufen und die Eigeninitiative gelähmt? Auf diese Fragen wußte ich keine Antwort und mußte mich für eine Zeitlang von der Gruppe verabschieden. Ich erbat eine Bedenkzeit, in der ich allerdings nur zum Ergebnis kam, daß mein theaterpädagogischer Ansatz kläglich gescheitert sei. Das Aussteigen aus dem Projekt hatte ich mir allerdings einfacher vorgestellt, als es dann tatsächlich kam. Ich hatte übersehen, daß ich mittlerweile mit dem Treff und den Mädchen emotional verbunden war:

Als ich mich mit der Gruppe traf, um ihnen meinen Entschluß mitzuteilen, wurde ich ganz schnell wieder umgestimmt. Sie machten mir klar, daß mit einer Stückidee nicht die ganze Gruppe scheitern darf und mir wurde klar, daß diese "flippigen" Mädchen mehr Zuversicht und Selbstvertrauen hatten als ich. Ich muß gestehen, daß ich ein klares Gefühl von Beschämtsein hatte und daß ich sofort wußte, daß ich nicht gehen darf.

Neuanfang oder der Weg ist das Ziel

In der darauffolgenden Sommerpause hatten wir Zeit, um neue Pläne zu entwerfen. Unsere Aufgabe sollte in der Theatergruppe nicht sein, spannende Geschichten zu suchen, sondern die Spielelemente noch genauer zu untersuchen und den Mädchen zu zeigen, wie aus einfachen Übungen theatralische Momente, Kompositionen, Szenen entstehen können.

Der erste Bereich, den wir unter diesem Gesichtspunkt behandelten, war "reflexartiges Handeln" als ein Modus des Handelns auf der Bühne. Zum bewußt erzeugten reflexartigen Handeln ist stets eine erhöhte Spannung im Körper erforderlich, weshalb wir mit Spannungs- und Entspannungsübungen anfingen. Ein bestimmter Körperteil sollte unter Spannung gebracht werden, ohne dabei die benachbarten Körperteile anzuspannen (Körperanalyse).

Dann wurde eine Reihe von Übungen zum Thema Reflexreize unternommen: Reagieren auf akustische Reize aus dem entspannten und dem gespannten Zustand; vergleichen verschiedener Reize: welcher bewegt mich zum reflexartigen Handeln, welcher nicht?

Unberechenbarkeiten

Schließlich untersuchten wir die Wirkungen der reflexartigen Handlungen im Raum: Welche Bedeutung hat es, wenn eine Gruppe geschlossen, d.h. mit derselben Reaktion auf einen Reiz reagiert, welche, wenn jede ihre eigene Bewegung ausführt? Diese letzte Phase hatte bereits improvisatorische Züge und durch das bewußte Komponieren von Aktionen und Reaktionen ergaben sich von selbst Bedeutungen, die uns alle überraschten. Aus dem Material stellten wir eine kleine Bewegungssequenz zusammen, bei deren Herstellung sich jede als Choreographin versuchen konnte.

Der zweite Schwerpunkt, dem wir uns kurz vor Beginn der Sommerwerkstatt im Juli 1984 widmeten und an dem wir weiterarbeiteten, war das Schattenspiel. Wir nähten mehrere Bettlaken aneinander und schafften uns eine Leinwand, die schnell aufzubauen ist. Bei unseren ersten Treffs untersuchten wir zunächst das Wesen des Schattenspiels: Was ist charakteristisch an dieser Spielweise? Welche Bewegungen sind angemessen? Kann man mit der Sprache operieren? Was ist der Unterschied zum realen Spiel?

Zum Einstieg spielten wir uns Schattenspiele vor, die wir aus unserer Kindheit kannten - meist Tierdarstellungen - und analysierten, was das Faszinierende daran ist: Durch den Verlust der Dreidimensionalität bekommen Körper eine illusionsbildende Kraft. Ein Körper kann den anderen verschlucken; aus einem Körper können zwei werden. Dadurch ist man an eigene Körperformen nicht gebunden und kann sie mit anderen Materialien erweitern oder verändern.

Sehr bald stellten wir fest, daß auch Größenverhältnisse im Schattenspiel irreal werden können, abhängig von der Entfernung der Gegenstände von der Lichtquelle. Mit diesem Faktor experimentierten wir am Thema "groß und klein", "dick und dünn". Im Aufwärmtraining wurden Gangarten, Verhaltensweisen, Stimmen von großen bzw. kleinen Menschen in ihren Tendenzen erkannt und anschließend im Schattenspiel eingesetzt. Im Moment ist die Gruppe damit beschäftigt, zu diesem Thema einige Schattenspielszenen zu entwickeln.

Das Schattenspiel als Medium ist von den Mädchen schnell angenommen worden. Die Leinwand bietet zunächst einen gewissen Abstand vom Publikum, unter dem sich Mädchen mehr zutrauen. Während der Arbeit wird jedoch klar, daß diese Leinwand gerade durch die Reduzierung der Darstellungsmittel alles, auch alle "Fehler" sichtbar macht, was das Spiel nicht gerade erleichtert. Besonders das Zusammenspiel mit einer Partnerin erfordert enorme Konzentration und Präzision. Aber wahrscheinlich geht diese Feinheit des Mediums mit den Ausdrucksfähigkeiten der Mädchen einher.

Was uns behinderte

Abschließend möchte ich anmerken, daß diese gesamte Arbeit unter Bedingungen stattfand, die für eine Theaterproduktion nicht förderlich waren. Die Gruppe traf sich nur einmal wöchentlich; die lange Zeit zwischen den Treffs erlaubte keine wirklich aufbauende Arbeit, weil oft bereits erarbeitete Inhalte nicht präsent waren und wiederholt werden mußten. Die Mädchen fühlten dann auch keinen Fortschritt in der Arbeit und verloren die Motivation, blieben oft weg, Neue kamen, wodurch wieder eine integrierende Vorgehensweise notwendig wurde. An eine Produktion war unter diesen Bedingungen kaum zu denken.

Eine Theatergruppe, die sich nach außen mit ihrem Stück präsentieren möchte, muß Zeit haben, zusammenzuwachsen. Besonders in der letzten Phase der Arbeit - kurz vor der Aufführung - ist das tägliche Zusammensein, zusammen arbeiten, streiten, sich über das Wachsen des Stückes freuen, gemeinsam den Streß durchstehen, ausflippen und von anderen aufgefangen werden, wichtig. Aber gerade solche intensive Arbeit ist für Mädchen meist nicht möglich. Sie dürfen sich nicht mehrere Tage hintereinander einer eigenen Sache widmen, müssen zuhause helfen, auf jüngere Geschwister aufpassen, dürfen oft nur bis 19.00

Unberechenbarkeiten

Uhr wegbleiben oder bekommen als Strafe für andere Vergehen das Verbot erteilt, die Theatergruppe zu besuchen.

Die Sommerwerkstatt

- ein 12-Tages-Seminar im Wannseeheim für Jugendarbeit e.V.

Ich hatte mir für die Sommerwerkstatt vorgenommen, die einmaligen Bedingungen, die mir der Aufenthalt in einer Bildungsstätte bietet, zu nützen und mit den Mädchen das auszuprobieren, was bei uns "zu Hause" im Mädchentreff nicht möglich war: eine Produktion machen. Für das Stück nahm ich mir vor, keine weiteren Vorgaben zu machen, als daß es sich um einen realen und einen irrealen Raum handeln soll und daß mit dem Zeitungspapier als Bühnen- und Kostümmaterial gearbeitet wird.

Die beiden ersten Tage standen im Zeichen des Kennenlernens. Ich wählte Übungen, die diesen Prozeß fördern, meist Kontakt-, Partner- und Vertrauensübungen sowie kleinere schauspielerische Übungen. Bereits dabei wurden den Mädchen Unterschiede untereinander bewußt; es entstanden erste Spannungen.

Silke mußte sich von der gleichaltrigen, jedoch kindlich wirkenden Ruth hart abgrenzen; Maria kämpfte mit der eigenen Verantwortung gegenüber der kleinen Schwester; Ruth wiederum gegen den Glanz der großen Schwester; Martina wahrte zu allem Distanz als Zeichen ihrer Reife; Manuela verhielt sich abwartend, die Konflikte und Unklarheiten schienen sie zu bremsen.

Um all diese Konflikte nennen und bearbeiten zu können, wäre ein gruppendynamischer Eingriff notwendig gewesen, für den ich mich nicht kompetent fühlte. Ich vertraute auf das Theaterspielen und die Selbstregulierung der Gruppe in der Arbeit und schlug ihnen vor, trotz der Spannungen zur konkreten Szenenarbeit überzugehen.

Unberechenbarkeiten

Am dritten Tag improvisierten wir mit dem Material Zeitungspapier: Ein Zeitungsblatt ging die Reihe um; jede sollte es in einer verfremdeten Art und Weise benutzen. Die Übung endete in einem Happening, in dem wir uns gegenseitig in Zeitungspapier einkleideten.

Am nächsten Tag erhielten die Mädchen die Aufgabe, in Paaren bzw. zu dritt eine kleine Szene zu entwickeln, in deren Mittelpunkt eine ganz besondere Tür steht. Es entstand dabei eine naturalistische Eheszene sowie eine Schloßführungsszene, in der eine große Tür als Tor zu einem verbotenen Raum eingeführt wurde.

Ich schlug den Mädchen vor, dieses Thema Tabu aufzugreifen und gemeinsam ein kleines Szenario zu machen, an dessen Anfang eine reale Familienszene steht. Die tabuisierte Tür sollte zu einem irrealen Raum führen, der wiederum die Geheimnisse der Bewohner birgt. Wir fingen mit der Fixierung der Anfangsszene an, ohne zu wissen, was sich später hinter der tabuisierten Tür befinden würde. Sehr schnell ergaben sich die Figuren des Stückes und bei der Rollenverteilung gab es keine Probleme, weil die Figuren des Stückes fast analog zu den Rollen der Mädchen in der Gruppe entwickelt wurden.

Das Szenario

Eine Familie, die reibungslos funktioniert, lebt im Haus der Oma Lina (Manuela). Das einzige, was die Bewohner des Hauses beunruhigt, ist eine überdimensionale Tür im Wohnzimmer, die stets verschlossen bleibt und von der keiner weiß, wohin sie führt. Die Oma ist die Hüterin des Geheimnisses, ohne selbst in dieses eingeweiht zu sein. Dieter, der Familienvater, ist ein Staubsaugervertreter und befindet sich gerade auf einer Geschäftsreise. Monika, die Mutter (Martina), ist eine gereizte Person, die jetzt durch ihre Kinder überlastet ist. Ihr ist die Tür ein Dorn im Auge, jedoch traut sie sich nicht, die Enttabuisierung einzuleiten, solange ihre Mutter lebt. Die beiden Kinder, Lydia (Silke) und Nicole (Ruth) sind sehr unterschiedlich. Nicole ist sehr verträumt, kindlich, wird von niemandem ernst genommen, während Lydia, die Ältere, stets das brave, vernünftige Mädchen spielt und ihre Wut nur an Nicole auslassen kann. Zu Anfang des Stückes ist die Familie im Begriff, sich auf den Besuch von Tante Xenia (Maria) vorzubereiten, die eine Mädcheninternatslehrerin ist.

Während sich an der Gestaltung der Figuren alle lebhaft beteiligen, wurde es bei der Fixierung der Szene schwieriger. Die Ergebnisse der ersten Improvisation befriedigten niemanden so recht, aber die Mädchen fühlten sich überfordert, einen Text zu entwerfen. Auch teilte sich die Gruppe, sobald die Arbeit ernsthafter wurde in solche, die sehnsüchtig in den sonnigen Garten schauten und auf die Pause warteten und jene, die versuchten, die Ansprüche aufrecht zu erhalten. Um die Motivation nicht durch zu hohe Erwartungen ersticken zu lassen, entschloß ich mich, den vorläufigen Textentwurf selbst zu machen. Dieser sollte den Mädchen lediglich zeigen, daß ihre Überlegungen wohl eine Szenenform annehmen können. Eine neue Eiferwelle ging durch die Gruppe: Die Gestalten wurden konkretisiert und Requisiten wurden vorbereitet.

Als wir zu Beginn der zweiten Woche mit der Arbeit am Text anfingen, kamen die meisten Mädchen erneut an ihre persönlichen Grenzen. Sie hatten keinen Kontakt im Spiel miteinander; die Sätze klangen auswendig gelernt oder sinnentleert. Die Schwierigkeiten, die zu Beginn jeder Textarbeit auftreten, führten diese Mädchen zum völligen Zweifeln an sich selbst und der Gruppe. Ich bat sie also, den Text für ein bis zwei Tage völlig zu vergessen, und in dieser Zeit machten wir einige Stimmübungen sowie Improvisationen, die uns bei der Realisierung des zweiten, irrealen Teils des Stückes behilflich sein konnten. Die Stimmung wurde durch die relative Unverbindlichkeit der Übungen gelockert, und es wurde nach diesen beiden Tagen wieder möglich, zum Text zurückzukehren.

In der Zwischenzeit hatten wir in Teamwork auch eine riesige, die ganze Bühne verdeckende, Tür auf Makulaturpapier gemalt. Diese

Unberechenbarkeiten

Aktion animierte zum Weiterspinnen: Man einigte sich darauf, daß hinter der tabuisierten Tür die Träume, Wünsche, Sehnsüchte der Hausbewohner eingeschlossen sein sollten. Jede Figur entwickelte also eine kurze szenische Darstellung des eigenen Lebensraumes. Für Oma Lina, die an den Rollstuhl gefesselt ist, ist es der Wunsch, ein 100-Meter-Rennen zu gewinnen; für die strenge, zugeschnürte Tante Xenia, eine bewunderte Opernsängerin zu sein; für die brave Lydia, einer konspirativen Punk-Gruppe anzugehören und gefährliche Sprühaktionen zu machen.

Nicole sollte, nachdem die anderen den Raum verlassen hatten, von merkwürdigen Geräuschen hinter der Tür geweckt werden. Aus den immer größer werdenden Türritzen sollte Zeitungs- und Packpapier herausquellen, bis schließlich die Tür sich öffnet und den Blick auf die Hinterbühne freigibt: Dort sind alle Gegenstände und Personen in Zeitungspapier verpackt. Zwischen den großen, verstaubten Paketen befindet sich ein ebenfalls verpackter Tisch, an dem die Gestalten der vorigen Szene wie beim Abendessen sitzen. Nicole tritt in die Szenerie hinein, öffnet nach und nach alle dort befindlichen Kartons und bei jedem erwacht eine der Personen und führt ihren geheimen Wunsch vor. Der letzte Karton ist Nicole selbst. In dem Moment, als er geöffnet wird, gehen alle Wunschfiguren auf sie zu, heben sie auf ihre Arme und tragen sie zu ihrem Bett, wo sie ihr einen riesigen Schlüssel für die tabuisierte Tür übergeben, so daß sie in der Zukunft die Traumwelt jederzeit besuchen kann.

Ruth, die die Rolle der Nicole spielte, erhielt somit durch das Theaterstück ein Zeichen der Zärtlichkeit, daß ihr während der gesamten Sommerwerkstattzeit von der Gruppe verweigert wurde. Nach der Aufführung sah ich sie zum ersten Mal froh und offen durch die Gänge des Hauses gehen und ich wußte, daß die Arbeit wichtig war, auch wenn sie uns oft genug alle überforderte und mich somit in die fragliche Rolle einer Regisseurin brachte.

Die Erfahrungen, die ich im Mädchentreff und in der Sommerwerkstatt gemacht habe, zeigen deutlich, daß in der theaterpädagogischen Arbeit mit Mädchen weder auf Produktion verzichtet werden darf, noch daß sie zum ersten Ziel der Arbeit gemacht werden darf. Vielmehr geht es darum, Prozesse zu initiieren, die ihr organisatorisches Ende in einer Aufführung finden. Dies ist ein Anspruch, dem man in der Theaterarbeit höchst selten gerecht werden kann. Dennoch glaube ich, daß es sich lohnt, weiter nach einer Methode zu suchen, die das Theaterspielen nicht zum Streß sondern zum Spiel werden läßt.

Literaturhinweise

1) Bubner, Martin, Bausteine des darstellenden Spiels, Ffm. 1982, Hirschgraben
   Grotowski, Herzy, Das arme Theater, Ffm.
   Hasselbach, Barbara, Improvisationen

2) Boal, Augusto, Theater der Unterdrückten, Ffm. 1979, Suhrkamp-Verlag

Gekürzte Fassung aus "Modellprojekt. Mädchenarbeit im Stadtteil", Berlin o.J. Wannseeheim für Jugendarbeit (Hg.)

Kontaktadresse:

Mädchentreff Neukölln e.V.
Briesestraße 70
1000 Berlin 44

Gitta Martens
Feministische Theaterarbeit
Von der Selbsterfahrung zur politisch-künstlerischen Aktion

Wenn ich mit Frauen und Mädchen Theater mache, dann reizt es mich besonders, "neue Themen" in "neue" Formen zu kleiden. Dabei führe ich keine Regie im üblichen Sinne. Wir finden unsere Szenen im kollektiven Prozeß. Meine Aufgabe ist dabei, Arbeitsformen zur Verfügung zu stellen[1], Aufwärmübungen zu leiten, durch die die Phantasie und Erinnerungen der Spielerinnen auf die Reise gehen können; Fragen zu stellen, Widerspruch zu provozieren, Glätte aufzubrechen und Selbstgefälligkeit, Beziehungen deutlich werden zu lassen, Spielideen zu registrieren, Gesten, Mimik, Gänge und Worte festzuhalten; künstlerische Formen zum Ausprobieren zur Verfügung zu stellen.

Wir spielen als Frauen Theater,
- um unsere individuellen und gesellschaftlichen Erfahrungen im Spiel freizulegen (Selbsterfahrung mit Hilfe spezieller Theatermethoden und -techniken),
- um diesen Erfahrungen künstlerischen Ausdruck zu verleihen (Gestaltung von Spielszenen und Spielformen, was eine intellektuelle wie emotionale Durchdringung des Inhalts voraussetzt und den Erwerb theatralischen Handwerkszeuges bedeutet).
- Um diese künstlerisch gestalteten Erfahrungen kommunizier- und diskutierbar zu machen, wähle ich häufig die Form des Mitspieltheaters (im Mitspieltheater handeln die sich ins Spiel eintauschenden Zuschauer zwar "als ob", ihr Spiel hat jedoch die Ernsthaftigkeit eines sozialen/politischen Experiments).

Daraus folgen in der Regel folgende Arbeitsschritte:

1. Kennenlernen
2. Einführung in das Thema
3. Theatrale und inhaltliche Aufwärmphase
4. Spielphase
5. Gestaltungsphase
6. Animation in Form einer politisch-künstlerischen Aktion[2] oder Aufführung = Vorführung.

Je nach der Zusammensetzung der Gruppe kann dieser Ablauf unterschiedlich verlaufen; so fällt das Kennenlernen der Teilnehmerinnen häufig weg, denn ich arbeite viel mit schon bestehenden Gruppen im JFH, im Bildungsurlaub, gewerkschaftlichen Theatergruppen. Theaterarbeit findet dann auf Wunsch der Mädchen und Frauen statt und ist zumeist auf ein Ziel "Tag der offenen Tür", "Frauentag", hin angelegt.

Wie aus Punkt 3 der Arbeitsschritte zu ersehen ist, dienen alle Übungen, auch die Aufwärmübungen, der theatralen Arbeit. Übungen um ihrer selbst willen - etwa Entspannungs- oder systematische Körperübungen - stelle ich weder in der Arbeit mit Mädchen noch mit Frauen vorweg. Wenn sie sich aus dem spielerischen Zusammenhang ergeben, etwa weil alle unruhig sind, oder aber zu steif für die Darstellung eines "schönen" Gefühls, wenn also einsichtig ist, wozu die Übungen dienen, dann werden sie mit Spaß und Ernsthaftigkeit erlebt. Körperübungen als solche, wie sie an den Sportunterricht in der Schule sehr schnell erinnern, erleben die meisten Frauen und Mädchen als Druck: Wenn sich die Übungen funktional ausgewiesen und dadurch etabliert haben, werden sie häufig auch ohne unmittelbaren Zweck gewünscht. Dann ergeben sich spannende Selbsterfahrungsmomente, die für

Feministische Theaterarbeit

eine theatrale Rollenarbeit genutzt werden können; allerdings nur dann, wenn die Anleiterin dies methodisch auch zu vermitteln und anzuleiten weiß.[3)]

Ich möchte darüber im folgenden zwei detaillierter beschriebene Beispiele bringen, da sie gut Einblick in den methodischen Aufbau meiner Arbeit gewähren. Daran schließen sich allgemeine Aussagen zu meinen Vorstellungen von Frauentheaterarbeit an.

Zum Abschluß stehen spezielle Überlegungen über die Möglichkeiten und den Nutzen von der Arbeit mit Anti-Rollen für Frauentheaterarbeit.

A. Feministische Theaterarbeit - von der Selbsterfahrung zur politischen Aktion am Beispiel von Animationstheater

Vorspiel beim Kennenlernen

12 Frauen waren unsicher, ob sie auf einer Tagung es wagen konnten, unter Ausschluß interessierter Männer, eine Arbeitsgruppe für sich in Anspruch zu nehmen. Ja, ob es nicht klüger sei, den interessierten Männern Einblick zu gewähren, damit sie uns besser verstünden. Hinter dieser Frage zeigte sich aber deutlich ein Vorbehalt gegen die Arbeit "nur" mit Frauen.

Dem Wunsch, in einer Frauenarbeitsgruppe die Erkenntnis stimulierende Solidarität unter Frauen zu spüren, stand bei einigen vielmehr die Angst entgegen, es könne sich zum "bloßen Lamentieren über die bösen Männer" entwickeln.
Vielen lag daran, in aller Ruhe in einem eigenen Raum gemeinsam unserem Blick auf diese Welt näher zu kommen. Dabei wollten sie nicht gestört werden.

Die Kritikerinnen fragten zurück: Welchem Blick? welcher Welt? gibt es Unterschiede zu den Männern? Gerade darum sollte es gehen, um **unseren** Blick auf die Welt, die Kultur, in der wir als Frauen seit drei Jahrtausenden einige bestimmte Rollen zu erfüllen haben.[4)]

Vorspiel bei der Einführung ins Thema

Um unseren Blick auf die uns umgebenden Dinge unter ästhetischen Gesichtspunkten einmal zu testen, machten wir ein Experiment. Ich stellte drei Paar Schuhe in den Raum und bat die Frauen, sich zu dem Paar zu stellen, das sie als "schön" ansehen würden. Da waren: halbflache Straßenschuhe im Collegstil in blau; hochhackige, nur mit Riemchen gehaltene Lackpumps in schwarz; flache Birkenstocksandalen in weiß.

Die meisten Frauen stellten sich spontan zu den Lackschuhen und mußten lachen, denn über die körperschädliche Wirkung derartiger Stöckelschuhe waren sich alle im klaren. Fazit: "Schön" finden wir offensichtlich nicht, was uns nützt.

Frage: Ist das nun unser eigener Blick auf uns, oder ist das Zurichtung infolge einer Erfahrung, die da sagt, schön findet 'Frau', was 'Mann' an ihr als sexy empfindet? Oder ist der Lackschuh einfach "schöner"?[5)]

Aufwärmphase

Die Frauen
- gehen im Raum, spüren, wie es ihnen körperlich und emotional geht, was ihnen im Kopf herumspukt;
- zeigen einander ihre Körperverspannungen und formulieren in einem Satz ihre Gedanken;
- einigen sich darauf, mit welchem Satz sie alle weiterarbeiten wollen; in diesem Fall hatte bei den meisten der Satz "Solidarität mit Frauen?!" nachgeklungen.
- gehen wieder durch den Raum und "schmecken" den Satz, spüren aufkommenden Gefühlen und Körperspannungen nach, die sie verstärken und zu einem Körperbild formen;
- demonstrieren ihr Körperbild.[6)]

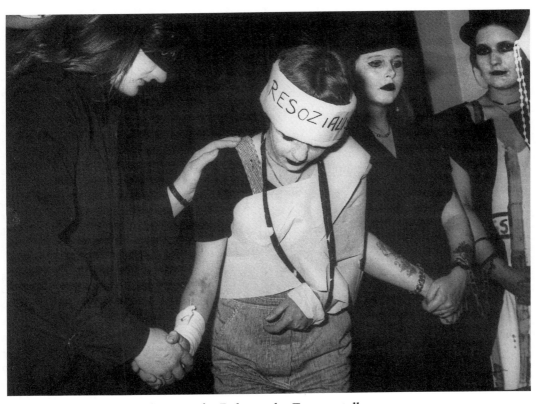
Arbeit von weiblichen Gefangenen im Rahmen der Fotoausstellung "Morgen ist wieder ein Tag, leider derselbe". Siehe Projekt "Fotografie hinter Gittern" S. 47ff.

Feministische Theaterarbeit

Beobachtung
Ein Frau stand in sich zusammengesunken mit über dem Kopf gehaltenen Händen. Eine hatte die Fäuste geballt, das Gesicht zu einer trotzigen Grimasse verzogen. Eine stand mit dem Rücken zur Gruppe in einer Ecke. Nur eine stand mit geöffneten Armen und einem Lächeln auf dem Gesicht.

Diskussion
Die Frauen waren erstaunt und erschreckt. Sie fragten sich, warum es keine positiven Körperbilder gäbe. Alle hatten wir doch als politisch engagierte und bewußte Frauen Einsicht in die Notwendigkeit von Solidarität, auch Solidarität mit Frauen?!

Arbeitssammlung
Um nicht zu sehr in den Kopf zu wandern und die emotionalen Aussagen Lügen zu strafen, ließ ich nicht weiterdiskutieren oder gar "ausdiskutieren". Vielmehr ging die theatrale Arbeit weiter.
Die Frauen
- gehen wieder im Raum und rekonstruieren ihr eigenes Körperbild, spüren, welche Erinnerungen dabei hochkommen, versuchen die zu den Erinnerungen passenden Situationen zu fassen;
- suchen sich im Raum einen Platz, an dem sie die erinnerte Situation stumm und andeutend spielen, und zwar ihren eigenen Part. Die beteiligten Personen aus der Erinnerung bleiben unsichtbar. Jede Frau handelt, wie sie sich einmal in der Vergangenheit verhalten hat, und vergegenwärtigt sich so einen Ausschnitt aus ihrer Lebensgeschichte. Um nicht zu sehr in kontrolliertes Spiel zu verfallen und den Kontakt zu den eigenen Gefühlen zu verlieren, unterbricht jede ihr stummes Spiel und geht wieder in ihr Körperbild, um daraus neu ins Spiel zu steigen.
- nehmen Worte, Laute, Sätze, die aus der Erinnerung aufsteigen, ins Spiel auf und sprechen diese, wie sie 'damals' gesprochen haben.
- stellen sich zusammen und erzählen, welche Situationen sie erinnert haben, wer die beteiligten Personen waren, um was' es damals ging, wie alt sie waren. Sie versuchen auch zu formulieren, ob die erinnerte Situation als abgeschlossen angesehen werden kann, oder ob aufgestaute und verdrängte Emotionen im Spiel wieder aufbrachen.

Beobachtung
Viele Frauen erzählten Episoden aus ihrer Pubertät, in denen sie mit Müttern, Schwestern, Freundinnen und Lehrerinnen Konflikte hatten. Einige Frauen waren nicht bis zur Rekonstruktion einer Situation vorgedrungen. Im einen Fall fand sich nichts, im anderen hatte die Frau aus Selbstschutz vorgezogen, die Situation nicht näher zu beleuchten.

Diese Aussagen und die Erzählungen machten deutlich, daß hier mit theatralen Mitteln ein Stück Selbsterfahrung in Gang gesetzt worden war.

Arbeitsanmerkung
Bei der Übung - angelehnt an das "Emotionale Gedächtnis" von Stanislawski - mache ich immer darauf aufmerksam, daß die Übung tief ins innere Erleben vergangener Lebenssituationen und die Wiederholung bis zur Regression führen kann. Da das Spiel in der Arbeitsgruppe veröffentlicht werden soll, soll jede Frau entscheiden, wie weit sie gehen will und für sich die Verantwortung übernehmen, ggf. eine neutrale Körperhaltung einnehmen oder sich gymnastisch bewegen, die Situation nicht weiter verfolgen.

An diesem Punkt arbeiteten wir heraus, daß es möglich wäre, eine therapeutische Einzelarbeit anzuschließen, etwa ein psychodramatisches Protagonistenspiel, für das alle anderen in einer besonderen Weise erwärmt wären. Da es eine Auswertung der ersten Spielsoli für alle gegeben hatte, wären die Mitspielerinnen auch individuell frei für das Spiel einer anderen.

In diesem Fall war es jedoch Aufgabe der Arbeitsgruppe festzuhalten, wie sich feministische Theaterarbeit zwischen Psychotherapie und Kulturarbeit bewegt. Wir beschlossen daher, auf theatralem Wege weiterzumachen. In jedem Fall jedoch muß festgehalten werden, daß ein Vorgehen wie oben geschildert - gleichzeitige, aber individuell tiefende Aufwärmarbeit - von der Therapeutin wie auch von der Theaterpädagogin Erfahrung in gruppenpädagogischer Leitung voraussetzt.

Spielphase

Theaterarbeit hieß, daß das gefundene "Material" spielerisch weiter bearbeitet wurde und nicht etwa diskutiert wurde.[7]
Die Frauen
- bilden Kleingruppen von maximal fünf Frauen;
- wählen in jeder Kleingruppe eine Spielleiterin, die damit legitimiert ist, auf die Einhaltung der Spielregeln zu achten;
einigen sich in der Kleingruppe, wessen Situation theatralisch durchgestaltet wird;

Beispiel
Ein junges Mädchen möchte ein katholisches Mädcheninternat verlassen und in eine gemischte Schule gehen. Sie vertraut sich ihrer Freundin an und hofft auf deren Solidarität, hofft sogar, daß diese in die "geheimnisvolle und gefährliche Welt" mitgehen möge. Die Freundin pocht aber gleichfalls auf Solidarität der "ewigen Freundschaft" und will sie nicht gehen lassen. Auch die Lehrerin steht dem Mädchen nicht bei und macht Mut, sondern warnt: Das kann nicht gut gehen.

- spielen die ausgewählte Situation (siehe Beispiel), indem die Protagonistin die beteiligten Rollen benennt (also Freundin, Lehrerin) nicht aber die Rollen besetzt, sie auch nicht anspielt, um einen Eindruck von dem Verhalten der realen Personen zu geben (hier verfährt das Spiel anders als das Psychodrama);
- richten die Spielfläche ein, die von der Protagonistin genauer erläutert wird (z.B. wann, wo, findet die Situation statt)

Feministische Theaterarbeit

- steigen spontan in eine der Rollen ein und gestalten sie intuitiv und in Kommunikation und Reaktion untereinander.

Spielregeln

1. Es gibt keine Regisseurin, auch die Spielleiterin ist nicht so zu verstehen, selbst die Protagonistin darf keine Rollenanweisungen geben.
2. Jede Mitspielerin entscheidet sich spontan für ihre Rolle ohne vorherige Diskussion.
3. Auf jede Spielidee muß spielerisch eingegangen werden.
4. Der Schluß einer Szene muß sich für alle ohne Diskussion durchs Spiel ergeben.
5. Die Situation wird mit gewechselten Rollen so oft neu gespielt, bis jede jede Rolle ausprobiert hat.
6. Zwischen den Rollenwechseln gibt es keine Diskussion.

Die Frauen
- beginnen, indem die Protagonistin im 1. Spiellauf ihren Platz auf der Spielfläche einnimmt und zu agieren beginnt;
- spielen so häufig, bis sie einen für alle akzeptablen Verlauf und Schluß der Szene spielerisch gefunden haben;
- wählen für die Besetzung jede ihre Rolle, wobei sich jede davon leiten läßt, in welcher der Rollen sie die meisten Spielideen hatte und sich wohl gefühlt hat.

Beobachtung

Alle Frauen konnten alle Rollen ausfüllen, fanden selbst als Lehrerin und als Freundin viele Verhaltensmöglichkeiten und harte Worte. Das Spiel dieser Rollen machte allen Spaß. Die Protagonistin der Szene war erstaunt, wie nah die Mitspielerinnen dem historischen Vorbild kamen, das sie ja nicht näher vorgestellt hatte.

Es zeigte sich, daß jede Frau je nach Betroffenheit von dem Konflikt und Temperament eine andere Lösung des Konfliktes anspielen konnte.

Arbeitsanmerkung

- Es war wichtig, daß für diese Arbeitsweise und unser Zeitbudget ein konkreter, leicht zu erfassender Konflikt gewählt wurde, in dem die beteiligten Rollenfiguren deutlich in ihrem sozialen und emotionalen Bezug herausgearbeitet werden konnten.
- Es ist wichtig, daß sich jede Frau in jeder Rolle ausprobiert und die dabei aufkommenden Gefühle, Probleme, Fragen spielerisch in Handlung umsetzt und nicht in "Gerede".
- Es ist wichtig, daß sich jede Frau bei ihrem Spiel von ihrer Erfahrung, ihren im Spiel empfundenen Gefühlsreaktionen leiten läßt und nicht etwa von der klischeehaften Vorstellung dessen, wie eine katholische Lehrerin zu reagieren habe.
- Es ist wichtig, daß die Protagonistin der Szene sich von ihrem historischen Vorbild löst, das sie allen als "Material" zur Verfügung gestellt hat und sich ebenfalls in allen Rollen erprobt.

Diskussion

Die Frauen spürten und erfaßten beim Spiel, daß hier das Erlebnis einer von ihnen, durch das Spiel aller, überprüft wird, auf kollektive Erfahrungsgehalte und Handlungspotentiale.

Gestaltungsphase

Die Arbeit am Aufbau und Verlauf einer Szene, am Dialog und an den Rollen ist eine wesentliche. Sie ist nicht nur Feinarbeit, sondern mit dem wiederholenden Durcharbeiten aller Faktoren dient sie durchgängig der emotionalen, physischen, geistigen und ästhetischen Durchdringung. Sie enthält damit Erkenntnismöglichkeiten geistig-sinnlicher Art, die in der herkömmlichen Bildungsarbeit (z.B. politische Bildung, aber auch Selbsterfahrungsgruppen und sogar kulturelle Bildung) gar nicht oder zu wenig erkannt und genutzt werden.

Allerdings würde das auch voraussetzen, daß fundierte Kenntnis des methodischen und handwerklichen "know hows" besteht. Dann kann die künstlerische Arbeit sinnvoll über die gängigen Erkenntnisebenen hinausgehen.

Animation

Mitspieltheater lebt von diesem Schritt. Trotzdem mußte er aufgrund der Tagungsbedingungen reduziert werden. Frauen aus der anderen Kleingruppe tauschten sich ein und versuchten spontan, in der Rolle des "jungen Mädchens", Lehrerin und Freundin zu mehr Solidarität zu bewegen. Während letztere entsprechend der zuvor in der szenischen Arbeit herausgearbeiteten Rollenvorgabe, "die Welt so darstellen, wie sie ist" (Boal), also das Realitätsprinzip verkörpern, versucht die neue Mitspielerin andere, ihr und ihrer Erfahrung entsprechende Strategien. Damit machen alle den von Stanislawski als bedeutsam aufgezeigten Schritt "Was mache ich, wenn?" Für Stanislawski ist dieses spielerische Agieren oder Reagieren, **wenn** etwas neues passiert, der Schritt zur Entwicklung "kreativer Phantasie" als Grundlage theatraler Kunst[8].

Damit zeigt sich aber auch, daß bei diesem 6. Arbeitsschritt für die sich aus dem Publikum eintauschenden Mitspieler nicht nur der passive Konsum aufhört, daß sie vielmehr selber aktiv kreativ werden und gleichzeitig eine Selbsterprobung mit therapeutischem Effekt durchführen. Den Prozess, den die Erfinderinnen und Gestalterinnen der Szene durchlaufen haben von der Selbsterfahrung hin zur überprüften kollektiven Aussage und Aktion, vollzieht die sich eintauschende Mitspielerin an sich selbst aktiv nach. Das führt zu einer demokratischen Form politischen Theaters, in der alle zusammen angemessene und leistbare Formen von Widerstand auf spielerischem Wege herausarbeiten.

Beobachtung

Das Einwechseln in die Rolle der Protagonistin machte den Frauen Spaß, das Spektrum von Verhaltensweisen war unerschöpflich. In unserem Beispiel hatten die Lehrerin und die

Freundin die Welt so zu verkörpern, wie sie ist, wenn eine sich wehrt und was Neues will. Das fiel den beiden Rollenträgerinnen leicht. Schwerer war es für die sich einwechselnden Mitspielerinnen, sich durchzusetzen und am Schluß nicht den Bumann zu haben.

Diskussion

Alle Frauen interpretierten das Beispiel als den individuellen Versuch, aufgezwungene und ausgelatschte Wege zu verlassen und Neues zu wagen. Freundin und Lehrerin verKörpern die richtige Erkenntnis, daß die Welt draußen (Männerwelt) gefährlich ist (Vergewaltigung), aber auch spannend (Erotik), sowie, daß der individuelle Versuch, sich "dort" heimisch zu fühlen, scheitern wird. Sie repräsentieren aber auch Neid und Mißgunst, der anderen nicht gönnen, was sie selber aus Angst nicht versuchen.

Weil das junge Mädchen aber eine ist, die den Weg verlassen will und damit aufzeigt, daß es nicht so sein muß, sondern auch anders gehen könnte, fühlen sie sich in ihrer Entscheidung kritisiert. Sie reden folglich für den Status quo und verweigern Solidarität, üben im Gegenteil sogar Druck aus, um zu entmutigen und zur Rückkehr zu zwingen. Das würde ihre Entscheidung, sich anzupassen, rechtfertigen.

Diese Erfahrung mit Frauen hatten alle Frauen der Arbeitsgruppe gemacht. Alle hatten aber auch schon andere behindert, selber neidisch und unsolidarisch reagiert. So hatte jede Schritte in Richtung Emanzipation gewagt und selber an der Erhaltung der Fallstricke gearbeitet. Die Zweifel an der Solidarität unter Frauen waren damit auch Zweifel an der eigenen Fähigkeit zur Solidarität unter den gesellschaftlichen Bedingungen.

Geläufig war allen der Wunsch, sich etwas zu holen, ohne daß derjenige, von dem frau es haben will, merkt, daß frau es sich holt. Gesellschaftliche Gleichberechtigung, ohne dem Mann etwas wegzunehmen - Wir waren nicht einmal fähig, ohne schlechtes Gewissen uns unseren Raum und unsere Zeit auf der Tagung

Feministische Theaterarbeit

zu nehmen; den Druck der Männer in Form von diskriminierenden Äußerungen bekamen wir auch zu spüren -.

Die Mitspielversuche machten deutlich, wie schwer wir uns tun, offen und bestimmt zu fordern, zu wagen und uns abzugrenzen. Es scheint, daß wir die Umwege lieben, Konflikten aus dem Wege gehen oder sie bagatellisieren zu unserem eigenen Schaden.

B. Theaterspiel in einer Mädchenwohngemeinschaft

Vorgeschichte:

Die Sozialpädagoginnen der WG möchten mit den Mädchen in deren Freizeit mal etwas anderes machen als fernsehen, kinogehen, stricken, schneidern, klönen. Es soll etwas Lustiges und Gemeinsames sein. Die Mädchen wollen Theater spielen, sich zeigen, in fremde Rollen schlüpfen, Unmögliches wahr machen, Spaß haben.

Ablauf:

1. Treffen. Die Mädchen sind der Mode entsprechend flippig aufgemacht, verbal top und albern, körperlich jedoch gehemmt, wenn es nicht um das Nachahmen von Posen geht. Wir improvisieren zu Stichworten, die die Mädchen einwerfen, wie "einen Jungen anmachen", "im Kaufhaus klauen", "ein Liebesgeständnis hören/nicht hören" usw. Die Mädchen sind laut und unkonzentriert, akzeptieren dann aber Spielregeln: alles noch einmal ohne Worte spielen, danach in Zeitlupe und mit einfrierenden Unterbrechungen auf mein Stopzeichen hin. Die Konzentration hebt sich, alle sind zufrieden, müde, rufen nach Publikum und einer Aufführung.

2. Treffen. Die Mädchen haben sich vorgenommen, mit dem Spiel aufzuzeigen, warum sie in der Wohngemeinschaft gelandet sind. Sie assoziieren dazu Bilder wie: allein zuhaus rumsitzen, klauen, nachts ohne Bleibe auf der Straße

Feministische Theaterarbeit

sein usw. Zentral ist allen Bildern das Gefühl, allein gelassen zu sein. Die Mädchen akzeptieren meinen Vorschlag, eine gemeinsame Improvisationsübung zu machen, um die Bilder klarer zu bekommen. Wir arbeiten nach einigen Entspannungsübungen mit Spaß und Musik nach Stanislawski "Emotionales Gedächtnis". Meine Erläuterungen nehmen sie ruhig auf; sie fühlen sich sicher und entspannt in der Runde; sie wissen voneinander und mich haben sie integriert. Bis auf ein Mädchen führen alle die Improvisation durch und berichten auch von ihrer Erinnerung. Eine Situation empfinden alle als spielbar, weil sie "ernst aber nicht hoffnungslos" war.

Zwei Mädchen auf Trebe dürfen bei einem Typen übernachten und sich aus seinem Kühlschrank versorgen, woraufhin er glaubt, sich bei den Mädchen 'bedienen' zu können. Er schließt sich und die Mädchen in der Wohnung ein, läßt aber nach mehrmaligen Versuchen plötzlich frustriert sein Vorhaben fallen, die Mädchen flüchten in die Nacht.

Es ist die Szene eines der Mädchen, die ich bitte, sich die passenden Mitspielerinnen auszusuchen und den Ort zu gestalten. Das Spiel beginnt, aber die Protagonistin ist mit dem Verlauf, den Ideen ihrer Mitspielerinnen nicht zufrieden. Ich bitte sie, die Rollen einzunehmen und zu zeigen, wie gespielt werden muß. Sie tut es mit Inbrunst, besonders in der Rolle des Angreifers ist sie umwerfend echt bis komisch, so daß sich Diskussionen darüber entwickeln, ob es denn wirklich so war. Sie spielt daraufhin konzentrierter, wodurch sich die ernsthafte Bedrohung deutlicher zeigt, in der die Mädchen waren. So instruiert, können die Mitspielerinnen nun zusammen mit der Protagonistin die Szene durchspielen. Danach spielen andere und wir einigen uns, daß mit Rollentausch und Rollenwechsel alle die Szene bis zum Ende spielen können. Verhaltensvarianten schleichen sich ein.

Die Protagonistin schaut zu, darf aber auch unterbrechen, um zu kommentieren, wie - "*das ist ja ätzend*", "*hab' ich mich da blöd angestellt*", "*oh Gott, ist der Typ doof*". Abschließend werden die Szenen von allen besprochen. Es fallen Äußerungen wie "*das kenne ich auch*", "*Mein Gott, warum habt ihr denn nicht telefoniert*", "*das erinnert mich an...*". Die Spannung und Konzentration ist sehr hoch: es fällt im Spiel kein Wort zuviel, alle kennen "irgendwie" was sie spielen, die Beobachtungen des spielerischen Ausdrucks sind sehr treffend; die Protagonistin meint schließlich: "*Das ist ja unerträglich, wie blöd wir uns angestellt haben; wir hätten ganz anders...*"! Daraufhin wird die Szene mit einem neuen Schluß wiederholt. Die Unerträglichkeit der Situation wird zugespitzt, auf dem Höhepunkt der Spannung wird jedoch eine andere, fiktive Lösung gespielt. Diese Version wird wieder von der Protagonistin gespielt, was die anderen Mädchen sofort akzeptieren, denn es ist ja "ihre Szene". Die Szene wird dann ausgefeilt, komisch zugespitzt und verfremdet. Am Schluß der Sitzung hat sie nur noch entfernt Ähnlichkeit mit der Ausgangsszene. Die Mädchen sind zu komischen Heldinnen der Situation geworden; die ernste Gefahr wird jedoch weder geleugnet noch weggespielt, aber sie wird spielerisch überwunden.

Die Mädchen beschließen, einen Bilderbogen ihrer Erlebnisse mit ernsten und lustigen Szenen aus ihrem Leben zu gestalten. Sie haben schon Szenen vor Augen und ahnen bereits, wie das ihnen bekannte Publikum darauf reagieren wird.

Wider die Passivität, für die Selbstdefinition

Mir reicht es nicht, "vorzuführen", um dann Beifall von passiven Konsumentinnen zu erheischen, im Sinne von: "Uns geht es ja so schlecht, mit uns kann man es machen!" Mir geht es nicht nur um Einfühlung und Wiedererkennen auf seiten des Publikums - wir Frauen kennen, was wir spielen, wieso sich da auch noch im Theater einfühlen? - Mir geht es darum, die vierte Wand zu den Zuschauerinnen einzureißen und sie zu aktiven Mitspielerinnen zu machen. Sie sollen durch unsere Bilder angesprochen sein, die dargestellte Situation zu analysieren, sich dazu Positionen und Handlungsstrategien zu überlegen und die Spielfläche zu betreten, um im Spiel ihr eigenes Spiel mit neuen Lösungsmöglichkeiten zu versuchen.

Für unser eingangs beschriebenes Beispiel hieß das, daß eine Frau aus dem Publikum den Mut findet, die Protagonistin abzulösen, indem sie selber die Spielfläche betritt und versucht, mit ihren eigenen Handlungen und Worten ihr Anliegen durchzusetzen. Das heißt, die sich eintauschenden Frauen üben, sich Gehör zu verschaffen, Informationen einzuholen, ernst genommen zu werden, die anderen auf deren intolerante, repressive Art aufmerksam zu machen. Dabei schürfen sie nach Möglichkeiten und Grenzen der Gegenwehr in dieser Situation und legen Motive und Interessen frei. Zwar spielen sie, können jederzeit das Spiel abbrechen - wie immer im Theater -, aber die von ihnen eingebrachten Gefühle, Erfahrungen und Handlungen sind für sie und die Rollenspielerinnen im Moment des Spiels wahr. Es geht um nicht mehr und nicht weniger, als spielerisch zu erkennen, daß jede Situation zu verändern ist und die Rolle des Opfers aufgegeben werden kann.

Für das zweite Beispiel heißt das: Die Mädchen haben Theater gespielt und sich mit verschiedenen Arbeitsschritten von der Idee bis zum ersten theatralen Produkt bekannt gemacht. In den folgenden Sitzungen haben wir weiter so gearbeitet und neue Ausdrucksmittel dazu genommen. Wir haben Theater gespielt, in dem wir von den Erfahrungen ausgingen, sie in szenische Bilder umsetzten und zueinander in Beziehung setzten (am Schluß gab es nicht mehr einzelne Szenen mit Rahmenhandlung, sondern eine dramatisch durchgearbeitete Geschichte des Lebens zweier Trebegängerinnen). Aus den einzelnen Erfahrungen ergab sich ein Stück Lebensgeschichte. Der eigene Lebenszusammenhang spiegelte sich den Mädchen in ihrem Stück. Und sie probierten darüberhinaus Handlungsmöglichkeiten aus, die sie in Wirklichkeit dazu noch nicht entwickelt hatten.

In diesem spielerischen Prozeß haben sich die Mädchen mit ihrer Vergangenheit und ihren existenten Ängsten konfrontiert, haben sie wiederholt und analysiert: Sie haben alternatives Verhalten ausprobiert und die vergangene Situation so überwunden. Das Ergebnis war nicht nur ein spannendes Theaterstück, sondern auch ein positives Selbstwertgefühl sich selbst, der Situation und der Gruppe gegenüber. Abschlußkommentar der Protagonistin aus unserem Beispiel: *"In so eine Situation bring ich mich nie wieder!"*

C. Die Erfahrungen der anderen Mädchen und Frauen ernst nehmen; Feministische Theaterarbeit und ihre Ansprüche

Ich habe keine Lösungen, die mir vor den Mädchen oder den Frauen und wie beim Animationstheater - den Mitspielerinnen - dem Publikum einen Vorsprung geben. Ich bevorzuge deshalb, Fragen zu stellen, so daß während des Prozesses und bei der Aufführung auf theatrale Art und Weise diskutiert wird. Was ich für das Forumtheater sagen kann, gilt für meine gesamte Konzeption von Frauen-Mädchen-Theaterarbeit:

Wir wissen, daß es viele verschiedene Wahrnehmungen ein und derselben Situation gibt und folglich auch Formen, sich zu wehren. So sind wir beim Mitspiel unserer Zuschauerinnen flexibel im Rahmen der Möglichkeiten unserer Rollenfigur; unsere Spielimpulse speisen sich aus unserer Offenheit in der Situation und unserer Einfühlung in unsere Rollenfigur. Wir verfügen über unser "Emotionales Gedächtnis", denn wir wissen, was wir spielen, selbst wenn wir es nicht kennen. Wir reagieren realistisch auf Versuche unserer Mitspielerinnen aus dem Publikum, die in unsere Szene einsteigen und sie zu ihren Gunsten verändern wollen, aber wir verhalten uns ihnen gegenüber nicht didaktisch oder pädagogisch. Denn es geht uns darum, daß wir alle gemeinsam Neues herausfinden über unsere Motive, Möglichkeiten und Grenzen. Spielerinnen und Mitspielerinnen sind gleichwertig - niemand wird auf den Arm genommen -; jeder Versuch wird ernst genommen.

Feministische Theaterarbeit

Wenn sich viele Frauen in unserer Szene versucht haben, haben wir alle gemeinsam ein Stück kreativer Arbeit auf allen Ebenen geleistet. Spielerisch und ästhetisch, weil für jede stimmig, haben wir Kunst und Politik gemacht. Wir haben gezeigt, daß jede von uns, wenn wir unsere Handlungen mit unseren eigenen Erfahrungen koppeln und gleichzeitig ausprobieren, wozu wir selber in der Lage sind, auch vorankommen kann und damit wir alle. Im Theater überprüft sich jede Idee durch und in der Handlung und dies ist im wirklichen Leben nicht anders.

Theaterarbeit ist deshalb ein Bruch mit der uns zugeschriebenen Passivität. Beim Theater erobern wir uns nicht nur stellvertretend die Bühne, sondern entwerfen unseren Blick auf uns selbst und auf die Welt. Frauen/Mädchentheaterarbeit ist deshalb immer "Schürfarbeit" bzw. Spurensuche.

Frauentheater in der Tradition der Frauenbewegung sollte sich m.E. zur Aufgabe machen, Wahrnehmungen, Eindrücke, Sichtweisen, Gefühle, Handlungen und Erkenntnisse als subjektive, von anderen unterscheidbare, veränderbare und nicht fertige Positionen zur Diskussion zu stellen.

Frauentheater sollte immer ein Versuch sein, von den Erfahrungen von Frauen auszugehen, diese künstlerisch aufzuarbeiten und in den gesellschaftlichen Kontext zu stellen, damit wir nicht nur schöne und amüsante Stunden miteinander verbringen, sondern auch anregende Gespräche, politische und ästhetische Diskussionen und strategische Erörterungen führen. Frauentheater muß sich heute als Experimentierfeld auf allen Ebenen verstehen, denn es gibt ja nichts, was wir unhinterfragt übernehmen könnten.

Unsere Tradition, zu sehen, zu erkennen, zu erklären, zu zeigen und uns auszudrücken ist uns aufgezwungen. Frauentheater wie Frauenkunst und -kultur ist also auf der Suche; muß wahrscheinlich erst einmal die alten Definitionen, Formen, Stilrichtungen zertrümmern, um den neuen Bildern, unseren Bildern, zum Ausdruck zu verhelfen. Frauentheater muß im besonderen Frauen und Männer in ihrer zeitlichen Prägung als gewordene, aber eben auch veränderbare in ihren Beziehungen und Handlungen aufzeigen und deutlich machen, daß es auch anders werden könnte; es gibt eben kein übergeordnetes Gesetz, daß wir nur so miteinander umgehen müssen, wie wir es heute tun.

Wir Frauen haben ein unmittelbares Interesse an Veränderung und nicht am Stillstand. Indem wir nachfragen, dahinter schauen, in Frage stellen, nichts für "normal" und "ewig" nehmen, werden wir zu Kritikerinnen und Erneuerinnen. Was dabei herauskommt, sollte nicht vorschnell festgeschrieben werden, sondern einen Prozeß in Gang setzen, eine fruchtbare, permanente Verwandlung.

Wir haben noch nichts festzuschreiben. Es würden nur eigene Fesseln sein. Alles sollte aber erst einmal in Fluß geraten. Wir dürfen den Fluß noch nicht stauen, oder sein Bett begrenzen, das macht ihn langweilig und unschön. Das heißt, daß wir alle theatralen Ansätze für unsere Anliegen erproben sollten. Frauen haben an der Entwicklung des Theaters als Schauspielerinnen teilgenommen, aber erst seit dem Ende des 16ten Jahrhunderts. Zuvor wurden in Europa alle Rollen von Männern gespielt. Als Schauspielerinnen konnten Frauen auf ganz spezifische Weise ihre "Rolle" auf der Theaterbühne ausfüllen, setzt doch der Beruf "Einfühlung" in die Ideen des Dramatikers voraus; und galt der Beruf noch bis zu unserem Jahrhundert als unkünstlerisch, weil nur das Dichterwort nachvollziehend.

Weder als Dramatikerinnen noch als Regisseurinnen - einen Beruf, den es erst seit diesem Jahrhundert gibt - noch als Theatertheoretikerinnen konnten sich Frauen in der patriarchalen Theaterkunst einen Namen machen. Als Regisseurinnen ziehen sie erst seit 20 Jahren nach; vereinzelte Dramatikerinnen gab es immer wieder.

Frauen hatten also in der Regel beim Theater nur die Möglichkeiten, in einer tragischen

Rolle den Bühnentod zu sterben oder als "Hure" für die nötige Erotik zu sorgen. Das ändert sich erst langsam.

Feministische Theaterarbeit

D. Rollenarbeit am Beispiel literarischer Vorlagen, zum Rollenspektrum von Mädchen und Frauen in der Laienarbeit

Wie aus meinen vorgestellten Beispielen ersichtlich ist, bevorzuge ich bei meiner Arbeit als Theaterpädagogin und als Regisseurin in der Arbeit mit Laien von diesen selber entwickelte Theaterstücke, Szenencollagen, Kabarettnummern. So findet jedes Mädchen, jede Frau, die zu ihr passenden Rollen - mehr oder weniger deutlich spielt sich jede selber oder kopiert ihr bekannte Menschen -.

Dieses Spiel aus Engagement und Parteilichkeit kann das Spiel von Profis ausstechen. Wichtig ist hinter dem Spiel das eigene Anliegen; dieses nämlich in einer literarischen Vorlage, d.h. einem dramatischen Text zu erkennen und in Rollenhandeln einer fiktiven Rolle umzusetzen, wie es Profis tun, verlangt Handwerkszeug, über das Laien selten verfügen. Nichtsdestotrotz gibt es natürlich das literarische Laientheater von Amateur- und Schulbühnen, doch es befriedigte mich bisher kaum. Mich stören die verkrampften Körper all derer, die Angst haben, ihren Text zu vergessen, zusammen mit den privaten Gesten und vor allem ungeschulten Stimmen, was alles zusammen dann einen unstimmigen Eindruck erweckt und nicht selten dadurch peinlich wird.

Stücke hingegen, die von den Mädchen und Frauen selber entwickelt wurden, sind tragfähig. Probleme mit dem Text oder der Konzentration ergeben sich nicht. Denn ich lasse die Texte nie vorher entwickeln oder aufschreiben; sie ergeben sich als lebendige Dialoge aus den Improvisationen[9].
Deren Wiederholungen zum Zweck der Gestaltung und Fixierung reinigen den Text von allem Überflüssigen. Am Ende stimmt jedes Wort und läßt bei den Auftritten unter dem Diktat des Lampenfiebers dennoch Raum für Improvisationen, falls eine mal durcheinander kommen sollte.

Trotz der genannten Schwierigkeiten gibt es für mich während der Probenarbeit Gründe, mit literarischen Rollen zu experimentieren - vorausgesetzt, bei den Mädchen und Frauen besteht Lust und Bereitschaft dazu. Dies ist umso eher der Fall, wie beim Experimentieren grundsätzlich, wenn eine Gruppe schon längere Zeit besteht, ihre Stärken kennt und Sicherheit gewonnen hat sowie den Wunsch, sich als Gruppe, bzw. jede einzelne in ihrem verfügbaren Rollenspektrum, zu erweitern und zu entwickeln. Dann ist die Arbeit an literarischen Rollen für alle faszinierend und hilft einige Probleme anzugehen, die ich immer wieder in der Theaterarbeit mit Mädchen und Frauen festgestellt habe.

Welche Probleme sind das?

Bei Mädchen mit Beginn der Pubertät habe ich häufig erlebt, daß sie Unwillen entwickeln, Rollen zu gestalten, die nicht ihren Vorstellungen von Weiblichkeit entsprechen. Sie karrikieren diese dann ähnlich wie Männer, wohl um sich so von ihnen und ihrem negativen Image abzusetzen. Darunter sind Rollen zu verstehen wie: Emanze, das hilflose Mädchen, die frustrierte Ehefrau und Mutter, die Hure, das Mauerblümchen, die Dumme/Häßliche. Rollen, in denen sie sich als schön, erfolgreich, nicht auf den Mund gefallen aber weiblich darstellen können, gefallen. Die oben genannten Rollen, oder besser das Spektrum weiblicher Rollen und Lebensrealitäten, können jedoch täuschend echt in die Improvisation Eingang finden. Die für die Vorführung bestimmte Fassung muß aber "geglättet" werden, zu groß ist die Angst, mit dieser - selbst erfundenen und entwickelten Rolle - identifiziert zu werden.

Mädchen üben sich mit der Pubertät in ihre neue, von außen erzwungene Attraktivität ein, diesem Prozeß unterliegt auch das Individuelle, Typische eines Mädchens und damit ihr natürlicher Charme. Eine Verunsicherung

Feministische Theaterarbeit

bei diesem Anpassungsprozeß wird von den Mädchen gleichwohl auch in der reinen Mädchengruppe abgelehnt.

Erwachsene Frauen, die in den letzten Jahren verstärkt und im Rahmen von Frauengruppen - Gewerkschaften, autonomen Frauengruppen, Bildungsurlaubsveranstaltungen, Semiprofessionellen mit politischem Anspruch - Theater spielen, haben diesen Anpassungsprozeß hinter sich, lehnen ihn sogar vehement ab, wollen ihn überwinden und zu sich kommen. Sie verweigern sich von daher den Rollen, die die Mädchen lieben, bzw. ihnen geraten eben diese Rollen giftig, karrikierend, abwertend: die Liebende, Hingebungsvolle, Attraktive, die Frau, die flirtet und ihre Schönheit ungehemmt ins Spiel bringt; "die Frau eben, auf die Männer fliegen". In der Rollenwahl dieser Frauen steckt immer ein Stück Verweigerung, oder aber im Rahmen der Frauengruppe Scham oder Gruppenzwang. Hier zeigt sich am krassesten unsere Verunsicherung, wer wir sind, wer wir sein wollen, welche Bilder wir von uns im Kopf haben, welche wir leben können[10]. Hier zeigt sich bei der Arbeit aber auch oft die Verbitterung, die Resignation, die Wut darüber, daß wir nicht oder viel zu selten unbeschwert leben können, ohne in Konkurrenz gesetzt zu werden mit den vermarkteten Symbolen von weiblichem Charme, Erotik und Sex der Männerphantasien.

Gemeinsam ist den Mädchen wie den Frauen bei den Rollenvorlieben, soweit ich meine Erfahrungen der vergangenen 13 Jahre verallgemeinern kann, der Wunsch, nicht auf den Mund gefallen zu sein, sich durchzusetzen und ggf. allein bestehen zu können. Und bei den ersten Spielversuchen zeigte sich dabei immer wieder, daß Mädchen wie Frauen bei diesen Rollenkonflikten versuchen, lächelnd, freundlich und attraktiv ihren Part zu spielen - die Fassade muß gewahrt bleiben, wenn nicht durch das Bild des weiblichen so durch das des kindlichen Charmes.

Wie kann diesen Problemen einer engen Rollenauswahl aufgrund von Außenzwang und Abwehr durch die Arbeit an literarischen Rollen begegnet werden?

Zwei Beispiele:
Eine junge Frau Anfang 20 wählt bei Improvisationen immer wieder entweder die kindliche Clownin oder aber die dumme unterwürfige Dienerin. In dem ihr verfügbaren Rollenspektrum gibt es nicht die erwachsene stolze oder aber die erotische Frau; erwachsene Frauen in realistischen Spielszenen geraten ihr zu verbiesterten Hausmütterchen. Als sie erkannt hat, was sie ausläßt, rate ich ihr, von Schiller die Maria Stuart und die Elisabeth zu studieren - d.h. die laut Schiller erotische, stolze Verruchte und die stolze, herrschsüchtige Mächtige. Sie soll diese Rollen im Sinne ihrer bisherigen Auslassungen gestalten.

Die Arbeit an ihren "Antirollen" ist paradox, setzt in diesem Fall voraus, daß die junge Frau sich ihrer Begrenzungen bewußt ist.

Ein junges Mädchen spielt bevorzugt die sanfte, schöne und etwas schlaffe Verliebte oder aber die leidende Verlassene. Immer wenn ihre Theatergruppe Szenen zu Frauenpower entwickeln will, sitzt sie energiearm und verkrampft daneben. Ihr rate ich, nachdem sie um Einzelarbeit gebeten hat, von B.Brecht die beiden Rollen Shente und Shuita aus dem "Guten Menschen von Sezuan" zu versuchen. In beiden Fällen enthalten die Rollen etwas ihrer Haltung Entsprechendes aber auch Gegenteiliges.

Der Vorschlag zu einer Antirolle bestimmt sich nicht nur aufgrund der den Rollen zugesprochenen Typcharakteristika. Bei der Auswahl sind auch die Handlungen, die der Dichter den Frauenrollen zuschreibt entscheidend, z.B. daß die Marie aus Büchners "Woyzeck" den Tambourmajor anmacht oder die Laura von T.Williams "Glasmenagerie" mit Jim tanzt.

Die Arbeit an den Antirollen begleite ich, denn der Prozeß der Annäherung an eine literarische Rolle, sich nähern, erproben, hinterfragen[11], ist eine große Herausforderung, die

Feministische Theaterarbeit

jedoch auf einer positiven Distanz gründet: die literarischen Rollen kommen als fertige von außen. Die Mädchen und Frauen nähern sich ihnen als fremden Menschen, die es zu verstehen gilt. Die Begegnung kann fruchtbar sein, ist aber zu Beginn eher sperrig und provoziert auch Unlustgefühle.

Neben meiner Begleitung bei dieser Arbeit verstehe ich meine Betreuung allerdings nicht allein unter der Zielsetzung der perfekten Einfühlung. Das können Mädchen und Frauen; Schauspielerinnen sind dazu prädestiniert und bekommen dabei sogar das Husarenstück hin, Phantasiegestalten von Männern lebendig und "realistisch" erscheinen zu lassen. Darum aber geht es mir in einem zweiten Schritt nicht mehr. Mir geht es darum, daß die Mädchen und Frauen die Rollen "schmecken", daß sie "schürfen". "Was hat, kann hatte diese Rolle mit mir zu tun?" "Was kenne ich, was ist mir fremd?" "Was erregt heute meinen Unwillen, was meine Freude?"[12]

Diese Rollen so "geschmeckt", geben nicht nur der Spielerin über sich Auskunft; sie geben auch Auskunft darüber, was "Männerphantasien" sind und was sie mit uns als Frauen, realen Frauen, zu tun haben.

Sie helfen uns, das in den Kulturleistungen der Männer entworfene und präsentierte Bild der Frau zu entziffern und zu entmystifizieren. Stellen wir die theatrale Rollenarbeit dann auch noch in den gesellschaftlichen Kontext, ermöglicht diese Methode auf ganzheitliche Art den Mädchen und Frauen eine Ideologiekritik.

Diese Rollenarbeit sollte - wenn möglich - durch Literaturarbeit über die im Stück dargestellten Frauen und deren Zeit ergänzt werden. Gerade für die großen Frauenrollen des bürgerlichen Theaters des 19. Jahrhunderts gibt es dank der ersten proletarischen und bürgerlichen Frauenbewegung viel Material. Beides - die Frauenrollen und die Frauenbewegung - hat ja auch mittelbar miteinander zu tun, wenn Theater/Literatur ein Spiegel der Zeit, bzw. Männerphantasien der Zeit sind.

Mädchen- und Frauentheaterarbeit kann also über die Auseinandersetzung mit literarischen Rollenvorlagen auch zur kulturellen Spurensuche werden. Rollenarbeit in diesem Sinne kann dann eine Erweiterung des verfügbaren individuellen Rollenspektrums sein und zwar nicht affirmativ und eine Spurensuche von Frauen, die ihre Anteile am kulturellen Erbe erkennen bzw. die Spuren ihrer Domestizierung und Mystifizierung bloß legen wollen.

Denn, so meine ich, nichts, keine Facette dessen, was wir als Mädchen und Frauen leben könnten, sollte uns entgehen, weder eingeschränkt durch uns selbst - unsere Angst und Resignation - noch durch Männer und deren Kommerz, Moral und Wunschvorstellungen. "Wir wollen alles und zwar jetzt." Auf der Bühne ist es lustvoll und machbar. Ein Grund mehr, Theater zu spielen.

Anmerkungen und Literaturhinweise

1) Gitta Martens, Eine Gruppe spielt Theater oder viele Köche müssen den Brei nicht verderben; erschienen in Gruppe und Spiel, 3/1985
2) hier ist das "Forumtheater" von Augusto Boal gemeint, siehe dazu "Theater der Unterdrückten" FfM 1979
3) Gitta Martens "Therapeutische Möglichkeiten des Theaterspielens", Gruppe und Spiel 3/1986
4) Diese Arbeitsgruppe fand anläßlich des Symposions "Psychotherapie und soziale Kulturarbeit - eine unheilige Allianz?" an der Akademie Remscheid im Oktober 1986 statt, der vollständige Arbeitsgruppenbericht ist nachzulesen in: Richter, K. (Red.) Schriftenreihe des IBK, Bd .9, 1987
5) Siehe dazu Gitta Martens "Aus der Sicht der Stöckelschuhe - Erfahrungen mit Frauentheaterarbeit", erschienen im Forum Wissenschaft, 1/86
6) die folgenden Arbeitsschritte sollen nicht als jederzeit wiederholbar angesehen werden; sie folgten den Bedingungen und

Feministische Theaterarbeit

Anforderungen dieser speziellen Arbeitsgruppe.
7) siehe auch Fußnote 1
8) siehe dazu Stanislawski, "Die Arbeit des Schauspielers an sich selbst" Bd.1, Westberlin 1986
9) siehe Fußnote 1
10) siehe Fußnote 5
11) siehe dazu Fußnote 8 sowie B.Brecht "Übungen für Schauspieler", Gesammelte Werke Bd. 7, Werkausgabe edition Suhrkamp 1973
12) Elisabeth Köberl, Elke Nortmann (Hrsg), Alicenstr.1, 6100 Darmstadt, 1987. Frauen-Rollen, gestern und heute, was hat sich verändert - haben wir uns verändert? Dokumentation eines Frauenprojektes mit Frauen in der Lebensmitte.

Kontaktadresse:

Gitta Martens
Dozentin für Kulturpädagogik und Theater
c/o Akademie Remscheid
Küppelstein 34
5630 Remscheid
Telefon 02191/794-1 oder -229

Fachtagung: Feministische Theaterpädagogik

In der Reihe Feministische Kulturpädagogik führt die Akademie Remscheid für musische Bildung und Medienerziehung im Jahre 1990 diese Fachtagung durch. Angesprochen werden Frauen, die in der freien Theaterszene und in der Theaterarbeit gemeinsam mit Mädchen und Frauen nach neuen Selbstbildern und Themen, sowie nach Mitteln und Wegen ihrer Umsetzung in das Theater suchen. Die Leitung hat Gitta Martens. Am Beispiel von Demonstrationen, Aufzeichnungen, Aufführungen und Theateraktionen sollen Erfahrungen ausgetauscht, Gemeinsamkeiten und Unterschiede herausgearbeitet werden. Zudem sollen neue Erkenntnisse feministischer Forschungen in den Theater-, Film- und Fernsehwissenschaften vorgestellt und diskutiert sowie in ihrer Bedeutung für die eigene Arbeit hinterfragt werden.
Termin: 01.10. - 03.10.1990

Das vollständige Programm kann angefordert werden bei:

Akademie Remscheid
Küppelstein 34
5630 Remscheid 1

Reinhild Schweer
Erfahrungsbericht: Frauenkulturarbeit 1983 - 1987

Meine Grundausbildung als Spiel- und Theaterpädagogin 1983 erlaubte mir die aktive Auseinandersetzung und Einbeziehung mit meinen sowie auch den Lebensbedingungen und Lebenslagen der Jugendlichen im Jugendzentrum. Ich entdeckte Ausdrucksmöglichkeiten und Kommunikationsformen in der Körperarbeit, in der Arbeit mit Masken, im Schminken, im Spiel und Theater, die mir Spaß machten und mir eine erweiterte und distanziertere Sichtweise meiner Tätigkeit als Sozialpädagogin von 1982 bis 1986 im Jugendzentrum ermöglichte. Die Ausbildung und folgende kreative Seminare in den Bereichen Video, Clownerie, Theater der Unterdrückten regten mich immer wieder zum Experimentieren an.

Meine Parteilichkeit in der Arbeit mit Mädchen und Frauen, d.h. an ihren Fähigkeiten anzusetzen, eigene Ausdrucksmöglichkeiten wahrzunehmen, in der Auseinandersetzung mit sich und anderen eigene Bedürfnisse, Wünsche und Interessen zu äußern und die Erkämpfung dafür notwendiger Freiräume, brachte Schwierigkeiten im Team und in der Verwaltung mit sich. Erschwerend kam hinzu, daß ich zum damaligen Zeitpunkt die einzige weibliche Fachkraft im JZ war.

In der Auseinandersetzung mit kreativen Medien, die zum Teil nur in meiner Freizeit möglich war, bin ich jedoch immer wieder motiviert worden. Besonders meine Seminarerfahrungen ermöglichten mir den Zugang und Kontakt zu den wenigen Mädchen im JZ.

Über die Jahre konnte eine intensive Mädchenarbeit aufgebaut werden, so daß sie heute konzeptioneller Bestandteil der Arbeit ist. In diesem Lernprozeß sind besonders drei Frauen derart motiviert worden, daß sie inzwischen seit fünf Jahren über Spielaktionen, Schminken, Video, und Theater Ausdrucksmöglichkeiten für sich fanden, die ihr Selbstbewußtsein und Selbstwertgefühl positiv unterstützten.

Auch und gerade unsere Beziehungen sind trotz wechselnder Konflikte untereinander und mit mir als Pädagogin im gemeinsamen Lernprozeß gewachsen, ohne daß dieser langjährige Prozeß, das gegenseitige Aufbauen, wieder motivieren kaum möglich gewesen wäre.

Überblick

- 1983 Wochenendfreizeit, Schminkaktion
- 1984 Werbegags, Videofilm
- 1985 Arbeitslosenkongress, Happiness Spiel, Freizeit Theaterstück
- 1986 Theaterwochenende, Ideen
- 1987 Theaterbesuche, Interview zu Frauen und Film, Auswertung und Weiterentwicklung

1983 fing es an

Erste intensivere Kontakte entwickeln sich auf einer Eifelwochenendfreizeit.
Bei einer Schminkaktion in einem hauptsächlich als Abstellkammer genutzten Raum, den sie später als Mädchenraum umgestalteten, werden verschiedene Gesichtsmasken probiert.

Ein Herbstwochenende wird geplant und spontan entwickeln sich Werbegags und ein nicht für die Öffentlichkeit bestimmter Badewannenfilm. Erste Erfahrungen mit dem Medium Video machen allen viel Spaß.

1984 und der Froschkönig

Erfahrungsbericht: Frauenkulturarbeit

"Wenn ihnen ein Fremder plötzlich Blumen schenkt, dann kann es an Impuls liegen." Von diesem Werbespruch motiviert, ahmen die Mädchen die verschiedensten Werbegags nach und nehmen sie per Video auf. Der Spaß am Schminken, Verkleiden und Darstellen nimmt zu.

Ideen für einen Märchenfilm entwickeln sich während der Zusammensetzung individuell hergestellter Bildercollagen. Der im Jugendzentrum stehende Klospruch *"Man muß viele Frösche küssen, bevor man den Märchenprinzen findet."* wird zum Thema des Märchenfilms gekürt.

Andrea, Nico, Maren erzählen 4 Jahre später: *"Anfangs konnten wir uns nicht auf dem Monitor sehen. Wir haben uns geschämt. Erst nach einigen Spielereien mit der Kamera, nachdem wir selber die Kamera in die Hand genommen haben und ausprobierten, machte es uns nichts mehr aus. Bei der Rollenverteilung wollte erst keine von uns die Hauptrolle spielen, aber Andrea wollte dann doch im Mittelpunkt stehen."* Die Filmproduktion zieht sich über ein halbes Jahr in die Länge.

Inhalt: Ein Mädchen sieht einen Liebesfilm und stellt sich später auf der Straße in ihrer Phantasie die Traummänner vor. Plötzlich ist sie in einer Märchenwelt, wo Märchenfiguren vertraulich mit ihr umgehen. Sie erzählen ihr, bei ihnen lebe ein in einen Frosch verzauberter Prinz, den es nur noch wachzuküssen gelte. Sie findet den Frosch. Beim Küssen verwandelt sie sich selbst in einen Frosch.

Spontanität und Improvisation bestimmen den Filmverlauf. Der Kontakt zur Technik, besonders beim Schneiden, war eher dürftig.

Auch ich fühlte mich beim Spielen, Verkleiden und Ausprobieren am Wohlsten. Nur mit Mühe und mit öfterem Antreiben meinerseits feiert der Film Anfang 1985 seine Premiere, wo die Mädchen stolz von ihrem Film erzählen und ihn Freunden und Freundinnen zeigen.

Reinhild:
"Durch mein Mitspielen im Film habe ich häufig die nötige Distanz zum Gesamtverlauf verloren."

Nico:
"Manchmal empfand ich diesen Prozeß (des Herstellens von Videofilm und Theaterstück) so zäh wie Kaugummi. Anfangs schlimmer... Damals waren wir viel schüchterner (wenn es darum ging, etwas in die Tat umzusetzen) und haben uns nicht getraut, das, was wir denken, richtig auszusprechen."

1985 kommt der Ehrgeiz

Berufsfindung, Bewerbungsverfahren, Schulprobleme, Schwierigkeiten mit den Eltern, Beziehungsprobleme bestimmen den Alltag der Mädchen. Auf einem Jugendarbeitslosenkongreß, im Rahmen einer Podiumsdiskussion, trauen sie sich nicht, den Politikern ihre Meinung zu sagen. Sie werden sich ihrer Sprachlosigkeit bewußt und sind wütend darüber. Sie verlassen die Diskussion und unterhalten sich draußen über Musik.

Das Interesse, sich in der Öffentlichkeit zu äußern und die Lust am Theaterspielen wächst. Auf einer Sommerfreizeit in Holland wird probiert, phantasiert, am Strand gespielt.

Maren:
"Situationen zu spielen, die Theaterstücke zu formen und die Texte zu erarbeiten, haben immer Spaß gemacht. Ich glaube, am schönsten war das Theaterspielen. Das Publikum, die Leute direkt vor sich zu haben und sich die Reaktionen anzusehen. Die Leute miteinbeziehen. Ich hatte immer ein tolles Gefühl dabei, wenn die Leute gelacht oder geklatscht haben, wenn ihnen etwas gut gefallen hat. Das Lampenfieber vor dem Auftritt und die ganze Aufregung. Das war echt super. Es ist auch gut, daß wir so viel gefilmt haben. Dann kann man sich immer wieder angucken, wo man unsicher war oder welche Rollen besonders gut zu einem passen. Außerdem bekommt man dann auch intensiver mit, worauf das Publikum am meisten reagiert hat."

Die Erfahrungen mit dem Märchenprinzfilm motivieren mich zu einem Wochenendalltagsspiel "Die Bevölkerung des Planeten Happiness"

Erfahrungsbericht: Frauenkulturarbeit

Die Bevölkerung des Planeten kann beginnen

Nach der Vorbereitung des Raumes werden die Jugendlichen einzeln mit verbundenen Augen und bei Harfenmusik im Hintergrund ins galaktische Zentrum des Planeten geführt. Nachdem die Jugendlichen ihre ausgefallene Krepp-Kollektion fertiggestellt haben, stellen sie sich in ihren Berufen vor. Die Modedesignerin stellt die kommende Kollektion vor. Die Siebdruckmeisterin möchte eine Zeitung drucken und den Planeten bunt gestalten. Die Rechtsberaterin erklärt die Vorschriften und möchte den Planeten kinderfreundlicher gestalten. Der Reporter hat vor, eine Reportage vorzubereiten. Der Maler möchte Häuser bauen, die besonders kinderfreundlich sind. Die kaufmännische Angestellte möchte den anderen alles verkaufen. In Übereinstimmung mit allen werden Tauschgeschäfte vorgeschlagen und, daß Kinder keine Raffgier auf Happiness lernen sollen. Nach Aufteilung in zwei Gruppen und kurzer Bedenkzeit stellen die Besucher und Besucherinnen ihren Arbeitsalltag vor.

Zum Thema Ehe, Kinder, Schule und Ausbildung fielen noch folgende Aussagen: *"Erstmal können wir unsere Meinung selber vertreten, außerdem müssen bei uns Leute nicht heiraten, sondern sie wollen heiraten oder zusammenleben. Bei uns erbringen Kinder nur durch Einsicht Leistungen, bei Ihnen ist die Schule doch der reinste Knast." "Bei uns lernt jeder freiwillig rechnen, wenn er das braucht, und wenn einer kein Interesse an Englisch hat, hat er vielleicht Interesse am Werken. Auf der Erde werden die Kinder doch synthetisch zum Lernen gezwungen. Bei uns werden sie durch die Atmosphäre zum Lernen gebracht."*

Auf den Hinweis des Politikers, daß Lehrjahre doch keine Herrenjahre seien, äußert sich Happiness: *"Aus Erfahrung weiß ich, daß Lehrlinge als billige Arbeitskräfte genutzt werden und doch alles nur durch Disziplin und Ordnung geht. Sie müssen mehr Geduld für die Jugend haben!"*

Die Perspektiven der Happinessbesucherinnen und -besucher

Nach der Themenvorgabe stellen sie in Form einer großen Collage ihre Vorstellungen zu Kinder, Frieden, Forschung, Wohnung und Zukunft dar. Per Radiosendung haben sie nun die Gelegenheit, ihre Vorstellungen der Erde mitzuteilen. Sie stellen sich eine Umwelt mit viel Natur vor, keiner Umweltverschmutzung, kein Atomkrieg, keine Streitigkeiten zwischen ihnen. Bevor der Planet jedoch weiter besiedelt werden soll, wird eine Aufnahmeprüfung verlangt; denn auf diesem Planeten sollen nicht die gleichen Mißstände wie auf der Erde entstehen.

Sie brauchen keinen Politiker, der ihnen sagt, was sie zu tun haben, denn sie sind eine Gemeinschaft und helfen sich untereinander. Für ihre Zusammengehörigkeit brauchen sie Forschung, jedoch werden nicht alle technischen Entwicklungen gutgeheißen, wie die Atombombe z.B.!

Ihre Nachkommen wollen sie so erziehen, daß jeder hat was er will, jeder anziehen kann, was er will und arbeiten kann, wozu er Lust hat, nicht zu vergessen die Gleichberechtigung zwischen Mann und Frau.
"Immer mehr Frieden schaffen durch immer weniger Waffen. Freundschaft und Liebe auch ohne Diebe. Jeder macht, was ihm gefällt, auch wenn es keiner hält."

Reaktionen der Erden-Politiker und die Antwort der Happiness-Besatzung

Die Politiker auf der Erde sind über das Leben auf Happiness entsetzt und haben einen Krisenstab gebildet.

Ein Politiker äußert sich folgendermaßen dazu: *"Sie schlafen zusammen, essen zusam-*

men, haben keinen Chef, das ist ja die reinste Anarchie.."
Die Happiness-Leute sind bestürzt: *"Wir haben keinen, der nur mit dem Kopf oder nur mit den Händen handelt. Wir haben keine Laufburschen, sondern organisieren unsere Arbeit zusammen."*

Zum Thema Kinder meint der Politiker provozierend, daß Kinder schon im frühen Alter zur Gleichmacherei erzogen werden. Seiner Meinung nach ist der Versuch Happiness voll gescheitert, und die Leute dort sollen evakuiert werden. Die Happiness-Besatzung ist empört und versucht, ihr Leben auf dem Planeten mit Nachdruck zu verteidigen:

"Auf der Erde werden Kinder doch nur durch Konsum beherrscht. Bei uns gibt es keine Zerstörung von sozialen Einrichtungen wie in Jugendzentren, wo es nur durch den Konsum zur Zerstörungswut kommt. Bei Ihnen Herr Politiker läuft doch alles nur durch Bestechung! Holen sie mir mal jemanden, der sie gewählt hat; denn Leute, die sie wählen, müssen geistig nicht ganz da gewesen sein."

Das Leben auf der Erde geht weiter

Die Erfahrung Happiness hat allen Beteiligten viel Spaß gemacht und zum Nachdenken über die eigene Lebenssituation angeregt. Die Bereitschaft, sich über ihren Alltag auseinanderzusetzen und nach Umsetzungsmöglichkeiten zu suchen, hat zugenommen. Die wichtigsten Erlebnisse werden in ein Gruppentagebuch geschrieben, eine weitere Freizeit wird geplant, wo eine öffentliche Veranstaltung in Köln vorbereitet werden soll. Es besteht die Idee, ein Theaterstück vorzubereiten und an einer öffentlichen Diskussion mit Politikern teilzunehmen.

Ein Stück soll her. Was Lustiges, Akrobatisches, Politisches und alles in Kölsch. Mit Hilfe eines Prioritätenspiels, vielen Experimenten, welche Rolle würde jede gerne spielen, entwickelt sich ein Stück zum Thema "Jugend von heute". Die Gruppe "Labergeschwader" mit Nico als Oma Griseldis, Maren als Oma Brummsummsula und Andrea als Putzfrau Tusnelda haben am 7.9.85 ihren ersten öffentlichen Auftritt.

Zu den Themen Jugend, Arbeitslosigkeit, Umweltprobleme, Alte und Junge, Politik und Frieden äußern die drei ihre Meinung, versuchen das Publikum mit einzubeziehen. Sie fordern das Publikum auf, ihr Kreuzchen bei der von ihnen gegründeten "Happiness Partei" zu machen. Nach akrobatischen Übungen verlassen die drei auf ihrem fiktiven Motorrad mit lautem Getröte die Bühne und fahren durch die klatschende Menge zurück. Sieben weitere Auftritte folgen, das anfängliche Bibbern läßt nach und ihr Selbstbewußtsein wächst.

1986 wollen wir mehr

Ich habe die Stelle gewechselt. Der Kontakt zu den drei Mädchen bleibt. Das Jugendzentrum wird von ihnen nur noch wenig besucht. Der Wunsch, professionelleres Theater aufzuführen, wird geäußert. Theater heißt auch intensive Arbeit an sich.

Diese Erfahrung machen sie auf einem Theaterworkshop-Wochenende. Es werden Szenen erarbeitet, gespielt, verändert, wieder aufgeführt. Mit Körperarbeit, Sprach- und Stimmtraining beginnt der Tag. Gefallen finden sie an Rhythmusübungen bei afrikanischer Trommelmusik. Der Tag ist ihnen jedoch zu durchstrukturiert. Die Themen des letzten Jahres sind nach wie vor aktuell und bestimmen die Inhalte der Szenen.

Kritik

"Als wir das letzte Mal (auf der Burg Waldeck) versucht haben, ein Theaterstück auf die Beine zu stellen, fand ich es sehr vorprogrammiert, wie wir auf das Thema Zukunft kamen und dann am Schluß sich jeder was zum Thema Zukunft ausdenken sollte. Ich glaube, das war auch ein Grund dafür, daß es zum Schluß nicht geklappt hat. Vielleicht lag es auch daran, daß wir zu der Zeit noch ein paar Leute mehr waren. Man kann

Erfahrungsbericht: Frauenkulturarbeit

bestimmt anders ein gemeinsames Thema finden. Z.B. Karten schreiben, was wir immer schon machen wollten oder was uns jetzt Spaß macht. Dann könnten wir wieder gucken, wer was machen möchte. Vielleicht sind auch Sachen dabei, die jeder gerne machen würde. Aber die Richtung, das, was wir als nächstes machen, würden wir dann zusammen finden."

Bei weiteren wöchentlichen Treffen, bleibt es bei der Ideenentwicklung eines neuen Stückes. Die verschiedenen Alltagssituationen verändern den Kontakt in der Gruppe. Das Interesse, sich über Familien- und Ausbildungsprobleme auszutauschen, sich zu beraten, miteinander zu klönen, steht im Vordergrund. Unser Kontakt wird zusehends lockerer.

Andrea:
"Der Unterschied zwischen Maren, Nico und mir gegenüber der Gruppe war, daß wir drei viel intensiver zusammengearbeitet haben... Wir waren ja auch schon gut aufeinander eingestellt und hatten auch mehr Erfahrung mit Theater als die anderen in der Gruppe. In der Gruppe muß man auch zusammenhalten können. Das heißt, die Lust muß schon vorhanden sein, das regelmäßige Erscheinen ist schon wichtig."

1987 blicken wir zurück

Das Interesse an gemeinsamen Theaterbesuchen über den Kölner Jugendkulturring ist anfangs groß, läßt aber mit der Zeit nach. In einem vierstündigen Interview zu Frauen und Film werden alte Erlebnisse wach und der Wunsch, einen Beziehungsfilm zu drehen, kommt auf.

Nico:
"...nen Film machen müßte über ne Beziehung, wie sie sein sollte. Und was man in ner Beziehung alles machen kann, um ne Beziehung aufzubauen und zu festigen und trotzdem so, daß der andere seine Freiheiten hat usw., ohne in den anderen einzudringen. Wir drei unterhalten uns oft darüber und da kommen schon so Sachen rüber, wie man's eigentlich haben möchte. Und daß diese Wünsche eigentlich gar nicht so unrealistisch sind, gar nicht so sind, daß man sie niemals verwirklichen kann."

Maren:
"Es fehlen nur die Männer dazu, das ist das einzige Problem."

Frage:
"Und meint Ihr, daß es die nicht gibt?"

Andrea:
"Doch, die gibt es schon, glaub' ich, aber ich bin die meiste Zeit ziemlich verschlossen mit Jungs, nicht so wie mit Mädchen, so frei raus. Also manchmal hab ich das Gefühl, wir empfinden viel mehr als diejenigen, obwohl sie doch vielleicht gleich empfinden, aber viel zu stur sind, um irgendwas zu sagen..."

Maren:
"Ich glaub', wir empfinden viel intensiver als Männer."

Andrea: *"...doch immer die höhere Position spielen müssen als wir Frauen. 'Wie kann ich denn? Wenn ich der wat sage, dann steh' ich doch wieder tiefer als die?' obwohl ne Frau das lieber hätte und ihn gar nicht verurteilen würde und sagen würde 'Du bist jetzt das kleine Würmchen' und ich bin jetzt der letzte Trumpf..."*

Maren:
"...daß eine über dir steht oder daß in der Beziehung von Anfang an klar ist 'Ich steh über dir', 'ich habe mehr zu sagen' oder 'meine Entscheidungen sind wichtiger...' Scheiße, daß das nicht so sein kann, daß jeder seine eigenen Gedanken hat und der andere das akzeptiert, daß er sagt: 'o.k., du denkst so, ich denk zwar anders, aber ich akzeptiere das und ich kann das nachvollziehen, ein bißchen, auch wenn ich das nicht genau so empfinden kann wie du', aber, daß man es wenigstens akzeptiert und nicht sagt 'Du hast ja wohl nen Knall, wie kann man nur denken!', daß man sich nicht in die Lage von nem anderen versetzen kann."

Nico:
"...Ich würde gern darüber einen Film selber machen, über Beziehungen. Ich kann mir gut

Erfahrungsbericht: Frauenkulturarbeit

vorstellen, daß wir das realisieren, nur fehlen halt die männlichen Schauspieler dazu. Und vor allem stell' ich es mir unheimlich schwer vor, dann den Typen begreiflich zu machen, was wir eigentlich denken und wie der Film aussehen soll..."

Maren:
"Ich glaub', das ist unheimlich schwer so was darzustellen, auch für uns, obwohl wir schon mal Theater gespielt haben und wenn dann zwei Personen da sind, eine von uns und ein Mann. Ich glaub', das ist unheimlich schwer, das so darzustellen, wie wir uns das denken, auch wenn wir die gleichen Gedanken haben."

Andrea:
"Weißte, warum es schwer ist? Wir denken so, obwohl - wir haben Beziehungen und sind da doch nicht so, wie wir uns das denken, weil immer wieder Situationen da sind, wo du wieder zurückfällst, wo du denkst, das und das hätt' ich nicht gemacht und das und das will ich ändern, aber die kommen immer wieder, es kommt immer wieder das Gleiche."

Nico:
"Oder wie oft passiert es uns, daß wir uns unterhalten und du sagst etwas, was du überhaupt nicht so meinst, erzählst zwar trotzdem weiter, aber denkst im selben Moment, 'so denk ich überhaupt nicht, was erzähl ich eigentlich hier?', es greift zwar das Thema an, aber es sagt nicht das, was du eigentlich denkst, du kannst es einfach nicht ausdrücken und da stell ich es mir schwer vor, jetzt einen Film darüber zu machen, wo du nicht nur redest, wo du auch darstellen mußt, daß derjenige, der das sieht, auch so versteht, wenn du schon so inner richtigen Unterhaltung nicht richtig sagen kannst, was du eigentlich fühlst oder denkst."

---

mamamamamamamamamamamamamamamamamamamamamamamamamamamamamama
mamamamamamamamamamamamamamamamamamamamamamamamamamamamamama
mamamamamamamamamamamamamamamamamamamamamamamamamamamamamama
mamamamamamamamamamamamamamamamamamamamamamamamamamamamamama
mamamamamamamamamamamamamamamamamamamamamamamamamamamamamama
mamamamamamamamamamamamamamamamamamamamamamamamamamamamamama
mamamamamamamamamamamamamamamamamamamamamamamamamamamamamama
mamamamamamamamamamamamamamamamamamapapamamamamamamamamama
mamamamamamamamamamamamamamamamamamamamamamamamamamamamamama
mamamamamamamamamamamamamamamamamamamamamamamamamamamamamama
mamamamamamamamamamamamamamamamamamamamamamamamamamamamamama

Raum 9 der Ausstellung "Frauen frei Räume", Herford

Erfahrungsbericht: Frauenkulturarbeit

Andrea:
"Du könntest zum Beispiel spielen, einer der offen ist und einer der nicht..."

Maren:
"Also oberflächlich könnte man das schon darstellen, also ganz extrem. Wenn du darstellen willst, ne Beziehung, wo die Frau unterdrückt wird, das kannst du schon darstellen oder umgekehrt, wenn ein Mann unterdrückt wird oder labil ist, oder was weiß ich. Aber wenn du jetzt darstellen willst, daß beide gleichberechtigt sind, irgendwie, ich glaub', das ist unheimlich schwer..."

Nico:
"Rein von der Körpersprache her, vom Ausdruck, wie ist uns das passiert beim Theaterstück, daß wir da gesessen haben und nur noch erzählt haben, ohne uns dazu zu bewegen? Das Publikum wurde unruhig und wir konnten nicht mehr richtig rüberbringen, was wir eigentlich meinten, uns fehlte die Körpersprache dazu, uns fehlte der Text ein bißchen dazu und das Publikum wird immer unruhiger, die fangen an, sich untereinander zu unterhalten, weil wir das nicht richtig rüberbringen, was wir meinen, wir können das einfach nicht rüberbringen... Und wenn wir jetzt darüber einen Film machen, das würde tierisch viel Arbeit sein, da müßten wir uns den ganzen Tag damit beschäftigen können, und das über eine längere Zeit und nicht nur an einem Wochenende oder in einer Woche."

Frage:
"Aber spannend fänd' ich das schon als Projekt. Darzustellen, wie wünsch ich mir eigentlich eine ideale Beziehung zu einem Mann, wie müßte die aussehen?"

Maren:
"Das wollen wir eigentlich schon lange."

Ich spüre mein Interesse an einer Auswertung der letzten fünf Jahre. Durchforste das gesammelte Material und auf einem verregneten Frühjahrswochenende sehen wir mit viel Spaß und mal mehr und mal weniger Begeisterung das Material durch.

1988 Neuer Auftrieb

Die Prominentinnen-Mitspiel-Talk-Tanzshow hat ihre Premiere. Auftritte bei Kölner Mädchenfesten folgen.

1989 Frauen - Alltags - Revue

Die Einladung zu einer Frauen-Kultur-Woche außerhalb von Köln ist der Anlaß, über vielfältige Improvisationen ein neues Stück zu entwickeln.

Kontaktadresse:

Reinhild Schweer
Liebigstraße 171
5000 Köln 30
Telefon 0221/172435

Liebe

zwei Menschen
gehen
aus ihrer Haut
und
entdecken zusammen
eine
neue
Hülle

zwei Menschen
lassen
alle Hüllen fallen
und
entdecken zusammen
eine
neue
Haut

Alexandra Dahmen (17)

Illustration aus: Neysters „Wir gehen miteinander", S. 8.

Gisela Schalk
Schreiben befreit
oder: Die Methode wird zum Inhalt

Am Anfang stand die Frauenbewegung und eine Arbeitsgruppe, die sich "Frauen schreiben" nannte. Das erste, ganz selbstverständliche Thema war damals die eigene Situation als Frau. Bald aber folgten auch andere Themen. Da keine der Teilnehmerinnen in dieser Arbeitsgruppe auf vorhandene Texte zurückgreifen konnte, wurden bereits hier einige Methoden und Schreibspiele entwickelt, die das Entstehen von Texten leicht machten. Wir beschrieben uns gegenseitig, teilten uns schriftlich unsere Erwartungen und Hoffnungen mit, machten "Hausaufgaben" zu unterschiedlichen Reizwörtern. So entstanden zum Stichwort "Kollegen" die ersten Texte von uns, die später in Anthologien veröffentlicht wurden.

Diese Arbeitsgruppe existierte etwa drei Jahre, als die Überlegung entstand, an der Volkshochschule Dortmund einen Kurs anzubieten, in dem "Schreiben" im Vordergrund stehen sollte. Traditionellerweise hätte das im Bereich "Deutsch" oder "Literatur" sein müssen. Aus organisatorischen Gründen erschien es aber sinnvoll, diesen Kurs im Bereich "Frauengesprächskreise" anzubieten. Bettina Rolfes und ich mußte nun entscheiden, ob wir uns unseren "Schreibkurs" auch als Frauengesprächskreis vorstellen konnten.

Allerdings war es von Anfang an klar, daß dies keine Tarnung sein durfte. Wenn schon - und wir entschieden uns dafür - dann sollte es auch wirklich ein Frauengesprächskreis sein. Wir wollten dann mit Mitteln des schriftlichen Ausdrucks das Gespräch in Gang setzen und fördern. Und diese etwas schizophrene Ausgangsposition zwischen Literatur und Selbsterfahrung hat sich im Nachhinein als großer Glücksfall erwiesen.

Zunächst einmal sieht es natürlich sehr konfliktträchtig aus: Der Anspruch zu schreiben, möglichst noch auf hohem literarischen Niveau und der Anspruch, sich selbst und den eigenen Konflikten mit Hilfe des Schreibens näherzukommen, prallen aufeinander. Gibt es da nicht zwangsläufig zwei unterschiedliche Lager, die nicht auf einen Nenner zu bringen sind, die die Gruppe sprengen? Trends in der einen oder anderen Richtung waren immer da und sind es auch jetzt noch. Nur glauben wir, daß in dieser natürlichen Spannung zwischen den unterschiedlichen Ansätzen ein fruchtbares Klima entstehen kann, das dazu führt, daß beide Seiten sich nicht behindern sondern gegenseitig befruchten. In diesem Zusammenhang ist es aber nötig zu sagen, daß die Gegensätze zwischen "literarischem Schreiben" und "therapeutischem Schreiben" überhaupt nicht so groß sind, wie sie auf den ersten Blick erscheinen und daß oft genug die Grenzen sogar fließend sind. Noch etwas ist in diesem Zusammenhang ganz wichtig: Die Absicht, in der ein Text geschrieben wird, sagt überhaupt nichts darüber aus, welchen Ansprüchen er später genügen wird. Mit anderen Worten: Wenn ich mich jetzt hinsetze und will unbedingt "Literatur" produzieren, so kann das trotzdem dazu führen, daß nur ein Stück krampfhafte Wortgymnastik dabei herauskommt. Eine andere Person dagegen, von den eigenen Schwierigkeiten fast überwältigt, setzt sich hin und schreibt, buchstäblich um zu überleben. Eventuell entsteht dabei ein Text, der sehr vielen Menschen etwas zu sagen hat.

Mir fällt in diesem Zusammenhang das Tagebuch der Anne Frank ein. Ihr war der Gedanke an "Literatur" in dieser Situation zunächst sicher völlig fremd - trotzdem ist Literatur ent-

Schreiben befreit

standen. So wenig, wie die Absicht, mit der ein Text geschrieben wird, darüber entscheidet, was schließlich aus ihm wird (eher schon, wie hinterher mit ihm umgegangen wird) so wenig ist auch vielen klar, wohin es führt, zu Stift und Papier gegriffen zu haben. Der Fall, daß jemand klipp und klar sagt, "ich bin hier, weil ich schon immer Bücher schreiben wollte" ist äußerst selten. Meistens ist zunächst einfach der Drang da, sich auszudrücken, etwas festzuhalten, zu klären. Nachdem es da steht, ist der nächste Schritt, über das Geschriebene mit jemandem zu reden. Und ein weiterer Schritt kann sein, den Kreis der "Gesprächspartner" weit auszudehnen, an die Öffentlichkeit zu gehen.

Ich glaube sogar, daß diese Spannung zwischen "Schreiben nur für mich" und "Schreiben für die Öffentlichkeit" ganz natürlich ist und sich in unserer Gruppe nur spiegelt, was in jeder Einzelnen mehr oder weniger auch stattfindet bzw. einmal stattgefunden hat. Wenn der Text zum ersten Mal auf dem Papier steht, kommt anschließend schon eher der Punkt, wo sich sein weiteres "Schicksal" entscheidet. In den wenigsten Fällen wird da etwas stehen, das "rundum gut" ist. Ob jetzt eine Frau Kritik wünscht, diese überhaupt verträgt und sie auch noch umsetzen kann, oder ob sie sagt: So wie es da steht, ist es für mich richtig, und da ändere ich kein Komma dran - ist schon eher ein Indiz für die Fähigkeit, sich überhaupt weiterentwickeln zu können. Denn normalerweise (von Ausnahmen in der Lyrik einmal abgesehen) wird sich niemand in der Öffentlichkeit durchsetzen können, der/die nicht bereit ist, an den eigenen Texten wieder und wieder zu arbeiten.

Wie gesagt, die Grenzen sind hier fließend. So manche Frau kam, um ihre Gedichte möglichst schnell möglichst groß herauszubringen, reduzierte jedoch nach einiger Zeit ihre Ansprüche aufs Tagebuchschreiben. Bei sehr vielen ist der Ehrgeiz völlig befriedigt, wenn es ihnen nach vielen Mühen gelingt, einen Text in einer Anthologie unterzubringen. Sie haben sich selber einerseits bewiesen, daß sie "es" auch können, andererseits haben sie gesehen, wie schwer das Veröffentlichen ist, daß es sich finanziell nicht lohnt und sich das Leben dadurch sowieso nicht ändert. Eine dritte, sehr kleine Gruppe kam des eigenen Bauchnabels wegen und entdeckte ihre Lust und ihr Talent - vielleicht auch ihren Schatz an interessanten Erfahrungen erst im Umgang mit der Gruppe.

All diese Frauen sitzen friedlich nebeneinander, und wir, die Kursleiterinnen, haben die Möglichkeit, fast alle auf ihre Kosten kommen zu lassen. Wer intensive Textkritik wünscht, bringt die Texte - möglichst für alle fotokopiert - in den Gesprächskreis mit, und es wird sehr gründlich darüber gesprochen. Das ist wirklich nicht jederfraus Sache. Anschließend haben wir auch durchaus gehört: "Ich möchte aber nicht, daß mit meinen Texten so umgegangen wird." O.k., es muß ja auch nicht sein. Dann reden wir eben mehr über das, was in bzw. hinter dem Text steht.

Und jetzt kommt ein sehr wichtiger Punkt: Egal, ob die Frauen ein Liebesgedicht, eine Science-Fiction-Geschichte oder einen Krimi schreiben, ob sie dies nun schlecht oder genial machen - sie alle haben einen gemeinsamen Hintergrund an Erfahrungen als Frau in einer männerorientierten Gesellschaft. Diese Gemeinsamkeit wird in allen Texten durchschimmern und ein verbindendes Element darstellen, unabhängig davon, ob die eine ihren Text ängstlich in der Schublade versteckt oder die andere ihn einer großen Illustrierten verkaufen kann. "Aber die unterschiedliche Intensität, mit der an Texten gearbeitet wird, kann doch auch ein störendes Element im Ablauf sein", höre ich einige sagen. Das stimmt. Aber sie zeigt sich selten bei den gemeinsamen Treffen. Das ist eine Sache, die hauptsächlich zuhause passiert. Sie stört den Ablauf im Gesprächskreis nicht.

Es gab eine Zeit, da dachten wir, es müßte unbedingt so etwas wie einen "Fortgeschrittenenkurs" geben. "Kreatives Schreiben" wurde im Fachbereich "Literatur" eingerichtet. (Hier sind auch Männer mit dabei.) Von Anfang an waren hier die Ansprüche wesentlich größer - nur die Ergebnisse nicht. Inzwischen gehen wir mehr und mehr dazu über, die lockeren Me-

Schreiben befreit

thoden und Spiele von "Schreiben befreit" auch in "Kreatives Schreiben" einzusetzen, und das kommt auch (meistens) bei den Teilnehmern und Teilnehmerinnen gut an.

Der Kurs "Schreiben befreit" existiert jetzt seit neun Jahren - aber in den unterschiedlichen Phasen seines Bestehens gab es Zeiten, wo die Gespräche so stark überwogen, daß das Schreiben eine ganz untergeordnete Rolle spielte. Heute dagegen steht "Schreiben" im Vordergrund, nur sind die Methoden andere als im Kurs "Kreatives Schreiben". Im Kurs "Schreiben befreit" ist die Methode zum Inhalt geworden - aber mit ganz bestimmten Merkmalen. Vermutlich, weil wir zwei Dozentinnen unseren Ursprung in der Frauenbewegung haben und das auch nie leugnen, färbte diese Haltung auf die Teilnehmerinnen ab. Bei aller Betonung des Kreativen war "Schreiben befreit" in jeder Phase seines Bestehens weit davon entfernt, ein schöngeistiges Kaffeekränzchen zu sein, in dem Literarisches abgesondert wird. Eine feministische Färbung - nicht als Programm sondern als selbstverständliche Grundhaltung - blieb erkennbar. Der Gesprächskreis, der anfangs unter dem Namen "Schreiben - raus aus dem stillen Kämmerlein" angeboten wurde, erhielt schnell den gegenwärtigen Namen. Er ist inzwischen ein Markenzeichen geworden, der gleichzeitig unser Programm enthält. Befreien müssen sich Frauen von Unterdrückungen aller Art und auf die unterschiedlichste Art und Weise. Da unterscheiden sich die "Schreibe-Frauen" nicht von ihren Schwestern in den anderen Gesprächskreisen, aber sie befreien sich eben unter verstärktem Einsatz von Papier und Stift.

Wie sieht nun unsere Arbeit in der Praxis aus? Zunächst gingen wir davon aus, daß zu uns Frauen kommen, die Tagebuchaufzeichnungen und andere Texte mitbringen würden. Wir wollten anhand dieser Aufzeichnungen auf ihre persönliche Situation zu sprechen kommen. Doch die Praxis sah dann ein wenig anders aus. Obwohl es sich im VHS-Programm unübersehbar um einen Gesprächskreis handelte, kamen von Anfang an auch Frauen, denen es nur um das Schreiben als solches ging.

(Das lag sicher auch daran, daß damals ein entsprechendes anderes Angebot nicht vorhanden war.) Aber die andere Gruppe - und das hat sich bis heute nicht geändert - war auch da: Die Frauen, die nicht im Traum daran dachten, jemals eine Zeile für andere zu schreiben; denen es einzig und allein nur darum ging, das Schreiben zum Klären ihrer persönlichen Probleme zu nutzen.

Der Übergang war fließend und es gelang uns, das Gemeinsame stärker zu betonen als das Trennende. Beiden Gruppen gemeinsam war aber, daß so gut wie niemand fertige Texte mitbrachte. Vielmehr wurde von uns als Kursleiterinnen ganz selbstverständlich erwartet, daß wir sie zum Schreiben anleiten würden. Das haben wir dann getan. Rückblickend sehen wir unsere größte Stärke im Motivieren und Animieren.

Folgende Mittel benutzten wir mit immer neuen Variationen und Kombinationen:
– Reizworte: laut, leise, Knall, Wut, Hintertür usw.
– Phantasieworte: wie z.B. Regenrad, Blätterwolke, Wellenbaby
– Satzanfänge
– leicht provozierende Themen
– Bilder: Wer wohnt hinter dieser Tür, was spielt sich hinter diesem Fenster ab?
– Musik: Meditationskassetten eignen sich gut für phantastische Themen
– Zeitungsmeldungen und -berichte: aus und mit ihnen kann man fast alles machen, Kurzgeschichten, Märchen, Charakterbeschreibungen: Was war das für eine Frau, die Amok fuhr und sechs Polizeifahrzeuge rammte?
– Zeitungen und Prospekte, um daraus Kollagen herzustellen: Mein Tagesablauf, zusammengestellt aus dem Werbematerial der SB-Märkte und Kaufhäuser
– Ratespiele aller Art: z.B. eine Person in der Gruppe wird mit nur drei Zeilen charakterisiert. Wer ist es? Und wer hat sie so treffend beschrieben?
– Wundertüten: Umschläge, die Worte enthalten und evtl. auch Bilder, damit wird dann ein Text gestaltet

- Exkursionen: Ich stehe am Bahnhof und weiß: Der Zug der mich für immer von hier wegbringen wird, kommt in zwei Minuten

Schreiben befreit

Wer mehr darüber erfahren möchte, findet viele Anregungen für das Schreiben in Gruppen und im Stillen Kämmerlein in dem Buch "Schreiben befreit" Verlag Kleine Schritte, Trier.

Nach etlichen Jahren Arbeit können wir natürlich jetzt einiges nicht nur über die Entwicklung unseres Kurses sagen, sondern auch über die Entwicklung der Frauen, die zu uns kamen: Bei der Vorbereitung unseres Buches "Schreiben befreit" hatten wir ehemalige und noch aktive Kursteilnehmerinnen angeschrieben und sie gebeten, Gutes und Böses aufzulisten. Die Ergebnisse waren für uns überraschend: Vornweg wurde eine Stärkung des Selbstbewußtseins genannt:

"Ich hatte plötzlich den Mut, zu meinen Gefühlen zu stehen und vor anderen darüber zu reden." Oder:
"Ich konnte mich plötzlich ausdrücken und in der Gruppe mitdiskutieren, wie ich es früher nicht für möglich gehalten hätte."
"Wäre ich nicht 3 Jahre lang in die Schreibgruppe gegangen, hätte ich nicht mehr den Mut gehabt, wieder berufstätig zu werden."

Als nächstes positives Ergebnis der Mitgliedschaft in der Schreibgruppe folgten "Anregung" und "persönliche Kontakte".
"Es gab keinen Kursabend, an dem ich nicht voller Anregungen nach Hause ging. Die ganze Woche über schwirrten die Eindrücke des Mittwochs in meinem Kopf herum und brachten mich auf Ideen, die ich mir selber nicht zugetraut hätte."
"Aber daß ich nicht nur eine Freundin, sondern gleich mehrere finden würde, und das in meinem Alter (62), hätte ich nicht erwartet."
"Die Stimmung war oft so gut, daß man die kahlen Räume der VHS bald ganz vergaß".

Vielleicht ist es an dieser Stelle nötig, etwas zur Fluktuation innerhalb des Gesprächskreises zu sagen. Einige Frauen waren von Anfang an dabei und halten uns auch jetzt noch die Treue.

Nach unserer Erfahrung ist es so, daß diejenigen, die vorwiegend zum Klären der eigenen Probleme kommen, etwa ein halbes Jahr bis drei Jahre bleiben, dann sind die Konflikte entweder so klar zutage getreten, daß eine andere Form der Konfliktbewältigung gesucht werden muß, im Klartext eine Therapie, oder - was zum Glück häufiger vorkommt - die Situation hat sich soweit entspannt, daß plötzlich andere Dinge wichtig werden: z.B. die Mitarbeit in anderen Gesprächskreisen der VHS, in denen ein ganz bestimmtes Thema im Mittelpunkt steht. Besonders häufig "verlieren" wir Teilnehmerinnen an die Aquarellmalerei, an Töpfern und Trommeln. Politik und Gewerkschaft sind ebenfalls weitere Gebiete, wo unsere ehemaligen Gesprächskreisteilnehmerinnen zu finden sind. Für diese Frauen haben wir uns als "Einstiegskurs" bewährt, in dem ihr mündliches und schriftliches Ausdrucksvermögen trainiert wurde.

Besonders stolz sind wir auf zwei ältere Teilnehmerinnen: Die eine ist inzwischen eine bekannte Dortmunder Autorin und hat uns in diesem Punkt längst mehrfach überrundet, die andere ist heute Seniorenreporterin bei Radio Dortmund und betont stets, daß sie sich bei uns den nötigen Mut geholt hätte. Der Mut wächst nach unserer Erfahrung meistens in folgenden Schritten: Vielen Frauen fällt es anfangs sehr schwer, über sich selbst zu reden. Sie sind buchstäblich "zu". Aber die vielfältigen Anregungen und Reizworte, die wir unseren Teilnehmerinnen geben, führen fast immer dazu, daß irgendwann auch etwas (und zwar ihr ganz spezielles Problem) auf dem Papier steht. (Z.B. wenn der vorgegebene Satzanfang lautete: "Im Moment habe ich das Gefühl..." oder: "Wenn ich könnte, wie ich wollte, würde ich..." oder: "Eines Tages ist es soweit, dann...")

Nun wird diese Frau, die endlich auf ihr ureigenstes Thema zu sprechen kommt, das Geschriebene nicht sofort vorlesen. Der Schreck darüber, daß sie sich überhaupt da herangetraut hat, ist noch zu groß. Aber - es steht erst einmal da, Schwarz auf Weiß und ist damit fast immer ein Stückchen von ihr weggerückt. Wenn der Konflikt vielleicht noch ein oder

Schreiben befreit

zwei Wochen gelegen hat, ist eine gewisse Distanz geschaffen. Eines Tages liest die Frau vor, was sie da "irgendwann" geschrieben hat. Und jetzt - nachdem das Problem einmal vorgelesen wurde, kann sie plötzlich auch darüber reden. Der Umweg über das Schreiben macht das Reden leichter.

"Es war gut, daß kein Text kritisiert wurde, so hab ich ein Stück weit gelernt, erst einmal alles aufschreiben zu dürfen, ohne schon die Gedanken zu zensieren, bevor sie überhaupt zu Ende gedacht waren", schrieb uns eine Teilnehmerin.

Hat die betroffene Frau erst einmal gemerkt, daß die anderen ihr zuhören, sie ernst nehmen und mit ihr zusammen das Problem angehen, wächst ihr Zutrauen zu ihrer eigenen Ausdrucksfähigkeit. Sie sagt mehr, erhält weiteren Zuspruch, redet freier und selbstverständlicher, ihr Selbstbewußtsein wächst, sie traut sich plötzlich neue Dinge zu und - verläßt uns dann meistens. Nicht ohne uns zu versichern, daß sie gelegentlich wiederkommen wird. Manche Frauen kommen tatsächlich nach einiger Zeit wieder, bei ihnen steht dann fast immer das Schreiben und die Anregung durch die Gruppe im Vordergrund.

"Ich brauche die Gruppe, um einen bestimmten Druck zu haben, etwas aufs Papier bringen zu müssen."

Die Konfliktbewältigung wird jetzt als Nebeneffekt mitgenommen. Der Kontakt zu den "Ehemaligen" wird bewußt gehalten. Bei besonderen Anlässen, Weihnachtsfeiern, Lesungen usw. laden wir sie regelmäßig ein.

Zu jedem Semesterbeginn gibt es alte und neue Gesichter. Das wirft jedesmal Integrationsprobleme auf, für die wir inzwischen ebenfalls unsere eigenen Methoden entwickelt haben. Da sie sich mit Sicherheit auch ganz allgemein für den Einsatz in der Frauenbildungsarbeit eignen, ist es hier sicher sinnvoll, näher auf sie einzugehen:

Als wichtigstes Instrument haben wir das "assoziative Schreiben" für uns entdeckt. (Es kommt aus der Psychologie und ist dem "automatischen Schreiben" der Surrealisten verwandt.) Ein Wort wird vorgegeben und dann ohne Nachdenken dazu geschrieben. Dabei geht es nicht um komplette Sätze, sondern um das Festhalten von spontanen Einfällen. "Schreiben, nicht denken, auch wenn ihr es nachher nicht vorlesen mögt", sagen wir anfangs immer dazu.

Wichtigste Regel: "Vom Thema abgewichen" gibt es nicht. Was so entsteht ist in den seltensten Fällen ein fertiger Text, wohl aber Stoff zum Nachdenken und ein Anzeiger für das, was in unserem eigenen Unterbewußtsein vorgeht. Deshalb werden bei uns diese Texte nicht besonders kommentiert, von spontanen Äußerungen einmal abgesehen. Aber gerade dieses Vorgehen empfinden die Teilnehmerinnen als sehr wohltuend.

Mit dem assoziativen Schreiben verwandt und ebenfalls gut geeignet für Gruppen ist das spontane Schreiben. Wir verstehen darunter alle Schreibaktionen, die vorher nicht bekanntgegeben wurden, für die nicht sehr viel Zeit zur Verfügung steht und die deshalb ohne großes Nachdenken durchgeführt werden. Das sind vor allem Satzanfänge, die direkt in ein Thema einführen, aber auch Tabellen, Zeitpläne oder Geschichten, deren Elemente zufällig zusammenkamen. (Es können jeweils drei Zettel gezogen werden wovon einer eine Person, einer ein Ereignis und ein dritter einen Gegenstand nennt, z.B. Prinz, feministische Revolution, Sahnetorte. Daraus wird ein Märchen geschrieben.)

Plötzlich sehen sich unsere Teilnehmerinnen mit einer Aufgabe konfrontiert, die ihnen im ersten Augenblick nichts zu sagen scheint, bis in ihrem Kopf doch eine Assoziation entsteht. Vielleicht bringt das Thema sie auch auf ein aktuelles Problem oder auf eine Frage, die sie zur Zeit bewegt. Die Wege des Unterbewußtseins sind vielfältig und oft rational nicht zu verstehen. Wichtig beim spontanen Schreiben ist das, was manche Kursteilnehmerinnen zunächst als Nachteil empfinden: Ein gewisser Zeitdruck! Er verhindert allzu tiefes Reflektieren und läßt das Unterbewußte mehr heraus. Die Regeln sind die gleichen wie beim assoziativen Schrei-

Schreiben befreit

ben. Liegt die erste Fassung erst einmal auf dem Tisch, kann auch korrigiert und damit gearbeitet werden.

Wir haben im Laufe der Jahre so viele Schreibspiele und Methoden entwickelt, daß diese Schreibanregungen die Hälfte unseres Buches "Schreiben befreit" ausmachen. Vieles davon eignet sich auch für Selbsterfahrungsgruppen und Frauengesprächskreise: Kennenlern-, Vorstell- und Abschiedsspiele, Spiele zur Integration neuer Frauen in eine bestehende Gruppe, Schreibspiele, die helfen, einander besser kennenzulernen und näher zu kommen, viele Anregungen, wie man mehr über sich selbst und seinen Bauchnabel erfahren kann.

Hier einige Themen, die sich bei Selbsterfahrungsgesprächen bereits bewährt haben:

Allgemeines:

- Ich ärgere mich immer wieder, daß ich es nicht schaffe, ...
- Etwas beginnt, etwas geht zu Ende...
- Ich wußte, etwas mußte noch kommen, da passierte es: ...

Zum Nachdenken über die augenblickliche Situation:

– Mein Leben - eine Straße
Wir stellen uns unser bisheriges Leben als Weg bzw. Straße vor und beschreiben ihn. Ging es bergauf? Geradeaus? Wohin? War er glatt, steinig, breit, schmal? Mündeten andere Wege darauf?

– Meine Lebenslinie
Wir malen unsere eigene Lebenslinie auf (möglichst großformatiges Papier benützen) und tragen einschneidende Ereignisse ein. Welche Menschen waren wichtig? Welche Farben haben die einzelnen Abschnitte? Welche Namen kann ich ihnen geben? z.B.: "Die ersten Fußballschuhe", "Die ersten Tanzschritte".

– Mein Leben als Schrank
Hier geht es um die verschieden "Schubladen" wie Arbeit, Familie, Hobby usw. Gibt es Geheimfächer? Was steht hinten in der Ecke? Wie riecht es da drin? Wofür brauche ich Mottenkugeln. Wer darf da reingucken?

Zum Hervorholen verborgener Wünsche:

- Ich wollte ja schon immer, habe mich aber nie getraut...
- Wenn ich heute noch einmal neu anfangen (könnte/wollte/müßte)...
- Als mir die Fee klargemacht hatte, daß ich drei Wünsche frei hätte, wußte ich sofort...

Zum Klären vager Gefühle:

- Ich weiß nicht warum, aber...
- Manchmal habe ich das Gefühl, daß...
- Wenn ich endlich einmal in völliger Ruhe meinen Gedanken nachgehen könnte, würde mir plötzlich klar, daß...

Zum Dampfablassen:

- Ich habe die Wut auf...
- ...und dann hat mich furchtbar genervt, daß...
- Endlich schrieb ich diesen Brief...

Zum Kennenlernen

– Mutmaßungen über Christine
Noch bevor sich die Einzelnen vorstellen, werden Paare gebildet, die sich überhaupt nicht kennen. Es wird ca. 10 Minuten lang geschrieben mit dem Thema: "Vermutungen über den Menschen neben mir". Wie lebt sie? Was arbeitet sie? Hobbies? Anschließend wird vorgelesen und die beschriebene Person kann Stellung nehmen. Die Furcht, es könnten verletzende Dinge aufs Papier geraten, hat sich als unbegründet erwiesen. Vielmehr ist dieses Spiel ein guter Einstieg in intensive Gespräche.

– Gegenstände raten
Persönliche Gegenstände, die gerade zufällig in den Taschen stecken, werden eingesammelt. Schriftlich begründet jede einzelne, wem zum Beispiel der lila Kamm gehören müßte und warum das schwarze Notizbuch nur von der kühlen Blonden am Fenster stammen kann.

Zum Abschiednehmen:

– Wünsche und Wunder
Es werden Umschläge mit den Namen aller Teilnehmerinnen vorbereitet. Diese Umschläge werden herumgereicht und Zettel mit Wünschen und Wundern hineingesteckt, die man den Betreffenden wünscht. Etwa: *"Liebe Eva, ich wünsche Dir einen Verleger, der Dir Deinen Gedichtband aus den Händen reißt. Birgit."*
Die Umschläge werden mitgenommen. Bei Bedarf (Trübsinn) kann man sich zu Hause einen Wunsch ziehen.

– Wann werden wir uns wiedersehen
Jede schreibt einen Text, in dem Wiedersehenssituationen mit einer aus der Gruppe ausgemalt werden:
"Ein Wiedersehen mit Annelie hätte ich gern am Fahrkartenschalter, wo wir beide feststellen, daß wir das gleiche Reiseziel haben ..."

Schreiben befreit

– Was bleibt?
"Wenn ich später einmal an dieses gemeinsame Wochenende denke, fällt mir bestimmt ein, daß..."
Mit diesem Satzanfang wird spontan etwas geschrieben, das ein Einstieg zu einem abschließenden Gespräch sein kann.

Kontaktadresse:

Gisela Schalk
Baumwirtsweg 21
4600 Dortmund 13

FRAUEN LESEN WIR

aus
der
Hand
Gedanken
Gefühle
laut
quer
weiter
Zeichen
der Zeit
zwischen
den
Zei
len

Anna Kreienbaum
Frauen schreiben
- nicht nur für die Schublade

mit diesem programmatischen Satz lockten Gisela Koch und Monika Littau im Herbst 1985 rund 15 Frauen in den Frauenbuchladen. Frauen, die sich zum Teil schon lange dem Gedicht- oder Tagebuch verschrieben hatten, Frauen, die schon literarisch hervorgetreten waren und Frauen, die in der Gruppe einen neuen Weg zu ihrer Kreativität beschreiten wollten. Und so trafen sich diese 15 Frauen voller Erwartungen, um auf Stichwort oder in Fortsetzungen kleine Geschichten aufzuarbeiten. Sie merkten bald, daß dies gar nicht so einfach war, wie sie sich das zunächst vorgestellt hatten.

'Alt-Weiber-Sommer' war eines der ersten Stichworte, zu denen wir fleißig Gedichte produzierten. Dabei lockte zu Beginn des Kurses die Möglichkeit, das Tonband des Literaturtelefons in Bochum mit diesen ersten Texten zu besprechen. Nach diesen Anfängen, die neben dem Natur-Genre auch schon Örtlichkeiten zum Gegenstand wählten (zum Beispiel ein Bahnhofsbesuch), starteten wir einen umfangreichen Versuch zu einer Gemeinschaftsarbeit.

Wir nahmen uns vor, ein Hörspiel zu schreiben, und das sollte sehr hohen Ansprüchen genügen. Feministisch und originell sollte es sein, Frauenstärke demonstrieren und von uns für den WDR produziert werden. Schließlich, so meinten wir, sei die Nachfrage nach guten Hörspielen groß und wir schrieben nicht mehr nur für die Schublade. Während eines halben Jahres einmal wöchentlich und an einem Wochenende in Konzentration sollte die Produktion entstehen. Es erwies sich als Kristallisationspunkt. Diejenigen unter uns, denen das Thema zu feministisch war (wir hatten uns auf eine Parkszene mit Vergewaltigungsbedrohung geeinigt), schieden aus. Diejenigen,

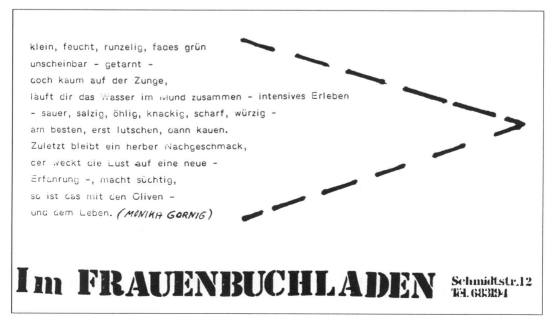

Frauen schreiben - nicht nur für die Schublade

denen es nicht feministisch genug war, verabschiedeten sich aus der Gruppe. Und die acht verbliebenen Frauen verabschiedeten sich von der hochtrabenden Idee und wandten sich alltäglicherem zu: den Bäumen, der Wohnung, der Heimat, den Märkten.

In zahlreichen Kurzgeschichten und Gedichten umrissen wir die Orte, sammelten sie und veröffentlichten unsere erste Textsammlung "Das abknöpfbare Zimmer". Die Titelgeschichte von Heidemarie Grabski nimmt den Raum als Metapher für die Veröffentlichung ihres Wunsches nach Veränderung, sprich Lösung aus der Enge der familialen Situation ihrer Protagonistin. Von den Räumen gingen wir über zu Handlungen.

Erstes ergiebiges Gebiet: Essen. Dies Thema gingen wir mit neuem Schwung und neuen Schreibefrauen an. Lust am Essen war der Ausgangspunkt. "*Ausgerechnet ... brachte sie auf den Tisch*" - ein Stichwort zum Gesellschaftsaspekt beim Speisen. Mit einer Auseinandersetzung mit Eßsüchtigen endete unsere Behandlung dieses Komplexes und gipfelte - wir hatten ein neues Motto: "*Frauen schreiben für die Öffentlichkeit*" - in der ersten gemeinsamen Lesung im Frauenbuchladen Bochum. Wir fanden gute Resonanz.

Danach begann eine neue wichtige Phase. Wir wollen nicht nur die Schublade öffnen, unsere Texte schriftlich und vortragend veröffentlichen, sondern auch endlich weg vom autobiographisch gefärbten Text. Neue Wege durch neue Themen nahmen wir uns vor. Wir streiften Reise- und Liebesgeschichten, versuchten uns zum Teil mit Brillanz in Krimis.

Zur Zeit probieren wir eine Anlehnung an fremde Wissensgebiete. Phänomene der Optik reizen uns zu Wortspielereien, Assoziationen, abhandelnden Texten, aber auch zu einer Verwendung der Stichworte in gewohnter Aneignungsmanie: Der Begriff, besser noch seine übertragene Bedeutung, dient einmal mehr zur biographischen Verarbeitung. Daß dies bei physikalischen Begriffen so selbstverständlich zu funktionieren scheint, leichter als bei den gängigen "Lebensbegriffen", hat uns erstaunt.

Nicht alle von uns sind gleich produktiv. Alle dagegen beruflich stark eingespannt und müssen ihr Schreiben auf die Treffs reduzieren. Manche haben Schwierigkeiten mit dem Heraustreten an die Öffentlichkeit. Aber unsere gesundgeschrumpfte Gruppe hat es gelernt, im Laufe der Jahre konstruktiv Texte zu hinterfragen, auf Brüche aufmerksam zu machen und gute Einfälle und Formulierungen zu honorieren. So suchen wir weiter nach Ausdrucksweisen, Schreibtechniken und Textformen.

Überquellend der Platz
vor der Fanziskaner Kirche.
Gnadenlos überbelegt die Hotels in Florenz.
Die Hoteldirektion wußte Rat:
ein Vorhang teilte das Zimmer,
so ließ sich die Zahl der Betten verdoppeln.
Barbara betrat den Raum unsicher, den
Koffer fest in der Hand.
"Darf ich vorstellen",
eine angenehme Stimme erscholl von der
anderen Seite des Vorhangs, dann teilte er
sich.
"Oh", stellte Barbara überrascht fest,
"Dies ist ja ein Zimmer mit Aussicht".

Maria Anna Kreienbaum

Seit Sommer 1988 haben wir einen Namen:
Anagramm

Kontaktadresse:

Anagramm
c/o Frauenbuchladen Amazonas
Schmidtstraße 12
4630 Bochum 1

Rita Grobmeyer
Augenblicke
Videoprojekt mit ausländischen Mädchen

Vorbemerkungen

Das im folgenden beschriebene Videovorhaben entstand in Zusammenarbeit mit dem Medienzentrum München des Instituts Jugend, Film, Fernsehen und dem Projektladen Haidhausen im Zeitraum von Mai bis August 1987.

Das Medienzentrum gibt es seit sieben Jahren und ist eine Einrichtung, die in der Medienarbeit mit Jugendlichen im Stadtgebiet neue Impulse und Akzente setzt. Ich arbeite dort seit drei Jahren im Bereich der dezentralen Medienprojekte. Der Projektladen ist in der Ausländerarbeit im Stadtteil Haidhausen, einem Viertel mit hohem Ausländeranteil, tätig. Träger ist der Verein für Internationale Jugendarbeit e.V. Innerhalb des Projektladens hat sich die Beschäftigung mit Mädchengruppen unterschiedlicher Nationalität entwickelt und bewährt. Das Interesse, einen Videofilm mit Jugendlichen zu drehen, entstand erst im Kontakt mit dem Medienzentrum München. Es wurde geklärt, welchen zeitlichen Umfang das Projekt haben sollte, welche medienpädagogischen Intentionen leitend und welche technischen Geräte für diese Gruppe geeignet waren.

Wie sah die Vorgeschichte des Mädchenprojektes aus?

"Mir hat der Film Spaß gemacht, aber es ist ja gar nicht so schlimm, wenn der Film nicht so gut ausgefallen ist, weil, wir haben ja das erste Mal gedreht. Die Disco-Szene hat mir am besten gefallen, weil da die meisten da waren und getanzt haben."
(Projektteilnehmerin Irene, 12 Jahre, nach der Filmvorführung im Stadtteil)

Videoprodukte mit Mädchen sind heutzutage noch keine Selbstverständlichkeit. Technikscheu und Zweifel an den eigenen Fähigkeiten erschweren den produktiven Umgang mit Video. Nicht so im Projektladen! Mit einer Gruppe jugoslawischer Mädchen im Alter von 11 bis 14 Jahren und in Kooperation mit dem MZM wurden ihre Alltagserfahrungen mit dem Leben im Stadtteil, der Mutter-Tochter-Beziehung und den Hoffnungen und Ängsten an den ersten Discobesuch thematisiert. Die Mädchen, größtenteils Haupt- und Realschülerinnen, waren von Schule und Familie stark gefordert. Das äußerte sich beispielsweise darin, daß sie Erziehungspflichten für jüngere Geschwister aufgrund der Berufstätigkeit der Mutter übernehmen, Nachmittagsunterricht hatten und bereits zu Frühabendstunden zuhause sein mußten. Plausible Gründe! Den Mädchen blieb wenig freie Zeit und setzte dem geplanten Videoprojekt in der außerschulischen Jugendarbeit einen zeitlich eng bemessenen Rahmen.

Welchen Stellenwert hatte Video in dieser Gruppe?

"Beim nächsten Film müßte mehr geübt werden, daß nicht so viele lachen und die Nebengeräusche raus." (Mirella, 12 Jahre)

Nicht die Technik war Ausgangspunkt in der Vermittlung, sondern die Thematisierung der persönlichen Lebensbereiche der Teilnehmerinnen. In Rollenspielen standen Erfahrungen der eigenen Lebenswelt in Schule, Familie und Freizeit im Mittelpunkt und wurden spielerisch der Gruppe mitgeteilt. Dabei orientierte sich das methodische Vorgehen zunächst am Gruppengespräch. Was ist euch heute passiert? In der Schule, in der Familie, auf dem Schulweg,...? Welche Ereignisse haben euch gefreut, überrascht oder traurig gemacht? Daran anschließend hieß es auswählen, was spielbar war oder mehrere aus der Gruppe interessierte. Regisseurin einer Spielszene war im Idealfall das Mädchen, welches die Geschichte zuvor erzählt hatte.

Eine Herausforderung! Mit mehreren eine wahre, persönliche Begebenheit nachspielen, hieß mitteilen, darüber mit anderen diskutieren, Rollen bestimmen und sich bei der Spielweise durchsetzen. Diese Erfahrungen führten bei den Mädchen zu stärkerem

Augenblicke

Selbstbewußtsein. Sogar häufiges Wiederholen des Szenenablaufs schmälerte nicht ihre Motivation. Im Gegenteil!

Sie erlebten, daß das gemeinsame Gespräch über die Echtheit des Dargestellten, die verwendete Sprache und die Fragen zur Dramatisierung ihre Spielszenen verdichtete.

Erst nach einigen Wochen intensiver Rollenspielarbeit, die zu wiederholbaren und der Realität der Mädchen entstammenden Spielszenen geführt hatte, konnte an Video gedacht werden. Zunächst nur als Aufzeichnungsmöglichkeit, um den Reflexionsprozeß bei der ge-

meinsamen Sichtung zu intensivieren. Kommunikative Elemente der Videoarbeit standen dabei im Vordergrund.

Die Mädchen erfuhren voneinander, daß sie ähnliche Probleme hatten. So z.B. was es heißt, als junge Ausländerin in der Bundesrepublik aufgewachsen zu sein und mit dem Gefühl, zwischen zwei Kulturen stehend, zu leben. Diese Gespräche wirkten in der Gruppe als befreiend und vertrauensaufbauend.

Als weiterer Aspekt der aktiven Videoarbeit kam die Handhabung der Geräte hinzu. Zwar kannten mehrere von zuhause einen Videorecorder, durften ihn aber nicht bedienen. Solche Erfahrungen führen bei Mädchen meist zur Übervorsichtigkeit im Umgang mit Kabeln, Kamera und Recorder. Von daher war der Einstieg eher spielerisch geplant.

Am Anfang war das Plüschsofa

"Bei dem Film hat mir am besten die Straßenszene gefallen, weil da alles so natürlich war. Besser hätte es mir gefallen, wenn der Film ein richtiger Film geworden wäre und nicht in vier Teile zerlegt. Bei der Schulszene gab es für mich zu viele Nebengeräusche. Aber der Anfang der Videoaufnahmen mit dem Sofa, die haben richtig Spaß gemacht." (Vera, 13 Jahre)

Die bisherigen Treffen hatten in einem Zeitraum von einem Monat wöchentlich zwei Stunden umfaßt. Nun sollte gedreht werden. Ein Mädchen aus der Gruppe setzte sich auf ein rotes Plüschsofa, daß im Projektladen stand. Bei laufender Kamera erzählte sie von ihrer besten Freundin und ihrem Interesse fürs Video-machen. Fiel ihr nichts mehr ein, holte sie ein anderes Mädchen und übergab das Micro. Auf diese Weise entstand ein dynamischer Wechsel der Personen vor der Kamera und gleichzeitig konnten die Mädchen ihre anfängliche Unsicherheit, vor der Kamera zu agieren, im Spiel überwinden. Einige nutzten die Gelegenheit zur ausgiebigen Selbstdarstellung, indem sie Posen wie Pin-up-Girls einnahmen und ins Micro hauchten.

Augenblicke

In dieser Phase begannen die Treffen mit einem gemeinsamen Zusammenbauen der Videoanlage. Schon bald entwickelte sich bei einigen eine regelrechte Technikneugier, die von den übrigen Teilnehmerinnen wohlwollend mit der Bezeichnung "Kamerafrauen" honoriert wurde.

Technik

"Bei einem nächsten Film möchte ich gerne nochmal Kamera machen." (Anita, 11 Jahre)

Die Entscheidung für die Geräteauswahl im Projekt hing im wesentlichen von folgenden Faktoren ab: Die Videoanlagen mußten eine leichte Bedienung zulassen, damit den Mädchen ein Frustrationserlebnis mit technischen Dingen erspart blieb. Funktionstasten, die automatischen Weißabgleich und Autofocus zuließen, waren wichtig, da sie in Anfängerprojekten häufige Fehlerquellen erheblich reduzieren und die Bildqualität entsprechend erhöhen. Im weiteren vereinfacht das Drehen mit Camcordern, eine Kombination aus Kamera und Recorder in einem Gerät, die Videoarbeit mit Jüngeren, da einige Kabelverbindungen wegfallen und die Mobilität des Teams erhöht wird.

Notwendig ist die Benutzung eines Stativs, um lästiges Tragen der Kamera zu erübrigen und keine verwackelten Bilder zu bekommen. Für die Tonaufnahmen war ein externes Microfon eher geeignet als das eingebaute Kameramicro. Es hat den Vorteil, daß es näher an der Tonquelle gehalten wird, wodurch sich die Qualität erheblich verbessert.

Außerdem läßt sich Microcharakterisitik entsprechend den Aufnahmesituationen auswechseln. D.h. eine Nierencharakteristik ist für eine Spielsituation, in der Ton an der Bildkante abgenommen werden kann, geeigneter als etwa eine Kugelcharakteristik, die gleichmäßig alle auf sie einströmenden Töne aufnimmt. Bei hohen Nebengeräuschen, wie beispielsweise auf der Straße, empfiehlt sich ein Richtmicro, das ähnlich wie ein Zeigefinger auf die

Tonquelle gerichtet ist, um trotz starken Verkehrslärms noch akzeptable Qualität zu bekommen.

Bei der Lichtverwendung wurde weniger Aufwand betrieben. Meistens reichte ein Videolux-Scheinwerfer, der in Räumen gegen die Decke gerichtet, akzeptables Grundlicht liefert. Keine komplizierte Beleuchtungssituation sollte die Aufmerksamkeit von der Darstellung und der Aufnahme ablenken.

Darüberhinaus vervollständigte ein Kontrollmonitor die technische Ausrüstung in der Weise, als es damit möglich wurde, den Bildaufbau in der Gruppe zu diskutieren und der Kamerafrau ein größerer Bildausschnitt in Farbe mehr Sicherheit bei den Aufnahmen gab, als es der kleine Schwarz-Weiß-Sucher an den VHS-Kameras vermag.

Wie ging es weiter?

"Der Film gliedert sich in vier Teile. Ich finde das prima, weil es dadurch nicht die Geschichte eines Mädchens ist, sondern vieler Mädchen in Haidhausen und in München."
(Mathilde, Sozialpädagogin)

Bei der Fortsetzung des Projekts entwickelten sich vier inhaltliche Aspekte, die jeweils an einem Nachmittag oder an einem Wochenende gedreht wurden.

1. Bild: Schulalltag

In dieser Szene wird eine strenge Lehrerin beschrieben, die die Klasse mit Aufgaben und Fragen in Schach hält. Dennoch funktioniert unter den Bänken ein reger Informationsaustausch befreundeter SchülerInnen. Ein Mädchen aus der Klasse verpfeift ihre KameradInnen bei der Lehrerin, die strafend eingreift. Die letzten Bilder zeigen, wie der Schulgong die zur Unerträglichkeit gesteigerte Situation beendet und die Spannung auf den Gesichtern der Bestraften löst. Die Mädchen zeigen Schule als ein System, in dem es für SchülerInnen aufgrund der unerbittlichen

Augenblicke

Kontrolle des Lehrers wichtig ist, einen ihm verborgenen Weg der Nachrichtenübermittlung unter den Bänken zu bewerkstelligen. Tricks und Ablenkungsmanöver gehören dazu und üben praktische Solidarität ein. Oder gerade nicht! Die Mädchen zeigten, daß die altbekannte Petze den Zusammenhalt befreundeter Cliquen stört und sie den Ordnungsprinzipien des Lehrers ausliefert.

Bei den Dreharbeiten dieser Szene bekam das Mädchen, das die Lehrerin spielte, den von den Jungen unterdrückten und angestauten Schulfrust zu spüren. Endlich waren sie überlegen. Nach dreimaliger Wiederholung der Aufnahme weigerte sie sich, weiterzuspielen.

Was war passiert? Die Videogruppe setzte sich nach den Dreharbeiten zusammen und überlegte. Die befreundeten Klassenkameraden hatten den Drehtermin in der Schule am Nachmittag zum Anlaß genommen, um ihre Machtphantasien Lehrern gegenüber auszuleben. Die Mädchengruppe war über die Ernsthaftigkeit und Brutalität des Spiels schockiert, stellte dann aber fest, daß in einem Schülerleben Ängste, Demütigungen und Zwänge für viele dazugehören. Und genau das sollte der Film zeigen.

Ihnen wurde klar, daß der Drehtermin in der Schule selber an einem Ort stattgefunden hatte, den fast alle Beteiligten aus ihrem Alltag heraus kannten und mit dem sie reale Erfahrungen verbanden. Aus ähnlichem Grund verlegten sie die Anschlußszene, die ursprünglich im Projektladen geplant war, auf die Straße.

2. Bild: Anmache auf dem Schulweg

Zwei befreundete Mädchen unterhalten sich an der Bushaltestelle über die Schule. Sie beratschlagen, welche Geschichte sie den Eltern erzählen, um abends in die Disco gehen zu können. Ein Mann beobachtet sie eine Weile und versucht dann, ihnen ein Gespräch aufzudrängen. Die beiden Mädchen nehmen reißaus.

Mit der Inszenierung dieser fast banalen Alltagssituation beabsichtigte die Videogruppe darzustellen, mit welcher Selbstverständlichkeit Männer größtenteils glauben, Mädchen ansprechen zu können. In vergleichbaren Augenblicken im Leben hatten sie nicht gewußt, wie sie sich wehren könnten. Das sollte, nach ihrer Meinung, im Film anders sein, um sich und anderen Mädchen Mut zu machen.

3. Bild: Familienstreit in der Küche

Die Tochter fragt die Mutter, ob sie am Abend in die Disco gehen darf. Als Antwort erhält sie ein eindeutiges Nein. Da der Vater Probleme mit seiner Tochter haßt, erlaubt er es. Es kommt unweigerlich zum Streit zwischen den Eltern. Die Tochter profitiert und beginnt sich für den Abend schon mal zu schminken.

Im Vorfeld dieser Szene war in der Gruppe besprochen worden, daß in Familien häufig zwischen den Eltern ein Konkurrenz in Bezug auf die Sympathien der Kinder existiert. Hinzu kommt, daß der Vater in der Regel nur wenige Stunden am Tag für die Familie erreichbar ist und dann oft nicht genau weiß, welchen Hintergrund sichtbar werdende Konflikte haben. Die Mädchen verbanden mit der Darstellung dieser Szene die Hoffnung, daß ihre Eltern sich über diese Schwierigkeiten mehr Gedanken machen.

4. Bild: Disco

Der Schluß des Films zeigt die beiden Freundinnen in der Disco, die sich in den gleichen Jungen verlieben. Er entscheidet sich für eine Dritte, woraufhin sich die zwei Mädchen im Liebeskummer beistehen.

Die bei Anwesenheit eines Jungen auftretende Konkurrenz zwischen befreundeten Mädchen kannten fast alle in der Gruppe. Im Film sollte sie lächerlich gemacht und als überflüssig gezeigt werden, weil sie Grenzen zwischen Freundinnen aufbauen kann, die sich vorher gut verstanden haben.

Augenblicke

Die inhaltliche Ebene der Szenen bereitete der Gruppe keine großen Probleme. Den Mädchen war im Verlauf des Videoprojekts deutlich geworden, daß ihre "kleinen" Geschichten für andere interessant waren. Voraussetzung dabei, daß sie sich als Macherinnen im klaren waren, welche Inhalte ihr Video transportieren sollte. Indem sie Ausschnitte ihres Alltags zeigten, entwarfen sie zugleich Wünsche von einer Zukunft, in der keine Schulangst existierte, die Eltern sich verstünden und Freundschaft unter Gleichaltrigen unumstößlich wäre. Sie waren sich einig, daß es diese heile Welt niemals geben könnte, daß es aber wichtig wäre, dafür etwas zu tun.

Schwierigkeiten bei der Umsetzung dieser Idee gab es beim Sprechtiming der Dialoge und bei der Koordination von Handlungsabläufen mit der Technik. Die Möglichkeit, sich bei Video sofort das Gedrehte anschauen zu können und eventuell zu verbessern, machte allen Beteiligten großes Vergnügen. Außerdem führte dies zu einer ständigen Qualitätsverbesserung des Materials. Werden in der Schulszene noch Unschärfen und Tonprobleme sichtbar, ist davon in den folgenden Episoden nur wenig auszumachen. Auch die Erfahrungen bei den Dreharbeiten der Schulszene und vor allem die anschließende Auswertung in der Videogruppe hatte den Mädchen die Vorteile eines realen Ortes als Schauplatz ihrer Geschichte verdeutlicht. Im Klassenzimmer hatte die nachgespielte Realität den Spaß eingeholt. Auf der Straße waren neugierige Passanten als Zuschauer verunsichernd und herausfordernd hinzugekommen.

Disco- und Familienkrach wurden dennoch im Projektladen gedreht, da sich keine geeigneten Alternativen geboten hatten. Hier fanden die Mädchen allerdings den Rahmen geeignet, um ihrer Verkleidungs- und Schminklust freien Lauf zu lassen. Stöckelschuhe von der Mutter und Schminke und Partykleider von der älteren Schwester wurden eingesetzt, um sich als "feine Dame" in Szene zu setzen. In die Dreharbeiten eingeflochten waren Diskussionen um das Selbst- und Frauenbild der Gruppe. Es wurde deutlich, daß sie in ihren Familien kaum über die Schwierigkeiten, die sie mit der Rollenfindung als Mädchen und Frau hatten, sprechen konnten. Als Orientierungshilfe für sich nannten sie Teeniestars, wie Niki (Sängerin) und Jennifer Grey (Schauspielerin in Dirty Dancing). Allerdings wurde ihnen bewußt, daß das Leben von Stars mit ihrem Alltag wenig zu tun hatte. Die angebotene Rolle in der Familie war stark von tradierten Konventionen geprägt und bereitete sie auf ein Leben als Haus- und Ehefrau vor. Damit hatten einige Schwierigkeiten. Doch wie könnte die Zukunft für sie als Frau aussehen?

In solchen Phasen wurde das Videoprojekt für die Mädchen zur Möglichkeit intensiven Gedankenaustauschs über ihre Klischees von der weiblichen Schönheit - aus Medien in ihre Köpfe und Phantasien geraten. Diese hinderten sie, ein eigenes Selbstverständnis als Mädchen zu entwickeln. Derart offene Gespräche waren Sternstunden der medienpädagogischen Arbeit und ließen nervende zeitliche Beschränkungen und technische Schwierigkeiten mickriger erscheinen.

Im Schnittstudio

"Jetzt versteh ich, wie man filmt und was es heißt, wenn im Fernsehen immer steht "Schnitt". Am schlechtesten fand ich das Durcheinander beim Mitspielen. Einmal hat die Milka mitgespielt, dann die Dora, die Bossanan und die Mirella. Eigentlich sollte die Vera die Hauptrolle sein." (Maria, 13 Jahre)

Die Nachbearbeitung der Videoaufnahmen erfolgte im Medienzentrum am elektronischen Schnittplatz unter Anleitung. Die Mädchen lernten die Bedeutung von Assemble- und Inserttasten, Nachvertonung und Mischung. Erstaunt waren sie über die Wirkung dieser Möglichkeiten.

Erst jetzt entwickelten sie eine Vorstellung davon, wie sehr Filmwirkung von der Art der Kameraaufnahmen und der Montage abhängig ist und wie sehr Musik eine Bildaussage unterstützen oder vermindern kann. In diesem Zusammenhang erinnerten sie sich an gesehene Filme und stellten fest, daß sie in Kenntnis der Machart einen veränderten Eindruck von ihnen hatten.

Bei "Dirty Dancing" beispielsweise fiel ihnen auf, daß die erotischen Tanzszenen besonders Großaufnahmen von Körpern und Gesichtern enthielten, und der Schnittrhythmus an den Takt der Musik angepaßt war. Sie erkannten, daß beides zusammen zu einer intensiven emotionalen Zuschauerwirkung des Films führte.

Welturaufführung

"Wie mit wenigen Mitteln dargestellt worden ist, wie Mädchen auf der Straße angemacht werden, wie es ihnen in der Disco geht, Sachen, die ich von mir selber kenne. Ich habe mich gewundert, daß eine Mädchengruppe, die noch nie gefilmt hat, das alles selber machen kann. Ich hätte mir das viel komplizierter vorgestellt und vor allem, wenn man Unterstützung bekommt, ist das eine prima Sache." (Kerstin, Soz.Päd. und Zuschauerin)

Mit der Präsentation des Videos im Stadtteil und auf dem Jugendfilmfest im Medienzentrum ging das Projekt zu Ende. Die Teilnehmerinnen hatten Freunde und Bekannte, Familienangehörige und Interessierte auf die Premierenfeier im Projektladen aufmerksam gemacht. Zu ihrer Verwunderung kamen viele, die sich für den Film interessierten und mit ihnen nach der Großbildprojektion des Videos über Entstehungshintergrund und verwendeter Technik diskutieren wollten.

Ihnen gefiel die öffentliche Aufmerksamkeit und Anerkennung für ihren Film, die ihnen mit Applaus entgegengebracht wurde. Sie fühlten sich bestätigt, daß bei allem Zweifel, den sie während der Dreharbeiten gehabt hatten, ihre Alltagsgeschichten mitteilenswert waren. Die Vorführung hatte nicht nur zu mehr Verständnis bei den Erwachsenen für ihre Probleme geführt, sondern auch das Selbstbewußtsein der Mädchen bestärkt.

Perspektiven

"Ich möchte gern noch einen Film drehen. Schön wär etwas mit Freundschaft und Liebe und so..."
(Doris, 13 Jahre)

Nach einer längeren Sommerpause hatten sich einige Mädchen aus der Videogruppe für einen weiteren Film Gedanken gemacht. Sie reizten mädchenspezifische Entwicklungsthemen im Zusammenhang mit Körper, Sexualität und Aids. Anhand einer Liebesgeschichte wollten sie zeigen, daß intensive Aufklärungskampagnen in der Schule sie zwar reichlich mit Informationen über Ansteckungsgefahren versorgen, es ihnen aber eher um mehr Zärtlichkeit und Verständnis in einer Freundschaft geht. Heftige Diskussionen entbrannten in der Gruppe um die Frage, ob Jungen beim Video mitspielen sollten. Einige befürchteten herkömmliche Rollenaufteilung und verließen die Gruppe, andere holten ihre Freunde mit dazu und entwickelten mit der Pädagogin vor Ort ein Drehbuch. Der Film wurde realisiert und erhielt auf dem Jugendfilmfest im Medienzentrum eine Auszeichnung. Wiederum nach einer längeren Pause entwickelten zwei Mädchen der ursprünglichen Videogruppe neue Aktivitäten für einen Film, der ihre Situation als Ausländerin in der Bundesrepublik beschreiben sollte. Dieses Projekt ist zur Zeit kurz vor der Fertigstellung.

Schlußbemerkungen

Was kann das Medium Video in Mädchengruppen leisten? Läßt sich nach einem aktiven Medienprojekt bei den Teilnehmerinnen bereits "verändertes Rezeptionsverhalten"

Augenblicke

ausmachen oder führt es zu "gesellschafts- und medienkritischer Aufklärung"? Zwangsläufig sicherlich nicht. Diese von der Medienpädagogik formulierten Begriffe drücken zwar theoretisch ein hohes Anspruchsniveau aus, überfrachten aber nicht selten die praktische Arbeit.

Das hier dargestellte Videoprojekt mit ausländischen Mädchen hat folgende Bereiche umfaßt: Funktionen der Selbstdarstellung, Auseinandersetzung mit sozialen Bezügen, Entwicklung und Förderung kooperativer Arbeitsformen, Auseinandersetzung mit medialen Produktionen und Förderung emotionaler und kreativer Fähigkeiten. Es hat sich herausgestellt, daß es möglich ist, Mädchen in einem Videoprojekt für ihre eigenen Erfahrungen sensibler zu machen und sie zu einem bewußteren Umgang mit der täglichen Bilderflut anzuregen. Auch technische Anforderungen können sie mit entsprechenden Vermittlungsmethoden bewältigen. Wenn sich darüberhinaus aus der Initiative eines Projektes Kontinuität in der aktiven Medienarbeit entwickeln läßt, so zeigt sich, daß die Mädchen ein Interesse an der Möglichkeit der Artikulation eigener Sichtweisen mit Video haben und dieses Medium als eine Form von Kultur von unten nutzen.

Kontaktadresse:

Rita Grobmeyer
c/o Medienzentrum München IJFF
Rupprechtstr. 25-27
8000 München 19

Monika Schmidt

"Adams Rippe riskiert 'ne Lippe"

Ein Gemeinschaftsprojekt der Frauengruppe des Bundes der Deutschen Katholischen Jugend und des Bezirksjugendrings Oberpfalz.

Ein auf das erste etwas ungewohnt klingender Titel für einen Videofilm. Doch gibt dieser Name bereits Hinweise auf die Thematik des Films. Inhalt ist die Situation von Mädchen und Frauen in Gesellschaft, Kirche und katholischen Jugendverbänden. Produzentinnen des Films sind sechs Frauen im Alter zwischen 22 und 25 Jahren aus verschiedenen katholischen Jugendverbänden, zusammengeschlossen in der Frauengruppe des Bundes der Deutschen Katholischen Jugend (BDKJ), Diözese Regensburg. Initiiert und unterstützt wurde das über 1jährige Projekt (März 1986 bis Februar 1987) von Monika Schmidt, der hauptamtlichen Referentin für Medienpädagogik beim Bezirksjugendring Oberpfalz.

"Adams Rippe riskiert 'ne Lippe" ist ein halbstündiger Videofilm, der in erster Linie für die interne Bildungsarbeit des BDKJ gedacht ist. Ergänzend zum Film zeigt ein Begleitheft Möglichkeiten zur Weiterarbeit am Thema auf. Ein Ziel dieses Projekts war, die innerverbandliche Diskussion zur Situation von Mädchen und Frauen zu intensivieren. Diese Erwartungen der Frauengruppe wurden erreicht und sogar übertroffen. "Adams Rippe riskiert 'ne Lippe" wurde ein Jahr nach Fertigstellung bereits weit über 100mal verliehen und in der Gruppenarbeit eingesetzt.

Beigefügte Fragebögen zum Film zeigen, daß er sämtliche Ebenen der Verbände erreichte, von Ortsgruppen bis hin zu Bundeskonferenzen. Darüberhinaus wurde durch viele Rückmeldungen deutlich, welche Relevanz dieser Film auch für die Jugendarbeit außerhalb der Mitgliedsverbände des BDKJ hat.

Warum ein Videofilm - produziert nur von Frauen?

Die praktische Erfahrung zeigt, daß bei den meisten Filmprojekten von/mit gemischtgeschlechtlichen Gruppen Kameraführung und Tontechnik noch immer männliche Domänen sind. Aufgrund der geschlechtsspezifischen Sozialisation haben gerade Mädchen und Frauen oft Berührungsängste beim Umgang mit technischen Geräten. Dies führt häufig dazu - wird dem nicht bewußt entgegengewirkt -, daß Mädchen/Frauen in 'Statistinnenrollen' gedrängt werden bzw. sich selbst diese Rollen zuschreiben. Ein Projekt nur mit Mädchen/Frauen bietet somit die Möglichkeit, daß, wie hier, eine Videoausstattung selbstverständlicher und selbstbewußter genutzt wird zum Ausdruck eigener Bedürfnisse, Interessen und Anliegen.

Eigene Interessen kann frau auf verschiedene Weise ausdrücken, z.B. durch schriftliche Formen wie ein Positionspapier oder eine Stellungnahme, aber auch durch kreativ/künstlerische Formen wie Theater, Musik oder einen Film. Wählt frau wie in unserem Fall das Medium Film, so beinhaltet diese Form sowohl eine kreative Auseinandersetzung mit dem Medium, als auch mit den Inhalten, die vermittelt werden sollen. Weiterhin erreicht frau - wie dieses Projekt zeigt - einen bedeutend größeren Adressatenkreis. Ich wage zu behaupten, daß z.B. ein Positionspapier der BDKJ-Frauengruppe bei weitem nicht diese Verbreitung gefunden und so viele Diskussionen ausgelöst hätte, wie "Adams Rippe riskiert 'ne Lippe". Dies gilt vor allem für die Basisgruppen auf Orts- und Kreisebene.

Die BDKJ-Frauengruppe

Adams Rippe riskiert 'ne Lippe

Die bisherige Beschreibung des Projekts deutet bereits an, daß die Arbeit der Frauengruppe an ihrem filmischen Erstlingswerk sehr ziel- und produktorientiert war. Schon beim ersten Filmtreff der Gruppe zeigte sich ein hoher Anspruch an die thematische 'Vollständigkeit' des Films und dessen Einsatzmöglichkeiten in der Gruppenarbeit der Jugendverbände. Erst an zweiter Stelle standen die Möglichkeiten des spielerischen Umgangs mit dem Medium. Dies erklärt sich aus der gemeinsamen Zielsetzung, die Mädchen- und Frauenarbeit der Verbände zu koordinieren und weiterzuentwickeln. Dieser politische Auftrag der Frauengruppe wurde im Herbst 1985 von der Diözesanversammlung des BDKJ Regensburg bestätigt.

Die Frauen der Gruppe sind Delegierte der verschiedenen Mitgliedsverbände: Maria Brock und Theresia Wasinger (Katholische Landjugendbewegung), Sabine Baumeister (Katholische Studierende Jugend), Christine Lehner (Deutsche Pfadfinderschaft St.Georg), Maria Simon (Katholische Junge Gemeinde) und Elisabeth Scharf (Aktion West Ost, Arbeitsgemeinschaft für Europäische Friedensfragen).
Alle Frauen sind entweder Funktionsträgerinnen in der Jugendverbandsarbeit, wie beispielsweise Vorsitzende des BDKJ, und/oder hauptamtlich in diesem Bereich tätig. Die Arbeit in der Frauengruppe geschieht ehrenamtlich. Wer nun die Terminkalender von engagierten Mitarbeiterinnen der Jugendarbeit kennt, kann sich vorstellen, wie schwierig es ist, genügend gemeinsame Treffs für die Produktion eines Videos zu finden. Trotzdem fanden die Frauen die Zeit; wenn auch für ihr Empfinden noch immer zuwenig um alle ihre Ideen so spielerisch/kreativ zu verwirklichen, wie sie dies gern getan hätten.

Inhalte/Schwerpunkte des Frauenfilms

Von März bis November 1986 wurde das Drehbuch erstellt. Hier zeigte sich sehr schnell, daß aufgrund der Komplexität des Themas einige Bereiche nur gestreift werden können, andere ganz wegfallen müssen. So kristallisierten sich langsam bestimmte Schwerpunkte und deren filmische Umsetzung heraus. Nach vielen Kürzungen und Überarbeitungen des Manuskripts stand das Drehbuch mit folgenden Inhalten:

"Am 28.3.1962 erblickte ich, Theresia Maria M., das Licht der Welt ... Mein Vater soll mit Gott und noch mehr mit meiner Mutter gehadert haben, weil diese ihm keinen Sohn schenkten."

So lautet der Einstieg in die fiktive Biographie der Theresia Maria M. Hier werden Erlebnisse, Erfahrungen und Zwänge aus Kindheit und Jugend dargestellt, die jedes Mädchen und jede Frau zumindest teilweise aus ihrer eigenen Lebensgeschichte kennt. Dies ermöglicht den Zuschauerinnen einen gewissen Grad an Identifikation. Die Biographie verdeutlicht, daß die geschlechtsspezifische Sozialisation eine wesentliche Grundlage der Rollenfestschreibung von Mann und Frau in unserer Gesellschaft ist.

"Ist es immer noch so, daß Frauen von Männern geschlagen, getreten, körperlich und seelisch mißhandelt werden?"

Im zweiten Teil des Films werden in Frage-Antwort-Blöcken einige in der Biographie subjektiv dargestellte Themen nochmals herausgegriffen und mit Untersuchungsergebnissen, Statistiken, Zahlenmaterial oder auch anhand von Beispielen aus der gegenwärtigen Rechtsprechung vertieft.

So bleibt das Kindheitserlebnis der Theresia Maria M. - der Vater, der die Mutter verprügelt - nicht 'die Ausnahme', wie dies immer noch gern behauptet wird. Untersuchungsergebnisse zeigen auf, daß Gewalt gegen Frauen ein gesellschaftliches Problem ist, weit davon entfernt, zum Einzelfall zu werden. Doch Gewalt gegen Frauen und Mädchen ist nur ein exemplarisches Beispiel für die im zweiten Teil des Films angesprochenen Themen. Andere Stichworte sind: Erziehung, Darstellung von Frauen in den Medien, Frauen und Kirche, Frauen an weiterbildenden Einrichtungen.

"Und wie siehts beim BDKJ aus?"

Adams Rippe riskiert 'ne Lippe

Diese Frage leitet den dritten Teil des Films ein, der speziell die Situation von Mädchen und Frauen in den Katholischen Jugendverbänden aufgreift. Der Film zeigt auf, daß trotz Koedukation und nahezu paritätischen Besetzungsmöglichkeiten in fast allen Leitungsämtern die Rollenfestschreibung auch in den Jugendverbänden vorhanden ist. Hintergrund dieser Aussage waren zunächst die eigenen verbandsinternen Erfahrungen. Zahlenmaterial und Untersuchungen zur verbandlichen Situation lagen nur sehr spärlich vor. Darüberhinaus werden Beschlüsse der BDKJ-Bundesebene vorgestellt. Unter den Schlagwortsätzen *"Mädchen und Frauen dürfen nicht länger als Reservearmee auf dem Arbeitsmarkt mißbraucht werden!"* und *"Frauen dürfen nicht als Reservearmee der Streitkräfte mißbraucht werden!"* wird auf diese Forderungen gezielt eingegangen.

Der Projektverlauf

Diese eben dargestellten Inhalte des Videos sind das Ergebnis eines langen Prozesses in der Frauenfilmgruppe. Während die Zielsetzung des Films sehr schnell geklärt war, erforderte die Frage nach den Inhalten umfangreiche Diskussionen. Nach der Sammlung aller wichtigen Themen stellte sich heraus, daß, um alle Bereiche umfassend darzustellen, ein abendfüllendes Werk entstehen müßte. Dies erschien aber wenig sinnvoll - schon allein aufgrund der beschränkten technischen Möglichkeiten, die mit einer VHS-Videoausstattung gegeben sind. Um ein müde und gequält lächelndes Publikum zu vermeiden, einigte sich die Frauengruppe auf die drei Schwerpunkte des Films und erarbeitete in Untergruppen die ersten Vorlagen. Diese wurden in der Gesamtgruppe besprochen.

Verbunden war das mit langen Diskussionen, da es natürlich nicht nur zum Stellenwert der verschiedenen Parts konträre Standpunkte gab, sondern auch grundsätzliche Auseinandersetzungen zu bestimmten inhaltlichen Fragen nötig waren. Als ein Beispiel unter vielen kann hier die Diskussion um die Biographie der Theresia Maria M. stehen. Eine Vorlage, erarbeitet von zwei Frauen, löste in der Gruppe das Gespräch über eigene ähnliche oder andersgeartete Erfahrungen aus und über die Frage, ob die Lebensgeschichte in dieser Form nicht zu 'überzogen' wirkt. Nachdem sich die Frauen geeinigt hatten, daß es bei der Biographie durchaus möglich und sinnvoll ist, plakative Aussagen zu machen, ließen sie ihrer Phantasie und Kreativität freien Lauf. Sie drehten mit subjektiver Kamera, d.h. aus dem Blickwinkel der Theresia Maria M., Szenen aus deren Leben und ergänzten die Biographie mit eigenen Kindheits- und Jugendfotos. Bereits im Oktober waren die Dreharbeiten für die Biographie weitgehend abgeschlossen.

Die Arbeiten am Drehbuch für die zwei weiteren Abschnitte des Films erwiesen sich als sehr arbeitsintensiv und waren erst im November beendet. Da hier die Aussagen mit fundierten Fakten belegt sein sollten, waren umfangreiche Vorarbeiten notwendig. Gerade beim Teil zur innerverbandlichen Situation ergaben sich, wie bereits erwähnt, erhebliche Schwierigkeiten. Die Frauengruppe konnte kaum auf vorhandene Informationen zurückgreifen und stand so vor der Aufgabe, eigene Recherchen anzustellen, um beispielsweise die prozentuale Verbandsmitgliedschaft von Mädchen und Frauen ihrer anteilmäßigen Vertretung in Leitungsämtern gegenüberzustellen.

Der eigene Anspruch, alle Aussagen mit Fakten sofort zu belegen, war auch Inhalt einer Reflexion der Frauengruppe. Denn dieser Ehrgeiz nach 'Objektivität' (obwohl jeder klar war, daß ein Film nie wirklich objektiv sein kann) blockierte die Kreativität. Um das Risiko zu vermeiden, daß durch eine nicht hieb- und stichfeste Aussage der gesamte Inhalt des Films als übertrieben empfunden wird, wurden viele Ideen verworfen, manche bereits im Keim erstickt. Dies zeigte, wie 'gut' die eigene Schere im Kopf, auch bei engagierten Frauen, noch immer funktioniert. Als zusätzlicher Hemmschuh der Kreativität wurde die Frage empfunden: *"Was kann ich als*

A n r e g u n g e n zur Arbeit mit dem Film
****

Zielgruppe: Verantwortliche in der kirchlichen Jugendarbeit, v.a. in den Jugendverbänden des BDKJ

Methodik: Der Film kann in den jeweiligen Gruppen, Gremien, Leiterrunden usw. mit den bekannten Methoden des Filmgesprächs eingesetzt werden. Das heißt z.B. sich mit den Leuten in eine Runde setzen und darüber sprechen: Was hat mir gefallen? Was nicht? Was hat der Film mit mir zu tun?
(Wichtig: Die Gruppenleiter/innen sollen sich den Film unbedingt vorher ansehen, um das Gespräch besser strukturieren zu können.)
Weitere Methoden des Filmgesprächs sind nachzulesen in: "Der Film in der Gruppenarbeit", Bayer. Landeszentrale für polit. Bildungsarbeit, Hrsg. Institut Jugend-Film-Fernsehen, Waltherstr. 23, 8000 München 2

Bevor der Film gezeigt wird, soll aber auch die Entstehungsgeschichte und die Ziele, die sich die BDKJ-Frauengruppe mit dem Film gesetzt hat, erläutert werden.
Dies kann den Zuschauern/innen den Einstieg in den Film und in das Thema erleichtern. Die Ansprechpartnerinnen für etwaige Fragen, Kritik, Lob?, usw. sind dann auch klar.

Inhaltliche Weiterarbeit:

Der Videofilm kann und will nur ein Anstoß sein, um in den Jugendverbänden die Diskussion über die Situation von Mädchen und Frauen stärker ins Bewußtsein zu rücken. Die Gruppe, das Verbandsgremium selbst muß sich den Schwerpunkt bezüglich einer inhaltlichen Weiterarbeit setzen, der sich sicher nach den Interessen der Mitglieder und der verbandlichen Situation richten wird.

Auf den folgenden Seiten eine Anzahl von Themen, die sich zur Weiterarbeit eignen:

I) Mädchen/Frau und Berufswelt

* Ausbildungs- und Aufstiegschancen
* Kind und/oder Karriere?
* "Typische" Frauenberufe auf dem Prüfstand
* Soziale und gesellschaftliche Wertschätzung der Frau und ihres Berufsstandes
* Frauen - Reservearmee des Arbeitsmarktes?
* Frauen und technische Berufe
* Frauen in leitenden Positionen
* Technischer Fortschritt - Fortschritt für die Gleichberechtigung?

II) Gewalt gegen Mädchen und Frauen

* Mißbrauch von Mädchen in der Bundesrepublik Deutschland
* Gewalt und Mißbrauch in der Familie
* Gewalt und Mißhandlung am Arbeitsplatz
* Psychische Mißhandlung von Frauen
* Gewalt durch Sprache
* (Fast) alltägliche Zeitungsnotiz: Vergewaltigung
* Ohnmacht der Frau in unserer Gesellschaft

III) Frau und Öffentlichkeit

* Frauen in Film, Funk und Fernsehen
* Frauen und Schönheit/Mode oder: heuer sind Sommersprossen schön, aber nächstes Jahr?!!!
* Erwartungen an die Frau in Öffentlichkeit oder: Knigge läßt grüßen!
* Bekannte Frauen des öffentl. Lebens - Leitbilder?
* Geschichte der Frauenbewegung

IV) Frau und Verband

Position und Situation der Frau im Verband
* Rollenbilder
* Koedukation
* Geschichte der Jugendverbände
* Aufgabenteilung im Verband: Pädagogik - Vertretungsarbeit
* Pädagogik des Verbandes
* Rolle der weiblichen Mitglieder in Zusammenhang mit Öffentlichkeits- und Vertretungsarbeit

V) Frau und Kirche

* Position der Frau in der kirchlichen Hierarchie
* Frauen in der Kirchengeschichte
* Hexenverfolgung und -verbrennungen
* Frauen und Kirchenpolitik
* Frauen und Macht in der Kirche
* Frauen in caritativen und sozialen Ämtern der Kirche
* Zukunft der Frauen in der Kirche
* Feministische Theologie - Befreiungstheologie nicht nur für Frauen?

Noch ein paar Gedanken zur Weiterarbeit:

Der Film "Adams Rippe" riskiert 'ne Lippe" leistet unserer Meinung nach den Versuch einer Bestandsaufnahme.
Wie sieht's in den Jugendgruppen - verbänden, ja in unserer Gesellschaft aus mit der Gleichstellung der Mädchen und Frauen?
Die BDKJ-Frauengruppe in Regensburg hat dazu nicht viel aufregend Neues feststellen können, doch halten wir diese Arbeit für sehr wertvoll, da erst das Nachdenken über die Ist-Situation Perspektiven für Veränderungen öffnet.
Vieles läuft nämlich unbemerkt ab.
Konkret bedeutet das aber auch für uns, daß die eigentliche Arbeit erst beginnt. Wir wollen uns fragen und fragen lassen, was wir an Veränderungen (nicht nur quantitativer Art) wollen, welche Vorstellungen von Mensch-Sein wir grundlegen für evtl. Veränderungen von Strukturen in unserer Gesellschaft und zunächst mal in der Jugendarbeit.
Einige Fragen dazu sind: Wollen wir Frauen tatsächlich den Anteil an der Macht und wozu wollen wir diese Macht nutzen?
Wie schützen wir uns davor, Frauen in "Nadelstreifenanzügen" zu werden?
Welche Strategien müssen wir entwickeln, um unsere Ziele zu verwirklichen?
Solche Fragen müssen wir uns stellen, wenn die Frauenfrage nicht nur eine Art Modethema sein soll, das auch wieder vorüberzieht ohne große Spuren zu hinterlassen.
Die BDKJ-Frauengruppe will weiterarbeiten - wir hoffen, daß der Film Anregung zur Weiterarbeit gibt und vielleicht ermuntert, aktiv zu werden!

Verantwortliche im Verband noch vertreten, was nicht mehr?" Diese beiden inneren Blockaden spiegeln sich auch in der Filmgestaltung wider. Während die Biographie sehr spritzig und lebendig wirkt, werden im zweiten und dritten Teil des Videos beispielsweise nüchterne Schautafeln verwendet, passend zur beabsichtigten 'Objektivität'.

Die eigenen hohen Ansprüche der Filmfrauen an das fertige Produkt wurde noch gesteigert durch Ausseneinflüsse. So gab es z.B. bereits Anfragen zu 'dem Frauenfilm' und eine hohe Erwartungshaltung aus den Reihen des BDKJ in einem sehr frühen Stadium des Projekts. Die terminlichen Schwierigkeiten wurden bereits dargestellt; erschwerend kam hinzu, daß die Frauengruppe diözesanweit angelegt ist, d.h. die einzelnen Frauen wohnen und arbeiten in verschiedensten Orten der Oberpfalz und Niederbayerns und hatten teilweise Anfahrtsstrecken von 40 Kilometern.

Bei diesen äußeren Umständen war die kreativ/künstlerische Entfaltung über das Medium Film oft ein Balanceakt zwischen Terminüberlastung und Erfolgsdruck.

Und so litt auch der Anspruch *'Wir als Frauen wollen anders miteinander arbeiten und umgehen'* unter diesen Belastungen. Doch all diese Einschränkungen konnten die Frauen nicht hindern, weiterzumachen. Dafür war ihnen dieses Projekt zu wichtig und wertvoll.

Im Dezember liefen die Dreharbeiten auf Hochtouren. Der Kommentar, der im Studio gesprochen werden sollte, wurde nochmals überarbeitet, die Musik ausgewählt und das Schnittprotokoll angefertigt. Im Januar saßen dann vier Frauen eineinhalb Tage im Studio des Medienzentrums München, das den Schnitt betreute, um den Film fertigzustellen.

Adams Rippe riskiert 'ne Lippe

In dieser Zeit des Projekts kam es zu einer Phase der massiven selbstkritischen Beurteilung des eigenen Produkts. *"Ist dieser Teil filmgestalterisch nicht absolut langweilig?"*, *"Hätten wir da nicht dramaturgisch bedeutend mehr rausholen können?"*, solche und ähnliche Fragen stellten sich in dieser Phase. Vieles war mit 'ja' zu beantworten.

Aber - "Adams Rippe riskiert 'ne Lippe" war fertig und der Termin der Premiere mit Frauenfilmfest bekanntgegeben.

Am 17. Februar '87 war die 'Feuerprobe'. Es kamen 60 interessierte Frauen und beim rauschenden Applaus nach der Vorführung löste sich der angespannte Gesichtsausdruck der Filmfrauen und wurde zu einem Ausdruck der Erleichterung, Freude und des Stolzes. Bei den anschließenden Gesprächen in Kleingruppen zeigten sich fast alle anwesenden Frauen überzeugt, den Film gut in ihrem Jugendverband einsetzen zu können. Nach einer zweiten Vorstellung, zu der auch Männer herzlich eingeladen waren, ging "Adams Rippe riskiert 'ne Lippe" in den Verleih. Und er läuft und läuft ...

Resumee der Filmfrauen:
Es hat sich gelohnt!
Aber - beim nächsten Mal nehmen wir uns mehr Zeit für UNS!

Kontaktadresse

Monika Schmidt
Referentin für Medienpädagogik
beim Bezirksjugendring Oberpfalz
Hoppestraße 6
8400 Regensburg
Telefon 0941/24333

Brigitte Tast
Zuschauerinnen
Arbeit mit Filmen und Fotografien

Am Anfang

Schon als Mädchen machte es mich wütend, zuschauen zu müssen, wie leicht die Jungs und Männer es hatten, sich über uns lustig zu machen. Mit mir nicht, dachte ich dann immer im stillen. Mit mir nicht. Aber in dem Dorf, in dem ich aufgewachsen bin, gab es keine Frau, von der ich hätte sagen können, so wie die möchte ich einmal sein. Es gab schon Frauen, die ich sehr mochte. Auch solche, bei denen ich gerne einmal Tochter auf Probe gewesen wäre. Gerne haben konnte ich viele, nur richtig bewundern, das konnte ich keine.

Meine Mutter nahm mich überall mit hin. Häufig war ich so dabei, wenn Frauen miteinander über Fehltritte anderer Frauen tuschelten, über Leid und Krankheiten klagten oder über das rücksichtslose Verhalten der Männer weinten. Das nannten sie dann: "Das Herz ausschütten". Irgendwann wurde das alles mir lästig. Ich wollte nicht einsehen, warum sie es taten, ihre Situation blieb ja doch immer gleich. Und das einzige, was sie alle immer ganz genau wußten, war ihre Feststellung: "Ich hab ja doch nichts zu sagen."

Ich hätte mir so gerne eine gleichaltrige Freundin gewünscht, der ich alles erzählen konnte und die mich verstand. Die alles mit mir wagt. Sich viel traut. Die etwas erleben konnte. Mit mir zusammen. Und nicht eine, die ich ständig trösten mußte, weil auch ihr Leben voll mit Niederlagen angefüllt war. So eine Freundin wünschte ich mir.

Aber meine beste Freundin wollte immer meine Mutter sein. "Wir Frauen müssen zusammen halten. Zu mir kannst du immer kommen. Ich werde dir immer helfen." Aber ich hatte eigentlich mehr das Gefühl, sie wollte immer zu mir kommen können. Und ich sollte ihr helfen - gegen meinen Vater.

Neue Anfänge

Die Frauenbewegung und ihre Aktivitäten in den 70er Jahren zeigte auf Probleme und Themen, die mich schnell interessierten, besser passen würde: mich faszinierten. Meine alten Ängste und Wünsche, mein Bedürfnis nach gleichgesinnten Freundinnen und nach Veränderungen, entdeckten dort viele Möglichkeiten. Wollte ich mich doch auch absetzen von dem alten und doch so - wie man überall sehen konnte - unerfolgreichen Trott.

Das Zentrum der Frauenbewegung war damals Berlin. Besonders spannend fand ich dort die Gruppe "Brot + Rosen" mit ihrer Selbsthilfe-Gesundheitsbroschüre "Frauenhandbuch" und die um die Zeitschrift "Frauen und Film".

Das hatte alles seine Einflüsse in unserem Alltag. Wir probierten und experimentierten. Wir kämpften und warfen heftig, so gut wir konnten, unsere Hemmungen über Bord. Als eine Freundin begann, mit ihrer Instamatic Selbstporträts ihres Körpers zu machen, mit weit gespreizten Beinen, die Schamhaare mit Gänseblümchen und Gräsern geschmückt, war ich gleichzeitig sehr aufgewühlt und erfreut. Genauso von dem Plastik-Speculum für DM 4,50 aus der Apotheke, mit dem wir uns gegenseitig und auch zusammen mit einem Spiegel selbst untersuchen konnten.

Im Herbst 1975 bot ich dann zum ersten Mal den Kurs "*Selbstbestimmung und Sexualität der*

Frau" bei der Hildesheimer Volkshochschule an. "*Das Leben der Frauen ist durch ihre Gebärfähigkeit geprägt, ob sie davon Gebrauch machen oder nicht. Da aber alle Frauen durch die vorhandenen Verhütungs- und Abtreibungsmethoden geschädigt werden, ist eine neue Diskussion über dieses Thema, wie sie das 'Frauenhandbuch Nr.1' der Berliner Feministinnengruppe 'Brot + Rosen' eingeleitet hat, notwendig.*

In diesem Seminar sollen Frauen die Möglichkeit haben, mit Hilfe des Frauenhandbuches über Formen der Geschlechtsunterdrückung und deren Auswirkungen auf das persönliche Befinden zu sprechen, um danach ihren diesbezüglichen Standpunkt neu zu überdenken.

Zu Beginn des Seminars wird der Film 'Macht die Pille frei?' von Helke Sander und Sarah Schuhmann gezeigt. (Junge Arbeiterinnen und Arbeiter, Lehrlinge und Angestellte werden über ihre Meinung zur 'Pille' befragt.)

Dieser Kurs ist ausschließlich für Frauen gedacht.

Kino und Film

Kreativ zu arbeiten war immer ein Bedürfnis von mir. Interessierten mich als Teenager Nähen, Kleider entwerfen und Tanzen am meisten, studierte ich später dann Grafik-Design. Und während dieses Studiums entdeckte ich dann immer mehr Kino und Film. Aber dieses Interesse hatte es nicht immer leicht.

"*...Ins Kino gehen fast nur einzelne Männer. Abends auch Pärchen.*

Beim Anblick einer Haremsdame sagte James Bond: *'Wenn man schon Ägypten besucht, sollte man versuchen in seine Geheimnisse einzudringen.'*

Ich habe schon viele peinliche Szenen in Filmen gesehen. Es gibt nur wenig Kino für Frauen - aber es gibt Kino für die Jagd nach Frauen und Kino für ein Leben ohne Frauen.

Zuschauerinnen

Truffaut über Kino: 'Man verläßt einen Film nicht wegen eines Mädchens, höchstens umgekehrt.'..."

Film-Seminare

Natürlich wollte ich alles miteinander verbinden. Das Kommunale Kino Hannover gab mir dann die Möglichkeit. So konnte ich im Januar 1976 ein großes Wochenend-Filmseminar organisieren und leiten, Titel: "Sexualität und Emanzipation".

Durch meine regelmäßige Teilnahme an zahlreichen Treffen und Filmsichtveranstaltungen speziell von und für Filmarbeiterinnen und Medienfrauen, fühlte ich mich bestärkt, diese Veranstaltung in Hannover in größerem Umfang und mit Folgeseminaren anzubieten.

Trotzdem waren alle über das Interesse an dem Seminar erstaunt. Die 200 Sitzplätze reichten nicht aus, viele mußten auf die weiteren Seminare vertröstet werden.

Von mir war dieses Wochenende als Einstieg in eine vertiefende Diskussion gedacht, in der von Veranstaltung zu Veranstaltung immer stärker der feministische Ansatz eingebracht werden sollte. Geplant war deswegen, daß schon im März/April ein weiteres Seminar zu diesem Thema folgen sollte, auf das Jahr 1976 verteilt insgesamt vier Wochenend-Veranstaltungen.

Für das Startseminar war mein Ziel, mit Hilfe der Fragestellungen
– Ist es einer Frau möglich, unter den gegebenen Verhältnissen eine normale Sexualität zu haben?
– Ist eine wirkliche Emanzipation der Frauen ohne Veränderung ihrer Sexualität möglich?
– Inwieweit können Filme dies inhaltlich und formal aufzeigen?
und der Auswahl und Zusammenstellung der Filme, die eigene Meinung der Teilnehmer/innen zu provozieren. Dementsprechend sollten dann die weiteren Seminare gestaltet

werden. So gab es auch nach jedem Film die Möglichkeit, im Plenum seine Meinung zu äußern. Für diese Reaktionen, aber auch für Fragen war genügend Zeit eingeplant.

Als Filme zeigte ich damals (in folgender Reihenfolge) jeweils in Blöcken:
- "Mädchen, zart wie Blumen" von David Hamilton (bekannter Mädchen-Fotograf)
- "Trixie" von Stephen Dwoskin (Underground-Filmemacher)
- "Jeanne Dielmann, 23 Quai du Commerce - 1080 Bruxeles" von Chantal Akerman
- "Die dressierte Frau" (kommerzielle Antwort auf E.Vilars "Dressierten Mann")
- "Near The Big Chakra" von Anne Severson
- "Lady Shiva" von Tula Roy
- "Dark Spring" von Ingemo Engström

Durch die sehr verschiedenen Filme und die ebenfalls recht unterschiedliche Wahrnehmung, gerade zwischen Männern und Frauen, häuften sich am zweiten Tag so viele kontroverse Meinungen und Fragen, daß es kaum noch möglich war, am vorgegebenen Thema zu bleiben bzw. gemeinsam Antworten zu formulieren. Immer wieder wurde so die Forderung nach Arbeitsgruppen laut. Durch die Fülle des Filmangebotes wäre für die dann aber abschließend notwendige Auswertung der Gruppengespräche keine Zeit geblieben, so daß entschieden wurde, erst für die kommenden Seminare Arbeitsgruppen fest einzuplanen.

"Filme von Frauen" im Hildesheimer Keller-Kino

Im Kommunalen Kino Hannover mußte ich zusammen mit einem Mann die Veranstaltungen vorbereiten. Mit ihm Themen, Termine usw. aushandeln. Und dieses Handeln war ihm dann auch immer so wichtig, daß er bald begann, verschiedene Frauengruppen und mich gegeneinander auszuspielen. Was ihm dann zum Teil auch gelang, wodurch zwar die Seminar-Reihe bald dahinstarb, er aber der große Chef blieb. So suchte ich nach neuen Wegen für eine kontinuierliche Filmarbeit - aber zusammen mit einer Frau.

Zuschauerinnen

Die gemeinsame Spielstellen-Arbeit von Magdalena Zerrath und mir in Hildesheim begann im November 1978 mit einem von mir geleiteten "Arbeitskreis für Frauen: Film" in der Volkshochschule. In der dazugehörigen Ankündigung hieß es damals: *'Frauenfilm', das ist ein Begriff für etwas, was da ist, aber nur am Rande. Ein Ausdruck aber auch, der nach Belieben benutzt und ausgelegt wird. Was sind 'Frauenfilme' aber wirklich? Wie reagiert die Öffentlichkeit auf diese Filme? Wie oft werden sie gezeigt? Interviews mit Regisseurinnen, Aufsätze z.B. aus der Filmzeitschrift 'Frauen und Film' sowie Gespräche sollen helfen, diese Fragen zu klären.*

Daneben ist es jedoch auch sehr wichtig, Einblicke in die Film-, Kino- und Verleihpolitik zu nehmen. Wo werden Filme gedreht? Unter welchen Bedingungen? Wer produziert sie? Wie finden sie einen Verleih? Wann werden sie im Kino gespielt?

So ergeben sich die Fragen: 'Warum ist es so wichtig, daß Frauen Filme machen? Wie können wir engagierte Filmemacherinnen unterstützen?' Mehrere Filmbeispiele (z.B. Chantal Akerman's neuester Film 'Rendezvous d'Anne' sowie der in Oberhausen preisgekrönte Film 'Die neunte Etage' von Livia Gyarmathy) sollen helfen die Fragen zu klären und außerdem auch formale Unterschiede aufzeigen.

Das Ziel des Wochenendes ist, mit den Teilnehmerinnen ein Filmprogramm für das 'Keller-Kino' zusammenzustellen, was für den Spielplan des Sommersemesters eingereicht wird.

Seit 1975 gibt es hier in Hildesheim, 100.000 Einwohner, einen Filmclub der Volkshochschule. Angefangen hat er - daher auch der Name - im Keller einer Schule, in dem man auf zusammengesuchten Stühlen um einen rasselnden 16mm-Projektor herumsaß. Als das Interesse an dieser Veranstaltung zunahm, wurden die Vorführungen in den größeren und zentral gelegeneren Hörsaal der Volkshochschule verlegt.

Sechs Jahre später, im September 1981, zog der Filmclub ein weiteres Mal um. Nun konnte er in den Räumen eines kommerziellen Filmtheaters ("Thega") richtigen Kinokomfort bieten: eine große Leinwand und weiche Sessel, keine störenden Projektorengeräusche, wahlweise 16mm- und 35mm-Filme.

Der Film-Club-Charakter wurde auch hier weitergepflegt. Die Vorführungen beginnen auch heute noch in der Regel mit einer kurzen Einführung. In einem eigens dafür eingerichteten Raum wird den Zuschauern die Möglichkeit geboten, mit den für die Auswahl Verantwortlichen über den Film zu reden.

Das "Keller-Kino"-Team besteht aus einem festen Kern und wechselnden Mitarbeitern von etwa fünf bis neun Personen. Diese wählen einmal im Halbjahr vier bis fünf verschiedene Themen für Filmreihen aus, denen dann jeweils vier oder fünf Filme zugeordnet werden. Daneben erstellen sie schriftliche Informationen zu den Filmen. Die Zusammenarbeit zwischen der Volkshochschule und dem Kino ist durch eine Vereinbarung geregelt.

Nach häufigen Folge-Treffen fanden Magdalena Zerrath und ich ein Konzept, das uns gefiel und das wir im Frühjahr 1979 dem "Keller-Kino"-Team vorlegten.

Von dem Begriff "Frauenfilm" wollten wir uns auf jeden Fall distanzieren; wir würden "Filme von Frauen" zeigen, in der Absicht, damit bewußt auf einen Mangel und seine Hintergründe hinzuweisen. Wir hofften auch, so nicht in die Nähe einer Minderheiten- und Zielgruppen-Filmecke zu geraten. Wir wollten möglichst viele Leute erreichen und ihre Bereitschaft gewinnen, sich für Überraschungen offen zu halten. Sie sollten zugänglich bleiben für neue Denkanstöße, ungewohnte Bildfolgen, Zeichen und Symbole.

In Absprache mit dem Team waren wir im Rahmen der Möglichkeiten des "Keller-Kinos" bei der Auswahl und Präsentation der Filme frei. Ebenso beim Zusammenstellen der Informationsblätter und beim Durchführen der Diskussionen. Vor allen Dingen aber mußte die Kontinuität unserer Filmarbeit gewährleistet

Zuschauerinnen

sein; ansonsten würden wir beim "Keller-Kino" nicht mitmachen wollen.

Bei den Informationsblättern zu den Filmen wollten wir in etwa das bisherige Konzept - die Filmdaten, eine kurze Inhaltsangabe, Auszüge aus Kritiken - beibehalten. Außerdem fanden wir es jedoch wichtig, die Blätter jeweils um eine Bio- und Filmografie zu ergänzen. Zu Hilfe kam uns bei dieser Arbeit mein ziemlich umfangreiches Archiv mit Kritiken, Texten und Fotos von Filmemacherinnen und ihren Filmen.

Unser Ausgangspunkt für die Diskussionen waren die Gespräche in Frauengruppen, wir wollten aus einer persönlichen Betroffenheit heraus reden.

Im Juni 1986 erschien beim "Landesverband der Volkshochschulen Niedersachsen e.V." über diese Filmreihe die Broschüre "Filme von Frauen - Sieben Jahre Filmclub-Arbeit in der Erwachsenenbildung. Ein Beispiel".

Meine Diageschichten

Kreativ selbst zu arbeiten war mir weiterhin sehr, sehr wichtig. So entstanden in all den Jahren zahlreiche Montagen und Fotografien. Diese stellte ich häufig zu Geschichten zusammen. Foto-Text-Kombinationen: Fotogeschichten.

Seit 1984 bevorzuge ich sie als Diageschichten, da ich gemerkt habe, wie wichtig es mir ist, nicht nur meine Arbeiten, sondern auch mich selbst fremden Blicken auszusetzen. Hinzu kommt aber noch die Faszination für das große Bild, das sich aus dem Dunkel des Raumes entfaltet.

Meine Diageschichten sind private, persönliche Auseinandersetzung mit mir selbst. Mit ihnen öffne ich geheime Türen zu meiner Gedankenwelt. Zu Sehnsüchten und Wünschen beispielsweise, die ich nicht aussprechen kann. Ich gehe Beobachtungen nach, die ich sonst nicht loslassen könnte.

Foto: Brigitte Tast
Motiv: "Das Private wird öffentlich..."

In "Rechts herum, links herum" zum Beispiel, meiner ersten Diageschichte, beschreibe ich meine subjektiven Empfindungen zu Tanz. Erzähle von den großen Träumen, die immer wieder aufleben, um noch mehr Träume zu schaffen.

"Schöne Verlierer" ist eine leidenschaftliche Geschichte über die Angst, ausgelöscht zu sein, wenn ich alles hergeben würde.

Wichtig bei meinen Diageschichten ist mir - nach deren Fertigstellung - die Nähe zum Publikum. Um diese private, persönliche Auseinandersetzung über das Machen der Geschichte hinaus gehen zu lassen, lese ich meine Texte zu den Dias selbst vor. So kann ich öffentlich selbst aussprechen, was ich ohne die Geschichte nicht von mir preisgegeben hätte. Kann sogar, wenn die Voraussetzungen geschaffen sind, anschließend mit den Zuschauerinnen, aber auch mit den Zuschauern, in ein offenes Gespräch kommen.

Allmählich, das merke ich, führen meine Diageschichten über das ständige Beschäftigtsein mit unerfüllten Träumen und starken Kindheits-Erinnerungen hinaus. So gibt es in "Sommerhauptstadt" zum ersten Mal in einer Geschichte von mir eine reale Umgebung. In kräftigen Farben fotografiert, auch dies zum ersten Mal, begegne ich auf der Suche nach Baden-Baden und seinen luxuriösen Besonderheiten immer mehr mir selbst.

Ich erlebe meine inneren Unsicherheiten und gebe durch die Geschichte so mein ständiges Schwanken in den entscheidenden Momenten zu, diese Angst vor Verantwortung.

Meine letzte (und auch privateste) Geschichte heißt "Trauen, Vertrauen". Darin fühlte ich mich endlich einmal gedrängt, ganz intensiv über meine Eifersucht und mein Mißtrauen nachzudenken. Dabei entstand dann auch eine Reflexion über das Fotografieren und das Sich-Fotografieren-Lassen.

Mit dieser Geschichte habe ich Wesentliches, was ich von mir und vor mir verstecken wollte, preisgegeben. Es ist mir, als wäre ich mit "Trauen, Vertrauen" etwas erwachsener geworden.

"Das Private wird öffentlich"

Teenager-Zeit:

Enge Röcke und weiße Blusen. Stöckelschuhe mit Pfennigabsätzen. Das Handtäschchen. Kleidung, der ich mich nicht entziehen konnte, die mich äußerlich zur Frau machte.

Vertrauen, Geborgenheit, Nähe, Schutz, Wärme habe ich nicht gespürt. Ausruhen, Entspannen waren andere Worte für Schlafen. 'Immer nur lächeln.' Für Tränen und Schmerz gab es das Kissen; denn 'wie es drinnen aussieht, geht niemand an.'

'Ich möchte nicht, daß über dich geredet wird.' Beine eng geschlossen halten. Aufrecht sitzen. Reden - nur, wenn man gefragt wird. Aber nicht das letzte Wort haben wollen.

Mit jedem Schritt des Älter-Werdens gab es eine Möglichkeit weniger, Schwäche zu zeigen. Als Kind habe ich geschrieen und getobt. Jetzt ging das nicht mehr.

Das Schlimmste, was passieren konnte, war, sich lächerlich zu machen.

Erwachsenen-Zeit:

Was tue ich nicht alles heute dafür, um meine zugegrabenen Gefühle wieder zu finden. Und sie zeigen zu können.
(Brigitte Tast in der Seminar-Ausschreibung "Das Private wird öffentlich - Filme von Frauen gestern und heute II")

Wie im letzten Jahr - wieder in der Vorweihnachtszeit - ein Seminar mit Filmen von und für Frauen: zum angucken, reden, nachdenken, zuhören, erinnern, entdecken. Es sind wieder Filme, die sehr persönliche Sichtweisen auf Erfahrungen, Gefühle, Träume beinhalten, einengende Fesseln und mutige Aufbrüche.

Zuschauerinnen

Sie handeln von der Familie, Alltagsängsten und Einsamkeit, der Beschäftigung mit dem eigenen Körper und dem Aufbruch ins Abenteuer. Wir meinen, daß sie eigenen Erinnerungen, Gedanken und Wünschen entsprechen, neue Anregungen geben.

Es sind Filme mit eindrucksvollen Bildern, viele Filme, verschiedene Ansätze. Wir hoffen, daß sich darüber eben so viele angeregte und anregende Gespräche entwickeln."
(Linde Fröhlich in derselben Ausschreibung)

Nach wie vor gibt es Bereiche, die gerne umgangen werden. Tabus, die sich nur langsam und schwer abbauen lassen. Ungeklärtes im Umfeld von Erziehung und Sexualität, unverarbeitete Kindheitserlebnisse. Das ständige Wehren gegen Rollenfestlegungen. Aber auch die Sehnsucht, sich einmal jemandem ganz anvertrauen zu können.

Die Seminar-Reihe "Das Private wird öffentlich - Filme von Frauen gestern und heute" möchte für diese Themen ein regelmäßiges Forum sein. Ungewohntes, Provozierendes, Unbekanntes aber auch manchmal Vergessenes beleuchten. Filme und Gespräche in offener Atmosphäre bieten. Die Veranstaltung richtet sich deswegen ausschließlich an Frauen.

Die Filme, die wir dafür aussuchen, sind in ihrer Machart und Wirkungsweise sehr unterschiedlich. Gerade aber die formale Vielfalt (Spiel-, Dokumentar-, Experimentalfilme oder - wie gerade bei Filmen von Frauen häufig - Mischformen) ermöglicht den anwesenden Zuschauerinnen, eigene Sichtweisen zu erkennen.

Das Programm:

Der Schoß der Familie:
- "Familiengruft" von Maria Lang, BRD 1981/82, 10 min;
- "Das Glück" von Agnes Varda, F 1965, 81 min;

Alltagsängste:
- "Empty Suitcase" von Bette Gordon, USA 1980, 55 min;
- "Ein ganz und gar verwahrlostes Mädchen" von Jutta Brückner, BRD 1977, 80 min;

Einsamkeit, Beschäftigung mit dem eigenen Körper:
- "Ich Du Er Sie" von Chantal Akerman, B 1974, 90 min;
- "Sommerhauptstadt" von Brigitte Tast, Diageschichte, BRD 1985, ca. 45 min;

Auf der Suche nach dem Abenteuer:
- "Kaldalon" von Dore O., BRD 1971, 45 min;
- "Madame X" von Ulrike Ottinger, BRD 1977, 141 min;

Liebe, Heimat, Zukunft:
- "Okiana" von Ute Aurand, BRD 1982/83, 35 min;
- "Du verbe aimer" von Mary Jiménez, B 1984, 85 min.

Auffallend bei diesem Seminar war, daß über die traditionellen Themen ("Schoß der Familie", Alltagsängste") mehr geredet und nachgedacht wurde als über die neuen. Zu "Auf der Suche nach dem Abenteuer" und zu "Liebe, Heimat, Zukunft" gab es leider keine kühnen Ideen, nicht einmal Vortastversuche. Stattdessen wurden Ängste geäußert. Es wurde befürchtet, daß, wenn Frauen sich beispielsweise auf sich selbst einlassen, sie rasch in eine Innerlichkeit und Vereinzelung abrutschen.

Uns als Seminarleiterinnen ist es bei den Filmgesprächen sehr wichtig, daß die geäußerten Beobachtungen aus der eigenen, ganz persönlichen Betroffenheit kommen. Wir möchten dafür gern eine Atmosphäre schaffen, in der auch Raum ist, schwierigste Dinge, Unausgesprochenes, Überspitztes auszusprechen und damit erst einmal akzeptiert zu werden. Für diesen Anspruch sind Wochenend-Seminare eine gute Möglichkeit.

Gelungen ist das Seminar, wenn möglichst viele der anwesenden Frauen einen tieferen Zugang zu sich selbst gefunden haben. Es ihnen dadurch leichter fällt, selbstkritisch zu sein. Wenn sie ihr Interesse und ihre Toleranz für andere Frauen vermehren konnten.

Auf keinen Fall soll unsere Seminar-Reihe ein Ersatz für weitere, andersartige Veranstaltungen sein. Gerade in den Abschlußgesprächen, wenn wir fragen, wie das nächste Seminar sein soll, zeigt sich an den sich gegenseitig ausschließenden Wünschen, welcher Mangel an ergänzenden Veranstaltungen besteht.

Auch dazu ist eine Broschüre erschienen. Das "Zentrum" hat "Das Private wird öffentlich - Dokumentation über zwei Frauenfilmseminare im Zentrum" herausgegeben.

Alljährlich im Januar wird "Das Private wird öffentlich - Filme von Frauen gestern und heute" - wieder nur für Frauen - fortgesetzt werden.

Zuschauerin

Das Licht wird dunkler. Langsam schwebt der Vorhang raschelnd zur Seite. Ein Löwe brüllt. Musik und Schrift füllen den Saal.

Ich bin nur noch Zuschauerin und warte gespannt auf die ersten Bilder. Warte darauf, eineinhalb Stunden mitgenommen zu werden - auf eine wilde, mich völlig überraschende Reise. Ich will abstürzen, will verwirrt werden, will schweben und träumen, will lachen und ich will weinen. Freie Gefühle in einem freien, weil völlig dunklen Raum. Aber ich will auch eine Frau bleiben können.

Eine stolze Zuschauerin.

Zuschauerinnen

Literaturhinweise

Brigitte Tast, "Kulleraugen" Nr.1, September 1977
Bödeckerstr.16, 3000 Hannover 1
Die Broschüre, 240 Seiten, zahlreiche s/w-Fotos, kostet DM 18,--;
Inhalt:
"Über 'neue Bilder' von 'wahren' Frauen", Vorwort von Jutta Brückner;
"Die Reihe 'Filme von Frauen' im 'Keller-Kino'" von Brigitte Tast;
"Zwischenbilanz", Interview von Renate Beck, Brigitte Tast, Magdalena Zerrath;
"Film - ein Medium kommunaler Kulturarbeit für Frauen?", von Magdalena Zerrath;
"Sieben Jahre Filmclub-Arbeit in der Erwachsenenbildung", Filminformationsblätter;
"Regisseurinnen-Register";
"Filmtitel-Register";
"Tips für die eigene Filmclub-Arbeit";
"Kommentierte Buchliste";
"Anschriften-Verzeichnis".

(Weitere Informationen zur "Keller-Kino"-Reihe "Filme von Frauen": Magdalena Zerrath c/o Hildesheimer Volkshochschule e.V., Wollenweber Str.68, 3200 Hildesheim)

"Das Private wird öffentlich - Dokumentation über zwei Frauenfilmseminare im Zentrum". 211 Seiten, zahlreiche s/w-Abb., DM 5,--, herausgegeben vom "Zentrum".
Jugendamt der Hansestadt Lübeck, Mengstr. 35, 2400 Lübeck 1.

Kontaktadresse:

Brigitte Tast
Laaseweg 4
3209 Schellerten 1

Rita Hähner, Sabine Paroll
Sexueller Mißbrauch an Mädchen
Ein Film- und Selbsthilfeprojekt

Chronologie des Projekts
von Rita Hähner

"Es wird immer ein Tag kommen für den, der überlebt. Es wird immer ein Gesicht für den da sein, der sich selbst anzusehen wagt. Tora wagte es nicht. Sie war ein halbnacktes Menschenknäuel in einem verhaßten Bett. Sie hatte nichts zu sagen, sie hatte keinen, an den sie sich wenden konnte! Wenn ihr jemand erzählt hätte, daß sie nicht traurig sein sollte, denn so etwas sei schon früher in der Welt geschehen, und über alles würde allmählich wieder Gras wachsen, ja - dann würde sie ein ehrliches Gesicht aufgesetzt und gefragt haben: 'Was ist los? Was ist passiert?' Und das Laken war gut versteckt."
(Herbjorg Wassmo: Das Haus mit der blinden Glasveranda)

Was ist passiert ... und wie leben Mädchen mit der Erfahrung, daß nicht nur ihr Körper, sondern auch ihr Vertrauen mißbraucht wurde? Diese Frage soll unser Film beantworten. Vor allem soll er auch dies zum Ausdruck bringen: Wieviel Stärke und Kraft mißbrauchte Mädchen und Frauen besitzen, um zu überleben.

Der Film soll Mädchen ermutigen, über ihre Mißbrauchserfahrungen zu sprechen, soll ihnen Möglichkeiten zeigen, wie sie ihre schmerzliche Erfahrung zusammen mit anderen verarbeiten können.

Dieses "darüber sprechen" ist ein wichtiger Schritt und es scheint gegenwärtig eine zumindest publizistische Übereinstimmung in der Aufforderung zu herrschen: *"Brecht das Schweigen! Sprecht mit Menschen, zu denen ihr Vertrauen habt!"*

Auch und besonders an diese Menschen, nicht nur Erwachsene, sondern auch Jugendliche, richtet sich unser Film, denn diese müssen dazu bereit sein. Sie sollen wissen, was es für ein mißbrauchtes Mädchen bedeutet, wenn sie zu hören bekommt: *"Das ist doch jetzt schon so lange her, jetzt könntest Du es doch langsam vergessen..."* oder: *"Du hast doch selbst Schuld!"* und *"Du hättest Dich doch wehren können!"* etc.

Gegenstand dieses Erfahrungsberichtes sind letztlich zwei Gruppen: Zum einen das Filmprojekt "Sexueller Mißbrauch an Mädchen", zum anderen eine von mir angeleitete Selbsthilfegruppe, deren Teilnehmerinnen ausnahmslos sexuell mißbrauchte Mädchen sind.

Zum Entstehungszusammenhang dieser beiden Gruppen:
Seit 1980, dem Beginn meiner Arbeit im Jugendfreizeitheim Wehrschloß, habe ich kontinuierlich Mädchengruppen angeboten. Zeitweise waren dies zwei Gruppen verschiedener Altersstufen. Themen dieser Gruppen waren außer "action", "Spaß" und "gemeinsamen Unternehmungen" insgesamt
– ihre Rolle als Mädchen im Freizeitheim, in der Familie und in der Schule
– ihre Konflikte untereinander
– Fragen der Sexualität
– ihre Beziehungen zu Jungen
– Fragen über Ausbildung und Beruf.
Den Rahmen bildeten jeweils wöchentliche Treffs und gemeinsame Wochenendfahrten.

Auf diese Weise habe ich viele Mädchen intensiv kennengelernt, hauptsächlich aus Hemelingen, Hastedt und angrenzenden Stadtteilen.

Meine Aufmerksamkeit für die Tatsache des "sexuellen Mißbrauchs" hat in meiner Erinne-

Sexueller Mißbrauch an Mädchen

rung ihren Anfang während einer Wochenendfahrt 1984. Das Wochenende war geprägt durch eine sehr vertrauensvolle Atmosphäre, in der ein Mädchen vom sexuellen Mißbrauch an ihr durch den Freund der Mutter erzählte. Der Effekt war, daß weitere Mädchen berichteten: vom Mißbrauch durch den Stiefvater, vom Mißbrauch durch den Lehrer.

Andere Mädchen berichteten, daß sie Mädchen kennen, die ähnliche Erlebnisse haben und erzählten von ihren Schwierigkeiten, sich dazu zu verhalten. In der Folge wurde es zunehmend unmöglich, die Tatsache und die Häufigkeit des sexuellen Mißbrauchs auszublenden, wobei deutlich wurde, daß sexuelle Gewalt an Mädchen überall stattfindet: in Familie und vertrauter Umgebung, aber auch im Umfeld des Freizeitheimes. Erniedrigung, Gewalt, Belästigungen und sexueller Mißbrauch wurden zum **alltäglichen** Thema.

Die Idee zum Filmprojekt hatte verschiedene Gründe:
- Zum einen die schon seit Jahren im JFH stattfindende intensive Videoarbeit mit Jugendlichen bis zur Gründung des Vereins "Medienwerkstatt e.v."
- Zum anderen die Erfahrung, daß sich Mädchen über kurzfristige Aktivitäten hinaus nur schwer für längerfristige Projekte/Videogruppen motivieren lassen. Die Dominanz der Jungen führte zumeist dazu, daß sich die Mädchen nach anfänglichem Interesse schließlich wieder zurückzogen.

Dabei gingen wir von der Annahme aus, daß der aktive Zugang der Mädchen zu Medien und Videoarbeit nicht über das Interesse an den Medien an sich erfolgt, sondern in erster Linie über das Interesse an zu bearbeitenden Inhalten vollzogen wird. Das Thema selbst stand somit im Mittelpunkt der Interessen.

Die Suche nach einem derart geeigneten Inhalt traf in der Mädchengruppe auf ein des öfteren formuliertes Gefühl von Ohnmacht und Hilflosigkeit im Umgang mit der Problematik des sexuellen Mißbrauchs. Hier war es naheliegend, beides miteinander zu verbinden. Für die Mädchen bedeutete dies, aus der Hilflosigkeit heraus zu einer Möglichkeit des aktiven Handelns zu kommen. Die Idee wurde in den verschiedenen Mädchengruppen vorgestellt. Anfang 1987 fand dann das erste Treffen der "Film-Gruppe" statt, zunächst mit acht Mädchen.

Die Motivation der Mädchen war unterschiedlich: Eigene Betroffenheit oder vermittelt über Erfahrung von Freundinnen, aber auch weil sie die Absicht haben, später beruflich mit Kindern zu arbeiten. Den Mädchen war es besonders wichtig, daß die Gruppe nach außen hin als eine Gruppe erscheint, in der auch Nicht-Betroffene mitarbeiten, damit sie nicht durch die bloße Teilnahme an der Gruppe als Betroffene identifizierbar sind.

Anfänge

Der Anfang des Projekts bestand zunächst über einen längeren Zeitraum aus intensiver Recherche. Sporadisch arbeiteten zu diesem Zeitpunkt schon zwei Filmemacherinnen - Elke Bormann und Sabine Paroll - und die Fotografin Bri Meyer-Campsen aus dem Verein Medienwerkstatt mit, die erst ab Herbst 1987 die zeitliche Möglichkeit hatten, kontinuierlich an diesem Projekt mitzuarbeiten.

Die Recherchenarbeit gestaltete sich während wöchentlicher Treffs als

- Literaturstudium: Wir lasen in der Gruppe die bis dahin erschienenen Romane und Jugendbücher zu diesem Thema, z.B. Liane Dierks: *"Die liebe Angst"*, Iris Galey: *"Ich weinte nicht, als Vater starb"*, H.Irwin: *"Liebste Abby"*, Deborah Moggach: *"Rot vor Scham"* und Margret Steenfatt: *"Nele, Ein Mädchen ist nicht zu gebrauchen"*.

- Interviews der Gruppe in der Umgebung des Freizeitheimes, in ihren Familien, mit Schulklassen, die das Schnürschuh-Theater mit dem Stück "Püppchen" besucht hatten, mit Lehrern, Sozialarbeitern, Kinderärzten und Psychologen. Dabei mach-

Sexueller Mißbrauch an Mädchen

ten die Mädchen ganz unterschiedliche Erfahrungen:
- Die eher deprimierende Erfahrung, was alles an Informationen, Wissen und Verständnis fehlt; also immer wieder die konkrete Erfahrung, was es bedeutet, wenn man von einem Tabu redet.
- Die eher positive Erfahrung, daß es außer Abwehr aber auch Interesse und Aufmerksamkeit gab, insbesondere in den Gesprächen mit Schulklassen.
- Sehr ambivalent wirkten die Gespräche mit Fachleuten, wie z.B. mit Kinderärzten, Psychologen, Sozialarbeitern und Lehrern: Enttäuschend war die Erfahrung, daß besonders die Fachleute wenig informiert waren und in der Regel nicht in der Lage sind, das Problem in seiner vollen Bedeutung wahrzunehmen, geschweige denn "professionell" damit umzugehen. Bestärkend, was das Selbstwertgefühl der Mädchen betrifft, wirkte die Erfahrung, daß die Mädchen sich in der Regel "kompetenter" erlebten als die Fachleute.

- Kontaktaufnahme mit anderen Gruppen wie z.B.
- die Gruppe des Schnürschuh-Theaters, die "Püppchen" inszeniert hat und spielt
- die Gruppe "Schattenriß"
- der Besuch des Hamburger Mädchenhauses. Hier erfuhren die Mädchen am meisten Ermutigung und Bestärkung vor allen Dingen für ihre Entscheidung, einen Film für Jugendliche zu machen, der sich für Schulen und Freizeitheime eignet.

- Sichtung der vorhandenen medialen Produkte zum Thema "Sexueller Mißbrauch" (siehe weiter unten)

Parallelaktivitäten

Mai 1987
Teilnahme aller Mädchen an dem Workshop "Sommerträume/Winterwünsche", Fantastische Mädchenbilder in Video und Foto - Wie sehe ich mich, wie werde ich gesehen, wie möchte ich gesehen werden? (beim Medienwochenende "Jugend fuscht") Außer den Mädchen des Filmprojekts kamen auch Mädchen zu diesem Workshop, die das JFH bisher noch nicht besucht hatten. Hier bestand die Möglichkeit, einerseits über Verkleidung und Maske in andere Rollen zu schlüpfen und andererseits erste intensive Erfahrung mit den Medien Video und Fotografie zu machen. Die Thematik war so gewählt, daß sich den Mädchen auch ein Abstand zu dem in der Regel anstrengenden Thema der "sexuellen Gewalt" und somit ein mehr spielerischer Umgang mit den Medien und ihrer Lust an Verkleidung bot. Die Ergebnisse dieses Workshops sprechen für sich.

Trotz des scheinbaren Abstandes zum eigentlichen Thema der Filmgruppe beschäftigte uns die Erfahrung aus diesem Workshop noch während mehrerer darauffolgender Gruppentreffen. Im Workshop waren die Mädchen regelrecht dazu aufgefordert gewesen, in einem geschützten Rahmen mit sich selbst zu experimentieren und durften auch ihre Lust daran wahrnehmen und ausleben. In ihrer alltäglichen Lebenssituation als Mädchen verbieten sie sich diese Experimentier-Lust in der Regel, weil sie davon ausgehen müssen, daß dies insbesondere von ihrer männlichen Umwelt als Aufforderung gesehen wird, sie als sexuelle Objekte zu sehen und zu gebrauchen. Besonders den betroffenen Mädchen wurde schmerzlich bewußt, daß ihr früheres kindliches Spiel mit Verkleidung, das "Tun-als-ob", mißdeutet, mißbraucht und benutzt worden war. Obwohl die Mädchen wissen, daß sie mit diesem Konflikt leben müssen, wirkten diese Gespräche auch verstärkend darin, daß sie jetzt eher wahrnehmen, wann sie sich bewußt unauffällig kleiden und verhalten, um sich nicht als gefährdet zu erleben. Hier bleibt der eigentlich so einfache Wunsch im Raum, alle Facetten von Mädchen- und Frau-Sein erleben und ausleben zu können und trotzdem mit jedem *"Ich will!"* und *"Ich will nicht!"* gehört zu werden.

Januar 1988
Teilnahme der Mädchen an einem Wochenende in Syke/Henstedt, zusammen mit den mitt-

lerweile kontinuierlich mitarbeitenden Film- und Fotomacherinnen.

Während dieses Wochenendseminars wurde alles bisher Recherchierte zusammengetragen und erste Ideen für ein Filmkonzept überlegt (siehe Filmkonzept von Sabine Paroll).

Schwerpunkt dieses Wochenendes - wie auch der darauffolgenden - war immer wieder das Experimentieren mit der Kamera und die Analyse der bisher zum Thema "Sexueller Mißbrauch" produzierten Filme unter Aspekten von Filmsprache, Montage und Vertonung sowie dramaturgischer Gestaltungsmerkmale.

Stagnation und Konsolidierung

Im weiteren Verlauf (Frühjahr 88) stagnierte die konkrete Weiterarbeit am Filmprojekt.

Vor der Premiere von "Püppchen" (Schnürschuh-Theater) hatte es von der Schnürschuh-Gruppe organisierte Treffen aller mit dem Thema "Sexueller Mißbrauch" befaßten Gruppen und Organisationen gegeben. An diesen Treffen nahmen wir zusammen mit den Mädchen teil und erfuhren so, daß es in Bremen zu der Zeit keine einzige Gruppe für betroffene Mädchen gab.

Das Filmprojekt erlangte hier eine zumindest fachinterne Öffentlichkeit. Es kamen im Laufe der nächsten Monate neue Mädchen zum Filmprojekt, die entweder über die o.g. Treffs von uns erfahren hatten oder über die Mitglieder der Filmgruppe selbst.

Im Bewußtsein dieses Mangels (fehlende Selbsthilfegruppen in Bremen) entschied die Gruppe, daß keinem betroffenen Mädchen die Mitarbeit am Filmprojekt verweigert werden sollte, auch wenn dies der kontinuierlichen Weiterarbeit am Film hinderlich sein sollte.

Obwohl die "Neuen" ausnahmslos am Anfang formulierten, daß sie "nur" am Film interessiert seien und mal "gucken" wollten, aber nicht über sich selbst reden mochten, taten sie in der Folge - oft über zwei oder drei Gruppentreffs - nichts anderes. Dies wurde zwar von allen als wichtig und gut befunden, führte aber gleichzeitig auch zu Unzufriedenheit, da es zu Lasten der Filmarbeit ging. In diesem Zusammenhang trafen wir die Entscheidung, zwei Termine anzubieten. So gibt es seit diesem Zeitpunkt eine von mir angeleitete Selbsthilfegruppe, die ich nachfolgend gesondert beschreiben werde, und die sich wöchentlich trifft (siehe Kapitel Selbsthilfegruppe). Die Filmgruppe trifft sich seitdem 14tägig.

Die Zusammensetzung der Filmgruppe änderte sich nochmals durch das Interesse von zwei erwachsenen Frauen und einem 13jährigen Mädchen, die ihre Erfahrungen als vom Vater sexuell mißbrauchte Töchter für unseren Film zur Verfügung stellen wollten. Die Kontaktaufnahme gestaltete sich zunächst über die Projektleiterinnen. Im Zuge mehrerer intensiver Gespräche wuchs jedoch das Bedürfnis, die gesamte Gruppe kennenzulernen.

Dieses Kennenlernen fand während einer weiteren Wochenendfahrt statt und führte zu der von beiden Seiten positiv erlebten Entscheidung, zukünftig zusammenzuarbeiten. Insbesondere die beiden Frauen und das 13jährige Mädchen können mit dieser Situation besser umgehen, weil es sie aus der Unzufriedenheit entläßt: *"Ich gebe etwas, in Form eines Interviews - habe aber keinen weiteren Einfluß darauf, was damit geschieht!"*

Für alle Beteiligten hatte dies den Charakter eines Experiments. Für alle war diese Art der Gruppen-Zusammensetzung unbekannt und ungewöhnlich. Die bisherigen Erfahrungen aber zeigen, daß die gemeinsame Betroffenheit und die gemeinsame und selbstgestaltete Aufgabe offenbar so stark wirken, daß weder Alter, unterschiedliche Schulbildung und soziale Herkunft in der Zusammenarbeit eine Rolle spielen:
"In unserer Gruppe finde ich das so, wie es draußen auch wirklich ist; der sexuelle Mißbrauch kommt da ja auch in allen Altersstufen und sozialen Schichten vor."
(Zitat einer Teilnehmerin)

Seitdem besteht die Gruppe aus zehn Mädchen im Alter zwischen 13 und 20 Jahren, zwei erwachsenen Frauen und vier Projektleiterinnen.

Sexueller Mißbrauch an Mädchen

Form und Inhalt

Wir gingen ursprünglich davon aus, einen Video-Film auf VHS-Norm zu drehen. Insofern war die Finanzierung des Projekts fast kein Problem, weil der Zugriff auf ein entsprechendes Equipement gewährleistet war. Anfang 1988 trafen wir die Entscheidung, auf sendefähigem Material zu produzieren. Die Begründung zu dieser Entscheidung ist relativ einfach: Während diverser Fortbildungen, Fachtagungen und Fachseminaren, an denen wir teilnahmen (z.B. November 87: Interdisziplinäre Fachtagung in Köln, "Sexueller Mißbrauch - Mißbrauch von Mädchen und Frauen"; Februar 88: Fachseminar in Loccum, "Sehen lernen - handeln können / Sexueller Mißbrauch an Kindern"; Juni 88: Bildungsurlaub in Bielefeld, "Prävention von sexuellem Mißbrauch an Mädchen und Jungen") sowie während der regionalen Fortbildungsveranstaltungen des Vereins "Schattenriß" wurden wir mit der Tatsache konfrontiert, daß es keine medialen Produktionen gibt, die geeignet sind für den Einsatz in Schulen und Freizeitheimen - also für Jugendliche. Dieser Mangel wird immer wieder beklagt. Es gibt inzwischen einige Produktionen, auch Fernsehproduktionen, die nach allgemeiner Einschätzung zur Arbeit mit Erwachsenen oder für die Fachöffentlichkeit geeignet sind. Die meisten dieser Filme zeigen jedoch wenige oder keine Handlungsmöglichkeiten für Betroffene über die bloße Aufforderung *"Brecht das Schweigen!"* hinaus.

Dies aber gehört unabdingbar zu unserem Konzept und die Gruppe hat sich dem Anspruch verschrieben, einen Film von, mit und für Jugendliche zu produzieren.

Der Bedarf an medialen Produkten ist sehr groß und wächst in dem Maße, wie immer mehr Frauen und Mädchen bereit sind, sich gegen sexuelle Übergriffe zu wehren. So gibt es z.B. bei der Landesbildstelle Bremen - jedenfalls zum Zeitpunkt unserer Recherchen - lediglich zwei 16mm-Produktionen, die sexuellen Mißbrauch thematisieren, aber leider taucht auch hier der Täter nur in der Person des "fremden Mannes von der Straße" auf.

Das Kinder- und Jugendfilmzentrum in Remscheid hat uns Bereitschaft signalisiert, unterstützend zu wirken bei Bemühungen, den Film über Landesbildstellen, im schulischen als auch über Filmzentren im außerschulischen Bereich überregional zu vertreiben. Dies bedingt natürlich ein technisch einwandfreies, kopierfähiges Ausgangsmaterial. VHS-Norm entspricht dieser Anforderung nicht.

Die Gesamtgruppe hat sich nach ausführlicher Diskussion um "für und wider" dazu entschieden, eine zeitliche Verzögerung der Umsatzphase des Films in Kauf zu nehmen, im Wissen darum, daß dies bedeutet, zunächst viel Zeit dafür aufzuwenden, die Film-Finanzierung zu sichern. Eine der Voraussetzungen für diese Entscheidung war, daß relativ schnell eine Anfangsfinanzierung gesichert war, die sich aus dem Öko-Fonds der "Grünen" und der Sparkasse Bremen in der Höhe von insgesamt 2.500 DM zusammensetzt. Damit war gewährleistet, daß wir die Interviews mit einer der beiden Frauen und zwei Mädchen - 13 und 17 Jahre alt - drehen konnten. Für Frauen und Mädchen ist es keine leichte Entscheidung, einen solchen Schritt in die Öffentlichkeit zu wagen. Eine zeitliche Verzögerung hätte an dieser Stelle die eh schon existierende Spannung zwischen Entscheidung und realer Umsetzung ins Unerträgliche gesteigert und wäre somit unverantwortlich gewesen.

Unberührt von dieser Entwicklung blieb unser Konzept weiterhin dem Experimentieren mit dem Medium Video / VHS-Norm und Fotografie verpflichtet, wobei der kreative Umgang mit den ästhetischen Möglichkeiten der Medien ebenso bedeutsam war wie die Inhalte. So standen wir den Mädchen bei der Fertigstellung des Musik-Videos "Sisters" (siehe Video-Dokumentation) lediglich beratend zur Verfügung, unterstützten sie bei der Montage

Sexueller Mißbrauch an Mädchen

und Vertonung. Die Aufnahmen für dieses "Musik-Video" entstanden während des vorgenannten Workshops "Sommerträume/Winterwünsche". Die Herstellung der Kurz-Reportage zum Film-Projekt (siehe Video-Dokumentation) war eine vollkommen selbständige Arbeit der Mädchen. Gleiches gilt auch für die Erstellung des Infos über das Filmprojekt und die Herstellung der Foto-Dokumentation (siehe Anlage). Die Motivation zu dieser recht aufwendigen Arbeit entstand aus dem Wunsch der Mädchen, "ihr" Projekt während der 1.Bremer Mädchen-Projekttage (23./24.April 88), ausgerichtet von der ZGF (Zentralstelle für die Verwirklichung der Gleichberechtigung der Frau), darzustellen. Die Mädchen ernteten dort mit ihrer "Medien-Ecke" viel positive Resonanz. Die Vorbereitung dazu fand während der 14tägigen Treffen und an dem Wochenende vom 15. bis 17.April 88 in vier Arbeitsgruppen statt. Insgesamt konzentriert sich die inhaltliche und konzeptionelle Arbeit am Film eher auf die 14tägigen Treffen, während das Experimentieren mit Kamera, Licht unter Einbeziehung anderer Medien (wie z.B. Dias, vgl. "Sisters" und Fotografie) eher an den gemeinsamen Wochenenden im Vordergrund steht, zuletzt jeweils ein Wochenende im Mai und August.

Wir geben diesem Experimentieren bewußt viel Raum, weil damit die Konzeptionsarbeit, das endgültige Drehbuch, erst zu einer gemeinsamen Arbeit werden kann. Diese Vorgehensweise unterscheidet sich somit grundsätzlich von gängigen professionellen Produktionsformen, erfordert aber auch viel mehr Zeit.

So ist das hier vorgestellte Filmkonzept Ausdruck des derzeitigen Standes der Dinge und ist im weiteren Verlauf auch möglichen Veränderungen unterworfen. Der offene Charakter der Drehbuchentwicklung beinhaltet die Möglichkeit, bestimmte Sequenzen kurzfristig zu verändern und neue Ideen einzuarbeiten.

Wie im Kapitel "Filmkonzept" beschrieben, sollen Spielszenen einen Schwerpunkt des Films bilden, die alternative Handlungsmöglichkeiten aufzeigen sollen, den Mißbrauch zu beenden und aufzuarbeiten. Bei der Umsetzung dieses Vorhabens stießen wir an Grenzen: Wir sind keine Schauspieler, haben wenig Erfahrung mit Theaterarbeit, wissen aber, daß eine allzu laienhafte Umsetzung solcher Szenen die "Aussage" des Endproduktes erheblich beeinträchtigen kann. Wir brauchen an dieser Stelle professionelle Unterstützung und haben uns zur Zusammenarbeit mit einer Theater-Frau entschieden, die sowohl Erfahrung mit Theaterarbeit (Ausdruck!) hat, als auch für körperorientierte Therapieform ausgebildet ist. Dies bietet zunächst den Mädchen die Chance der "Körperarbeit" über einen längeren Zeitraum - gerade im Verhältnis zum Körper drücken sich ihre Probleme als mißbrauchte Mädchen massiv aus - die in einer späteren Phase in die Entwicklung und Umsetzung der Spielszenen zum Film münden soll.

Als Methode zwischen Ausdruck und Therapie scheint uns dieses Vorgehen besonders im Interesse der Mädchen sehr sinnvoll zu sein, auch unter Aspekten von Selbsterfahrungs- und Selbsthilfeanteilen. Natürlich findet sich keine Frau, die in der Lage ist, aus purem Idealismus oder aus Interesse am Projekt diese Arbeit unentgeltlich zu machen. Dies ist momentan ein weiteres Finanzierungsproblem, für das eine Lösung gefunden werden muß.

Abschließend:

Über die anfänglich starke emotionale Betroffenheit hinaus existiert in der Gruppe ein gutes Quantum Lust an der gemeinsamen Auseinandersetzung. Der Spaß an der Herausforderung, die Thematik des "Sexuellen Mißbrauchs" filmisch umzusetzen sowie die ganze Palette von Lern- und Erfahrungsmöglichkeiten mit den verschiedensten Medien kommt zu seinem Recht: Wir lachen - trotz der Ernsthaftigkeit des Themas - oft und viel zusammen.

Als damals dieses Bild entstand, war ich nicht in der Lage, die Bedeutung meiner Haltung darauf zu erkennen. Die Situation des "Sich-fotografieren-lassens" jedoch, die dabei freigesetzte Kreativität, sowie das Vertrauen zu den Frauen, die da fotografierten, ermöglichte es mir, auf dieser Ebene Konflikte nach außen zu tragen, deren ich mir nicht bewußt war. Als ich die Idee zu diesem Bild hatte und mich in diese Haltung begab, überkam mich das Gefühl zu stürzen, mich nicht halten zu können. Heute erkenne ich, daß dieses Gefühl meiner realen Situation entsprach: Nicht lange nachdem dieses Bild entstanden war, wurde ich rückfällig.

Der nach unten hängende Kopf läßt sich durchaus als ein "Sich-hängenlassen" übersetzen, was ebenfalls der damaligen Realität entsprach. Die unkenntlich machenden langen Haare bedeuten den Wunsch, in einer solchen Situation nicht erkannt werden zu wollen. Dieser Wunsch allerdings steht in Widerspruch dazu, eine solche Situation darzustellen. Diese Ambivalenz sehe ich als Ausdruck des Konflikts zwischen dem abhängigen Teil, der zwar Abhängigkeit wünscht, aber ebensoviel Angst davor hat. Manu, 1986

Aus der Fotoausstellung "Morgen ist wieder ein Tag, leider derselbe". Siehe Projekt "Fotografie hinter Gittern" S. 47ff.

Das Filmkonzept
von Sabine Paroll

Sexueller Mißbrauch an Mädchen

Aufbau

Der Videofilm **"Sexueller Mißbrauch an Mädchen"** setzt sich zusammen aus den Aussagen der betroffenen Mädchen und Frauen, aus filmischen Versatzstücken, die symbolisch das Erleben bzw. Fehlen von Kindheit assoziieren und aus Spielszenen, die von der Mädchengruppe als Möglichkeit der Gegenwehr gegen sexuellen Mißbrauch an Mädchen entwickelt und umgesetzt werden.

1. Aussagen

Der Videofilm ist angelegt als Dokumentation von Erfahrungen, die Mädchen innerhalb ihrer Familie mit sexuellem Mißbrauch gemacht haben. Der Täter: ihre Väter oder Stiefväter.

Grundlage des Films ist ein Konzept, das sich an Altersgruppen orientiert: Das Wort haben drei Mädchen und Frauen im Alter von 13, 17 und 27 Jahren. Sie alle wurden sexuell mißbraucht und selbst, wenn diese Erfahrung(en) schon Jahre zurückliegen - sie haben ihr Leben entscheidend geprägt.

Jede der drei Betroffenen hat ihre eigene, ganz persönliche Geschichte. Was sie verbindet ist die Tatsache, daß sie nicht mehr schweigen wollen. Sie schildern in der Chronologie ihrer Geschichte:

- wann und wie es zu dem Mißbrauch kam, was und wie "es geschehen" ist und wie sie ihre Situation damals gefühlt und eingeschätzt haben ("die Tat").

- was es für sie persönlich bedeutete und bewirkte, welche Folgen der Mißbrauch für ihr weiteres Leben hatte und immer noch hat ("die Folgen").

- wie sie (zwei der Mädchen) ihre Väter angezeigt haben und warum sie es getan haben ("die Anzeige").

- welche Formen sie gefunden haben / oder immer noch suchen, mit diesem Mißbrauch ihrer Person, ihrer Gefühle und ihres Körpers weiter zu leben ("die Perspektiven").

Um zu verhindern, daß den betroffenen Mädchen Nachteile entstehen dadurch, daß sie vor der Kamera öffentlich auftreten, werden sie selbst im Bild nicht erscheinen und auch der Ton wird verfremdet. Sie werden lediglich im Schattenriß schemenhaft zu erkennen sein. Allein die 27jährige wird real im Bild erscheinen.

Analog zu den drei erzählten Geschichten der Mädchen und Frauen entwickeln wir Bildgeschichten, die symbolisch und assoziativ den Verlust von Kindheit sichtbar machen und aus Elementen von Spiel- und Experimentalfilm zusammengesetzt werden.

Ein weiterer Schwerpunkt liegt in der Theater- bzw. Körperarbeit unter Anleitung einer Theaterfachfrau. Es sollen Szenen entwickelt und einstudiert werden, die sich mit den Folgen sexuellen Mißbrauchs an Mädchen auseinandersetzen und idealtypisch Ansätze von Möglichkeiten der Abwehr von alltäglicher Gewalt an Mädchen nicht nur in der Familie aufzeigen. Vorstellbar sind hier real inszenierte bedrohende und bedrohliche alltägliche Situationen, in denen Mädchen sich körperlich und über Sprache zur Wehr setzen, in denen sie lernen, "NEIN" zu sagen. Hier gilt es auch, die Ambivalenz aufzuzeigen, in der die Mädchen sich bewegen: das kindliche Bedürfnis nach der Liebe des Vaters steht dem Gefühl, etwas "Verbotenes" zu tun, entgegen. Das Kind hält es für "normal", was der Vater mit ihm macht, da es keine anderen Erfahrungen machen konnte. Es ahnt lediglich, daß irgendetwas nicht "stimmt". Das Kind lebt in zwei Welten, in einer Art Märchenwelt, in der es seinen Träumen und Illusionen von einer schönen, heilen Welt nachgehen kann und in der real existierenden bedrohlichen Welt, die Angst einflößt; Angst vor dem Vater, Angst vor körperlichen Übergriffen, Angst vor Strafe, wenn es seinen "Verpflichtungen" nicht nachkommt, Angst vor Reaktionen der Mutter, die das "Geheimnis" nicht erfahren darf, gepaart mit dem Gefühl, selbst an allem schuld zu sein.

Es gilt hier, aus den beschriebenen Gefühlen und realen Situationen aussagekräftige Szenen zu entwickeln, sie einzustudieren und in die oben beschriebenen Aussagen zu integrieren.

Eine weitere, exaktere Konzeptionierung des Videofilms kann an dieser Stelle nicht erfolgen, da sie maßgeblich an die Entwicklung der Spielszenen und an deren Ergebnis gebunden ist, dem wir nicht vorgreifen möchten.

2. Selbsthilfegruppen/Prävention

Der Videofilm ist als parteiliche Dokumentation aus der Sicht der Betroffenen aufgebaut. Wir verzichten daher sowohl auf Statements von Tätern, als auch auf Aussagen und Statistiken von Justiz- und Behördenvertretern. Ergänzend zu den Aussagen wollen wir jedoch die Arbeit der Gruppe "Schattenriß - Arbeitsgruppe gegen sexuellen Mißbrauch an Mädchen e.V." als konkrete Anlaufstelle in Bremen vorstellen und in Form einer kurzen Reportage über die Schwerpunkte ihrer Arbeit informieren.

Länge: ca. 45 Minuten
Produktion: Videofilmproduktion auf U-Matic Highband Standard

voraussichtliche Fertigstellung:
Frühjahr/Sommer 1989

Einsatzmöglichkeiten des Videofilms: Jugendfreizeitheime, Jugendeinrichtungen aller Art, Schulen, Bildungsarbeit mit Jugendlichen, Frauen sowie Pädagogen, die als Multiplikatoren unbedingt aufgefordert sind, sich mit dieser Problematik auseinanderzusetzen

Vertrieb: noch ungeklärt - evtl. Kinder- und Jugendfilmzentrum in Remscheid

Filmrechte: Um sicherzustellen, daß die Mädchengruppe die Entscheidung darüber treffen kann, an wen der Film - und damit auch ihre Geschichte - verkauft und verliehen wird, liegen die Rechte an dem Film und dem Originalmaterial ausschließlich bei der Mädchengruppe, vertreten durch die vier Projektleiterinnen.

Die angeleitete Selbsthilfegruppe
von Rita Hähner

Die Entstehung dieser Gruppe wurde bereits beschrieben. Sie besteht aus sieben Mädchen im Alter von 13 bis 20 Jahren. Es sind eine Hauptschülerin, zwei Realschülerinnen, zwei Gymnasiastinnen; ein Mädchen ist in Ausbildung; ein Mädchen ist arbeitslos und bezieht Sozialhilfe. Vier dieser Mädchen arbeiten auch im Filmprojekt mit.

Für mich stand am Anfang der Wunsch, der Gruppe bei der Gründung ihrer Selbsthilfegruppe beratend zur Verfügung zu stehen. Dies hing damit zusammen, daß ich mich zu dieser Zeit nach siebenjähriger Freizeitheimarbeit um eine Stelle im Haus der Familie in Tenever bemühte. Ich hoffte, mit den Mädchen die Prinzipien und Regeln von "Selbsthilfe" - z.B. daß jede Teilnehmerin abwechselnd für den Verlauf des Gruppenabends und für die Einhaltung gemeinsam aufgestellter Regeln verantwortlich ist - einüben zu können und mich dann allmählich zurückzuziehen. Es wurde jedoch sehr schnell deutlich, daß die Mädchen damit überfordert waren und eine angeleitete Form von Gruppenarbeit wünschten und brauchten. Seit November 87 arbeite ich im "Haus der Familie" in Tenever und dank der positiven Unterstützung meiner Kolleginnen und der Amtsleitung der Region Ost bin ich für die Arbeit mit dieser Gruppe freigestellt. Die Arbeit im Filmprojekt ist für mich - wie für alle anderen - inzwischen eine ehrenamtliche.

Zum gegenwärtigen Zeitpunkt ist der Inhalt der wöchentlichen Treffen eine Mischung aus gemeinsamen Unternehmungen und Selbsterfahrungsanteilen mit den Methoden des Rollenspiels und der Gruppendynamik. Die Treffen beginnen zumeist mit Entspannungsübungen. In einer ersten Gesprächsrunde

Sexueller Mißbrauch an Mädchen

klären wir gemeinsam, ob die Mädchen ein für sie aktuelles Problem mitbringen. Diese haben jeweils Vorrang vor den von mir vorbereiteten Rollenspielen, Übungen oder Gesprächsthemen. Die Übungen sind vorwiegend Kontakt- und Vertrauensübungen, die Rollenspiele benutzen wir hautpsächlich als Möglichkeit, Handlungsperspektiven für Alltagsprobleme zu erarbeiten. In unregelmäßigen Abständen finden auf Wunsch der Mädchen auch gemeinsame Kinobesuche oder Geburtstagsfeiern statt.

Die wichtigsten der immer wiederkehrenden Gesprächsthemen sind:
– Erfahrungsaustausch über sexuellen Mißbrauch
– Selbstwahrnehmung; besonders die Beziehung zum eigenen Körper
– Verunsicherung und Mißtrauen in Beziehungen zu anderen Menschen
– die sog. "Macken", unter denen die Mädchen leiden, wie z.B. Angst, Eßstörungen und Depressionen
– inhaltliche Begleitung der Probleme, die während des Prozesses gegen einen der Väter entstehen, insbesondere das Problem der "Glaubwürdigkeit"
– Wahrnehmung und Durchsetzung eigener Wünsche
– die Beziehung zur Mutter
– die Bewältigung des Alltags.

Keines der Mädchen dieser Gruppe befindet sich in einer aktuellen und akuten Mißbrauchssituation. Zwei Mädchen befinden sich bereits in Einzeltherapie. Ein Mädchen ist auf der Suche nach einem geeigneten Therapieplatz - auch ermutigt durch die positiven Erfahrungen der anderen. Zwei Mädchen haben vor kurzem eine gemeinsame Wohnung bezogen. Ein Mädchen wird z.Z. von der Gruppe massiv darin unterstützt, ihren Auszug von zuhause durchzusetzen. Sie ist gezwungen, mit dem Täter in einem Haus zu wohnen, weil die Mutter noch eine Beziehung zu ihm hat.

Hinter diesen praktischen Entscheidungen und tatsächlichen Schritten, wie z.B. Therapie und Auszug von zuhause, stehen lange Prozesse, während derer die Gruppe ein ganz wichtiger Ort für die Mädchen war und ist. Zwei der Mädchen hatten bereits vor Beginn der Selbsthilfegruppe eine Anzeige gemacht. Der Prozeß gegen den Vater eines der Mädchen, das zwischen dem 6. und 12. Lebensjahr mißbraucht wurde, hat kürzlich stattgefunden und hat für das Mädchen sowohl positive wie auch negative Folgen: das positive Erleben, das in der Erfahrung begründet ist, daß das, was ihr angetan wurde, als ein VERBRECHEN be- und ver- urteilt wurde (trotz Leugnen des Vaters!). Dies hatte, abgesehen von der unerträglich langen Wartezeit auf den Prozeß von mehr als zwei Jahren, eine deutlich entlastende Funktion für das Mädchen - bis dahin geplagt von Selbstzweifeln und Schuldgefühlen. Hier wurde "höchstrichterlich" und eindeutig ausgesprochen, daß dieser Vater der Schuldige ist. Negativ wirkt die Angst, daß der Vater sich rächen könnte, da er im gleichen Stadtteil wohnt und wegen eines Formfehlers Revision beantragt wurde. Die Entscheidung über die Wiederaufnahme des Verfahrens wird vermutlich wieder lange dauern. Der Prozeß eines zweiten Mädchens gegen den ehemaligen Freund ihrer Mutter ist in Kürze zu erwarten.

Bei all dem ist die Selbsthilfegruppe für die Mädchen ein wichtiger Ort, wo sie emotionale Unterstützung, vor allem aber Ermutigung und Verständnis finden. Die Gruppe besteht aus einem "stabilen" Kern von drei Mädchen - stabil im Sinne von regelmäßiger Teilnahme. Dies sind auch die Mädchen, die ich schon lange kenne, d.h. sie haben in den letzten drei Jahren bereits die Phase hinter sich gebracht, die ich bei den "Neuen" jetzt beobachte: sie bleiben oft weg, manchmal auch über längere Zeiträume. Inzwischen macht mir dies weniger oder kaum noch Schwierigkeiten, weil diese sog. "Stabilen" mir beigebracht haben, wie wichtig es ist, daß ihre Entscheidung, zu kommen oder wegzubleiben, nicht nur verbal akzeptiert wird. Zur Zeit müssen wir z.B. damit leben, daß das einzige Mädchen, das nicht über Mädchengruppe oder Filmprojekt zu uns kam, sondern über Vermittlung einer Erzieherin im Heim, dort wieder ausgezogen - und zu den Eltern zurückgegangen ist und seitdem auch nicht mehr in die Gruppe kommt. Hier passiert es dann auch ohne mein Zutun, daß die Mädchen sie anrufen, um ihr zu vermitteln, daß sie es zwar schade finden, aber auch verstehen können. Und: sie teilen ihr mit, daß sie jederzeit wieder willkommen ist, egal wann. Diese Haltung resultiert aus der eigenen Erfahrung und weil sie **dies** kennen: den Wunsch, die Hoffnung, daß alles "irgendwie von selbst" wieder gut und ganz anders wird.

Ich habe die drei sog. "stabilen" Mädchen deshalb erwähnt, weil sie bereits eine lange Phase hinter sich haben, z.T. von mehreren Jahren, wo sie mit sehr ambivalenten Gefühlen zu kämpfen hatten:
- einerseits wissen sie und drücken es auch aus, daß sie Hilfe brauchen;
- andererseits sitzen Verdrängung und Schuldgefühl sehr tief. Sie hoffen und hoffen, daß sie ihre Erlebnisse vergessen können, eben daß alles "irgendwie von selbst wieder gut wird" und schlagen sich mit ihren Problemen herum. Die Probleme sind aber in der Praxis so unterschiedlich wie die Mädchen selbst. Ich nenne hier einige:
- Haß, Aggressionen oder Ekel gegenüber Jungen und Männern, oder umgekehrt: sich immer wieder einzulassen auf Situationen mit Jungen oder Männern, die sie eigentlich nicht wollen;
- nicht "Nein-sagen-können", bis hin zu Problemen wie ungewollter Schwangerschaft;
- ständig wiederkehrende Alpträume, Waschzwang, Depressionen, Verfolgungsängste, die Angst, verrückt zu werden, z.B. die Angst, einen Föhn oder einen Staubsauger einzuschalten, weil irgendeine Gefahr überhört werden könnte;
- massive Ängste in öffentlichen Situationen;
- den Körper "verstecken" müssen, oder umgekehrt: sich wie eine "Nutte" fühlen, wenn sie es nicht tun;
- massive Unsicherheit und Ängste in Beziehungen zu anderen Menschen;
- Alkohol- und Drogenmißbrauch, Eßstörungen und Probleme in der Schule sowie Abbruch der Ausbildung;

Diese Aufzählung ließe sich fortsetzen.

Sexueller Mißbrauch an Mädchen

Den Lehrsatz, nichts über den Kopf des Mädchens hinweg zu tun, auch nicht zu drängen oder verbal zu überzeugen versuchen, kennen inzwischen alle, die mit Mädchen arbeiten und die Tatsache des sexuellen Mißbrauchs nicht ausklammern. In der Praxis ist es manchmal sehr schwer auszuhalten, daß die Mädchen sich auf die Seite der Ambivalenz schlagen, die nichts mehr "sehen, hören und merken" will. Sie grenzen sich ab und wüten: *"das bringt ja doch alles nichts!"* oder: *"Die Gruppe ist doof!"* oder: *"Ich bin viel zu doof!"* und: *"Die anderen Gruppenmitglieder sind doof!"* etc.

Dies zu akzeptieren, war für mich anfänglich sehr schwierig. Umso besser ist es natürlich dann, wenn die andere Seite der Ambivalenz mehr die Oberhand gewinnt: die aktive Auseinandersetzung, meist erst dann, wenn der Druck - wie z.B. permanente Alpträume - oder "einfach nicht mehr klar zu kommen" sehr groß wird. Ein Dilemma besteht jedoch darin, daß die Mädchen sich nach sehr intensiven und emotional geprägten Gesprächen mit mir oder in der Gruppe sehr erleichtert fühlen, daher aber der Kontrast zum normalen Alltag in einer Umgebung, die mit ihren "Macken" nicht umgehen kann, riesig ist. Die Depressionen kommen wieder und führen zu einem Gefühl, daß eben alles doch nichts hilft - auch nicht die Gruppe.

An dieser Stelle wird immer wieder deutlich
- wie wichtig mehr Wissen und Sensibilität für alle Personen und Berufsgruppen ist, die mit Kindern und Mädchen zu tun haben und daß
- die Arbeit mit sexuell mißbrauchten Mädchen in einen viel größeren Rahmen eingebunden werden muß, als dies bisher der Fall ist.

Nichtsdestoweniger zeigen und formulieren die Mädchen immer wieder - auch die "Unregelmäßigen" - wie wichtig ihnen die Existenz der Gruppe ist und das Wissen, daß sie dort willkommen sind. Ich bin sicher, daß die Erfahrung, mit Mädchen und Frauen (auch im Film-Projekt) zusammen zu kommen, die für sie Partei ergreifen, so daß sie ihre Glaub-

Sexueller Mißbrauch an Mädchen

würdigkeit nicht erst noch beweisen müssen, eine wichtige Grundlage für die Verarbeitung ihrer Mißbrauchserfahrungen ist.

Die Selbsthilfegruppe ist - und muß es auch sein - ein Raum, in dem die Mädchen lernen
- eigene Bedürfnisse und Wünsche aber auch Grenzen zu spüren, gekoppelt an die Erfahrung, daß diese akzeptiert werden (allzu gründlich wurde ihnen beigebracht, für die Bedürfnisse anderer zuständig zu sein!);
- "Nein" zu sagen (allzu oft wurde ihr "Nein" in Mißbrauchssituationen - ob verbal oder nonverbal - nicht gehört oder wahrgenommen!);
- das Recht darauf, eigene Entscheidungen wahrzunehmen (z.B. in der Frage einer Anzeige gegen den Vater, Stiefvater etc; das Mädchen muß die Belastung tragen, die mit einer Anzeige und einem Prozeß verbunden sind).

Diese Erfahrungen sind für Mädchen immens wichtig. Schließlich wurden ihre Grenzen massiv mißachtet.

Die Form der hier vorgestellten Gruppenarbeit fand und findet statt in einer Phase, die man als "Pionier-Phase" bezeichnen kann und trägt auch entsprechende Nachteile und Unzulänglichkeiten in sich. Es gibt bislang kaum erprobte Konzepte, die beim Aufbau einer solchen Gruppe hilfreich wären. Bislang gibt es lediglich kurze Erfahrungsberichte der Gruppe "Wildwasser e.V." Berlin und der Gruppe "Dolle Derns e.V." Hamburg. Ungeachtet dessen erleben die Mädchen allein das Gespräch mit anderen, denen ähnliches passiert ist, das gegenseitige Verständnis und Mitgefühl, die konkrete Unterstützung, vor allem auch den "Insider-Humor" als sehr erleichternd.

Ein Beispiel für konkrete Unterstützung durch die Gruppe:
Ein Mädchen berichtet von der Befürchtung, daß in der anstehenden Gerichtsverhandlung gegen den Vater ihre eigene Zeugenvernehmung öffentlich sein könnte. Die Mädchen entwickelten spontan den Plan, in diesem Fall im Gerichtsflur zu erscheinen, um alle neugierigen Besucher davon zu überzeugen, freiwillig zu gehen und sammeln gemeinsam die entsprechenden Argumente (die Verhandlung war dann zwar öffentlich, aber die Aussage des Mädchens fand unter Ausschluß der Öffentlichkeit statt).

Die Altersunterschiede in der Gruppe sind sehr groß (13 bis 20 Jahre) und stellen ein Problem dar. Oberflächlich betrachtet erscheint es nicht als ein solches (auch das 13jährige Mädchen war überraschend schnell in die Gruppe integriert). Ich erkläre es mir damit, daß die mißbrauchten Mädchen, die ich kenne, in der Regel sehr viel älter wirken als andere gleichaltrige Mädchen.

Eine Erklärung mag sein - dies findet sich auch in der Literatur bestätigt - daß diese Mädchen schon sehr früh Verantwortung übernommen haben, z.B. durch Schuldübernahme und Verantwortung für den Zusammenhalt der Familie. Gerade jüngere Mädchen brauchen eigentlich eine altersgemäße, eher spielerische Ansprache als dies von den älteren Mädchen gewünscht wird. Insbesondere das "erwachsene" Verhalten der Jüngeren läßt dieses Bedürfnis leicht vergessen.

Auch unter dem Aspekt der verlorenen Kindheit wird hier klar, wie notwendig Angebote für verschiedene Altersgruppen sind. Wir konnten hier keine Alternative anbieten und versuchen, diesen Mangel, wenn immer möglich, auszugleichen. Hier bietet auch das Film-Projekt und die gemeinsamen Wochenenden eine Fülle von Chancen, die wir nutzen. Sie sind und bleiben jedoch unzureichend.

Der Katalog der verschiedenen Problem-Komplexe dieser Gruppenarbeit ließe sich weiter fortsetzen. Vieles davon kann an dieser Stelle nur erwähnt werden, so z.B. der ganze Komplex der Situation jener Mädchen, die sich entschließen, eine Anzeige zu stellen. Hier soll es zunächst dabei bleiben, die Anliegen zu formulieren, die aus der unmittelbaren Erfahrung mit dieser Arbeitsform resultieren.

Sexueller Mißbrauch an Mädchen

M.E. ist es für die Zukunft wichtig, daß Frauen in solchen Gruppen zu zweit arbeiten. Die ständige Präsenz des "Themas" selbst ist eine sehr belastende Situation und erfordert Austausch- und Beratungsmöglichkeiten. Darüberhinaus könnten so möglicherweise verzerrte Wahrnehmungen korrigiert werden. Es wäre mehr Genauigkeit möglich. Die vorliegenden Erfahrungsberichte aus Berlin und Hamburg bestätigen diese Einschätzung. Was mir persönlich an Austausch und Beratung fehlt, ersetzt mir zum Teil

- der Arbeitskreis "Mädchenarbeit in den Jugendfreizeitheimen", hier insbesondere die seit Sommer '88 stattfindende Supervision durch eine Mitarbeiterin von Pro Familia und der Austausch mit den Kolleginnen des Mädchen-Notrufs im JFH Burglesum; die vom Arbeitskreis organisierten Fortbildungen waren für mich sehr hilfreich und ermutigend;
- die monatlich stattfindende Berufsgruppe "Schattenriß e.V."; darüberhinaus auch die Möglichkeit der kurzfristigen Beratung durch die Mitarbeiterinnen des Vereins, z.B. auch in der Frage des Umgangs mit den Müttern, die sich an mich wandten;
- Fachtagungen, Fachseminare und Fortbildungen, einerseits als Hilfe für die konkrete Arbeit, andererseits als Erarbeitungsmethode von gesellschaftlichen Zusammenhängen;
- nicht zuletzt auch der Austausch mit den Frauen des Film-Projekts.

Es ist und bleibt jedoch unzureichend und ersetzt nicht die Forderung nach Zusammenarbeit mit einer weiteren Kollegin in einer Gruppe, die m.E. in jeder zukünftigen Konzeption auftauchen müßte.

Ein weiteres Fazit aus dieser Erfahrung: Es fällt Mädchen offensichtlich leichter, über "andere Interessen" Zugang zu Gruppenaktivitäten zu finden, als die unmittelbare Konfrontation mit dem Problem des "sexuellen Mißbrauchs". Für diese Annahme spricht auch die Tatsache, daß - trotz des Erfolges des Schnürschuh-Theaters "Püppchen" - in der Folge der erwartete Zulauf von Mädchen bei den verschiedenen Beratungsstellen ausblieb. Dort mußten die Mädchen unmittelbar bei der Kontaktaufnahme "von sich" reden. Und dieser Schritt macht ihnen große Angst.

Die oben beschriebene Art von Projekten - und die damit erleichterte Zugangsmöglichkeit für Mädchen mit ihrem Bedürfnis nach Hilfe und Beratung - ist eine Möglichkeit.

Offene Mädchentreffs, mit vielfältigen Angeboten, in denen Mädchen nicht unmittelbar von ihrer Umwelt als Betroffene identifizierbar sind, wo ihnen aber signalisiert wird, daß das Problem des sexuellen Mißbrauchs bekannt ist und ernstgenommen wird, könnten Chancen für viele Mädchen bieten, die bislang keine Möglichkeiten für sich wahrnehmen konnten.

Mädchenarbeit braucht eigene Räume.

Abschließend:

Ungeachtet aller Probleme dieser Form von Gruppenarbeit mit sexuell mißbrauchten Mädchen freue ich mich über jede neu entstehende Gruppe (z.B. bei Schattenriß e.V. und dem Notruf im JFH Burglesum). Alles in allem erscheinen sie doch oft noch wie der berühmte "Tropfen auf den heißen Stein". Ist die Verarbeitung der Mißbrauchserlebnisse überhaupt möglich?

An dieser Stelle möchte ich Josephine Rijnaarts antworten lassen:

"Die Antwort muß, wie ich befürchte, lauten: Bis zu einem gewissen Grad und nicht für jede Frau im gleichen Maße oder gleich schnell... Gerne würde ich zum Schluß etwas Aufmunterndes sagen, etwa in dem Sinne: Eines schönen Morgens steht man auf, die Sonne scheint, und man fühlt sich wie ein neuer Mensch: Es ist vorbei. Aber ich glaube nicht daran. Es ist nie vorbei. Eine Kindheit, in der man vom Vater sexuell mißbraucht worden ist, ist eine belastende Realität, die man nicht aus der eigenen Biographie ausblenden kann. Ich glaube auch nicht an die erbaulichen Reden vom Leid, das unsere

Sexueller Mißbrauch an Mädchen

geistigen Kräfte stärkt, das unsere Seele läutert und unser Menschsein bereichert und vertieft. Als Inzestopfer kann man lernen, mit dem Leid zu leben. Und man kann zu einem glücklichen und ausgeglichenen, wertvollen und geachteten Menschen werden - nicht dank, sondern trotz der Erlebnisse der Kindheit."
(aus: "Lots Töchter")

Literaturhinweis:

Vgl. auch die Dokumentation über eine angeleitete Selbsthilfegruppe "Dolle Derns" e.V. - Verein zur Förderung feministischer Mädchenarbeit, Juliusstr. 16, 2000 Hamburg 50

Kontaktadressen:

Elke Bormann
Flensburger Straße 81
2800 Bremen 1

Rita Hähner
Blankenburger Straße 31
2800 Bremen 1
Telefon 0421/44 34 24

Silvia Ramsel, Petra Wienholt

"Mädchen klettern nicht auf Bäume - oder doch?"

Ein Spielereignis

Als wir begannen, die Idee von einem Spiel über den Lebensweg eines Mädchens zu realisieren, waren wir eine Gruppe von acht Mädchen und Frauen im Alter von 16-18 Jahren (Schülerinnen und Auszubildende) und zwei Sozialpädagoginnen, 27 und 24 Jahre alt, die sich einmal pro Woche trafen, um Spaß in der Freizeit mal nur untereinander, ohne das "männliche Geschlecht" zu haben, "frauenbewegte" Themen zu diskutieren und Erfahrungen auszutauschen.

Ausgehend von dem Thema "typisch Mann - typisch Frau", das uns sehr beschäftigte, entstand auf einem gemeinsamen Wochenende die Idee, die hier gemachten Erfahrungen in ein Spiel umzusetzen. Die Entwicklung des Spiels erstreckte sich, mal mit mehr, mal mit weniger Begeisterung, über ein ganzes Jahr. Dabei wurde vor allem die Auseinandersetzung mit eigenen Erfahrungen, Erlebnissen, Vorurteilen für uns wichtig. Aus Erzählungen und Rollenspielen entstanden Spielfelder und Ereigniskarten. Vor allem zu den Themen "Erste Liebe", "Verhütung" und "Freundschaft" gab es viel zu sagen. Mit einiger Anstrengung schafften wir es, das Spiel noch rechtzeitig zum Remscheider Spielmarkt '86 zu beenden und konnten es dort vorstellen. Die Resonanz auf das Spiel war überraschend groß, es folgten Einladungen zu Frauenseminaren und Nachfragen zu dem Spiel selbst.

Wir haben das Spiel mit Mädchen, Jungen, Frauen und Männern gespielt. Die Reaktionen **auf das Spiel** waren vor allem zwischen den Geschlechtern sehr unterschiedlich:

- ältere Frauen vermißten teilweise emanzipatorische und politische Ansätze; interessant war für sie und für uns jedoch der Austausch von Erfahrungen unterschiedlicher Generationen
- Mädchen und jüngere Frauen konnten sich in dem Spiel wiederfinden, wenn manche Erfahrungen auch unterschiedlich waren
- Männer hatten zum großen Teil Hemmungen, mitzuspielen und im Spiel Schwierigkeiten, sich in die Situation von Mädchen hineinzuversetzen. Wir kamen nur mit wenigen Männern nach dem Spiel ins Gespräch. Es zeigte sich, daß viele angesprochene Probleme für sie neu oder schwer nachvollziehbar waren (z.B. *"...wieso soll das für Mädchen ein Problem sein, einen Busen zu bekommen?"*)
- Spielrunden, in denen Frauen und Männer zusammenspielten waren in der Regel kürzer, da oft schneller über Probleme hinweggegangen wurde und die Gespräche weniger intensiv waren.

Die Mädchen/Frauengruppe trifft sich auch weiterhin regelmäßig.

Was für uns besonders wichtig und interessant war?

"Ich finde, das Spiel hat die Gruppe noch mehr zusammengebracht. Wir hatten alle mal ein Tief und alle mal ein Hoch. Die Zusammenarbeit war super." (Claudia, 19 J, Industriekauffrau)

"Am Anfang war die Begeisterung riesengroß! Ein eigenes Spiel von unserer Gruppe? Toll! Und dann auch noch ein Spiel über Mädchen... Beim Ausarbeiten der Ereigniskarten hatten wir einige ernste, aber vor allem viele interessante und

lustige Gespräche über unsere Rolle als Mädchen.

Am Ende ließ die Begeisterung etwas nach, weil die Fertigstellung des Spiels mit viel Arbeit verbunden war. Aber die tollen Erlebnisse auf dem Remscheider Spielmarkt haben das alles wieder wettgemacht. Es war schon toll, unser Spiel mit ganz fremden, auch älteren Frauen und Männern zu spielen. Sie brachten Aspekte in das Spiel, die wir mit unseren 16 Jahren nicht berücksichtigt hatten. Insgesamt war dieses Spiel eine tolle Erfahrung für mich, da mir viele meiner eigenen rollentypischen Verhaltensweisen aufgefallen sind." (Anke, 18 J., Schülerin)

"Durch das Vorstellen unseres Spiels auf dem Remscheider Spielmarkt lernte ich viele nette Leute kennen - teils männlich, teils weiblich, die sich mit der gleichen Problematik auseinandersetzen wie wir." (Sabine, 18 J., HöHaSchülerin)

"Es war interessant zu sehen, wie die verschiedenen Personenkreise auf die Thematik des Spiels reagieren. Man konnte erkennen, daß es vielen Jungs schwerfällt, sich in die Rolle eines Mädchens/einer Frau hineinzuversetzen."
(Sabine, 19 J., Azubi beim Arbeitsamt)

"Wir konnten unserer Phantasie einmal so richtig freien Lauf lassen. Es war schön, unsere Ideen und Erfahrungen auszutauschen. Es hat riesig Spaß gemacht, das Spiel zu gestalten und ich hätte nicht gedacht, daß es so vielen Leuten gefallen würde." (Gundi, 21 J., Zahnarzthelferin)

"Ich finde es gut, sich einmal spielerisch mit der Bewältigung von Problemen zu befassen. Vielleicht können mir diese Erfahrungen im Leben ein bißchen weiterhelfen. Bei diesem Spiel kann man nur gewinnen!"
(Anja, 20 J., Photolaborantin)

Mädchen klettern nicht auf Bäume!

Lebensweg eines Mädchens

Für alle Frauen ab 14 Jahren und auch Männer, die einmal in die Rolle eines Mädchens schlüpfen wollen.

Mädchen klettern nicht auf Bäume

Material: Spielplan, Spielfeldkatalog, Ereigniskarten, Figuren, Würfel.

Ziel des Spiels ist es, Spaß zu haben, nachzudenken, bekannte Situationen nochmal zu erleben, neue durchzuspielen, kurz - mit anderen etwas zu machen, zu diskutieren.

Dieses Spiel ist ein Würfelspiel. Der Würfel entscheidet, wie weit Du gehen darfst. Los geht's bei der Geburt - so wie es im richtigen Leben halt ist. Von Wurf zu Wurf entwickelst Du Dich weiter, kommst Du auf Spielfelder (1, 2, 3 ...) die Dir Typisches oder Untypisches aus Deinem Lebensalter mitteilen, Dein Verhalten beschreiben und es mit Rückwärts- und Vorwärtsgehen oder mit Aussetzen bewerten.

Bist Du auf einem Ereignisfeld gelandet, mußt Du eine Karte ziehen und allein oder mit anderen Mitspieler(inne)n eine Aufgabe erfüllen. Eine Ereigniskarte kann aber auch eine Frage sein, die sich auf Deine Gedanken, Gefühle oder Erfahrungen bezieht.

So erstreckt sich Dein Weg mit Erkenntnissen und Hindernissen über Kindesalter, Schule, Freundschaften bis zu Deiner Entscheidung für einen der drei Lebensäste: Studium, Ehe, Beruf. Wie so oft kann Deine eigene Entscheidung jedoch belanglos werden - nämlich dann, wenn Du auf ein Hindernisfeld (H1, H2...) kommst, das Dir aus irgendeinem Grund vorschreibt, einen anderen Weg einzuschlagen. Du kannst dann nur noch das Beste daraus machen oder später wieder umsteigen - das geht nämlich zum Glück noch!

D.h.wenn Du z.B. mit Deinem Eheweg unzufrieden bist und gerne studieren möchtest, hüpfst Du einfach an den Anfang des Studiumastes. Im Spiel ist eben alles etwas einfacher als im richtigen Leben!!

Übrigens, wir Mädchen gehen den Weg zusammen, rausschmeißen gibt's da nicht! Gewinner und Verlierer auch nicht! Aber den 'Richtigen Weg' eingeschlagen zu haben, kann natürlich für jede ein Gewinn sein!!!

Vervielfältigungen für die pädagogische Arbeit sind gestattet. Nachdruck und jede andere kommerzielle Auswertung nur mit Genehmigung der Herausgeberinnen.

Mädchen klettern nicht auf Bäume

Anmerkungen für den/die SpielleiterIn:

Das Spiel sollte nicht mit mehr als 10 Personen gespielt werden (Spieldauer mit Gesprächen ca. 2 Stunden).

Das Spiel hat mehrere Funktionen. Es soll auf witzige bis nachdenkliche Weise den als möglich gedachten Lebensweg eines Mädchens beschreiben; dazu sind die Spielfelder und Spielanweisungen gedacht. Das Wichtigste, und was die Spannung im Spiel ausmacht, sind jedoch die Ereignisfelder, die zu Rollenspielen aus dem Stegreif oder zu Gesprächen und Erfahrungsaustausch anregen sollen. Auf den Ereigniskarten sind Situationen vorgegeben, die von den SpielerInnen gespielt oder besprochen werden sollen. Sie ermöglichen:

– sich mit Mitspieler/innen in eine Situation einzufühlen
– sich in andere Rollen hineinzuversetzen
– eigene Gefühle, Bedürfnisse, Erwartungen auszudrücken
– in eine Rolle hineinzuschlüpfen und gefahrlos andere Positionen zu vertreten
– sich selbst in bestimmten Situationen zu erfahren
– gesellschaftliche Verhältnisse anhand der konkreten Erfahrung der Spieler/innen im Spiel zu reproduzieren
– Konfliktlösungsstrategien im Spiel zu erproben.

Wir empfehlen, das Spiel am Boden zu spielen, da sich so eine gelöstere Atmosphäre ergibt.

An diesem Spiel hat unsere Mädchengruppe ein Jahr gearbeitet. So beinhaltet das Spiel im wesentlichen die Erfahrungen/Erlebnisse unserer Teilnehmerinnen. Jede Gruppe könnte also das Spiel durch eigene Ereigniskarten erweitern.

Unser Spiel haben wir auf ein Bettlaken übertragen und Spielpuppen dazu gebastelt. Wir haben auf den Ereigniskastenblättern mit Bleistift vermerkt, welchem Alter sie in dem Spiel zuzuordnen sind. Unser Vorschlag ist, in der Farbe, in der Ihr die entsprechenden Altersphasen auf dem Spielplan malt, Frauenzeichen auf die Ereigniskärtchen zu zeichnen.

Wir würden uns freuen, von Euren Erfahrungen mit dem Spiel zu hören und neue Anregungen zu bekommen.
So, und jetzt viel Spaß!!!

Spielfelder

1. Du bist als Mädchen geboren - schon wieder kein Stammhalter! Setze erst einmal eine Runde aus, bis sich Dein Vater von der Enttäuschung erholt hat.
2. Du lernst laufen. Deine Eltern freuen sich. Gehe 3 Felder vor.
3. Du hast in die Hose gemacht; ein richtiges Mädchen geht aufs Töpfchen. Gehe 2 Felder zurück.
4. Du wünscht Dir einen Bagger zum Geburtstag. Tut das ein Mädchen? Lerne erst mal mit Puppen zu spielen! Setze dazu 2 Runden aus.
5. Du hast beim Weitpinkeln mit den Jungen gewonnen. Da stimmt was nicht. Die Idee mit der Wasserpistole war zwar gut, kostet Dich aber den Rausschmiß aus der Wettpinkelliga.
6. Der freche Walter zieht schon wieder an Deinen Zöpfen. Du haust ihm eine runter. Gehe auf diesem Weg der Selbstbehauptung noch 2 Schritte vor.
7. Du wünscht Dir eine Hose, um auf Bäume zu klettern.
a) ein Mädchen trägt hübsche Kleider,
b) ein Mädchen klettert nicht auf Bäume.
Setze 1 x aus.
8. Wenn Erwachsene reden, hast Du den Mund zu halten. Da Du schon wieder vorlaut warst, gehe 3 Felder zurück.
9. Du hast eine 4 in Schönschrift geschrieben. Schreibe uns das ABC in Schreibschrift auf.

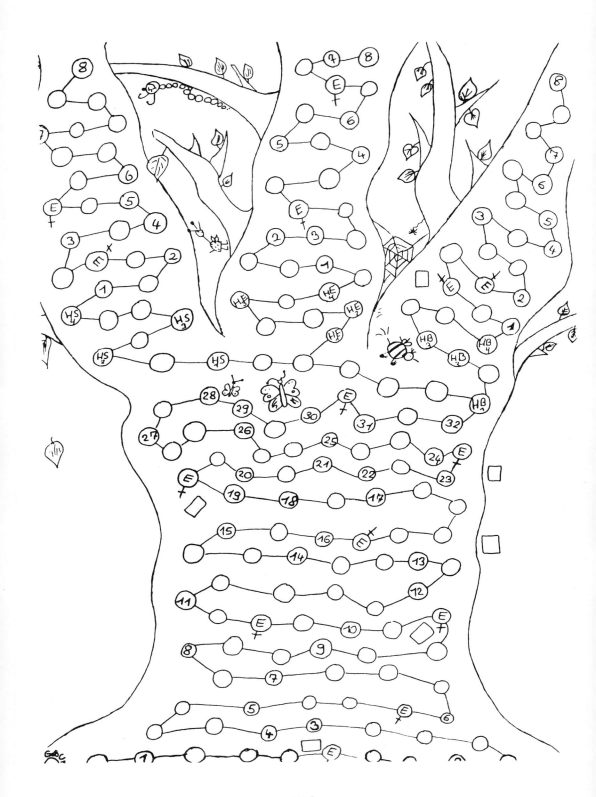

10. Du hast mit den Jungen Fußball gespielt und drei Tore geschossen. Gehe 5 Felder vor.
11. Du bist traurig und weinst; danach geht es Dir besser, gut daß Du kein Indianer sein mußt! 5 Felder vor!
12. Du mußt beim Abtrocknen helfen, während Dein großer Bruder spielen gehen darf. Wieso eigentlich?
13. Du schämst Dich, weil Du Brustansätze bekommst. Wie versteckst Du sie?
14. Du findest Jungen jetzt saublöd; wenn Du allerdings immer noch gerne Fußball spielst, gehe 10 Felder zurück.
15. Du hast Dich breitbeinig hingesetzt. Zeige uns, wie sich ein Mädchen hinzusetzen hat!
16. Dein erster Kuß! Was sollst Du davon halten? Deine Erlebnisse.
17. Du hast Deine Periode bekommen. "Zeit, daß Du Dich von Jungen fernhältst".
18. Du rauchst Deine erste Zigarette, setze eine Runde aus und huste Dich erst einmal aus.
19. Du wirst beim Rauchen erwischt. Gehe 2 Felder zurück.
20. Mit dem Pickelgesicht guckt Dich ja wohl keiner an. Schon wieder Clerasil vergessen. Zur Behandlung 1 x aussetzen.
21. Du hast Deinen ersten Freund und schwebst auf Wolken, schwebe 5 Felder vor.
22. Alle Deine Freunde trinken Bier in einer Kneipe. Du lehnst mit der Begründung ab, daß Dir das Zeug einfach nicht schmeckt. 3 Felder vor.
23. Da Du jetzt endlich mal anfangen solltest zu kochen, machst Du für die Familie Spaghetti und versalzt prompt das Essen. Gehe 2 Felder zurück.
24. Dein Freund hat mit Dir Schluß gemacht. Setze eine Runde aus, um Dein Selbstvertrauen wiederzugewinnen.
25. Ein Lehrer weigert sich, Dich als Mädchen in den Informatikkurs aufzunehmen. Du gehst bis zum Direktor und somit 3 Felder vor.
26. Obwohl Du gerne möchtest, gehst Du nicht in die Mädchengruppe, weil Dein Freund dagegen ist. Gehe 4 Felder zurück und mache einen neuen Anlauf.
27. Dein Freund will ohne Verhütungsmittel mit Dir schlafen. Da machst Du nicht mit! Für diese Entscheidung darfst Du noch einmal würfeln.
28. Du bist neugierig auf die Mädchengruppe und schaust mal rein. Was stellst Du Dir unter solch einer Gruppe vor? Was erwartest Du?
29. Deine Freundinnen tragen plötzlich nur noch "La Kotz" Klamotten. Du trägst weiter Deine Schlabberpullis. Bravo! Sehr selbstbewußt! Gehe 3 Felder vor.
30. Du hast die Beziehung zu Deinem Freund beendet, weil Ihr Euch nichts mehr zu sagen habt. Für diese selbstsichere Entscheidung gehe 1 Feld vor.
31. Du bist 18 geworden und denkst immer noch, daß Emanzen männermordende Hexen seien. "Wer sich nicht wehrt, endet am Herd". Setze eine Runde aus und denke über diesen Satz nach.
32. Du bist durch die Mädchengruppe selbstbewußter geworden. Hindernisse entmutigen Dich nicht so schnell, wenn Du ein Ziel vor Augen hast. Deshalb überspringe die Hindernisfelder und beginne den "Lebensast" Deiner Wahl.

Mädchen klettern nicht auf Bäume

Hindernisse Studium

HS1 Deine Eltern wollen/ können nicht auch Dir noch ein Studium finanzieren. Suche Dir eine Lehrstelle.

HS2 Du möchtest studieren, kannst dies aber nur in einer fremden Stadt. Da heiratest Du doch lieber Deinen langjährigen Freund.

HS3 Wegen Deines schlechten Notendurchschnitts bekommst Du keinen Studienplatz. Suche Dir eine Lehrstelle.

HS4 Du verliebst Dich in einen Mann, der Dich heiraten möchte. Ist das für Dich ein Grund, Deine Studienpläne aufzugeben?

Mädchen klettern nicht auf Bäume

1. Du lernst durch Dein Studium viele interessante Leute kennen, aber Du hast Angst, nicht akzeptiert zu werden. Setze eine Runde aus und überlege, woher dieses Gefühl kommt.
2. Du engagierst Dich in der Unifrauengruppe. Gehe 2 Felder vor.
3. In einer Vorlesung siehst Du einen Studenten, den Du gerne kennenlernen möchtest. Sprichst Du ihn an?
4. Während der Semesterferien mußt Du arbeiten, um Deine Finanzen aufzubessern. Setze eine Runde aus und suche Dir einen Job (Sehr stressig! Die meisten sind für Männer!).
5. Du wohnst mit zwei Männern in einer WG. Völlig entnervt über den ewigen Spülberg machst Du Dich wieder einmal an die Arbeit. Gehe 2 Felder zurück.
6. In einer Vorlesung wirst Du ständig von einem Studenten beim Reden unterbrochen. Du wehrst Dich. Würfle noch 1 x.
7. Du gründest mit anderen studierenden Müttern einen Unikinderhort. (Hoffentlich helfen auch die Väter bei der Betreuung) Gehe 3 Felder vor.
8. Du hast Deine Abschlußarbeit bestanden und bist jetzt am Ende dieses Spiels. Wie stellst Du Dir Dein weiteres Leben vor?

Hindernisse Ehe

HE1 Dein Freund will sich noch nicht so fest binden. Suche Dir eine Lehrstelle.

HE2 Dein "Zukünftiger" entwickelt in letzter Zeit immer mehr "Paschaallüren". Um unabhängig zu bleiben, stellst Du Deine Heiratspläne zurück *und beginnst ein Studium.*

HE3 Ihr seid verliebt, wollt heiraten und Kinder kriegen - aber Dein Freund allein verdient zu wenig, um eine Familie zu gründen. Willst Du überhaupt zu Hause bleiben? Erlerne erst einmal einen Beruf.

HE4 Deine Beziehung geht in die Brüche. Was nun? Orientiere Dich neu. Studium oder Beruf?

1. Dein Mann ist gewohnt, daß Du das Frühstück machst. Heute hast Du keine Lust und bleibst im Bett. Setze eine Runde aus und erhole Dich vom Hausfrauenstreß.
2. Dein Mann benutzt täglich das Auto, um zur Firma zu fahren. (Fußweg 10 Min.) Du überzeugst ihn, daß Deine Einkaufstaschen schwerer sind als sein Aktenkoffer. 2 Felder vor.
3. Du bist schwanger. Ihr freut Euch beide auf das Kind. Setze eine Runde aus und nehmt Euch Zeit füreinander.
4. Du hast den Hausfrauenalltag satt und möchtest wieder arbeiten/studieren. Dein Mann ist dagegen. Bleibst Du auf dem "Eheast" oder wechselst Du auf einen anderen?
5. Du gehst zu einem Frauengesprächskreis. Dein Mann verbietet Dir für die Zukunft diesen "Tratschclub". Um des lieben Friedens willen verzichtest Du darauf. 5 Felder zurück!
6. Der Ehealltag hat Euch eingeholt. Du sprichst mit ihm darüber und gemeinsam sucht Ihr nach Lösungen. Würfle noch einmal.
7. Du schimpfst mit Deiner Tochter, weil sie - als Mädchen - mit den Jungs auf einen Baum geklettert ist. Das hatten wir doch schon mal! Gehe ganz schnell 3 Felder zurück!
8. Eure Ehe wird immer partnerschaftlicher. Du bist am Ende dieses Spiels. Wie stellst Du Dir Deine Zukunft vor?

Hindernisse Beruf

HB1 Du wirst ungewollt schwanger. Unter dem Druck Deiner Umwelt stellst Du Deine Berufswünsche zurück und heiratest.

HB2 Vorerst keine Lehrstelle. Um nicht träge herumzusitzen, willst Du weiter zur Schule gehen. Mache Dich in Richtung Studium auf.

HB3 "Eine Frau braucht keinen Beruf", sagen Eltern, Verwandte und Dein Freund. Da Du

Mädchen klettern nicht auf Bäume

keinerlei Unterstützung erwarten kannst, beugst Du Dich und heiratest.

HB4 Alle Lehrstellen, die Dir zusagen, bekommst Du nicht, da Du wegen Deines Abiturs "überqualifiziert" bist. Auf zum Studium.

1. Jetzt hast Du schon 60 Bewerbungen geschrieben - und immer noch nichts. Zum Ausruhen setze eine Runde aus.
2. Du hast eine Lehrstelle. Aber Deine Haupttätigkeit besteht aus Kaffeekochen. Läßt Du Dir das gefallen?
3. Du merkst, daß Dein jetziger Beruf Dich nicht befriedigt. Du schulst um. Gehe zurück zum Anfang des Astes.
4. Du bist gut in Deinem Beruf. Dein Chef zeigt Dir das, indem er Dich auf einen Fortbildungskurs schickt. Bravo! Würfel noch einmal.
5. Du bist völlig überarbeitet, da Du das Gefühl hast, als Frau mehr leisten zu müssen, um beruflich anerkannt zu werden. Setze eine Runde aus, um zu entspannen und über diese Meinung nachzudenken.
6. Dein Chef läßt seine Wut an Dir aus. Du läßt Dir nichts gefallen. Gehe 3 Felder vor.
7. Du wirst als erste Frau in den Betriebsrat gewählt. 2 Felder vor.
8. Du machst Dich selbständig. Damit bis Du am Ziel (Deiner Wünsche). Wie wird Dein Leben weitergehen?

Herausgeberinnen:

Mädchengruppe des CVJM Haan
Silvia Ramsel
Petra Wienholt

Kontaktadresse:

Petra Wienholt
Walderstraße 16
5657 Haan

9.7. ☆ Lila Mondfest

Ein A K T I O N S T A G für Mädchen ab 14

an dem Ihr euch selbst als Clownerin, Jongleurin, Akrobatin usw.
ausprobieren könnt.
.. oder Ihr habt Lust etwas mit Masken zu gestalten, z.B. eine
   selbst ausgedachte Geschichte zu spielen.
.. oder Ihr wollt etwas mit Musik ausprobieren. Dafür wird ebenfalls ein Work-Shop angeboten.
Frauen, die so etwas berufsmäßig machen, unterstützen euch.
Der Abschluß kann eine kleine Aufführung sein, bei der die
produzierten Ideen gegenseitig präsentiert werden können.

Beginn: 14:00

in der Jugendbegegnungsstätte

Anne-Kathrin Mispelhorn
Lila Mondfest
Mädchenfest in Gifhorn

Das Gifhorner Kulturspektakel, das dieses Jahr zum zweiten Mal stattfand, bestand aus einem vierwöchigen Rahmenprogramm mit vielen kulturellen Veranstaltungen. Hierzu entwickelte sich in der Jugendpflege, die dieses Kulturangebot organisierte, die Idee, dieses Mal auch ein Fest für Mädchen und junge Frauen in das Programm mit einzubeziehen.

Das Fest fand am 9. Juli 1987 in der Jugendbegegnungsstätte in Gifhorn statt. Zu diesem Anlaß kamen auch Mädchengruppen aus Braunschweig, Wolfsburg, Bad Harzburg, die über den Arbeitskreis Mädchenarbeit informiert worden waren. Der Nachmittag war mit drei verschiedenen Workshop-Angeboten gestaltet:

- einem Theater-Workshop, betreut von drei Frauen des "Sons Was Theaters" Melle
- einem Musik-Workshop, angeleitet von zwei selbst praktizierenden Musikerinnen aus Braunschweig und Göttingen
- einer Schreibwerkstatt, in der mit Hilfe von großen Masken zum Geschichtenerfinden anregen wollte, in der später auch mit der ausgesuchten Maske gespielt werden konnte. Dieser Workshop wurde von einer Lehrerin aus Braunschweig angeleitet.

Drei Stunden standen zur Erarbeitung und zum Ausprobieren zur Verfügung. Danach sollte in einem kleinen Festival aufgeführt werden, was entstanden war - mit Einverständnis der Akteurinnen. Nach der Aufführung der Workshops sollte das Mondfest mit einem weiblichen kabarettistischen Spektakel ausklingen. Soweit zum Programm.

Die Räumlichkeiten waren so aufgeteilt, daß jeder Workshop einen eigenen Bereich hatte. In dem Raum, der dem Eingangsbereich folgte, befand sich eine Treff-Ecke mit Kaffee-Angebot. Dieser Treffpunkt gab den Ankommenden die Möglichkeit, sich umzuschauen, die Atmosphäre zu spüren und den ersten Kontakt zu den Workshop-Anleiterinnen aufzunehmen.

Die erste gemeinsame Aktion, an der sich auch die noch Neuhinzukommenden spontan beteiligen konnten, war eine kurze Musikimprovisation. Mit der Musik konnten die anfänglichen Hemmungen überwunden werden und frau kam sich näher. Daran anschließend folgte eine Vorstellung der verschiedenen Workshops und eine Aufteilung in die Projekte.

Drei Stunden wurde emsig gearbeitet, unterbrochen durch kurze Kaffeepausen. Je näher der Vorstellungstermin rückte, desto spannender wurde es.

Die Einstimmung zum kleinen Festival war die Aufführung einer Geschichte aus der Masken-Schreibwerkstatt. Dieser persönliche Beitrag spiegelte sich auch in der Atmosphäre wieder, die relativ still und konzentriert war.

Das änderte sich mit Beginn der Theateraufführung unter dem Titel "Eine wunderbare Reise". Eine typische touristische Reisegruppe tauchte auf der Bühne auf und zeigte ein ebenso typisches touristisches Benehmen im Ausland. Die Reise führte über den Urwald Afrikas bis in den Orient und endete mit einem

Lila Mondfest

musikalischen Happening, an der sich alle Lila-Mondfest-Teilnehmerinnen tanzend auf der Bühne beteiligten.

Die Mädchen aus dem Musik-Workshop hatten entschieden, kein Konzert zu geben. Sie wollten es in ihrem Kreis belassen. Das war auch gestattet, denn Aufführungszwang gab es nicht.

Ein gemeinsames Lied beendete den "kreativen Nachmittag".

Mit der Kabarettveranstaltung erweiterte sich das Publikum um viele Frauen, die sich speziell für das Abendprogramm interessierten. In einer ziemlich offensiven Atmosphäre gab sich das "Lila Luder" ungehalten über "diese unsere Zustände in diesem unserem Land" (Zitat Lila Luder).

Die Ausdrucksstärke durch Mimik, Gestik und Stimme untermalten ihre Provokationen, so daß schon nach kurzer Zeit "ein frischer Wind durch die Räumlichkeiten zog". Doch die meisten schienen diese "frische Brise" zu verkraften, was der Szenenapplaus und der langanhaltende Schlußbeifall bewiesen.

Damit ging Gifhorn's erstes Mädchenfest zu Ende. Ein Tag nur für Mädchen erfordert auch von diesen die Erfahrung, erst einmal unter sich zu sein und zu merken, daß es Spaß macht, sich in einem Rahmen auszuprobieren, der eine andere Atmosphäre hat, als sie es üblicherweise gewohnt sind. Das wurde auch von den Teilnehmerinnen des Festes bestätigt. Insgesamt hatte dieser Tag einen positiven Anklang gefunden. Er hat neugierig gemacht und muß unbedingt wiederholt werden. Sicherlich werden dann noch mehr Interessentinnen aus dem Landkreis dieses Angebot wahrnehmen.

Kontaktadresse:

Die Jugendpflege
Landkreis Gifhorn
Arbeit mit Mädchen
Anne-Kathrin Mispelhorn
Postfach
3170 Gifhorn
Telefon 05371/82519

Karin Böskens, Cornelia Holz, Angela Schlesinger, Ursula Gast
Krefelder Frauenkulturtage

Das im folgenden dargestellte Projekt **Frauenkulturtage Krefeld** fällt in seiner Art aus dem Rahmen der bisher geschilderten Veranstaltungstypen. Die Veranstalterinnen banden Krefeld mit ihrem erstmals 1986 durchgeführten und weiterhin alljährlich stattfindenden Projekt an die Tradition anderer Städte an und bestreiten nachdrücklich die oft geäußerte Vermutung, die Präsentation künstlerisch/kulturellen Schaffens von Frauen in dieser Art sei inzwischen überholt.

Frauen haben in der Vergangenheit immer wieder gelernt, daß es gilt, selbst aktiv zu werden, um von einer "*schweigenden Mehrheit*" zu jener Hälfte der Gesellschaft werden zu können, die gleichberechtigt und gleichgestellt mitwirkt und mitgestaltet. Frauen lernten, den Mund aufzumachen, zu rebellieren, mitzureden, auf Mißstände hinzuweisen, sich bemerkbar zu machen und an die Öffentlichkeit zu treten.

Dies führte dazu, daß in allen gesellschaftlichen Bereichen frauenspezifische Themen aufgegriffen und diskutiert wurden. Es führte zu gesellschaftlichen Veränderungen, zu mehr Gleichberechtigung auf vielen Gebieten.

Ansätze zur Veränderung gibt es im gesellschaftlich/politischen Bereich (Quotenregelung, Frauenförderpläne, Gleichstellungsbeauftragte, Frauen in der Politik stärker im Blickfeld), im Bereich der Wissenschaft (feministische Ansätze in Kunst, Geschichte, Theologie etc.) und im Bereich Kunst und Kultur (Frauenverlage, Frauen-Buchreihen, weibliche Ästhetik-Diskussion). Die Frau hat sich in den letzten Jahren auch kulturell ins Blickfeld gerückt: 1986 finanzierte die Stadt Hamburg ein großes Festival der Frauenkultur, stellte Duisburg seine jährlich stattfindenden Akzente unter das Thema MAN IST FRAU, finanzierte Kassel ein internationales Komponistinnenfestival.

Dennoch sind wir weit entfernt von einer Gleichstellung der Frau im Kulturbetrieb, der - wie weite Teile des öffentlichen und politischen Lebens - weiterhin eine männliche Domäne ist.

Es sind trotz positiver Ansätze und Veränderungen zur Gleichstellung der Frau gegenläufige gesellschaftliche und politische Tendenzen zu verzeichnen. Siehe:

- Arbeitslosigkeit der Frau
- Orientierung der Familienpolitik der Bundesregierung an der traditionellen Rollenverteilung
- Rückläufigkeit des Anteils der Studienanfängerinnen an den Hochschulen
- frauenfeindliche Ausrichtung in der Diskussion um die Änderung des § 218 ...

Frauen müssen wachsam bleiben gegenüber der Festschreibung alter Zustände und gegenüber Rückschritten! Unsere Medienkultur fördert eine kurzlebige Aufwertung von Frauenthemen.

Neue und alternative Anregungen werden rasch aufgenommen, eine grundlegende kontinuierliche Bewußtseinsänderung setzt sich jedoch nur träge in Gang.

Und hier setzen wir Veranstalterinnen in der Initiation der **Frauenkulturtage** auf kommunaler Ebene an:

Frauen sollen ins Gespräch kommen und im Gespräch bleiben!

FRAUENKULTURTAGE

in Krefeld vom 24. April — 10. Mai 1987

Freitag, 24.4.

Angela M.F. Räderscheidt »von wegen verwegen«
Zeichnungen
Ausstellungseröffnung mit der Kölner Malerin, Grafikerin und Performance-Künstlerin Marta Angelika Felicitas Räderscheidt
Bilder, die leben — Zeichnungen, die einen anspringen
„Malerei ist die Balance zwischen Himmel und Hölle und ein ehrsames Handwerk" (Marta Hegemann, Malerin).

ORT: Galerie Peschken, Westwall 55
ZEIT: 19.00 Uhr
Öffnungszeiten der Ausstellung: 24.4. — 10.5.: Di – Fr 10 – 12 und 15 – 18 Uhr,
Sa 10 – 14 Uhr.

Sonntag, 26.4.

Marie-Lu Leisch »An den Haaren herbeigezogen«
Aspekte der Kosmetikkultur aus ungewöhnlicher Sicht
... bietet eine Synthese aus Tanz, Drama, Kabarett, Comedy, Satire und Performance; eine bühnenwirksame Darstellung des Blicks, den die Frau auf sich selbst wirft, wenn sie in den Spiegel blickt. Er zeigt ihr das Urteil der gesamtmännlichen Welt, dem sie auf ihre Weise entgegentritt (so die Künstlerin).

ORT: Werkhaus, Blücherstraße 13
ZEIT: 20.00 Uhr
EINTRITT: 8.-/6.-
Vorbestellung: Werkhaus

Mittwoch, 29.4.

Antonia Wernery »Auf den Spuren der Göttin«
Vortrag
Eine der ältesten mutterrechtlichen Kulturen befindet sich auf der Mittelmeerinsel Malta.
Zahlreiche Tempel aus Muschelkalkstein, unterirdische Heiligtümer, bemalt mit ockerfarbenen Spiralen, Göttinnen und schlafende Priesterinnen begleiten uns in die Zeit der versunkenen Orakelstätten.
Antonia Wernery berichtet über Eindrücke und Erfahrungen, die sie auf ihrer einjährigen Reise gesammelt hat.

ORT: Frauenzimmer, Nordstraße 97
ZEIT: 20.00 Uhr
EINTRITT: 2.-

Donnerstag, 30.4.

Film: »Abschied vom Lachen« BRD 1981
Ein Film aus der Reihe FRAUEN DER WELT
von Gordian Troeller und Claude Deffarge
Der Film zeigt das Leben in einer sogenannten primitiven Gesellschaft im peruanischen Amazonasgebiet. Die Frau ist nicht dem Manne untertan. Der Film zeigt den rapiden Abwertungsprozeß der Frau durch Christentum und westliche Zivilisation.

ORT: Dritte-Welt-Laden, Neue Linner Straße 33
ZEIT: 20.00 Uhr
EINTRITT: frei

Samstag, 2.5.

FRAUEN und Partnerschaft
- das Verhältnis zwischen den Geschlechtern
Vortrag von Ulrike Kottsieper

ORT: Kulturfabrik, Dießemer Bruch 150
ZEIT: 20.30 Uhr
EINTRITT: frei

Sonnta[g]

Donnerstag, 30.4. bis Mittw[och]

Film: »Anne Trister — Zwischenräume«, Kanada
von Lea Pool, deutsche Bearbeitung von Margarethe von Trotta
Anne, eine junge Malerin, wandert nach dem Tod ihres Vaters na[ch]
in ihrer Malerei erlebt sie einen Umbruch. Auf der Suche nach
nach Liebe begegnet sie der Kinderpsychologin Alix ...

ORT: CASABLANCA & CINEMA, Lewerentzstraße
ZEIT: 18.15 und 22.45 Uhr täglich
Veranstalter: CASABLANCA

Don[nerstag]

Frauen — EXPERIMENTALFILM — Programm
Filmemacherinnen aus Amsterdam stellen ihre Kurzfilme vo[r]
Monique Geeve: Cycles; Renate Faulhaber: Bänder; Nar[...]
Frederieke Jochems: Duet voor cello en film; Claudia Kolgen;
Barbara Meter: In het voorbijgaan.
Anschließend Diskussion mit einigen der Künstlerinnen.

ORT: Krefelder Kunstverein, Westwall 124
ZEIT: 20.00 Uhr
EINTRITT: 5.-

»Heilkundige Frauen im Mittelalter und he[ute]«
Vortrag von Anne Schmalbach, Heilpraktikerin und Dipl[...]
Frauen waren die Heilkundigen über Jahrhunderte hinwe[g ...]
völkerung mit ihrer Medizin (Kräuterheilkunde, Geburt[...]
und gaben ihr Wissen untereinander weiter. Durch die [...]
schaftlichen Medizin wurden die Frauen mehr und meh[r]
reich verdrängt. Brutalster Auswuchs war die Hexenve[rfolgung ...]
Welches Wissen hatten die Frauen damals und was wi[...]
re Körper?

ORT: Frauenzimmer, Nordstraße 97
ZEIT: 20.00 Uhr
EINTRITT: 4.-/3.-

»Praktische Selbsthilfe für Frauen bei [...]«
mit Anne Schmalbach
Anne Schmalbach ist Heilpraktikerin, Ex-Schüleri[n ...]
praktikschule in Berlin, Mitarbeiterin bei PULSATR[...]
nistische Beratung von und für Frauen). Schwerpu[nkt ...]
tur, chinesische Medizin und Kräuterheilkunde. I[...]
in Form von Meridianübungen (Meridian = Energi[e ...]
ten, Akupressur, Tips zur Ernährung und Kräute[...]
was frau vor und während »ihrer Tage« alles tu[n ...]

ORT: Frauenzimmer, Nordstraße [97]
 10 — 14 Uhr

Krefelder Frauenkulturtage

Die Frei-Räume für Frauen im Kulturbereich sollen geschaffen und vergrößert werden. Frauen sollen ihre Gegenbilder, ihre Sichtweisen darstellen können und somit auch Vorbild sein, Mut machen.

Diese Zielsetzungen verlangen letztlich jedoch strukturelle Konsequenzen und Veränderungen. Solange die Möglichkeit zur konsequenten Freistellung der Frau für die berufliche und auch speziell kulturell/künstlerische Tätigkeit fehlt, solange Rollenklischees millionenfach reproduziert werden, solange das an traditionell männlichen Bedürfnissen und Möglichkeiten orientierte Wert- und Erfolgsdenken herrscht, ist der verfassungsmäßige Anspruch der Frau auf gleiche Rechte und Chancen nicht eingelöst.

Indem **Frauenkulturtage** dies verdeutlichen, weisen sie weit über sich und ihre vornehmliche Zielgruppe hinaus und fordern ganz entschieden eine Wandlung bei den Männern; bei denen, die politische, gesellschaftliche und wirtschaftliche Machtpositionen innehaben; bei Freunden, Partnern und Ehemännern.

Auch um dies zu erreichen, wenden wir uns mit der Mehrzahl unserer Veranstaltungen ausdrücklich an Frauen und Männer - eine Verfahrensweise, die sehr kontrovers diskutiert wird.

Da sind auf der einen Seite die Frauen, die zuallererst an sich und für sich selbst lernen wollen, die sich durch teilnehmende und intervenierende Männer gestört und behindert fühlen, und es sind auf der anderen Seite Frauen und Männer, die ein Ausschließen der Männer ablehnen, u.a. mit der Begründung, daß beide Geschlechter nur miteinander etwas erreichen können.

Im Rahmen des Krefelder Veranstaltungskalenders blieben die im **Frauenzimmer** stattfindenden Veranstaltungen für Männer unzugänglich. Es waren dies Veranstaltungen, die zum einen die Vortragenden ausdrücklich nur mit Frauen durchführen wollten und die darüberhinaus auch von der Thematik her - Frauenheilkunde u.a. - in erster Linie Frauen betreffen.

Ziele und Programm der Kulturtage

Geplant, organisiert und veranstaltet wurden die **Frauenkulturtage** von den Mitarbeiterinnen zweier Krefelder Institutionen: von einer Vertreterin des Werkhauses, das sich als Zentrum für Kommunikation, Kultur und Kleinkunst versteht, sowie von drei Frauen der Kulturgruppe des Krefelder **Frauenzimmers**, einem Kommunikations- und Arbeitstreffpunkt für Frauen. Die Kulturgruppe gründete sich 1986 mit der Idee, erstmals in Krefeld **Frauenkulturtage** zu veranstalten.

Beide Institutionen ergänzen und treffen sich in den gemeinsam organisierten **Frauenkulturtagen** insofern, als kulturelles Schaffen und Ermutigung zu kultureller Selbsttätigkeit unter frauenspezifischen Aspekten im Mittelpunkt der Kulturtage stehen. Antrieb und Motivation für die Veranstalterinnen war sicher zunächst einmal, sich selbst und anderen Frauen Spaß, Anregung, Auseinandersetzung, Lust und Kommunikation zu bieten: die 'Lust zu lernen'. Doch daneben stand auch die Einsicht, daß Kultur immer Kristallisationspunkt für gesellschaftliche Phänomene ist, Experimentalraum für gesellschaftliche Tendenzen zur Veränderung und Überwindung von Mißständen.

Im Sinne der Vielfalt kultureller Bereiche und Äußerungsmöglichkeiten sowie einer kooperativen Stadt-Kulturarbeit fanden sich Kooperationspartner in bestehenden traditionellen und alternativen Einrichtungen, die entweder selbständig Organisation und Durchführung von Veranstaltungen im Rahmen der Kulturtage übernahmen oder aber Mitarbeiter/innen, Material und Räumlichkeiten zur Verfügung stellten. So bildete den Auftakt der **Frauenkulturtage** die Ausstellungseröffnung einer Kölner Künstlerin in einer Krefelder Galerie. Alternative Einrichtungen wie Dritte-Welt-Laden, Werkhaus und Kulturfabrik boten eigenständig Film, Theater, Kunstausstellung.

Krefelder Frauenkulturtage

Der Krefelder Kunstverein stellte seine Räumlichkeiten zur Verfügung, ein Programmkino zeigte während der Kulturtage den Film einer kanadischen Regisseurin. Die Stadtbücherei präsentierte Frauenliteratur und erstellte eine Broschüre. Unterstützung leistete außerdem die Gleichstellungsbeauftragte für Krefeld.

Öffentlichkeitsarbeit und öffentliche Akzeptanz

Um auf das Programm der **Frauenkulturtage** hinzuweisen, wurde eine umfassende Öffentlichkeitsarbeit betrieben:
- Erstellen eines Plakates mit Programmübersicht
- Erstellen eines Handzettels mit detaillierter Programmübersicht und -information
- regionale und überregionale Pressearbeit vor und während der Kulturtage: in der ortsansässigen Presse, in Zeitschriften, in städt. Veranstaltungskalendern, im Rundfunk.

Geworben wurde in Kulturzentren, Frauenzentren, Buchläden, städtischen Einrichtungen, Kneipen, Hochschulen auch über die Stadtgrenzen Krefelds hinaus (Duisburg, Düsseldorf, Mönchengladbach, Viersen, Moers, Kaldenkirchen...).

Die Resonanz auf die **Frauenkulturtage** 1986 und 1987 war sehr positiv. Zu danken ist dies sicherlich wesentlich der ortsansässigen Presse, die alle Veranstaltungen mit ausführlicher Berichterstattung begleitete. Die einzelnen Veranstaltungen waren gut besucht; die Besucherzahl wuchs von ca. 950 in 1986 auf ca. 1050 in 1987.

Die Auswahlverzeichnisse zur Frauenliteratur, die die Stadtbücherei in beiden Jahren für ihre Leser/innen herausgab, fanden reges Interesse. Auch überörtlich fanden die Krefelder **Frauenkulturtage** Beachtung. Als Tendenz kann bei der Analyse der Besucherzahlen festgestellt werden, daß die Programmanteile mit stark experimenteller Ausrichtung weniger Besucher/innen anzogen. Möglicherweise spielt hierbei eine gewisse konsumorientierte und mehr auf Lachkultur ausgerichtete Interessenhaltung eine Rolle. Bemerkenswert jedoch erscheint auf jeden Fall, daß die Veranstaltungen zum Thema Gesundheit/Frauenheilkunde auch Besucherinnen aus dem östlichen Ruhrgebiet aktivierten. Aus vielen Städten erreichten uns Anfragen zum Programm sowohl einzelner interessierter Frauen, wie auch von Gleichstellungsbeauftragten und Organisatorinnen von Frauenkulturtagen. Hier sehen wir eine wichtige Möglichkeit für zukünftige 'frauenkulturelle' Zusammenarbeit.

Erfahrungen mit Künstlerinnen und Teilnehmerinnen

Durchweg positiv waren die Erfahrungen in der Zusammenarbeit mit Künstlerinnen, Vortragenden und den zahlreichen Krefelder Frauengruppen und -initiativen, die sich mit großem Interesse und Enthusiasmus an der Vorbereitung und Durchführung der Informationsbörse für Frauen beteiligten. Von der Möglichkeit, sich persönlich und auch mit der jeweiligen Arbeit vorzustellen, wurde bei allen Veranstaltungen lebhaft Gebrauch gemacht und diese Art der Präsentation vom Publikum gut aufgenommen. Es entwickelten sich anregende Gespräche, die das starke Interesse vor allem der Besucherinnen am Werdegang der eingeladenen Frauen, an ihren Arbeitsweisen und -techniken deutlich machten.

Aktionen der Künstlerinnen bezogen das Publikum mit ein, wobei Hemmschwellen schnell überwunden und Berührungsängste abgebaut wurden. Die Kölner Künstlerin Angela M.F.Räderscheidt eröffnete zum Beispiel ihre Ausstellung mit einer Aktion: Auf Wunsch zeichnete sie Schattenrisse von Besucherinnen (und Besuchern), die diese dann mit nach Hause nehmen konnten, um dort einmal (oder so oft wie nötig) über ihren eigenen Schatten zu springen.

Im Bereich der experimentellen bildenden Kunst erleichterten die in Zusammenarbeit mit

Krefelder Frauenkulturtage

den Künstlerinnen erstellten ausgelegten Informationen den Zugang zu den Werken und den Einstieg in die Diskussion. Diese Vorgehensweise wurde auch von den Künstlerinnen sehr begrüßt.

Reflexion

Wir stellen fest, daß es in Krefeld durch den Arbeitseinsatz relativ weniger Frauen gelungen ist, mit einem geringen finanziellen Aufwand Kulturleistungen von Frauen in der Öffentlichkeit präsenter zu machen. Erfreulich war dabei die Unterstützung und aktive Teilnahme anderer Kulturträger und -vermittler.

Weniger erfreulich dagegen auch unsere Erfahrung:

Frauen leisten - mal wieder - kostenlos Kulturarbeit!

Denn neben
– Einnahmen bei den Veranstaltungen
– einer Parteienspende (Die Grünen)
– einem Projektzuschuß der Stadt Krefeld
– privaten Spendern,

die die Kosten der Öffentlichkeitsarbeit und die Honorare der eingeladenen Frauen deckten, müssen wir doch feststellen, daß einmal mehr viele bereit waren, gegen geringeres als ursprünglich gefordertes und angemessenes Honorar an den Kulturtagen mitzuwirken.

Festzustellen ist ferner
- die Aktivitäten ortsansässiger Künstlerinnen sowie deren Auftreten in der Öffentlichkeit nahmen zu
- das Interesse etablierter Institutionen an einer Zusammenarbeit wächst
- es ergaben sich Möglichkeiten der Weitervermittlung von Künstlerinnen.

Unser Wunsch und Anliegen für zukünftige Aktivitäten ist es, öfter als nur einmal im Jahr Frauenkultur ins Blickfeld zu rücken. Weitergehend wollen wir stärker Bedingungen und Möglichkeiten schaffen für eine kontinuierliche, regelmäßige Darstellung und Förderung kultureller Leistungen von Frauen.

Wir streben an
- eine kontinuierliche Zusammenarbeit der verschiedensten Frauengruppen und -initiativen anzuregen und zu fördern
- bestehende Kulturträger und -vermittler vermehrt zur Mitarbeit bzw. zu eigenständiger Initiative zu bewegen
- inhaltlich ein breiteres Angebot zu ermöglichen, insbesondere politische und gesellschaftliche Zusammenhänge deutlicher zu machen
- die Aufmerksamkeit zu richten auf den Anspruch, einerseits freies Forum sein zu wollen, andererseits aber auch einem gewissen Qualitätsanspruch gerecht zu werden
- konsumorientiertes Verhalten zu durchbrechen, d.h. mehr inhaltliche Auseinandersetzung, mehr Gespräch und Austausch auch zwischen Künstlerinnen und Kunstkonsumenten/innen anzuregen.

Anmerkungen zu den Autorinnen:

Karin Böskens, 34, Studium der Sozialarbeit, Anglistik und Philosophie. *Seit zwei Jahren finde ich meine künstlerisch-kreative Ausdrucksweise im Schreiben und Malen. Die Mitarbeit an den zweiten Krefelder Frauenkulturtagen war für mich die erste Erfahrung in der Zusammenarbeit mit Frauen.*

Cornelia Holz, 33, Dipl.-Verwaltungswirtin. *Seit acht Jahren arbeite ich in verschiedenen Frauengruppen. Die Krefelder Frauenkulturtage habe ich mit ins Leben gerufen und sehe mich mit ihnen ein Stück vorangekommen auf meinem Weg: aktiv entgegenzuwirken der gesellschaftlichen und ökonomischen Behinderung schöpferischer Bestrebungen von Frauen.*

Angela Schlesinger, 38, freiberufliche Designerin. *Seit 12 Jahren arbeite ich in verschiedenen Frauengruppen in Krefeld und bin Mitbegründerin des jetzigen Frauenzentrums. Es macht mir Spaß, die Frauenkulturtage mit zu*

Krefelder Frauenkulturtage

organisieren, weil mich Kunst interessiert und ich viele kreative Frauen bewundere. Ich weiß, Bestätigung durch die Umwelt ist wichtig für die eigene Entwicklung und mit Sicherheit auch für Künstlerinnen.

Ursula Gast, 33, Lehrerin an einer berufsbildenden Schule für typische Frauenberufe und Mitarbeiterin in einem Kulturzentrum. In beiden Bereichen erlebe ich - selbstverständlich mit unterschiedlichen Akzenten - daß alte Rollenerwartungen an Frauen ständig reproduziert und meist auch akzeptiert werden. Daß Frauen sich neue Positionen erobern, sich mutig und selbstbewußt darstellen, bleibt selten. Als bewußten Kontrapunkt zum Alltag zunächst für mich selbst und dann auch als Anregung für andere Frauen habe ich das Projekt Frauenkulturtage mitbegründet und gerne getragen.

Kontaktadresse:

Kulturgruppe des Frauenzimmers
Nordstraße 97
4150 Krefeld

Männer
und Frauen sind gleichberechtigt

Ulla Becker, Ulrike Rusche, Gisela Unland
"CREADIVA" und "All the girls are crazy"

Zwei Frauenprojekte innerhalb der Katholischen Studierenden Jugend 1987

Im folgenden werden zwei Frauenprojekte vorgestellt, die 1987 innerhalb der Katholischen Studierenden Jugend (KSJ) von Frauen für Frauen und Mädchen veranstaltet wurden. Innerhalb der KSJ wird parteiliche also feministische Mädchenarbeit seit einigen Jahren praktiziert. Innerhalb dieser umfassenderen Arbeit müssen diese beiden Frauenprojekte gesehen werden.

Die CREADIVA war eine bundesweite Veranstaltung, an der 50 Frauen im Alter von 16 bis 32 teilgenommen haben. Sie wurde vorbereitet von einem Team, das aus drei hauptamtlichen und zwei ehrenamtlichen Frauen bestand.

Der einwöchige Frauenworkshop "All the girls are crazy" wurde ausschließlich von Frauen, die ehrenamtlich in der KSJ mitarbeiten, vorbereitet. Er fand in der Diözese Münster statt.

Die Veranstaltungen wurden unabhängig voneinander durchgeführt, allerdings mit solidarischem Interesse und Diskussionen begleitet. Beide Veranstaltungen unterschieden sich in Bezug auf z.B. Konzeption, regionaler Ausbreitung, Vorbereitung. Gemeinsam war ihnen: Frauenstärke sichtbar machen, Frauenkultur schaffen, Fraueninteressen Raum geben.

Ulla Becker: "CREADIVA"

Die CREADIVA - eine Antwort auf die Situation der Frauen im Verband

Parteiliche Frauen- und Mädchenarbeit wird in der KSJ seit einigen Jahren praktiziert. Frauen auf den unterschiedlichsten Ebenen des Verbandes "machen" Mädchenarbeit und Frauenpolitik. Das heißt konkret:

- Frauen, denen die Geschlechterproblematik ein Anliegen ist,
- Frauen, die mit der Situation von Frauen und Mädchen im Verband nicht zufrieden sind, etwas verändern wollen,
- Frauen, die gemerkt haben, wieviel frauenspezifisches im Verband nicht beachtet und abgewertet wird,
- Frauen, die neugierig auf sich selbst sind,
- Frauen, die lieber mit Frauen arbeiten wollen.

Diese Frauen bieten Frauen- und Mädchenwochenenden an, sie bilden Frauengruppen, Frauenarbeitskreise, in ihrer Diözese, an der Schule, sie bemühen sich um die praktische, konzeptionelle und politische Verankerung von Frauen- und Mädcheninteressen. Wiederum Mädchen und Frauen im Verband nehmen die Angebote dieser Frauen - ich nenne sie Initiatorinnen - gerne wahr. Bedarf ist vorhanden! Das beweisen die Teilnehmerinnenzahlen für die Wochenenden.

"Jugend leitet Jugend" lautet ein Selbstbestimmungsprinzip in der KSJ. Das heißt in diesem Falle: Frauen organisieren, initiieren und diskutieren mit und für andere Frauen im Verband, und dies ehrenamtlich, engagiert, aus sich selbst und manchmal ohne professionelle Hilfe.

Frauen, die sich auf höheren Ebenen des Verbandes engagieren, leiden sehr häufig an Arbeitsüberlastung, Termindruck und Aufgabenhäufung. Nicht selten ist die Frauen- und Mädchenarbeit (immer noch) zusätzlich, weil das "Gemeinsame" Vorrang hat.

Gibt es in der Diözese eine hauptamtliche Referentin, dann ist professionelle und fachliche Unterstützung gewährleistet. Die Reaktionen männlicherseits (KSJ'ler, Referenten, Priester) reichen von zaghafter Unterstützung, über Ignoranz und Nicht-Verstehen bis hin zu offenen Anfeindungen. So ist die Situation vieler Initiatorinnen, vieler Frauen im Verband also eine, die Unterstützung, Förderung und Stärkung gebrauchen kann.

Die CREADIVA war eine Veranstaltung auf Bundesebene, die sowohl die Initiatorinnen, als auch neugierige und interessierte Frauen erreichen wollte. Die einen wollte sie entlasten, verwöhnen und weiterbilden, die anderen wollte sie anstoßen, begeistern und sensibilisieren. Beide wollte sie stärken und ein Stückchen Frauenkultur erleben lassen, sozusagen als "Eigenes in der fremden Kultur"

CREA und DIVA - die zwei Elemente unseres Ansatzes

"Es geht auf der CREADIVA darum, Interessen, Fähigkeiten und Stärken zu entdecken und auszuprobieren, für sich etwas zu tun, aktiv und kreativ zu sein und dies zusammen mit anderen Frauen," so lautet die erste globale Zielbeschreibung. Handgreiflich - sinnlich sollte die CREADIVA sein. Deshalb wählten wir einen kreativen und nicht den klassischen Bildungsansatz. Gleichzeitig sollte unser Angebot an den Alltagserfahrungen der Mädchen und Frauen anknüpfen. Also mit, in, durch die kreative Methode, durch Gestalten und Erleben sollte die gesellschaftliche Situation von Mädchen und Frauen erfaßt, problematisiert, verstehbar werden und auch solidarisches Handeln spürbar werden. Es ging uns mehr um den Prozeß denn um ein künstlerisches Endprodukt.

Die zwei Elemente unseres Ansatzes waren also:
- CREA - als Hinweis auf die methodische Vermittlung und den Prozeß, erfahrungsbezogen, ganzheitlich, kreativ,
- DIVA - als Hinweis auf die Zielgruppe und die Behandlung der Themen nämlich aus Frauensicht.

Anknüpfend an unsere Alltagserfahrungen und Neigungen entschieden wir Vorbereitungsfrauen uns für sechs verschiedene Workshops. Jeder Workshop sollte ein gesellschaftliches Phänomen aufgreifen, eines, von dem Frauen in besonderer Weise betroffen sind. Jeder Workshop hatte also ein bestimmtes Thema, eine Fragestellung. Dieses "Thema" sollte mit und durch ein bestimmtes Medium, einer Methode bzw. kreativen Technik verbunden, verdeutlicht, verstehbar werden (natürlich auch umgekehrt).

In der Vorbereitung wählten wir aus der Vielzahl der möglichen Fragestellungen sechs "Themen" aus. Ebenso überlegten wir, welches Medium, welche Gestaltungsmittel und Ausdrucksformen wir auf der CREADIVA vertreten haben wollten (woraufhin unsere Wahl fiel, ist weiter unten nachzulesen).

Uns Vorbereitungsfrauen war das Gestaltungselement, das sehr viele - mehr die subjektiven - Erfahrungsebenen und Gefühle ansprechen sollte, ebenso wichtig wie die Fragestellung, worunter wir mehr eine theoretische

Auseinandersetzung verstanden. Ganzheitlich war also unser Bestreben. Alle Workshops sollten die Frauensicht der Dinge beleuchten, darstellen, aufgreifen. Ein Kriterium dafür, einen Workshop einzurichten, war manchmal mehr das Gestaltungselement, manchmal mehr die Fragestellung. Sehr unterschiedlich wurde dieser Ansatz in den einzelnen Workshops umgesetzt. Einige blieben auf der subjektiven praktischen Erfahrungsebene, andere verknüpften beide Elemente mehr oder weniger gelungen, jedoch in keinem Workshop wurde ausschließlich geredet - theoretisiert.

Innerhalb des Verbandes wurde unser Ansatz bei Frauen und Männern diskutiert. *"Unpolitisch, zu sehr auf Selbsterfahrung ausgerichtet, zu wenig feministisch"*, waren Kritikpunkte, die wir hörten. Es wurde auch die Frage an uns gerichtet, ob eine solche Veranstaltung für die Bundesebene eines Verbandes - die doch die politische Vertretung wahrnehmen soll - der richtige Platz ist.

Diese Kritik deutete eine kontrovers geführte Diskussion über weibliche Politikformen, Frauenkultur und Mädchenarbeit im Verband an. Wir akzeptierten diese Kritik nicht, sahen uns im Einklang mit anderen feministischen Pädagoginnen und führten unser Experiment fort und die Resonanz der Frauen gab uns recht.

Facetten der Wirklichkeit
- die Workshops auf der CREADIVA

Folgende Workshops wurden auf der CREADIVA angeboten:

- Gewalt gegen Frauen - Selbstverteidigung.

In diesem Workshop setzten sich die Teilnehmerinnen mit der alltäglichen Gewalt, mit den eigenen Verhaltensweisen und Gefühlen bei An- und Übergriffen auf Körper und Seele auseinander und lernten sich (ansatzweise) selbst verteidigen. Die Teilnehmerinnen entdeckten ihre Kraft und ihre Wut und verloren ein Stück weit das Gefühl der Ohnmacht.

CREADIVA und All the girls are crazy

- Körpersprache - Körpererfahrung - Körperbewußtsein.

Mehr Aufmerksamkeit für sich selbst, ein positives Körpergefühl, vermittelte dieser Workshop durch Körperarbeit, Entspannung, Massage und kleine Improvisationen. Er war mehr auf "Machen" und "Tun", denn auf verbale Reflexion von Schönheitsidealen und Tabubereichen ausgerichtet. Körper erleben, wahrnehmen, allein, zu zweit und in der Gruppe stand im Vordergrund.

- Der untypische Workshop - Frau und Technik.

Es war tatsächlich ein untypischer Workshop. Nur vier Frauen zeigten Interesse daran. Die Technik war ein Computer. Die Frauen entwickelten einen Fragebogen zum Thema: "Die CREADIVEN und die Technik". Sie führten diese Fragebogenaktion durch, werteten die Ergebnisse aus und stellten sie in einer kleinen Ausstellung dar. Außerdem diskutierten sie über ihr Verhältnis zur Technik, über männliche Bevormundungen und die alltägliche Abgewöhnung.

- Die Rollen meines Lebens - Theaterspielen.

Rollen - die eigene Sozialisationsgeschichte, die verschiedenen Rollen z.B. als Tochter, als Freundin, weiblichen Verhaltensweisen nachzuspüren, war vorgesehenes Thema für diesen Workshop. Tatsächlich verlief er dann sehr viel gruppendynamischer und persönlicher als erwartet. Keine leichte Aufgabe für die Referentin, die noch dazu mit einer theaterungeübten, sprich gehemmten Gruppe umgehen mußte.

- Sprechen, Stimme und Rhetorik.

Dieser Themenbereich spielt im Verbandsalltag eine große Rolle. Wer redet wann und wie lange in der Leiterrunde, auf Konferenzen; wie setzen sich Frauen durch; wie stellen sie sich dar; wie oft werden sie unterbrochen? Fragen, deren Antworten beim genaueren Hinhören wütend machen. Im Workshop setzten sich die Teilnehmerinnen mit männlichem und weiblichem Sprachverhalten auseinander. Sie artikulierten ihre Wünsche an eine herrschaftsfreie Kommunikation. Der experimentelle Sprachen- bzw. Stimmenteil kam leider etwas zu kurz.

• Kleider machen Leute - Nähen.
Auch in diesem Workshop stand das praktische Gestalten im Vordergrund. Die Frauen nähten mit Enthusiasmus. Sie nähten manchmal sogar die Pausen durch. Sie hatten sichtlich Spaß am Gestalten und präsentierten am letzten Abend stolz ihre Modelle. Es waren Frauen in dem Workshop, die noch nie an einer Nähmaschine gesessen hatten und sich eine "Tophose" nähten - ein Erfolgserlebnis und Mosaiksteinchen fürs Selbstbewußtsein.

CREADIVA - bewertet

Unser Ansatz hat sich bewährt. Es ist so möglich, konkrete Erfahrungen, Analyse, Kreativität und Politik zusammenzubringen. Wir hoffen, im nächsten Jahr eine ähnliche Veranstaltung durchführen zu können. Die Workshopidee und Ideen aus den Workshops wurden für diözesane Veranstaltungen aufgegriffen. Doch noch einmal zurück zur CREADIVA. Jede Workshopgruppe hat sich ihren eigenen Weg gesucht, um das übergreifende Thema "Frauenleben - Frauenstärke", individuell und gesellschaftlich einzugehen. Jede Gruppe suchte sich innerhalb der vorgegebenen Thematik abhängig von den Interessen der Teilnehmerinnen und der Referentin ihren eigenen Schwerpunkt.

Für viele Teilnehmerinnen war es die erste reine Frauenveranstaltung und sie waren begeistert. Sie haben ein Stückchen Frauenkultur erlebt, was in diesem Falle bedeutet:

— Sie haben es sich gegönnt, eine Veranstaltung für sich selbst zu besuchen.
— Sie haben sich an Aktivitäten und Dinge herangetraut, die sie sich eigentlich nicht zutrauten.
— Viele waren beeindruckt von der Atmosphäre, die nach Aussagen der Teilnehmerinnen anders war als auf gemischten Veranstaltungen: offener, mit nicht so viel Profilierungsdruck und -sucht, ruhiger, weniger konkurrenzbeladen.

CREADIVA und All the girls are crazy

— Es gab ein großes Bedürfnis, sich auszutauschen, sich zu unterhalten.
— Die zusammengestellte Bibliothek, die ein umfangreiches Spektrum an Frauenliteratur enthielt, wurde viel genutzt. Ein großes Bedürfnis nach spezifischen Informationen bei der Suche nach sich selbst und über Frauen allgemein läßt sich daran ablesen.

CREADIVA - technisches

Zum Schluß möchte ich noch einige mehr organisatorische Details hervorheben, die nicht unerheblich den Charakter der Veranstaltung mitprägten.

Öffentlichkeitsarbeit

Ein wichtiger Werbungsträger für die Veranstaltung war das Plakat. Es war animierend, informativ, sprach die Zielgruppe an und schaffte ein Stückchen Identifikation mit der Veranstaltung. Die Designerin war selbstverständlich eine Frau, und da wir uns eine vollausgebildete Frau nicht leisten konnten, eine Graphik/Design-Studentin. Mit dem Plakat schafften wir auch eine breite Öffentlichkeit für eine Frauenveranstaltung. Raus aus der Bescheidenheit!

Referentinnen

Für die Workshops engagierten wir Referentinnen. Den Teilnehmerinnen wollten wir Fachkompetenz bieten. Wir entschieden uns für Frauen, die bereits über einige Erfahrungen in einem bestimmten Bereich verfügten, sich aber im Hinblick auf die Vermittlung durchaus auch noch als Lernende begriffen (also keine Vollzeitprofis).

Eine Anbindung an ein Frauenprojekt oder Frauenzusammenhänge war uns ebenfalls wichtig, jedoch nicht bei allen Referentinnen gegeben. Den Blick über den Tellerrand hatten wir dabei im Hinterkopf.

Und tatsächlich konnten gegenseitige Vorurteile im Hinblick auf die Mädchenarbeit in einem katholischen Jugendverband bzw. im Hinblick auf die (autonome) Frauenbewegung abgebaut werden. Allerdings werden wir bei einer Wiederholung der Veranstaltung mehr Vorbereitung zusammen mit den Referentinnen favorisieren..

Das Haus
Das Haus lag in einer reizvollen Gegend, einigermaßen zentral für eine Bundesveranstaltung. Da wir es alleine belegten und uns kooperativ und flexibel begegnet wurde, konnten wir es ungestört nach eigenen Vorstellungen einrichten.

Wer mehr und detailliertere Informationen über die Veranstaltung haben möchte, die/der wende sich an das Referat für politische Frauen- und Mädchenbildung, KSJ - Bundesamt, Gabelsberger Str. 19, 5000 Köln

CREADIVA und All the girls are crazy

Es existiert eine Dokumentation und eine Ton-Dia-Show über die Veranstaltung.

Anmerkungen:
1) Die Widersprüchlichkeit dieses Prinzips sei hier nur angemerkt. Wer mehr wissen möchte, die/der sei auf Böhnisch, L. / Münchmeier, R. 'Wozu Jugendarbeit' S.256, Weinheim und München 1987 verwiesen.
2) Für alle Referentinnen in der KSJ steht die Wichtigkeit von Mädchenarbeit außer Frage. In einigen Diözesen ist es Bestandteil der Stelle. Zum Zahlenverhältnis: In 22 Diözesen gibt es im Moment 14 Stellen, davon sind 10 mit Männern, 4 mit Frauen besetzt.
3) vgl. C.Rentmeister, Männerwelten - Frauenwelten, Opladen 1985

Ulrike Rusche, Gisela Unland: "All the girls are crazy"

Auf diözesaner Ebene boten sechs ehrenamtliche KSJ'lerinnen (aus der Diözesanleitung und von der 'Basis') den Frauen-Workshop "All the girls are crazy" an.

"Frau und Technik - zwei Welten begegnen sich"

Spätestens wenn der Auszug aus dem Elternhaus ansteht und die erste eigene Wohnung bezogen wird, erweist es sich als nützlich, mit der Technik umgehen zu können: eine Bohrmaschine bedienen, eine Lampe anschließen und vielleicht auch den Stecker von der Kaffeemaschine, der plötzlich anfängt zu schmoren, auswechseln.
Unser Motto lautet nicht: Frauen müssen Technik beherrschen lernen, damit sie es den Männern gleichtun und von ihnen unabhängig sein können. Vielleicht eher: Frauen sollen für sich neue und ungewohnte Bereiche erobern, um ihre eigenen Fähigkeiten auszuprobieren und zu erweitern und um zu erleben, was sie sich alles zutrauen können. Auch das Nähen mit einer Nähmaschine will gelernt sein.

Zum verbandlichen Hintergrund

In der KSJ Diözese Münster sind ca. 1.500 Mädchen und Jungen, Männer und Frauen (im Alter von zehn bis zwanzig Jahren) in ca. 25 Stadtgruppen organisiert. Die Leitung und mehrere pädagogische Teams arbeiten auf regionaler oder diözesaner Ebene. Sowohl die Leitung, wie auch die pädagogische Arbeit werden fast ausschließlich von Ehrenamtlichen (zumeist StudentInnen) wahrgenommen.

Auf der Diözesanebene gründeten Anfang 1984 acht Frauen einen Arbeitskreis, um eigene Erfahrungen im "koedukativen" Jugend-(=Jungen)verband auszutauschen und feministische Mädchenarbeit in das Bildungsprogramm zu integrieren.

Seit dem Herbst 1984 finden halbjährlich Mädchen-/Frauenwochenenden zu verschiedenen Themen statt. Diese Themen entwickeln sich zumeist aus den Lebenssituationen der Mädchen und Frauen. Sie beziehen sich auf Personen und Belange, mit denen sie sich beschäftigen (z.B. Umgang mit Körperlichkeit, Beziehung zur Mutter, Freundin usw.). Als Zielgruppe wurden/werden KSJ'lerinnen aus den Stadtgruppen im Alter von 15-19 Jahren angesprochen.

Aus der Idee, mal etwas "Praktisches", also eine Veranstaltung mit Workshopcharakter anzubieten, entwickelte sich, besser: entwickelten wir, die im folgenden beschriebene Veranstaltung.

Die Anfänge des Workshops

Die Verbandssituation war 1986 gekennzeichnet durch rückgängige Mitgliedszahlen und ausfallende Bildungsveranstaltungen (mit Ausnahme der Mädchen-/Frauenwochenenden). Auf diesem Hintergrund wurde in der Diözesanleitung, in der auch mehrere Frauen des Frauen-Arbeitskreises mitarbeiteten, das Votum geäußert, Veranstaltungen weniger "von oben" anzubieten, sondern näher an die Basis (Stadtgruppen) anzubinden.

So entwickelten wir (zwei Frauen aus dem Frauen-Arbeitskreis) die Idee, einen Frauen-Workshop zu organisieren, der gemeinsam mit Frauen/Mädchen aus den Stadtgruppen, also unserer Zielgruppe, vorbereitet werden sollte. Gesagt getan:

Wir suchten und fanden vier Frauen, die mit uns gemeinsam einen Frauenworkshop vorbereiten wollten (zwei Schülerinnen, eine Auszubildende, eine Studentin, im Alter von 16-19

CREADIVA und All the girls are crazy

Jahren). Ein halbes Jahr trafen wir uns regelmäßig zur Vorbereitung.

Wie man (k)ein Konzept erarbeitet...

Der Termin und ein Haus für den Workshop waren schnell organisiert. Für die inhaltliche und konzeptionelle Vorbereitung waren wir ganz auf unsere eigenen Ideen angewiesen, da es eine ähnliche Veranstaltung noch nicht gegeben hatte. Die Diskussion um den Ansatz nahm viel Zeit in Anspruch. Als Möglichkeiten sahen wir,

a) ein (Frauen-)Thema in den Mittelpunkt zu stellen, welches dann mit verschiedenen Methoden und Materialien bearbeitet wird oder

b) die Arbeit mit Material und Werkzeug selbst zum Schwerpunkt zu machen.

Wir entschieden uns für die zweite Möglichkeit. Dabei ging es uns vor allem um technische und handwerkliche Bereiche, die Mädchen und Frauen oft nicht zugänglich sind bzw. die von ihnen nicht beansprucht werden. Daneben wollten wir auch eher mädchentypische Betätigungen wie Nähen, Batiken usw. anbieten. Es war uns wichtig, Raum für möglichst viele unterschiedliche Arbeiten zu bieten. Offen blieb hier, ob jede ein Produkt für sich erstellt, oder ob an einem großen Gruppenprojekt gearbeitet wird.

Wir wollten möglichst wenig Leitung wahrnehmen, um den Teilnehmerinnen Spielraum für eigene Entscheidungen zu überlassen. Trotzdem wollten wir Ideen im Hinterkopf haben, um "orientierungslosen" Teilnehmerinnen auch etwas anbieten zu können. Unser Verständnis von Leitung war, einen Rahmen anzubieten, Material und Werkzeug zur Verfügung zu stellen und bei Bedarf unsere Vorschläge mit einzubringen. Weiterhin wollten wir uns im Umgang mit bestimmten Geräten kundig machen, wozu wir beispielsweise für unsere Vorbereitungsgruppe ein Videowochenende mit einem Referenten der Landesbildstelle organisierten. Die Fragen nach Konzept, Zielen und Leitung wurden nicht ausdiskutiert, so daß

CREADIVA und All the girls are crazy

der Schwerpunkt unserer Vorbereitungsarbeit in der praktischen Organisation der Woche lag. Dies klappte hervorragend. (Wir hatten uns fast eine ganze Werkstatt, eine Video-Anlage und ein Auto mit Anhänger "zusammengeliehen".)

Auf unsere Einladung meldeten sich acht Frauen im Alter von 15-21 Jahren. Wir waren über die niedrige Zahl zunächst enttäuscht, sahen es im Nachhinein aber doch als Vorteil an, eine überschaubare Gruppe zu sein. Wir hatten ein Selbstverpflegungshaus gemietet, in dem wir als einzige Gruppe waren. Die Räumlichkeiten in diesem Haus waren nicht sehr gemütlich aber ausreichend groß. Das Wetter ermöglichte es uns, tagsüber hauptsächlich im Freien zu arbeiten, was für den allgemeinen Lärmpegel sicher von Vorteil war.

... und was dabei heraus kam.

Obwohl wir kein ausdifferenziertes Konzept (Ziel, Inhalt, Methode) erarbeitet hatten, waren einige grundsätzliche Punkte im Bezug auf den Ablauf der Woche Konsens, wenn auch unausgesprochen.

Selbstbestimmung: Wir wollten kein festes Tages- und Wochenprogramm anbieten, sondern möglichst viele Entscheidungen den Teilnehmerinnen überlassen. Einigen kam dies sehr entgegen, da sie mit ganz konkreten Vorhaben gekommen waren. Andere entschieden sich spontan zu bestimmten Aktivitäten, teils durch das Material, teils durch andere Teilnehmerinnen angeregt. Es wurde sehr schnell deutlich, daß jede für sich und ihren Tagesablauf selbst verantwortlich ist.

Ganzheitlichkeit: "Kopf und Bauch" bzw. "Kopf und Hand" sollten nicht getrennt, sondern gemeinsam tätig und gleichermaßen wichtig sein. So eigneten wir uns beispielsweise die Theorie, d.h. die Funktionsweise, eines Gerätes oder Werkzeugs an, indem wir damit arbeiteten. Es gab keinen "Einführungskurs in die Funktionsweise einer Bohrmaschine". Die Werkzeuge wurden dann benutzt und ausprobiert, wenn sie benötigt wurden, so daß z.B. mit der Stichsäge nur diejenigen gearbeitet haben, die für ihr Produkt etwas sägen mußten. Für unser allgemeines Wohlbefinden gestalteten wir den Aufenthaltsraum gemeinsam nach unserem Geschmack. Letzterer wurde auch mit einer bewußten, möglichst vollwertigen Ernährung angesprochen.

Neues ausprobieren: Durch die Bereitstellung der Materialien und Werkzeuge wollten wir die Gelegenheit geben, Sachen auszuprobieren, die für Mädchen und Frauen eher untypisch sind (z.B. Arbeiten mit Bohrmaschine, Stichsäge, Videokamera). Dabei wollten wir nicht das Ziel erreichen, daß am Ende des Workshops alle Teilnehmerinnen mit allen Geräten umgehen können. Obwohl es für mehrere Teilnehmerinnen neue Erfahrungen waren, wirkte der Umgang mit dem Werkzeug nicht außergewöhnlich, sondern sehr selbstverständlich.

Voneinander - miteinander lernen: Unsere Erinnerungen an den Umgang mit Werkzeug und Technik beinhalteten meistens die Erfahrung eines über die Schulter blickenden Vaters, Bruders oder Freundes mit dem Ausdruck "Das kannst du ja doch nicht". Dem wollten wir entgegenwirken und andere Lernerfahrungen ermöglichen. Die schon erwähnte Selbstverständlichkeit in der Arbeit mit Werkzeug und verschiedenen Materialien bezog sich auch auf das Erlernen selbst. Diejenige, die etwas lernen wollte, suchte sich jemanden, die es erklären konnte und probierte es selbst aus. Jede konnte ihre Fähigkeiten einbringen; so übernahm beispielsweise eine Teilnehmerin die Regie im Nähzimmer. Nicht nur das Leitungsteam gab sein Wissen zum Besten, es gab keine Trennung zwischen Lehrenden und Lernenden.

Raum für Spontaneität: Da wir keinen festen Tages- und Wochenablauf geplant hatten, war immer die Möglichkeit gegeben, allein oder zu mehreren spontane Ideen zu verwirklichen. So nutzten wir einen Nachmittag dazu, zu viert einen Kurzfilm zu drehen, nachdem morgens zwei Teilnehmerinnen eine Eisenbahnunterführung gesehen und dazu eine Filmidee entwickelt hatten. Große Tücher "provozierten" uns dazu, ein Auto einzupacken (in memoriam Christo). Für die Abende hatten wir mehrere Ideen, von denen wir zwei verwirklichten, da abends eher das Bedürfnis nach Ruhe, Lesen und Musik hören bestand. Dies fanden wir auch sehr angenehm, da sich die Abendgestaltung aus der jeweiligen Stimmung entwickelte und niemand sich unter Druck fühlte, etwas anbieten zu müssen.

Organisatorisches: Für Einkäufe, Mahlzeiten, Putzen und Spülen wollten wir täglich bzw. so oft wie nötig, in der Gruppe gemeinsame Entscheidungen und Vereinbarungen treffen und keine Vorgaben vom Leitungsteam her einbringen. Diese Absprachen wurden oft nicht oder nicht deutlich getroffen, so daß mehrmals Unklarheiten über die organisatorischen Sachen bestand. Diejenigen, die den Spülberg vom Mittagessen her leid waren, äußerten zwar manchmal ihre Unzufriedenheit, was aber nicht weiter thematisiert wurde (keine Gruppendynamik). Letztendlich lief doch alles einigermaßen problemlos, nur eben nicht perfekt organisiert.

Produkte: Falls die Leserin oder der Leser nun neugierig geworden ist, was denn nun entstanden ist: jede Menge Lampen mit Papprollen-, Holz- oder Ytong-Ständern, gebundene Bücher mit marmoriertem Einband, Hosen und Röcke, ein lackiertes Fahrrad und noch mehr. Erwähnenswert ist hier noch die Video-Dokumentation. Täglich begleitete uns die Kamera bei der Arbeit, der Hausdekoration oder beim Kochen und Essen. Geplant war hierbei, die Entwicklungen während des Workshops mit Bild und Ton festzuhalten, was uns auch gelungen ist (unterstrichen durch eine nachträgliche musikalische Vertonung). Die Video-Anlage war nicht nur Mittel zum Zweck, sondern gleichzeitig auch Lernfeld.

Zu guter Letzt

Insgesamt war das Konzept sehr offen gehalten, jede hatte die Möglichkeit, das zu tun, was sie wollte. Viele Arbeiten wurden auch alleine ausgeführt. Trotzdem entstand Atmosphäre. Sie war geprägt durch gegenseitige Hilfe, Anteilnahme (wenn etwas nicht funktionierte) aber auch durch Witze und Kommentare. Wir waren zwar nicht alle mit der gleichen Sache, aber doch gemeinsam beschäftigt.

Wenn der Eindruck entsteht, daß nicht jeder Schritt pädagogisch durchdacht war, so stimmt dieser Eindruck. Das Team war zusammengesetzt aus Frauen, die schon längere Zeit (Mädchen-) Bildungsarbeit leisteten und solchen, die den Workshop weniger als pädagogische Situation sahen, sondern als Raum, mit anderen Frauen praktisch zu arbeiten. Diese Konstellation bedingte, daß unterschiedliche Ansprüche im Hinblick auf Theorie und Konzept auftraten, was sich auf die Diskussion während der Vorbereitungszeit auswirkte. Wie schon erwähnt, sind manche Fragen diesbezüglich nicht endgültig geklärt worden, so daß Lücken, positiver gesagt: Spielräume im Konzept auftraten. Diese Spielräume wurden sowohl durch Teilnehmerinnen wie auch durch "Vorbereitungs-Frauen" positiv aufgegriffen. Von daher war die Möglichkeit, Verantwortung und Entscheidungen abzugeben, sowohl Teil unseres Konzeptes als auch durch Eigeninitiative und Engagement der Gruppe bedingt. Die Mitarbeit von jüngeren Frauen hatte von daher einen entscheidenden Einfluß auf die Woche, da sie lockerer und unbefangener an die Sache herangingen.

Kontaktadressen

KSJ Diözesanbüro
Frauen-AK
Rosenstraße 16
4400 Münster

Gisela Unland
KJS-Bundesamt
Gabelsbergerstr. 19
5000 Köln 1

Annette Lindemann, Marion Unterberg
Internationaler Mädchenchor im Mädchenzentrum Gladbeck

Projektantrag

Zielgruppe: Mädchen aller Nationalitäten ab sechs Jahren.

Zielvorstellungen: Mädchen haben bisher in den Angeboten der Jugendhilfe weitaus geringere Möglichkeiten als Jungen, sich und ihre Interessen zu verwirklichen. Die Dominanz der männlichen Jugendlichen in den Jugendzentren ist unübersehbar, die Einrichtung und die Angebote vieler Jugendtreffs sind auf die männlichen Jugendlichen ausgerichtet.

Die Mädchen gehen unter oder bleiben einfach weg. Den ausländischen Mädchen, insbesondere denen islamischen Glaubens, ist der Zugang zu diesen Jugendfreizeiteinrichtungen nicht möglich, sie würden unkontrolliert Kontakt zu Jungen bekommen und damit ihre Ehre verlieren.

Mädchen, insbesondere ausländische Mädchen, sind, obwohl eine große und mit vielfältigen Problemen belastete Gruppe, bisher im System der Jugendhilfe nicht oder kaum erfaßt. Wir wollen versuchen, diese Mädchen über das Projekt 'Internationaler Mädchenchor' für die Jugendarbeit zu gewinnen. Die Kontakte zu den Mädchen sollen über das bereits bestehende Mädchenzentrum in Gladbeck geknüpft werden.

Das Zentrum liegt in einem Stadtteil mit einem hohen Ausländeranteil (ca. 20%); in seinen Räumen sollen die Chorproben stattfinden. Durch seine räumliche Lage bietet das Mädchenzentrum die Möglichkeit, in hohem Maße ausländische, hauptsächlich türkische Mädchen, zu erreichen.

Inhalte: Die Arbeit in einem Chor ist eine, die von den (meisten) Eltern akzeptiert werden kann.
Auch öffentliche Auftritte in einem Chor sind möglich, ohne daß dies von den Eltern als öffentliches Zur-Schau-Stellen ihrer Töchter aufgefaßt und damit verboten würde.

So haben die beteiligten Mädchen die Möglichkeit, über die Erfahrung des Lernens (eines Lernens, das unmittelbar zweckorientiert ist und damit einen anderen Anreiz bietet, als das Lernen für die Schule) aber auch über das Erlebnis eines gemeinsamen Auftrittes, sich selbst als handelnde, aktive Persönlichkeiten zu erleben. Sie erfahren, daß aktiv verbrachte, sinnvoll gestaltete Freizeit mehr bringt und mehr bewegt, als allein vertrödelte, passiv verbrachte 'freie Zeit'.

Die Lieder, die im Chor gesungen werden, sollen ihre Herkunft in den Kulturen der beteiligten Mädchen haben (Volkslieder). Die Lieder sollen gemeinsam neu entdeckt werden, auf Bedeutung, Herkunft, Inhalt und Aussage über die Zeit, in der sie entstanden sind und über die Lebensbedingungen der Menschen, die sie 'gemacht' haben. Auf diesem Weg soll die eigene, aber auch die Kultur der anderen Teilnehmerinnen erfahrbar und verständlich gemacht werden - eine der Grundvoraussetzungen für ein verständnisvolles Miteinanderleben und -umgehen.

Methode: Der Kontakt zu den Mädchen soll über das Mädchenzentrum, das die Mädchen auch nach Beendigung des Projektes weiterbetreuen wird, aber auch durch andere Einrichtungen hergestellt werden. Dabei sollen selbstverständlich die Schulen, aber auch die 'Regionale Arbeitsstelle zur Förderung ausländischer Kinder und Jugendlicher' (RAA) Gladbeck, Kontakte zu in Frage kommenden Mädchen herstellen.

Eine Chorleiterin (ausgebildete Musikpädagogin) soll den Mädchen zunächst das 'Handwerkszeug' nahe bringen (Umgang mit Noten und einfachen Instrumenten, Schulung der Stimme).

Später werden dann gemeinsam die Lieder aus den verschiedenen Kulturen, die von der Gesamtgruppe als dafür geeignet angesehen wurden, eingeübt. Neben den mündlich überlieferten Liedern soll Textmaterial über die Stadtbücherei, über die Musikschule und über die RAA beschafft werden.

Parallel dazu sollen durch eine Sozialarbeiterin und deren türkische Kollegin - beide Mitarbeiterinnen des Mädchenzentrums - die Lieder besprochen, analysiert und auf ihre Aussage untersucht werden. Lieder sollen als Ausdrucksmittel, z.B. von Stimmungen (Liebeslieder, Frühlingslieder) aber auch von Kritik an gesellschaftlichen Verhältnissen (Armut, Unterdrückung) erfahren werden. Ähnlichkeiten, aber auch Unterschiede sollen herausgefunden und verstanden werden.

Hat die Chorgruppe ein zufriedenstellendes Niveau erreicht, soll mit der Hilfe anderer Institutionen wie RAA, Kulturamt, Ausländerbeirat, (Musik-) Schulen, die Möglichkeit aufzutreten geschaffen werden; eventuell besteht die Möglichkeit dazu auch in den umliegenden Städten. Außerdem sollen nicht nur kommunale Veranstaltungen angestrebt werden, sondern auch Begegnungen im überregionalen Bereich, evtl. ein Austausch mit ähnlichen Projekten oder gemeinsame Auftritte.

Um Arbeit und Vergnügen sinnvoll miteinander zu verbinden, planen wir für die Herbstferien eine Wochenendfreizeit. Durch dieses gemeinsame Erlebnis soll bei den Kindern die Identifikation mit der Gruppe erhöht werden, was sich sicher auch auf die Motivation positiv auswirken wird.

Internationaler Mädchenchor

Als zeitlichen Rahmen des Gesamtprojektes denken wir an das gesamte kommende Schuljahr 1987/88.

Finanzierungsplan:

Honorarkosten Chorleiterin (inkl.Fahrtkosten)	DM	3.000,--
Anschaffung Instrumente	DM	1.500,--
Pädagogische Begleitung (Freizeit)	DM	400,--
Zuschuß zur Unterbringung (Freizeit)	DM	200,--
Dokumentationsmaterial	DM	200,--
	DM	5.300,--

Erfahrungsbericht zum Projekt Internationaler Mädchenchor

Mädchen, insbesondere ausländische Mädchen, sind, obwohl eine mit großen und vielfältigen Problemen belastete Gruppe, bisher in der Jugendhilfe nur wenig erfaßt. Die normalen Jugendtreffs werden von männlichen Jugendlichen dominiert, sie sind laut und aggressiv und ziehen damit die Aufmerksamkeit auf sich. Mädchen kommen meist nur am Rande oder als Freundin von... vor. Den ausländischen Mädchen, besonders denen moslemischen Glaubens, ist der Zugang zu diesen Einrichtungen meist völlig verwehrt, da sie hier relativ unkontrollierten Kontakt zu Männern haben.

Gerade diesen Mädchen den Zugang zu einer sozialpädagogischen Einrichtung möglich zu machen, ist eines der Ziele des Chorprojektes. Das Mädchenzentrum bietet dafür optimale Voraussetzungen; es liegt mitten in dem Stadtteil, in dem 50% der in Gladbeck lebenden Ausländer wohnen und es bietet die Gewähr, daß die Mädchen hier unter sich sind. So soll der Chor der Erschließung neuer bzw. der festeren Anbindung der jetzigen Besucherinnen dienen. Ein weiterer Schwerpunkt ist das Heranführen der Mädchen an Kulturarbeit als einen Bereich, der ihnen aus vielerlei Gründen in der Regel verschlossen bleibt. Weder vom

Internationaler Mädchenchor

Erziehungskonzept noch von den finanziellen Möglichkeiten ist den Mädchen das Erlernen eines Instrumentes möglich.

Dadurch, daß Mädchen verschiedener Nationalitäten am Chor teilnehmen sollen, ist das Einbringen und Kennenlernen der Lieder verschiedener Völker, verbunden mit Erklärungen von Inhalt und Hintergrund des Liedes möglich und auch angestrebt.

Unter der Anleitung einer Musikpädagogin (Honorarkraft) sollen die Kinder, im Alter von 6-13 Jahren, musikalische Grundlagen erlernen. Dazu gehören Rhythmusschulung, Gehörbildung, musikalische Notation und natürlich das Schulen der Stimme. Die stets anwesende Sozialarbeiterin, Mitarbeiterin des Mädchenzentrums, unterstützt einerseits die Chorleiterin beim Ablauf der Probe, wird durch diese Teilnahme jedoch auch für die Kinder Ansprechpartnerin, die eigentlich nur wegen des Chores gekommen sind, baut durch das gemeinsame Üben eine Beziehung zu den Kindern auf.

Die wöchentlich stattfindenden Chorproben folgen alle dem gleichen Muster, so daß die Kinder von Anfang an ein sicheres und vertrautes Gefühl zur Probe entwickeln können. Den Anfang bildet das gemeinsame Einsingen; zum einen wegen des Einstimmens auf das Singen, zum anderen sind damit Übungen verbunden, die das richtige Atmen - unerläßlich für das Chorsingen - trainieren und die fürs Singen wichtige Muskulatur lockern. Bei hoher Erwartung und Motivation der Kinder werden danach zu Beginn neue Lieder erlernt. Hierbei ist darauf zu achten, daß deutsche und türkische Lieder abwechselnd drankommen, ebenso müssen die unterschiedlichen Fähigkeiten der Großen und der Kleinen berücksichtigt werden - nicht immer einfach. Danach kommt der theoretische Teil. Hier lernen die Kinder z.B., Rhythmen und Tempoveränderungen zu erkennen, Töne und Melodien exakt nachzusingen, hohe und tiefe Töne zu erkennen, lernen vielleicht schon die theoretischen Grundlagen für das nächste neue Lied. Danach, zum Ende der Probe hin, werden bereits bekannte Lieder wiederholt und eingeübt, eventuell mal ein Kanon gesungen.

Allen drei Teilen der Probe ist gemeinsam, daß viel mit Bewegung gearbeitet wird, Tonhöhen werden mit der Hand angezeigt, Singspiele eingeflochten, es wird ein Rhythmus geklatscht oder getrampelt.

Die ersten Proben hatten noch kein so klar gegliedertes Schema, sie dienten vorrangig der Ermittlung des Kenntnisstandes der Kinder, die musikalische Vorbildung war doch sehr verschieden. Während die Kleinsten noch fragten, was denn eine Note sei, wußten manche der Größeren schon, daß auf Vorzeichen geachtet werden muß. Außerdem war zu Beginn die Fluktuation sehr groß. Über Mundpropaganda unter den Kindern, über Aushänge und gezielte Ansprache kamen zu Beginn ständig neue Kinder hinzu, so daß wir wochenlang kaum weiterkamen.

Innerhalb weniger Wochen haben so ca. 30 Mädchen an den Chorproben teilgenommen, 15 davon sind fest dabeigeblieben. Leider ist der Anteil deutscher Mädchen dabei sehr gering. Während es uns zu Beginn gelungen war, viele deutsche Mädchen zu gewinnen, blieben mit der Zeit gerade von ihnen viele weg. Als Grund hierfür sind unter anderem Hemmungen der deutschen Mädchen, fremdsprachige Lieder zu singen, zu nennen. Der andere Grund ist der, daß die deutschen Mädchen alle alleine kamen und sich in der Gruppe der türkischen Mädchen, die sich fast alle untereinander kannten, unwohl fühlten.

Die Altersspanne liegt jetzt zwischen 7 und 13 Jahren, woraus sich ein recht unterschiedlicher Leistungsstand ergibt. Um diesem Rechnung zu tragen, wird nach der gemeinsamen Chorprobe in etwa altersgleichen Kleingruppen weitergearbeitet. Hier wird das gemeinsam Gelernte noch einmal altersentsprechend aufgearbeitet bzw. vertieft. Zur Unterstützung der Lernmotivation, lernen die Kinder in der Kleingruppe Flöte zu spielen. Hierbei gehen sie mit mehr Spaß und Interesse auch an die Theorie, haben auch schneller Erfolgserleb-

Internationaler Mädchenchor

nisse als beim Singen, da hier Erfolge und Neugelerntes sofort deutlich hörbar sind. Gleichzeitig werden die Mädchen hier für die Melodien sensibilisiert. Zu Beginn schafften einige es, ein ganzes Lied auf zwei bis drei Tönen zu singen. Erst durch die Erfahrung des Flötenspiels wurde ihnen klar, daß sie stärker differenzieren müssen.

Die Mädchen sind alle mit großer Motivation und viel Energie dabei, sind sehr lernbegierig, viele üben zu Hause und überraschen uns mit Selbstgelerntem, kommen zwischendurch mal vorbei, um zu erzählen, was sie Neues gelernt haben. Dieser Eifer, über den wir natürlich sehr froh sind, bringt aber auch Probleme mit sich. Es fällt den Mädchen oftmals sehr schwer, sich in die Gruppe zu integrieren, zu warten, bis die Reihe an ihnen ist, Rücksicht darauf zu nehmen, daß gerade die Kleinen bzw. die Großen dran sind. Hier tut sich ein weites Lernfeld auf und hierfür ist die Anwesenheit der Sozialarbeiterin sehr sinnvoll.

Die Mädchen können hier lernen, daß wegen eines gemeinsamen Gruppenziels die eigenen Interessen manchmal zurückgestellt werden müssen und es wäre schade, wenn sie dies als bloßes Verbot empfänden, da es nicht aufgearbeitet wird. Die Chorleiterin alleine wäre mit dieser Aufgabe - sozialpädagogische Betreuung nebenher - überfordert, die Vermittlung des Stoffes würde darunter leiden und zu kurz kommen.

Bisher nicht erreicht haben wir das Ziel, mit den Mädchen über die Texte der erlernten Lieder zu reflektieren; aus zweierlei Gründen: Zum einen ist seitens der Kinder das Interesse nur sehr gering, im Moment steht das Flöte- und Singenlernen völlig im Vordergrund, zum anderen gibt es bisher aber auch noch kein dafür geeignetes Repertoire, zur Zeit sind es eher einfache, aber leicht erlernbare Kinderlieder, die gesungen werden. Wir hoffen, daß sich dies aber im Laufe der nächsten Monate ändern wird, da wir bald die Lieder auch nach den Texten werden auswählen können. Doch auch ohne dies können wir mit dem bisher Erreichten recht zufrieden sein.

Wir haben Mädchen, zum großen Teil recht armen, bzw. kinderreichen Familien, Zugang zu einem Medium verschafft, mit dem sie sonst kaum in Kontakt gekommen wären. Sie haben angefangen, ihre Freizeit selbst und aktiv zu gestalten, haben eigene Fähigkeiten und Kreativität entdeckt, machen erstmalig die Erfahrung selbstbestimmten Lernens und erfahren, daß Kultur auch für sie da ist. Interesse von außen (Presse, Kulturamt, Anfragen wegen Auftritten bei Festen) stärken Selbstbewußtsein, Gruppengefühl und die Motivation, weiterzumachen.

In diesem Jahr sind zwei Arbeitswochenenden mit der gesamten Chorgruppe geplant. Wir werden dies nutzen, um die Gruppe als solche stärken zu können. Nur wenn die Leistungsbereitschaft über einen langen Zeitraum erhalten bleibt, hat der Chor einen Sinn, und um dies zu erreichen, ist das Wohlfühlen der Gruppe eine wichtige Voraussetzung.

Um dies Ziel zu erreichen, um den Mädchen die Erlaubnis zu verschaffen, über Nacht wegzubleiben, werden wir jetzt auch die Elternarbeit intensivieren. Wir werden Hausbesuche machen und die Eltern bei Kaffee und Kuchen zu einer Chorprobe einladen. Für die Kinder ist dies ein weiteres Indiz dafür, daß sie und ihre Interessen wichtig- und ernstgenommen werden; uns wird es in Zukunft den Kontakt zu einigen Familien sicher zu intensivieren helfen. Hier sehen wir Perspektiven und Anknüpfungspunkte für unsere Arbeit.

Durch die vielfältigen mit dem Chor verbundenen Erfahrungen und Erfolge werden die Mädchen eine Stärkung ihres Selbstbewußtseins erleben, von der wir annehmen, daß sie sich langfristig auswirken wird, daß sie auch in anderen Lebensbereichen ähnlich selbstsicher agieren werden. Weiter hoffen wir, in diesen Mädchen eine Gruppe zu haben, die auch in Zukunft kulturell aufgeschlossen bleibt, mit der wir nach Abschluß des Projekts andere Bereiche entdecken können. Unser Chorprojekt läuft erst seit Ende September 1987, aber trotz des relativ kurzen Zeitraumes können wir einige Feststellungen treffen. Zum einen haben

Internationaler Mädchenchor

die Kinder in der kurzen Zeit sehr viel mehr gelernt, als wir es uns ursprünglich vorstellen konnten, da sie ungeahnten Eifer entwickelten. Zum anderen war gerade das Interesse der ausländischen Mädchen größer als das der deutschen - auch damit hatten wir nicht gerechnet. Für uns wichtig war außerdem noch die Erfahrung, wie fruchtbar die Zusammenarbeit von Sozialarbeiterin und Fachkraft von außen sein kann, wie sich die verschiedenen Qualifikationen gegenseitig ergänzen können.

Kontaktadresse:

Annette Lindemann
Marion Unterberg
c/o Mädchentreff Gladbeck
Steinstraße 124
4390 Gladbeck

Erntete viel Applaus: Der Chor des Mädchenzentrums Brauck. Wer Lust hatte, konnte sich beim Ruhrgebietstreff auch auf einem Button verewigen (im Bild aufgeklebt ein Beispiel).
RN-Fotos (2): Braczko

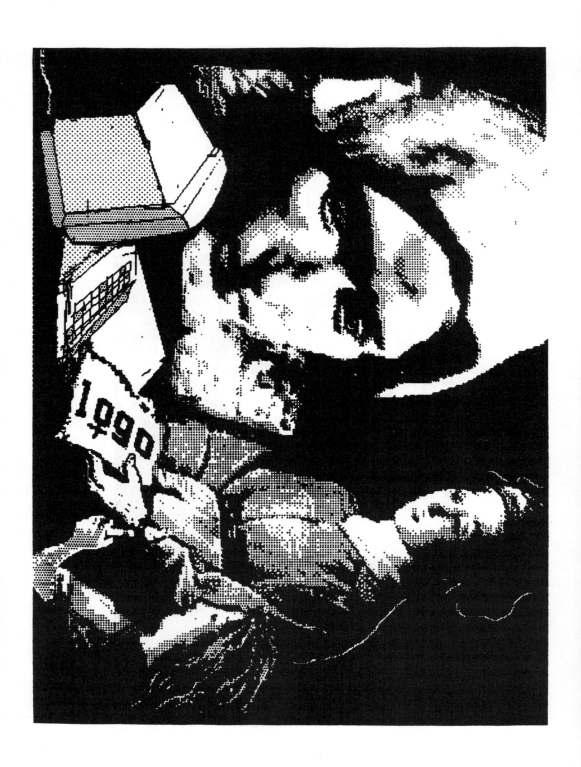

Cristina Perincioli, Dr. Cillie Rentmeister
Computer im "Reich der Sinne":
Das Modellprojekt "Auge & Ohr"

Zum "Reich der Notwendigkeit" gehören die meisten "Computer-Bildungs"-Angebote für Mädchen und Frauen, ob es sich nun um schulische oder außerschulische Veranstaltungen handelt. Gelehrt werden naturwissenschaftliche, mathematische, arbeitsweltbezogene Anwendungen.

Das Modellprojekt "Auge & Ohr" ist ein Angebot vor allem für Mädchen und Frauen, die Reise in die Kreativität mit Computern anzutreten: Erkundungen im elektronischen "Reich der Sinne".

"Auge & Ohr" bedeutet die Verknüpfung von visuellen und Audio-Medien: also von Video (mit computergestützter Schnittanlage), Computergrafik und -anmiation, und einem Ensemble von Musik-Computern, vor allem Sound-Sampler (Naturklangspeicher) und Rhythmuscomputer. In allen Bereichen wird in Kleingruppen abgestimmt gearbeitet - beispielsweise mit dem Ziel, die einzelnen optischen und akustischen Teilarbeiten zu einem Musik-Clip zusammenzufügen.

So erforschen wir, zwei Dozentinnen, zusammen mit den TeilnehmerInnen unserer Seminare auf einwöchigen "Ausflügen ins Digitalium" die kreativen Potentiale dieser neuen Werkzeuge. Welche Möglichkeiten der Wahrnehmung und Gestaltung eröffnen sie? Was können wir mit ihnen machen, was machen sie mit uns?

Beispielsweise ist Mädchen oder Frauen, die sich nicht schon mit elektronischer Klangerzeugung beschäftigt haben, meist nicht bewußt, in welchem Maß die aktuelle "U"-Musik computergeneriert ist: ob das nun die Komposition, die Aufnahme oder die Wiedergabe betrifft, oder die Rhythmen, die Instrumente, die Sounds; oder gar das eigentlich doch lebendigste und individuellste Instrument, die Stimme - wenn Prince sich nicht nur eine überwiegend weibliche Band, sondern auch gleich eine Frauenstimme zulegt; und Laurie Anderson mit vocoder-erotisch eingefärbtem Tenor raunt: "Yes mom' I'm coming!"

Suggestopädie: die Reise ins Digitalium

Eine Seminarwoche ist sehr kurz, und wir arbeiten ja öfter mit TeilnehmerInnen ohne Vorkenntnisse. Deshalb bemühen wir uns, ihnen "den Weg des leichten Lernens" zu ebnen. Wir haben uns inspirieren lassen von einigen Ideen Lozanovs, des Begründers der "Suggestopädie", und als einführende didaktische Einheit eine Art geistiger Reise durchs Computersystem der Abteilung "Ohr" verfaßt: "Die göttliche Hannelore, Herrin der Informationen, und die Byte-Sisters. Eine Reise durch Digitalium".

Das Computersystem wird darin als Miniatur-Staatswesen beschrieben, und die Vorgänge bei der elektronischen Klangerzeugung und -bearbeitung werden im Zuge einiger aufregender und auch amüsanter Ereignisse von den darin handelnden Personen erlebt. Nach kurzen Entspannungsübungen wird diese Geschichte suggestiv vorgetragen. Wenn die ZuhörerInnen anschließend die Augen wieder aufmachen, haben sie etwa 50 Fachausdrücke über die wichtigsten technischen Vorgänge nicht nur schon mal gehört, sondern sie wegen dieser speziellen Darstellungsweise auch besser in ihrem Gedächtnis gespeichert. Folgt dann gleich im Seminar die Verknüpfung mit der Praxis, so werden diese Informationen noch erinnert und alsbald "richtig" gelernt.

Ostern 87:
Eine Insel taucht aus dem Thunersee auf und bringt die ältesten weiblichen Monumentalskulpturen der Schweiz ans Licht...

Die "Abteilung Ohr"

Computer im "Reich der Sinne"

Eine zentrale Rolle bei der Klangerstellung und -verfremdung spielen die "Sampler", und mit solchem Gerät arbeiten wir. Jedes analogakustische oder elektronische Tonsignal kann in diesen Computer eingelesen, "gesamplet" werden. (Bei unserem Sampler bis zu 32 Sekunden Signaldauer.)

Es steht dann, digitalisiert, zur freien Bearbeitung zur Verfügung. Über einen weiteren Computer und zusätzliche Software lassen sich die Hüllkurven der Klänge auch auf dem Monitor abbilden, und beispielsweise mit der Fouriertransformation dreidimensional darstellen, als "Berge" und "Täler". Wir können dann die Berge versetzen und damit die Klänge umbauen, mit Eingaben über Computertastatur oder Maus. Diese manipulierten Kurven lassen sich schließlich, zurückverwandelt in analoge Signale, über eine Klaviatur wieder abspielen.

An (Re-)Produktionsmitteln stehen noch weitere Geräte zur Verfügung: Synthesizer und Drum-Computer, Sequenzer als Kompositionshilfe; Effektgeräte, um den synthetisierten Klängen den Raum zurückzugeben; schließlich Mischeinheit und Mehrspurrecorder.

Was für Produktionen können entstehen, und wie und was kann gelernt werden?

Die Sampler sind vielseitige Instrumente, Spiel-Zeuge und Lehrmittel in einem. Sie eröffnen neue Klangwelten, ebenso wie sie akustische, physikalische und elektronische Phänomene veranschaulichen. Sampler können dienen als

- "normales" Tasteninstrument, sozusagen ein Synthesizer mit extrem vielen Sound-Möglichkeiten, zugleich aber auch den typischen Synthesizer-Funktionen bei Signalerzeugung, -bearbeitung und Steuerelementen.
- Computer-Modell durch den Systemaufbau mit Rechner, Speicher, Dateneingabe und -ausgabe; sie arbeiten mit dem binären System, zeigen eine Befehlsstruktur, besitzen Dialogfähigkeit, Programmierbarkeit und Synchron-Vernetzungsmöglichkeiten via MIDI: Musical Instrument Digital Interface. Mit anderen Computern gemeinsam haben sie übrigens die Fehleranfälligkeit, was zur Entmystifizierung beiträgt.
- Lehr- und Darstellungsmittel für die "Welt der Wellen": Elektronik, Physik, Akustik, Frequenzlehre.

Als didaktisch ideal erweist sich, daß sich in der Arbeit mit diesen Geräten so verschiedene Lernbereiche miteinander verbinden lassen - wenn nämlich Prozesse der Klanganalyse und -synthese und Computerfunktionen sich gegenseitig und gleichzeitig anschaulich und anhörbar machen.

Denn es ist natürlich faszinierend, wenn bei der Betätigung der Funktionstasten und Regler, wenn bei jeder kleinsten Änderung der Parameter immer sofort zu hören und zu sehen ist, was frau/man getan hat.

In der "Abteilung Ohr" entstehen zum Beispiel Soundtracks zu den Videoanimationen, die parallel in der "Abteilung Auge" erstellt werden. Oder auch eigenständige Kurzproduktionen, zum Beispiel ein "Rap": aus New York kommt diese Mischung aus dominantem Rhythmus, Sprechgesang, und mehr oder weniger "musikalischen" Akzenten aus Geräuschen, Klängen, Lauten.
Die Rhythmusspur wird gesamplet, ein Text "aus dem Leben gegriffen", passende Geräusche zur Musik verwandelt, ein Lachen, ein Seufzer, ein Telefonklingeln.

Für TeilnehmerInnen ohne musikalische Vorkenntnisse hat sich die Komposition eines Rap als gute Übung bewährt. Neben der Bewältigung der technischen Aufgaben stellt für die meisten das timinggerechte Einspielen der Sounds (zum Beispiel aus dem Telefonklingeln ein Melodiestückchen zu spielen) und das rhythmische Einsprechen des Textes schon eine hohe Anforderung dar; die meisten halten das für viel leichter als es ist ... proportional wächst die Achtung vor dieser Musikrichtung.

Die "Abteilung Auge"

Computer im "Reich der Sinne"

Eine selbstgestellte Anforderung unseres Konzeptes besteht darin, im Bereich leistungsfähiger Low Cost-Systeme zu bleiben, nach folgenden Kriterien:
- hohe Speicherkapazität bei einem auch für andere Bildungsstätten und NutzerInnen erschwinglichen Preis
- preiswerte und nutzerInnenfreundliche Software für Musik, Grafik und Animation, (GEM)
- der Gerätetyp sollte auch als "Home"-Computer verbreitet sein, damit TeilnehmerInnen Gelerntes weiterhin anwenden können.

Im Frühjahr 1986, als wir mit dem Projekt begannen und in den folgenden Monaten hatte die Entscheidung für einen Computer etwas von einer Wette im Pferderennen. Privat arbeiteten wir damals noch mit einem Commodore 128, für den es bereits ausgezeichnete Musiksoftware gab. IBM und Apple Mcintosh schieden aus Preisgründen aus. Für das Projekt entschieden wir uns dann für den Mega-Atari, der damals gerade das Preissenkungsrennen anführte. (Inzwischen hat auch Commodore's Amiga viel zu bieten.) Eigentlich leiten die "Zukunfts"-Technologien wohl ihren Namen von dem Umstand her, daß man Monat für Monat auf ein Erscheinen der benötigten Software vertröstet wird. Für die Mega-Ataris erschien jedoch in erträglichen Abständen die angekündigte Software, und sie ermöglicht befriedigendes Arbeiten mit ansehnlichen und anhörbaren Resultaten.

Im Grafikbereich verwenden wir die Programme STAD (St Aided Design) für hochauflösende Schwarzweiß-Grafik und Animation in 2D sowie 3D; und das Farb-Animations-Programm "Aegis Animator". Außerdem arbeiten wir mit einem Digitizer. Er kann Fotos oder bewegte Szenen von Video in den Computer lesen ("digitalisieren" - das entspricht dem "Samplen" in der Abteilung Ohr).

Die digitalisierten Bilder können mit den Grafik- bzw. Animationsprogrammen bearbeitet und dann als Bestandteil eines Videoclips wieder auf Video zurückübertragen werden. Natürlich können die Grafiken auch ausgedruckt und von den TeilnehmerInnen mit nach Hause genommen werden.

Seminarpraxis

Unsere Seminare sind grundsätzlich produktorientiert; dabei herauskommen können mal Comic-Strips, Trickfilme, Film-Musiken, Tanzmusik oder eben ein Videofilm, vertont von der Musik-AG, von der Grafik-AG mit Trickfilmteilen versehen...

Damit nach nur viereinhalb Tagen Lernen und Arbeiten ein so komplexes Gebilde tatsächlich fertig dasteht und nicht nur eine Aneinanderreihung von Spielereien und Effekten wird, sondern Sinn macht, gar eine Geschichte erzählt, bedarf es einer minuziösen Vorbereitung unsererseits, die mehrere Wochen in Anspruch nimmt.

Diese Arbeit besteht darin, Vorgaben zu entwickeln, die einerseits Teilnehmerinnen inspirieren, und die andererseits die Möglichkeiten, speziellen Fähigkeiten und Grenzen der jeweiligen Hard- und Software berücksichtigen.

Das erfordert viel Erfahrung mit der verwendeten Hard- und Software sowie die Fähigkeit zum filmischen, musikalischen und grafischen Denken. Wer bisher nicht genügend zündende Ideen hatte, um mit einer Mädchengruppe einen Videofilm zu drehen oder Musik zu spielen, dem/der wird der Computer diese Probleme nicht abnehmen, sondern sie zusätzlich mit seinen technischen Schwierigkeiten belasten!

Die TeilnehmerInnen entscheiden sich zwar zu Seminarbeginn für einen Schwerpunkt (Computergrafik, -musik oder Videoproduktion). Aber die Kleingruppen "rotieren" auch durch die Tätigkeitsfelder und -räume der anderen: sie arbeiten einen Tag mal mit der anderen Technologie; jeden Abend wandern die Gruppen durch die Produktionsräume und betrachten gegenseitig, mal kritisch, mal bewundernd, die Tagesproduktionen der anderen. Sie müssen ohnehin engen Kontakt halten im Rahmen der entstehenden gemeinsamen Produktion, wenn die "Tonfrauen" den Soundtrack für die Animationsgruppe erstellen. Schließlich, meist am letzten Seminartag, erklären sich die Arbeitsgruppen nochmal gegenseitig die von ihnen verwandten Technologien.

Dieses gegenseitige Zeigen empfinden wir als sehr sinnvoll. Die Lernenden sind als Lehrende gefordert (dabei stellen sich manchmal erstaunliche Befähigungen heraus), und gefordert ist auch ein gewisses Maß an Geduld und Solidarität.

Kulturelles Lernen im Digitalium

Durch den aktiven Umgang wollen wir TeilnehmerInnen in die Lage versetzen, Machart und Botschaften, Wesen und Wirkungen der synthetisch erzeugten Bilder und Klangwelten, die uns täglich zunehmend (und kommerziell) ins Haus gesendet werden, besser zu verstehen und zu entmystifizieren.

Daß dieses Ziel durchaus "lustvoll" erreicht wird, spüren wir in den Seminaren und entnehmen es den Fragebögen. Es gibt übrigens gerade in den Mädchen- und Frauenseminaren weniger zu entmystifizieren und weniger angebliche typisch-weibliche Hemmschwellen zu überwinden, als behauptet wird.

Es scheint fast, als seien diese unterstellten Ängste und Aversionen selber ein absichtsvoller Mythos - jedenfalls was die Erfahrungen in unserem, dem kreativ-spielerischen Bereich angeht. Es scheint uns, als gingen Mädchen und Frauen oft auf angenehm sachliche, nicht überidentifizierte und (manchmal zu) lockere Weise an die Medien heran.

Viele Teilnehmerinnen äußern, daß diese Technologien sie faszinieren, und daß sie gerne weiter damit zu tun hätten (wenn sie das Geld dafür auftrieben!). Manche verabschieden sich aus dem Seminar mit der Bemerkung,

Computer im "Reich der Sinne"

sie wollten jetzt "richtig" handwerklich ein Instrument lernen, oder "richtig" zeichnen lernen.

Ergebnisse aus den Fragebögen:

Frage 5: Hat sich Deine Einstellung zu der hier verwendeten Technologie verändert? Siehst Du sie ablehnender oder zustimmender und in Bezug auf welche Eigenschaften?

"Ich wußte nicht, daß man (frau) mit Computern so viel Spaß haben kann."

"Ich stehe ihnen nun schon positiver gegenüber. Habe erkannt, daß sie für andere Menschen durchaus positiv sein können. Kann das nun akzeptieren. Ich lehne aber Computer, jetzt speziell zum Zeichnen, immer noch ab, weil ich keine Gefühle zum Bild entwickeln kann."

"Ja, ich finde Computer und auch das Drumherum richtig schön. Das Digitalisieren gefiel mir besonders gut ... Ich könnte aber nicht 5 Tage nur vorm Fernseher sitzen."

"Ja. Ich habe nicht gewußt, daß man sie auch künstlerisch nutzen kann. Nur der direkte Kontakt mit dem, was man herstellt fehlt ... Aber ich habe gemerkt, daß ich selbst auch mit Computern (Technik) umgehen kann, daß Mädchen mit Computern umgehen können, obwohl viele sagen, Mädchen können es nicht."

"Diese technisierte Art der 'Bildproduktion' zieht mich an, ich empfinde sie jedoch als Erlebnishemmend, fremd und individualitätsfeindlich. ... Die Möglichkeiten erzielen jedoch Effekte, die das Auge schnell ermüden, bzw. langweilig werden. ..."

"Das 'Resultat' verschafft mir nicht unbedingt die Befriedigung, die ich von einer künstlerischen Äußerung erwarten kann (von einer gestalterischen Aufgabe) ..."

"Es hat mir Mühe gemacht, mich für das Funktionieren der Medien zu interessieren, denn die optimalen Ergebnisse, die diese bringen, gefallen mir auch nicht so gut."

Die Teilnehmerinnen der "Abteilung Auge" sehen neben der Faszination und der Freude darüber, daß Mädchen und Frauen sehr wohl mit dieser Technik umgehen können, die neue Computertechnologie differenziert und kritisch. Aber auch sie können sich gut vorstellen, damit privat weiter rumzuspielen oder beruflich damit zu tun zu haben.

Die Teilnehmerinnen der "Abteilung Ohr" stimmen dem Gebrauch dieser Medien ungeteilter zu. Die Verbindung von Computermusik und Video erfahren sie als aufregend und anregend. Diejenigen unter ihnen, die sich als Musikerinnen verstehen, meinen, ohne diese Technologie nicht auskommen zu können, wenngleich auch konstatiert wird, daß durch die eigene Arbeit mit dieser Technologie, die *"Perfektion dieser Musik, die täglich auf mich einstürmt, ... für mich sehr viel an Faszination eingebüßt hat."*

Möglichkeiten kulturkritischen Lernens

Wir bieten Stoff zum Nachdenken und Diskutieren an
- über das Thema Lärm zum Beispiel, das zugleich eine spannende Kulturgeschichte des Krieges, des Geschlechterkrieges und des Klassenkampfes aufrollen läßt. Lärm, das heißt "all'arme", "zu den Waffen". Keine Teilnehmerin, die dazu nichts zu sagen hätte.
- Oder wir vergegenwärtigen uns die kulturellen und wirtschaftlichen Hintergründe neuer Medien am Paradebeispiel der Compact Disc. Und natürlich betrachten und diskutieren wir Kunstvideos, Musikclips und Commercials.

Computer im "Reich der Sinne"

- In unserer Welt der warenhausmäßigen Überfülle an Bildern und Klängen und der "totalen Bearbeitungsmöglichkeiten" besteht eine existentielle Herausforderung an Kreativität darin, das Wesentliche zu erkennen (falls das noch möglich ist); beziehungsweise darin, Kriterien für eine Auswahl zu finden, und ästhetische und soziale Aspekte zu berücksichtigen. Das gilt für die Konsumentin und erst recht für die Produzentin.

So geraten wir in ein sehr grundsätzliches Nachdenken über unser Zeitalter: das Digitalium, das Zeitalter der totalen Reproduzierbarkeit. Die Analog-Digital-Wandlung erscheint uns dann als das zeitgemäße Mysterium, als Metapher für die zeitgemäße (un)heilige Wandlung - Licht wird zu Ton, Ton zum Bild, Bild zu Strom. Und wir? Schauen in den Spiegel, in unser digitalisiertes Porträt, das uns auf dem Monitor entgegenleuchtet, löschen an der Nasenspitze noch ein paar Pickel, verknüpfen unseren Kopf logisch mit dem digitalisierten Leib einer Sphinx und speichern das Bild ab. Damit wir uns nicht verlorengehen, wenn der Strom ausfällt.

Kontaktadresse:

"Auge & Ohr", Wannseeheim,
Hohenzollernstraße 14,
1000 Berlin 30,
Telefon: 030-8053087 (Wannseeheim)
oder 030-249409 (Perincioli/Rentmeister)

"Auge & Ohr"
Computer und Kreativität

"Auge & Ohr" ist ein Modellprojekt, gefördert von der "Stiftung Deutsche Jugendmarke e.V.", in dem wir Nutzen und Sinn von Computern im gestalterischen Bereich der Jugendbildung und der Fortbildung erforschen. Unsere Seminarangebote gelten vor allem Mädchen und Frauen, die in der kulturellen Jugendbildung und in den Kulturberufen arbeiten. Sie finden im "Wannseeheim für Jugendarbeit e.V." in Berlin statt, der Trägerinstitution des Projekts.

Wir erproben dort über einen Zeitraum von vier Jahren, was unser synästhetisches Konzept im Rahmen der außerschulischen, kulturellen Bildungsarbeit leisten kann (einwöchige Intensivseminare, "Kurzzeitpädagogik"...); und welche Elemente daraus auch für eine zeitgemäße schulische Bildung anregend wirken könnten. Unsere künstlerischen und technischen Erfahrungen fassen wir in einem "Handbuch für ComputerartistInnen" zusammen, das im Frühjahr 1990 bei DuMont erscheinen wird.

Zum "Wannseeheim": an dieser unabhängigen Bildungsstätte bestehen langjährige Erfahrungen in der Entwicklung, Durchführung und Publizierung von Seminarmodellen zur außerschulischen Jugend- und speziell auch Mädchen- und Frauenbildung, sowie von Fortbildungen und Fachtagungen, national und international.

In dem Komplex aus Villa und Neubau auf einem Seegrundstück mit 13.000 Quadratmeter Park stehen dem Modellprojekt eigene Räume zur Verfügung. Die Seminare dauern in der Regel 5 Tage, aber auch kürzer oder länger, je nach Kurscharakter und -ziel. Unterbringung und Verpflegung im Wannseeheim. Die Teilnehmerinnenzahl sollte 12 Personen nicht übersteigen.

Projektzeitraum: von 1986 - 1990
Dozentinnen: Cristina Perincioli (Regisseurin, Autorin), Dr. Cillie Rentmeister (Kulturwissenschaftlerin, Musikerin)

Siglinde Kallnbach
Judicium ignis - 500 Jahre Hexenhammer

*Rot-Schwarze Frauenprozession
durch die Kasseler Innenstadt am 22.8.1987*

Höhepunkt von Frauenfeindlichkeit und Frauenverfolgung waren die Hexenverbrennungen: **Hunderttausende Frauen** brachte man damals um. 1987 war es genau 500 Jahre her, daß im Jahre 1487 der "Hexenhammer" veröffentlicht wurde - das Buch, das diese Verbrechen legitimierte. Viele Möglichkeiten existierten, den Frauen ihre Schuld zu beweisen. Eine war die "Feuerprobe", das "JUDICIUM IGNIS". Eine Frau mußte z.B. glühende Eisen in der bloßen Hand tragen, aus einer siedenden Flüssigkeit Gegenstände herausholen, über brennende Unterlagen laufen. Verletzte sie sich dabei nicht, sollte sie als unschuldig gelten. War das Ergebnis jedoch zweifelhaft, konnte es immer noch entsprechend ausgelegt werden, so daß für die Frau eigentlich keine reale Chance bestand, dem (Schuld-)Urteil zu entkommen. In der modernen Hexenverfolgung enden unbequeme Frauen nicht mehr auf dem Scheiterhaufen. Methoden ihrer "Verifizierung" und Verfolgung werden nach wie vor angewandt - wenn auch viel subtiler.
(Flugblattext v. S. Kallnbach)

"Wie sich's so schön von außen ansah..."

- ein Fernsehbericht der Journalistin Bettina von Cube am 22.8.1987 im Hessischen Fernsehen, Hessenschau. Beeindruckende Filmbilder zeigen die Lebendigkeit, die Kraft und Stärke der rot-schwarzen Frauenprozession. Der Filmbeitrag ist mit folgendem Text unterlegt:

"...es ist nichts anderes als eine Anleitung zum Foltern und zum Geständnisse erpressen von Frauen, die man zuvor unter den Verdacht gesetzt hatte, sie seien Hexen. Der 'Hexenhammer' hat an abertausenden Frauen Unheil angerichtet. Abertausende von Frauen haben unter ihm gelitten. Die sich verbreitende Buchdruckerkunst hat natürlich das Übrige damals getan. Heute nun haben dreihundert Frauen in Kassel im Rahmenprogramm der documenta an dieses schreckliche Jubiläum erinnert. Sie taten es im Rahmen einer künstlerischen aber auch politischen Aktion. Die 'Frauen-Prozession' führte über mehrere Stationen durch die Kasseler Innenstadt:

● Heute Mittag in Kassel am Fulda-Ufer. Frauen in schwarz-roter Kleidung, in Farben des Feuers und der Trauer, formieren sich zu einem Zug. Es ist eine unheimliche Gedenkveranstaltung, die hier so ernst - begleitet vom Trommeln einer Bonner Frauengruppe - begangen wird. Als vor 500 Jahren der 'Hexenhammer' erschien, wurde er schnell zum Handbuch und zur griffigen Grundlage für die Verfolgung von Schadenszauberinnen, den Hexen. Zweihundert Jahre lang beriefen sich kirchliche und staatliche Gerichte auf dieses Buch, wenn sie Frauen folterten und verbrannten, die angeblich Männern die Potenz weggehext hatten oder solche, die Blitze auf Mensch oder Tier zu schleudern pflegten, ja sich selbst in Tiergestalten verwandeln konnten.

● Viele Frauen heute wollen die Hexenverfolgungen des Mittelalters nicht mehr als Randerscheinung in der Geschichte betrachtet wissen. Für sie ist das Schicksal Millionen verbrannter Frauen Teil ihrer eigenen Frauengeschichte, die

500 Jahre Hexenhammer

noch lebt, nicht abgeschlossen ist. Die Hexen schweigen - heißt es in einem Forschungsbericht. In Kassel schweigen sie heute nicht, stellten lautstark ihre Forderungen: So Marianne Pitzen, Leiterin des Bonner Frauen-Museums: "*Und dann wollen wir fünf Millionen zur documenta der Frauen in fünf Jahren!*"

- Siglinde Kallnbach mit der Fackel, selbst Aktionskünstlerin, die am liebsten mit Feuer arbeitet und sogar Mitglied der Freiwilligen Feuerwehr in Kleinassen, ihrem Heimatort, ist, hatte zu dieser Prozession aufgerufen. Ein großes lebendes Frauenzeichen wollte sie setzen. Und tatsächlich haben sich an bestimmten Stationen des Weges Politikerinnen verschiedener Parteien, Schauspielerinnen, Künstlerinnen auf eigene Weise mit dem Wesen der Frau und ihrem Standort in der Gesellschaft heute beschäftigt.

- Was sind Hexen für Siglinde Kallnbach? Siglinde Kallnbach: "*Sie stehen für uns und auch für unsere urtümlichen Kräfte. Und jede Frau hat die auch in sich. Nur: die eine ist sich dessen mehr bewußt, die andere weniger. Aber wenn wir alle etwas in uns hineinhorchen, tut sich da ganz schön was!*"

- Eine Station der Prozession, das Rathaus. Hier wurde die Kasselerin Elisabeth Selbert mit Rosen geehrt. Sie war mitverantwortlich dafür, daß die Gleichberechtigung der Frau im Grundgesetz verankert wurde. Daß diese Gleichberechtigung noch längst nicht überall verwirklicht ist, wurde für die dreihundert Frauen in Kassel heute an Küchenwerbeplakaten wie diesen symbolhaft deutlich: 'Frauen bevorzugen die Selbstreinigung' oder 'Frauen fordern Wahlrecht'. Ganz hexengerecht wurden diese Plakate dann verbrannt."

"In den Nöten des Zustandekommens..."

Gedanken von Siglinde Kallnbach zu: Judicium ignis - 500 Jahre Hexenhammer

- Mir war es persönlich wichtig, gerade DIESES FRAUENTHEMA aufzugreifen.
- Mir war es wichtig, daß Frauen die sieben verschiedenen Stationen der Frauenprozession gestalten, jedoch nicht eine bestimmte Gruppierung, sondern ein möglichst breites Spektrum unterschiedlicher Frauen wünschte ich mir als Mitwirkende.
- Mir war es wichtig, den Zeitpunkt während der Dauer der documenta festzulegen. Diese große internationale Kunstausstellung macht Kassel alle fünf Jahre zu einem Mittelpunkt weltweiten Interesses. Dieses Öffentlichkeitsforum wollte ich bewußt nutzen; außerdem sollte "Judicium ignis" auch eine Anmerkung zur documenta enthalten: Nur 10% Künstlerinnen waren hier vertreten.

Mein Ziel: Ein großes lebendes, lebendiges Frauenzeichen, von vielen getragen, von vielen gebildet.

"Judicium ignis" war die Frauenprozession am 22. August 1987. Dazu gehörte eine Ausstellung im Studio Kausch, die am 18.8. mit einer Performance eröffnet wurde. In der Ausstellung befand sich ein großes, zunächst rein weißes Tuch, das später Frauen in einer der Aktionen während der Prozession gestalteten. Die Frauen konnten das, was ihnen wichtig war, als Zeichen auf dem Tuch festhalten. Nachdem es während des Kasseler Künstlerfestes vom Sims der Neuen Galerie herunterhing, wurde das Tuch wieder in die Ausstellung zurückgebracht, wo es bis zum 10.9. zu sehen war.

Über die Schwierigkeiten, eine solche Aktion zu organisieren

In meinen Ausführungen möchte ich einen Einblick geben **"hinter die Kulissen"** und beginne, weit zurück, bei den Vorbereitungen.

Auf meine Weise probiere ich, Informationen über das Projekt unter die Frauen zu bringen. Ich reise in Deutschland herum, verteile Flug-

500 Jahre Hexenhammer

blätter und versuche, die Infos in kleine Nachrichtenverteiler und frauenspezifische Informationssysteme einzugeben. Für positive Resonanz erweist sich das persönliche Gespräch förderlich.

Ich finde Frauen in Bonn, Fulda und Frankfurt, die Informationen weiterverbreiten und als Kontaktpersonen zur Verfügung stehen wollen. Stapelweise verschicke ich Material mit der Bitte, daß Flugblätter weiter vervielfältigt werden.

Das autonome Frauenreferat - inzwischen Frauen- und Lesbenreferat - der GHK Kassel erklärt sich bereit, Rückfragen zur Aktion zu beantworten. Die Kasseler Frauenbeauftragten legen meine Rückantwortkarten ihrem Rundbrief bei, eine gibt mir Namen von Frauen an, die ich noch ansprechen könnte. Gut fängt es also an, positive Resonanz von vielen Seiten. Begeisterungsfunken springen über.

Ich informiere einen Kasseler Performancekünstler, daß ich im August die Frauenprozession "judicium ignis" in Kassel plane. Er, an der documenta beteiligt, meint dazu: *"87 hängt sich so vieles an die documenta. Mach das mit den Frauen doch in Bonn oder Wiesbaden, nicht in Kassel!"* Dagegen Kulturreferent Dr. Hans Bernhard Nordhoff: *"Wir nehmen 'judicium ignis' in's offizielle documenta-Rahmenprogramm der Stadt Kassel auf. Wir werden die Veranstaltung fördern."*

Das Projekt ist auf gute Öffentlichkeitsarbeit angewiesen; aber bei der Pressekonferenz, mit der die Stadt Kassel ihr kulturelles Beiprogramm zur documenta 8 vorstellt, wird es nicht erwähnt. Dafür erscheint aber in den vom Kulturamt herausgegebenen "Informationen für Theater und Musik, Kunst und Wissenschaft in Kassel" ein Artikel über 'judicium ignis' und in der Rathausdruckerei darf ich 1000 Flugblätter drucken lassen.

Erfreulich für die Informationsverbreitung ist es, daß sich die Performance-Aktion bereits im Juli-Programm des documenta-Zeltes als Vorankündigung für den August findet, im Programm für August allerdings rangiert sie unter "500 Jahre Hexen**kammer**", eingequetscht zwischen "Kinderprogramm mit Gruppe Firlefanz" und "Feuerwerk", der Beginn ist statt um 12 um 15 Uhr angegeben.

Bei der documenta 8 Eröffnung können gerade noch in letzter Minute fertig gewordene Rückantwortkarten verteilt werden. Lernfazit für mich: Vorbereitung von Drucksachen viel früher beginnen, damit Fehlgelaufenes korrigiert werden kann. Liefertermine am besten schriftlich bestätigen lassen.

Die meisten Infos finden sich auf dem Boden und in Papierkörben wieder. Die Frauenbeauftragten verweisen auf geringe Resonanz. Eine von ihnen hatte mir zugesagt, daß sie sich am Rathaus beteiligen würden. Telefonisch erinnere ich sie an den Termin des Vorbereitungstreffens: Ja, wenn sie selbst an diesem Abend nicht anwesend sein sollte, darf ich den anderen Frauen sagen, daß die Frauenbeauftragten dabei sind und die Station am Rathaus gestalten. Genauso gebe ich es beim Vorbereitungstreffen weiter, genauso wird es in der Stadtzeitung gedruckt - und ich muß es später widerrufen.

Am 29. Juli, 3 Wochen vor der Prozession, lassen sie mich wissen, daß sie nach langen Diskussionen nun doch zu dem Schluß gekommen sind, selbst aktiv nichts zu machen. Es hätte das Gespräch sein sollen, wo beraten werden sollte, wie sie die Aktion - außer mit ihrem Beitrag - noch hätten unterstützen können.

Das, addiert zu anderem, ergibt einen absoluten Tiefpunkt für mich: Ich schlage mich ernsthaft mit dem Gedanken herum, alles abzublasen. Soviel Puste bräuchte ich für's Abblasen auch gar nicht, denn - denke ich an das letzte chaotische Vorbereitungstreffen - soviel hatte sich ja anscheinend noch nicht bewegt. Aber die Energien, die bisher schon in das Projekt geflossen sind? Tief Luft holen und sich rausziehen aus dem Sumpf des verdammten Selbstmitleids *"Weg mit dem Gezetere, dieser Larmoyanz"*, sage ich mir. Bis zum nächsten Mal...

Verschiedentlich rufe ich also an und gebe weiter, daß die Frauenbeauftragten nun doch nicht beteiligt sind. Für einige ist es nicht verwunderlich, aber in einem bestimmten Umfeld kostet es mich Sympathien, und die Aktion Teilnehmerinnen.

Von der Teilnahme oder Nichtteilnahme der Frauenbeauftragten unabhängig sind aber andere Frauen auch wieder in Abwartehaltung gegangen und manche anfängliche Begeisterung hat sich als Strohfeuer entpuppt.

Ich rufe die auf tausende von Karten gedruckte Fuldaer Telefonnummer an: Bella, die mir versprochen hatte, daß sie gerne für Auskünfte und Kontakte zur Verfügung stehen und auch bei der Organisation mitarbeiten wollte, ist schon länger in Afrika und wird auch am 22. August nicht zurück sein, erfahre ich. Ihre Wohngemeinschaft ist genervt über Anfragen zu einer Frauenprozession, über die sie nichts wissen. Aus einer anderen Stadt, aus der Frauen mit einem Bus kommen wollten, erhalte ich die Nachricht, daß nun doch keine kommen wird - wegen indifferenten Null-Bock-Gemütszuständen. Nicht entschließen konnten sich auch die Frauen vom Kasseler Frauenbuchladen, ob, ob nicht, ob vielleicht doch - nicht ...

Die Kalkulierbarkeit der Faktoren nimmt weiter ab. Neue mutlose Phasen. *"Wenn die dabei sind, dann wir nicht!"* - und umgekehrt. Wer kann mit wem (nicht)? Nur jetzt die Fahne weiter hochhalten, wenn ich als Initiatorin schon selbst nicht mehr daran glaube, wer soll es dann? Also versuche ich nach außen hin weiter für die Aktion Optimismus zu verbreiten, berichte von positivem Echo. Und das gibt es auch:

Da ist Mariann in Bonn, die Trommelfrauen um sich schart, um mit ihnen den "Herzschlag der Prozession" einzuüben. Sabine Stange hat sich nun doch wieder zum Mitmachen entschieden und arbeitet an einem Beitrag. Auch im Frauenmuseum in Bonn basteln sie, wie Marianne mir telefonisch versichert. Das Konzept ihres Beitrages schicken sie mir jedoch - im Ge-

500 Jahre Hexenhammer

gensatz zur Planung und Zusage - nicht vorher. Nichts Schriftliches können auch die Frauen vom Frauenhaus beim zweiten Vorbereitungstreffen vorlegen und aus dem, was gesagt wird, scheint deutlich zu werden, daß es - wie für andere Stationen auch gültig - anscheinend noch kein rechtes Konzept gibt und sich alles noch im Planungsstadium befindet. Unsicherheit, Ungewißheit.

"Sie arbeiten daran! Wir arbeiten daran!" versichert mir Simone in einem Telefonanruf und ich glaube es.

Dann wieder Unterstützung von Seiten, wo ich es nicht erwartet hätte: Ein Mann gibt mir Adressen von Frauen weiter, die ich noch ansprechen kann. Mitarbeit in einem Ausmaß, das ich nicht zu hoffen gewagt hätte: Einige engagierte Journalistinnen machen ihren Einfluß geltend und tragen sehr wesentlich zur guten Öffentlichkeitsarbeit über "judicium ignis" bei.

Dann wieder: *"Es macht keinen Spaß, es kommt nichts zurück",* meldet sich Ulrike, die die Organisation von Frankfurt aus übernehmen wollte. Zugesagt hatte sie damals, daß ihre Adresse auf Flugblätter gedruckt werden durfte. Jetzt steigt die "Kontaktperson" kurzentschlossen mittendrin aus und *"wäre am 22.8 eh' in Urlaub gewesen"*. Die Schauspielerin Sabine Wackernagel ist und bleibt engagiert dabei, auch ihre Kollegin Heidi de Vries, während sich andere Zusagen seitens der Staatstheaterfrauen auf unverbindliches Interesse reduzieren, auch Absagen kommen.

Wechselbäder zwischen Hoffnung und "die Ratten verlassen das sinkende Schiff"-Gefühlen

Nicht nachlassen, nicht aufgeben. Das Thema ist mir wichtiger als je zuvor; bedrückend wichtig, befreiend wichtig. Jetzt gerade, jetzt erst recht! - Vielleicht bin ich zu vehement? Wenn ich einen Schritt auf manche Frauen zu mache, gehen sie zwei zurück. Vielleicht bin ich zu fordernd, zu forcierend?

500 Jahre Hexenhammer

Hatte es mir wirklich nichts ausgemacht, als man sich köstlich amüsierte, wenn ich schon wieder irgendwo flugblätterverteilenderweise auftauchte? Ging ich ihnen nicht schon längst allen auf die Nerven und sie wandten sich deshalb ab? - Gut, so wichtig, wie es mir ist, muß/kann es anderen nicht sein, aber ich bin davon ausgegangen, daß es uns alle angeht und nach wie vor bin ich dieser Ansicht. Aber ich verkaufe auch keine Schnürsenkel und will und kann niemanden zwingen. Vielleicht gehört es zur Sache dazu, daß ich nerve und nerve und nerven muß, bis der Groschen fällt?

Immer wieder andere Frauen bei den Vorbereitungstreffen. Aufgaben müssen delegiert werden, sind aber nur schwer zu verteilen. Auch bei dem Treffen kurz vor der Aktion noch Skeptikerinnen unter denen, die gekommen sind. Eine findet meine Planung der Frauenfront vor der Orangerie nicht gut, möchte diesen Teil des Ablaufs ändern. Ich beharre auf dieser einen der wenigen Festlegungen, die bisher getroffen sind. Noch immer sind die Konzepte der einzelnen beteiligten Frauengruppen sehr vage und liegen nicht schriftlich vor.

Die große, große Schwierigkeit, aus all dem eine gemeinsame, überschaubare und zeitlich noch relativ genau terminierbare Sache zu machen!

Eigentlich bin ich nur feige, denn ab einem bestimmten Zeitpunkt hätte mehr Mut zum Aufgeben als zum Weitermachen gehört. Die Schwierigkeit, den Schwebezustand auszuhalten: Wieviele werden es wirklich sein, die am 22. mitziehen? Sicherlich wirkt es komisch, wenn der Zug nur aus einem kleinen Häuflein Frauen besteht, den Bonner Frauen und einigen Kasselerinnen, oder wenn ich gar allein marschiere
- aber die Prozession wird stattfinden, ob es nun zwei, zwanzig oder zweihundert Frauen sind!

Eine Frau aus einem Frauenhaus mehrere hundert Kilometer von Kassel entfernt erkundigt sich telefonisch, ob die Prozession auch wirklich stattfindet und sie anreisen soll. Sie wurde vom Kasseler Frauenhaus über "judicium ignis" informiert: Es läuft, einige Nachrichtensysteme funktionieren!

Einige größere Medien ziehen mit, "Emma" druckt den Aufruf zur Prozession, die "Frankfurter Rundschau" bringt eine Vorankündigung - genauso wie die "documenta press", Journalistinnen der HNA haben durch mehrfache Berichterstattung immer wieder auf die Prozession hingewiesen, eine Fernsehjournalistin möchte über "judicium ignis" drehen.

Sybille setzt sich sehr engagiert ein, hat aber das Problem, mit ihrem privaten Interesse, ihrer Berufsrolle und ihren Parteigenossinnen in Konflikte zu geraten. Wenige Tage vor der Prozession bei einem Treffen von Frauenpartei- und ASF-Frauen, sagt Lisa Vollmer, daß sie, auch für die Arbeitsgemeinschaft Sozialdemokratischer Frauen, am Rathaus mit dabei sein wird, egal ob das Ganze nun gut oder ein Reinfall wird. Ein mutiges Wort - und endlich eines!

Marianne Heinz hatte die Aktion schon im Vorfeld unterstützt. Jetzt leiht sie noch das drahtlose Mikrofon der Neuen Galerie für die Prozession aus.

Gerty: *Ich erinnere mich an das Wochenende, das mir als Bedenkzeit zugestanden worden war: Frauen hatten mir angeboten, eine Station zu gestalten, die durch kurzfristige Absage anderer Frauen nicht mehr besetzt war. Die Prozession sollte sich an dieser Stelle dann allerdings bedingungslos den Intentionen der Gruppe unterordnen. Die Gruppe korrigierte ihr Verhalten aber kurze Zeit später selbst und kam mit einem Kompromißvorschlag auf mich zu.*

Weitere Befürchtungen, daß "judicium ignis" für andere Zwecke umfunktioniert werden könnte. Angst, daß die Prozession außer Kontrolle geraten und es zu Eskalationen kommen kann. "judicium ignis", heißt es dann später, "war doch das, wo's den Zoff gab, wo die Brennsätze hochgingen."

253

500 Jahre Hexenhammer

Gerty kann ein Auto organisieren und übernimmt einen Großteil der Plakatverteilung in der Stadt. Mit weiteren Plakaten und mit den kleinen "judicium ignis"-Zetteln sollte über Nacht die Innenstadt überschwemmt werden. Ellen, für einen anderen Zeitpunkt bestellt, die einzige Frau in Kassel, die gefragt hatte, ob sie beim Verteilen helfen sollte, kann ich nicht mehr erreichen. Ich rufe längs, ich rufe quer, ich finde keine einzige Frau, die mir beim Kleben helfen will oder kann. Einen anderen Anruf verpasse ich, aber ich erfahre später, daß eine Hamburgerin sich erkundigt habe, ob sie einen Tag früher kommen und am Abend vorher noch etwas helfen könnte.

Also fange ich Freitag spätvormittag allein an zu kleben, unterbrochen von Zwangspausen, weil sich ein Ordnungsbeamter an meine Fersen geheftet hat und mir zu verstehen gibt, daß das, was ich tue, nicht gestattet ist.

Abends vor der Prozession steigt ein Fest im Kasseler Frauenforum. Ich hatte dort einmal angefragt, ob Frauen, die aus anderen Städten zur Prozession nach Kassel kämen, dort übernachten könnten. Sie sollten dürfen, aber keine Frau wollte sich um die komplizierte Schlüsselorganisation kümmern. Gott-sei-Dank hatte sich Simone noch als "Ansprechfrau für Übernachtungsfragen" bereitgefunden, Frauen von außerhalb zu helfen. Simone und Stefanie vom Frauenhaus, Ihr habt bisher die Daumen, die Stange und manchmal einiges mehr gehalten; bestimmt aber zu mir: Danke!

Beim Fest sind auch Frauen, die ich wegen der Plakatierung angerufen hatte und die dafür keine Zeit hatten. Aus dem Riesenvorrat der "judicium ignis"-Zettelchen hänge ich einige auf, verteile sie, ernte z.T. mißbilligende Blicke. Durch meine Vermittlung zustande gekommen, spielen die Bonner Trommlerinnen heute Abend hier und die Bonnerin Mariann ist es, die schließlich auf die morgige Prozession hinweist.

Die Bonner Frauen, eine lange Reise und einen Auftritt hinter sich, fahren später in das Haus der Evangelischen Studentengemeinde, wo sie übernachten. Die Frauen im Frauenforum feiern in die Nacht hinein.

Schwarz-rote Frauenzeichen in der Stadt

In die Nacht hinein, in der Stadt, an Stationen der Prozession, in Unterführungen, auf dem Asphalt, kleben drei Frauen und zwei Männer kleine rot-schwarze Frauenzeichen. Von den mithelfenden Frauen hatten welche einen anstrengenden Arbeitstag, der morgens früh um sieben begonnen hatte, hinter sich und hatten sich dann von Stuttgart aus auf den Weg nach Kassel gemacht. Jetzt kleben sie rot-schwarze Zettel, Hinweise auf eine Aktion, die ihnen wichtig ist, und andere Zettel mit eingezeichnetem Prozessionsverlauf darauf, damit andere Frauen, die - wie sie - von auswärts kommen, den Weg finden, um sich der Prozession anschließen zu können. Um vier Uhr früh völlige Erschöpfung, nichts geht mehr. Wie verschwindend gering die Menge der kleinen rot-schwarzen Frauenzeichen gegenüber der "Masse Beton": ob sie die Stadt wohl im Nu aufsaugen wird? Hätten von den feiernden Frauen zweimal eine Gruppe von zwanzig eine Stunde Zeit geopfert, wäre die Innenstadt ausreichend mit Wegzeichen versehen gewesen.

Am nächsten Tag, am 22.8., ein Artikel in der HNA, in dem die Frauenbeauftragten die "historische Ungeheuerlichkeit des Hexenhammers in das Blickfeld rücken". Sie weisen auf den 22. als den Erscheinungstag des Hexenhammers vor 500 Jahren hin, was historisch allerdings nicht abgesichert ist, aber irrtümlicherweise einmal in einer Presseformulierung zu "judicium ignis" auftauchte. Auf den 22. als Datum der Frauenprozession und der Frauenaktionen zum Hexenhammer hinzuweisen, wäre kein Irrtum gewesen. Sie hielten das jedoch nicht für erwähnenswert.

Aber trotz aller Schwierigkeiten: "Judicium ignis" kommt zustande. Ca. 400 Frauen aus dem gesamten Bundesgebiet, in Schwarz und Rot gekleidet, nehmen daran teil. Es gab also doch viele Frauen und auch einige Männer, die nicht aufgehört haben, daran zu glauben und auch etwas dafür zu tun, herzlichen Dank denen: Unsere Mühen haben sich gelohnt!

Traute Arnold, die aus Kleve zur Prozession gekommen ist, schreibt hinterher darüber: *"Am meisten hat mich das Vorrücken auf breiter Front als tausende Phalanx gestärkt. Frauen, die dicht nebeneinander stehen, zusammenhalten, wirken stark, ja bedrohlich, zumindest nicht aufhaltbar."*

Judicium ignis
500 Jahre Hexenhammer

Frauenprozession durch die Kasseler Innenstadt

Beteiligte Frauen und Frauengruppen:

- Bonner Frauentrommelgruppe unter der Leitung von Mariann Bacca
- Angela Schlehuber, Kasseler und Göttinger Trommlerinnen
- Marianne Pizen und Frauen vom Frauen Museum Bonn
- Sabine Wackernagel und Heide de Vries vom Staatstheater Kassel
- Salean A. Maiwald
- Frauen der Arbeitsgemeinschaft Sozialdemokratischer Frauen, Frauenpartei Frauen
- Gerti Freitag, Carmela di Ciacomo, Ricarda Gehrke, Ingrid Lehmann, Frauenhaus Kassel
- Sabine Stange, Christel Armbruster
- Gisela Breitling, Frederike Frei

Bedanken möchte ich mich auch bei der Polizei, die die Prozession begleitete und sich sehr fair verhielt.
Dank auch der Brandkasse Kassel für ihre finanzielle Unterstützung.
Ein besonderes Dankeschön allerdings an mein Team, die beiden Fotografen Gerhard Foltin und Norbert Ulrich, die diese Mehrbildschau überhaupt erst möglich machten!

500 Jahre Hexenhammer

Ausstellung "Judicium ignis" im Studio Kausch vom 18.8. - 10.9.1987 und Idee und Organisation der Frauenprozession vom 22.8.1987

Rückblick:

Heute, zwei Jahre nachdem ich die Aufzeichnungen gemacht habe, würde ich natürlich anders schreiben; zuviel Weinerlichkeit und Selbstmitleid. Zu kleinlich, bis hin zum Ansatz des "Aufrechnens". Trotzdem, ich habe mich dafür entschieden, den Text in seiner damaligen Gewichtung zu belassen.

"Judicium ignis" war, summa summarum, eine erfolgreiche, eindrucksvolle Aktion, die, wie aus Reaktionen hervorgeht, nachhaltig bei Beteiligten und ZuschauerInnen weiterwirkte. So konnte ich z.B. durch die Unterstützung von Japanerinnen, die die Ausstellung und die Prozession in Kassel gesehen hatten, an einer Frauenuniversität in Japan die Aktion vorstellen. Ich berichtete über die Aktion selbst - nicht wie hier über das Zustandekommen - mit Hilfe einer Dia-Vision (drei Dia-Projektoren, die gleichzeitig mit Überblendtechnik arbeiten) und eines 20minütigen Videofilms.

Kritische Überlegungen habe ich allerdings auch angestellt, warum sich die Kooperation mit anderen als so schwierig erwiesen haben könnte: Weil "Judicium ignis" vielleicht doch zu sehr "mein Ding" gewesen ist und ich eigentlich Einzelgängerin bin? Weil meine Identifizierung mit dem Thema zu absolut war? Weil heterogene Gruppierungen wie Rathausfrauen und Autonome schwer "unter einen Hut" zu kriegen sind - und sei er auch schwarzrot? Weil ich als Künstlerin auch gerne in der "documenta" vertreten gewesen wäre? Die "Weils" lassen sich fortsetzen.

Konkrete Fehler in der Organisation habe ich auch selbst bedingt. Zuviele Fäden liefen - oft notgedrungen, weil das Delegieren nicht klappte - bei mir zusammen. Eine lächerliche Finanzierung; 350 DM konnte ich bei der

500 Jahre Hexenhammer

Stadtsparkasse "locker machen", die im Mai über den "Topf Kulturamt" an mich angewiesen wurden. Auf diesem Umweg "versackte" das Geld, bis es schließlich doch, nach mehrmaligen Anfragen vor und nach der Aktion im August, Ende Januar des darauffolgenden Jahres an mich weiterüberwiesen wurde.

Von der Stadt Kassel war das Projektmaterial mit den falsch gedruckten Flugblättern vor und mit 100 DM nach der Aktion unterstützt worden (allerdings konnte ich ein halbes Jahr später die Dokumentation von "Judicium ignis" im Rathaus ausstellen und für die Erstellung einer Performance erhielt ich Honorar). Der dritte und letzte Zuschuß, 1.000 DM, erfolgt von der Brandkasse, deckte die Kosten für die Doppelpostkarten.

Auf einen weiteren Antrag - eine Hochschulfrau hatte mir einen Tip gegeben, wo ich es noch versuchen könnte - erhielt ich noch nicht einmal eine Absage. Die mehrfarbigen Plakate mit dem brennenden Frauenzeichen, die Postkarten mit dem gleichen Motiv, die Zeichen- und Wegekarten, hohe Telefonrechnungen für bundesweite Organisationsgespräche, Porto- und Materialkosten, Aufwendungen für Dokumentation in Foto und Video ... mußte ich selbst tragen. Daß eine Freundin, die meine finanzielle Situation kannte, vor Beginn der Prozession mit einem Hut sammelte, war eine rührende Geste, brachte aber nicht mal den berühmten Tropfen auf den heißen Stein.

"Wie machen die das nur?", fragte ich mit meinen verbliebenen hohen Schulden, als ich erfuhr, daß acht anderen Künstlerinnen, die zur selben Zeit ein Projekt in einer Kasseler Schule aufzogen, 20.000 DM zur Verfügung standen. Zuzuschreiben war das der Leistung einer findigen Frau, die das Projekt betreute. Hilfreich erwies sich sicher auch ihre Beschäftigung im Kulturamt der Stadt. Nicht ganz neidlose Anerkennung; hier bleibt für mich - und für viele andere Frauen auch - noch viel zu lernen. Anregung an "Frauen mit Auftrag" und Politikerinnen: Vielleicht können sie die Antwort auf die Frage, die sie für sich selbst schon längst beantwortet haben, nämlich "Wie kommt Frau an Finanzierungen?", auch für andere Macherinnen als Hilfestellung veröffentlichen?

Nach einigen weiteren Performances wurde ich von dem Herrn in der Stadtsparkasse informiert, daß die Förderung von 350 DM für "Judicium ignis" das erste und einzige Mal gewesen sei, daß die Stadtsparkasse "Soetwas" oder etwas Ähnliches unterstützte. Kallnbach bräuchte nie wieder vorstellig zu werden, sagt er mir mit bedauerndem Dackelblick und ich erhalte dazu noch ein klebriges, lieb gemeintes, "Alles Gute". In der Öffentlichkeit von mir darauf angesprochen, wagt er das jedoch nicht zu wiederholen, streitet es aber ehrlicherweise auch nicht ab. Das Forum der Konfrontation ist eine Veranstaltung am 23.5.89 in der GhH, mit dem sinnigen Titel "Kulturszene Kassel - Produktion, Steuerung, Macht", Teil einer Veranstaltungsreihe, in der zehn "wichtige Persönlichkeiten des heimischen Kulturlebens" (Ankündigungstext der Reihe in der Hessischen Allgemeinen Zeitung) ein Referat halten.

Er ist einer davon, die restlichen neun allesamt - versteht sich - natürlich auch Männer. Zu dieser Herrenrunde gehört auch ein weiterer Kunstfreund, in der Brandkasse tätig, jedoch - anders als der Bankangestellt - in der Top-Etage mit realer Entscheidungsbefugnis über Ankäufe und Unterstützung, die mir für Judicium ignis auch schon zuteil wurde (Allerdings mit der Einschränkung, daß das eigentlich normalerweise nicht zum Renommee passe, aber auf Grund meines bemerkenswerten Engagements und Einsatzes...).

Seit "Judicium ignis", das für mich - ohne jetzt noch die Hurra-Kurve kriegen zu wollen - im Nachhinein trotz aller Schwierigkeiten, Ungereimtheiten und auch mancher Forderungen im Vorfeld, eine **positive solidarische Erfahrung** darstellt, habe ich nur eine weitere Aktion gemacht, aber über 30 Solo-Performances, für die ich als Autorin und Ausführende direkt verantwortlich zeichne - im Organisatorischen, im Inhaltlichen und in der Darstellung. Natürlich habe ich auch die Konsequenzen zu tragen,

500 Jahre Hexenhammer

da mich die Auswirkungen einer Performance meistens am konkretesten betreffen. Und Reaktionen sind, wie ich inzwischen weiß, sehr vielfältig und können sehr weit gehen.

Die Arbeit "mit mir" ist relativ gut kalkulierbar, denn ich weiß, wann ich mich auf mich verlassen kann und wann ich von mir verlassen bin. Vor Unsicherheiten, wenn auch anderer Art als bei "Judicium ignis", bin ich "im Alleingang" allerdings auch nicht gefeit: es gibt genauso Ängste, die ihren realen Ursprung und ihre Berechtigung haben mögen. Auf einem Teil Wegstrecke der Frauenprozession schrien hunderte Frauen, jetzt klingt mein Schrei wieder allein... Noch zuviel ist "zum Schreien", "zum Heulen", auch bei Frauen untereinander, auf jeden Fall aber in der Herrrlichkeit der Zustände. Im Aufschrei steckt auch das "Anschreien-gegen": Die Leidenschaft ist Garant für Lebendigkeit, ist lebensnotwendig. "Richtig" angenommen, ist sie pure Energie und im "umweltfreundlichen Sinne" als Quelle von Veränderung nutzbar.

Mein Ratschlag: Zulassen, ganz einfach zulassen und nichts unterlassen, um an diesen herrrlichen Machtverhältnissen etwas zu verändern! 5,1% Professorinnen unterrichten an bundesdeutschen Hochschulen, an Kunsthochschulen sind es sogar noch nicht einmal 2%. So sind die Verhältnisse - und sie dürfen sich nicht halten.

Kontaktadresse:

Siglinde Kallnbach
Künstlerin
Heinrich-Heine-Straße 27
3500 Kassel
Telefon: 0561/281378

"Arbeit im Hafen ist Männersache" – so jedenfalls wird es üblicherweise gesehen und dargestellt, seit mindestens 800 Jahren. Dieser Geringschätzung von Frauenarbeit wollen wir etwas entgegensetzen. Dabei waren Frauen zum Beispiel während und nach dem II. Weltkrieg „manövrierfähige Reservearmee" auch für Arbeiten im Hamburger Hafen.

Wir nehmen den 800. Hafengeburtstag zum Anlaß, um die Arbeit von Frauen im Hafenbereich sichtbar zu machen. Und weil sie so lange verschwiegen und übersehen wurde, gleich mit einem noch ungewöhnlichen, unübersehbaren Medium: einem Wandbild im Hafengebiet.

Schwerpunkt unserer Forschung wird die Situation der heute im Hafen beschäftigten Frauen sein, um ein Stück „Identifikation" in diesem männerdominierten Bereich zu schaffen.

In welchen Berufen arbeiten Frauen im Hamburger Hafen, wie sehen Chancen und Perspektiven von Frauenarbeit im Hafen aus, wie sind die Arbeitsbedingungen, welche Ansehen hat und hatte weibliche Arbeit, welche Frauenberufe gab es früher dort, warum erhielten Frauen für gleiche Arbeit einen geringeren Lohn als ihre männlichen Kollegen?

Untersucht werden die Lebenssituationen und -perspektiven in unterschiedlichen Zeitabschnitten des 19. und 20. Jahrhunderts:

1. **Frauenarbeit im Hafen** z. B. Frauen in Reedereien, Spedition, als Kranführerin, Schweißerin, etc.
2. **Frauenarbeit in der Nahrungsmittelindustrie** z. B. Fischarbeiterin, Kaffeelesserin, etc.
3. **Frauenarbeit auf Schiffen** z. B. Funkerin, Stewardeß, etc.
4. **Frauenarbeit in Dienstleistungsbetrieben** z. B. in Kaffeeklappen und Kantinen, etc.
5. **Frauenarbeit im Prostitutionsgewerbe** z. B. in Bars, Bordellen, auf der Straße, etc.
6. **Frauenarbeit in Familie und Haus** Wechselbeziehung zwischen außerhäuslicher Erwerbsarbeit und der „unsichtbaren" Reproduktionsarbeit in Haus, Familie und Beziehungen, z. B. Seemannsfrauen.

Im Mai 1989 wollen wir unsere Ergebnisse in einem großen Wandbild allen zugänglich machen. Damit hoffen wir, ein stärkeres Bewußtsein über die Arbeit von Frauen im Hafen zu schaffen. Gleichzeitig planen wir die Herausgabe eines Kataloges sowie eine Veranstaltungsreihe mit Filmen, Ton-Dia-Schau und andere kulturelle Veranstaltungen.
Neben Recherchen in Archiven und Sammlungen bilden Gespräche und Interviews mit Zeitzeuginnen eine wesentliche Grundlage für unsere Arbeit.

Wer will uns unterstützen?
Wer kann von ihrer Arbeit berichten?
Wer hat Fotos, Dokumente, Tips und Anregungen?

Frauenarbeitskreis „Wandbild – Frauenarbeit im Hamburger Hafen"

Kontakte: Elisabeth von Dücker, Tel.: 29 84 - 23 88 / 23 64 (Museum der Arbeit, Maurienstr. 19, 2000 Hamburg 60)
Maria Beimel, Tel.: 630 45 75
Emilija Mitrovic, Tel.: 29 88 - 28 27 oder 280 36 70

Frauengeschichte vor Anker:
Zur Frauenarbeit im Hamburger Hafen

Barbara Duka
Handarbeit im Frauenleben
Ein Ausstellungsprojekt zur Bedeutung des Handarbeitens ab 1900

In der Lebensgeschichte vieler Frauen spielt das Handarbeiten - angefangen von seiner Bedeutung für die weibliche Sozialisation in Herkunftsfamilie und Schule bis zur Freizeitbeschäftigung im Alter - eine wichtige Rolle.

Neben der persönlichen Lebenssituation, in der sie entstanden sind, spiegeln Handarbeiten auch die jeweiligen wirtschaftlichen, politischen und gesellschaftlichen Bedingungen wider. Als überlieferte und in der Hauptsache traditionell von Frauen ausgeübte Tätigkeit werden in diesem Bereich Kompetenzen und Spezialwissen - z.B. über Techniken und Material - erworben. Außerdem entwickeln und verändern sich durch Handarbeiten Interessen und ästhetische Bedürfnisse - nicht nur von Frauen. Zur Entlastung der Haushaltskasse, aber auch zur Produktion von "Luxus" erfüllen Handarbeiten eine wichtige Funktion. Darüber hinaus finden Frauen über das gemeinsame Interesse am Handarbeiten Kontakt zueinander.

Die genannten Aspekte zeigen, daß das Thema Handarbeiten interessante Ansatzpunkte für Statteilkulturarbeit bietet. Das Stadtteilkulturreferat der Stadt Recklinghausen führte daher ein entsprechendes Projekt durch, dessen Ergebnisse in der Ausstellung "Handarbeit im Frauenleben" präsentiert wurden.

In Zusammenarbeit mit zahlreichen Recklinghäuser Frauen wurde die Bedeutung des Handarbeitens im Leben von Frauen und Mädchen anhand ihrer lebensgeschichtlichen Erzählungen aufgespürt und reflektiert. Die Arbeitsergebnisse wurden zusammen mit ausgeliehenen alten und neuen Handarbeiten und Dokumenten präsentiert, indem das mögliche Handarbeitsverhalten einer heute ca. 80jährigen Frau in verschiedenen Lebensstationen nachempfunden wurde.

Grundlage waren jedoch die Erzählungen und Handarbeiten aller beteiligten Frauen. Die folgende Textauswahl illustriert die Vielfalt lebensgeschichtlicher und gesellschaftlicher Aspekte, die mit dem Thema Handarbeiten verbunden sind:

"Wir haben kein Hemd angezogen, was Mutter nicht selbst genäht hatte. Das hab ich dann später nicht gemacht, aber in der Nachkriegszeit, nach dem 2.Weltkrieg, da mußten wir das ja selbst machen. Die Hemden wurden dann aber gehäkelt, mit 'Klaugarn'."

"Wir haben in der Schule im Krieg (1.Weltkrieg) für die Soldaten wollene Manschetten für die Arme und für die Knie gestrickt."

"Auch Leibwäsche, die gehörte damals auch zur Aussteuer. Leibwäsche war meistens auch genäht, Leibchen und genähte Vestonspitzen, Hemdhöschen."

"Aussteuer konnte ich überhaupt nicht handarbeiten, die Armut damals nach dem 1.Weltkrieg, als ich aus der Schule kam, war so groß, das war nicht möglich. Man konnte ja kein Material bekommen. Was nötig war, bekam man zu Weihnachten oder zum Geburtstag später."

"Ich wüßte gar nicht, daß wir Mädchen mal was anderes gemacht haben. Nach 33, als Hitler da war, da waren wir ganz anders beschäftigt. Da wollten wir von Handarbeit nichts mehr wissen. Da sind wir viel wandern gegangen... Wir waren eigentlich durch diesen BdM immer viel unter-

Handarbeit im Frauenleben

"wegs. Wir haben auch Sportveranstaltungen da gemacht. Da waren wir mehr im Streß."

"Also die schlechteste Zeit war nach dem Krieg. Da war's vielmehr so, daß man Ideen hatte, Mensch, das kriegste nicht, was kannste jetzt aus dem wieder machen? Also da hat man mehr Phantasie gehabt."

"Beim Handarbeiten kam es auf das Können an. Die Hauptsache war, 'ne feste Masche, war 'ne schöne feste Masche. Oben die Schlaufen mußten alle hübsch gleich sein. Gleichmäßig und akkurat handarbeiten, das mußte sein; auch beim Stopfen. Wir haben stopfen gelernt, so schön, daß das bald aussah wie gewebt. Und viereckig mußte das sein, ob da'n Loch war oder nicht. Ja, da hat man sich auch hinterher gelobt, wer am schönsten stopfen konnte. Stopfen war sehr wichtig früher. Auch Wäsche und Tischwäsche wurde ganz fein gestopft. Man hatte Ehrgeiz."

"Man tat es nicht aus Spaß, man tat es, weil man mußte. Aber es war 'ne Aufgabe. Die wurde uns von den Eltern als Aufgabe eingehämmert. Es war 'ne Beschäftigung. Das war normal. Man tat's. Und wenn man vielleicht nichts gemacht hätte, hätte man gleich 'ne Backpfeife gekriegt."

"Das war ein Glücksgefühl, wenn man wieder irgendwas fertig hatte, und das ist das was heute fehlt. Sicher, es kommt langsam wieder, aber es hat auch Zeiten gegeben, wo es das nicht gab, um Gottes Willen, doch keine Handarbeiten."

"In den dreißiger Jahren wurde viel Kreuzstich gemacht. Entweder vorgezeichnet oder auch auf Rechenpapier selbst entworfen. Hauptsächlich machte man Tischdecken und Deckchen, Blusen."

"Ich hab Schlüpfer gestrickt und beim Bauern gegen Essen eingetauscht."

"Durch Handarbeiten wird man innerlich ruhig. Das geht mir noch heute so, mit über 70 hat man ja keine Kondition mehr, man arbeitet, arbeitet, macht den Haushalt fertig, mittags ist man fertig, ja, dann setz ich mich hin und mach Handarbeiten! Also wenn ich mich jetzt hinsetzen müßte, Arme verschränken und die Wand angucken, die Blumen auf der Tapete zählen, würde ich nervös. Dann setz ich mich hin, Beine hoch und mach irgendetwas."

Das Präsentationskonzept der Ausstellung

Der Grundgedanke der Ausstellung war, das Leben einer ca. 1900/10 geborenen Frau in seinen einzelnen Stationen (Kindheit, Schulzeit, Zwischen Schule und Heirat, Heirat, Kinder, Kriegs- und Nachkriegszeit, Im Alter) darzustellen und zu zeigen, welche Handarbeiten angefertigt wurden, wie die Handarbeiten und das Handarbeitsverhalten sich durch bestimmte Gegebenheiten verändert haben.

Bei der zur Verfügung stehenden Fülle von Texten, Gegenständen und Fotos bestand die Gefahr, daß die geplante Struktur der Ausstellung unklar blieb und daß eben diese Fülle Besucher eher abschreckte als anzog. Die Ausstellung wurde daher so aufgebaut, daß jeder Lebensabschnitt der fiktiven Frau in einem relativ geschlossenen Raum präsentiert werden konnte. Das der jeweiligen Zeit zugehörige Mobiliar erleichterte das "Sich in die Zeit hineindenken". So war es auch möglich, von hier aus wieder Einblicke in andere Zeiten zu gewähren (z.B."Kindheit": Der Raum 'beschreibt' die Zeit um 1900, modernes Mädchenspielzeug verweist auf die Kindheit heute).

Dieser Aufbau der Ausstellung (Aneinanderreihung von Räumen) forderte dazu auf, die Lebensstationen einer Frau chronologisch zu betrachten und je nach Interesse sich den einzelnen geschlossenen Bereichen intensiver zuzuwenden.

In der Ausstellung wurden dreierlei **Textarten** verwendet.

Erzähltexte: Aus der Vielzahl gesammelter Erzählungen (Tonbandaufzeichnungen) wurden kleine "Geschichten" ausgewählt, die die Aus-

Das Handarbeiten im Lebenslauf einer heute etwa 80-100jährigen Frau - als "Roter Faden der Ausstellung" nachvollzogen und zusammengestellt aufgrund von Erzählungen von Recklinghäuser Frauen

Lebenslaufabschnitte		Handarbeitsphasen im Lebenslauf	mögliche persönliche und gesellschaftliche Bedeutung des Handarbeitens
Kindheit	alltägliches Handarbeiten		- Bindung an Mutter und Haus - Identifikation mit der Mutter - hinführende Beschäftigung
Schulzeit	- Reparaturhandarbeiten - Geschenke für Eltern und Geschwister - Spiel-/Freizeitgestaltung	Handarbeit als Spielform	- Einüben und verinnerlichen "typisch" weiblicher Verhaltensweisen - Erlernen von Techniken und Fertigkeiten für Reparaturhandarbeiten und Aussteuer - Disziplinierung der Mädchen - ständiges Beschäftigtsein - Entlastung der Mutter
Zwischen Schule und Heirat	- Reparaturhandarbeiten - Geschenke - für Soldaten stricken	Anfertigung der Aussteuer Erlernen neuer Techniken	- Vorbereitung auf den Ehestand - Zusammenkunft und Austausch mit anderen Mädchen - Anerkennung und Selbstbestätigung - evtl. Nebenverdienst - Entlastung der Mutter - Rückzugsmöglichkeit
Heirat, Kinder, Kriegs- und Nachkriegszeit	- Reparaturhandarbeiten	Handarbeiten für Familie und Haus	- Anerkennung als Hausfrau - ökonomische Unterstützung der Familie durch sparen und verdienen - Bewältigung der Notlage - Selbstbestätigung - Ausgleich zur Hausarbeit - unabhängig sein
Im Alter "Wirtschaftswunder" und "Nostalgiewelle"	- weniger Reparaturhandarbeiten	Handarbeiten als Freizeitbeschäftigung	- Kontaktmöglichkeit - Selbstverwirklichung - Konsum von Handarbeit im Freizeitangebot - zwanghafte Beschäftigung - Alibi für nicht wahrgenommene, andere Betätigungsmöglichkeiten - sinnvolle Beschäftigung - Anlaß zur Kommunikation - Erfüllung von Luxusbedürfnissen - Entlastung der Tochter/Schwiegertochter

Handarbeit im Frauenleben

stellungsstücke entweder direkt kommentierten oder ähnliches ansprachen.

Sachtexte: Sie beruhen zum einen auf Erinnerungen und Erfahrungen von Frauen, die protokollartig zusammengefaßt waren, zum anderen auf Informationen aus unterschiedlichen Quellen wie Literatur, Zeitungen, Schulrichtlinien, Umfragen, Statistiken usw., so z.B. der folgende Text aus dem Protokoll einer Gruppensitzung:

Beim gemeinsamen Handarbeiten an der Aussteuer waren die Mädchen meistens unter sich. So konnten sie sich einen gewissen Freiraum in einem von den Eltern akzeptierten Bereich schaffen (beim Handarbeiten konnte nicht viel passieren), denn Mädchen befanden sich sonst meistens unter der Aufsicht von Erwachsenen. Während des Handarbeitens konnten die Mädchen sich auch über sonst verbotene Themen unterhalten. Früher wurden die Kinder von den Eltern nicht aufgeklärt, so daß die einzige Informationsmöglichkeit im Austausch mit Gleichaltrigen bestand. "Als ich das erste Mal meine Regel bekam, sagte meine Mutter nur: 'Ach du armes Kind, das kommt jetzt alle vier Wochen.' - Das war meine ganze Aufklärung."

Strukturierende Texte wurden in Form von Überschriften eingesetzt, um den Aufbau der Ausstellung klar erkennbar zu machen und um eine mögliche Bewertung des gezeigten Handarbeitsverhaltens anzubieten. Diese strukturierenden Texte wurden zusammenhängend als Leitfaden der Ausstellung für den begleitenden Handzettel verwendet.

Die Texte hatten verschiedene Schriftgrößen. Um den hohen Stellenwert der Erzähltexte auch sichtbar zu machen, waren sie stärker vergrößert als die Sachtexte, in denen es eher um Zusatzinformationen ging.

Zeitlicher Ablauf und Durchführung des Projektes

Der zeitliche Rahmen war laut Beschlußfassung zunächst sehr eng gesteckt, bereits für Herbst 85 war die Ausstellung vorgesehen. Durch den verspäteten Beginn des Projekts, Urlaubszeit und Schwierigkeiten bei der Aktivierung von Interessentinnen war uns bald klar, daß dieser Zeitplan keineswegs eingehalten werden konnte. Das Projekt lief letztendlich in zwei Phasen ab.

Schwerpunkte der 1.Phase (1985) waren:
- Kontaktaufnahme
- Sammeln und registrieren von Gegenständen
- Durchführen von Einzelinterviews und -gesprächen
- Durchführung von Gesprächsnachmittagen
- Ausstellung des gesammelten Materials.

Schwerpunkt der 2.Phase (1986) war die Zusammenarbeit einer festen Gruppe in
- 17 Arbeitsgruppentreffen
- Fahrt zum Textilmuseum in Krefeld
- Vorstellung erster Ergebnisse auf dem 4. Frauenforum der Universität Dortmund
- Aufbau und Begleitung der Ausstellung (Juli 86)
- Vorbereitung und Durchführung zusätzlicher Veranstaltungen zur Ausstellung.

Im gesamten Projektverlauf wurden Handarbeiten gesammelt, die
- für das Alltagsleben angefertigt wurden (z.B.Küchenwäsche)
- zu sozialen Anlässen gearbeitet wurden (z.B.Kindtaufe, Hochzeit)
- Ergebnisse der "Luxusproduktion" waren, z.B. Familienerbstücke
- in Mangelsituationen entstanden (z.B. in Kriegszeiten).

Außerdem erhielten wir zahlreiche Fotos und einige Werkzeuge sowie Dokumente wie Zeugnisse u.ä.

1.Projektphase

Es wurden erste Kontakte geknüpft, indem alle Recklinghäuser Frauengruppen zu einem Vorbereitungstreffen in Bürgerhaus Süd eingeladen wurden.

Handarbeit im Frauenleben

Außerdem gab es Ankündigungen des Projektes im VHS-Verzeichnis, in der Presse und durch Handzettel. Zu den AWO-Frauengruppen wurde der Kontakt im Laufe der Projektzeit besonders intensiv.

Daß zwei der angebotenen Gesprächskreise von nur drei Frauen besucht wurden, führten wir darauf zurück, daß
a) der gewählte Abendtermin ungünstig war,
b) die angekündigte Zielsetzung, nämlich eine Ausstellung durchzuführen und zu planen, zu hoch angesetzt war und
c) die notwendige regelmäßige Teilnahme abschreckend wirkte.

Wir änderten daraufhin unser Konzept. Es fanden nun drei Gesprächskreise nachmittags statt. Sie ermöglichten eine inhaltliche Auseinandersetzung mit dem Thema, beinhalteten aber noch nicht die Umsetzung in eine Ausstellung. Außerdem war eine unregelmäßige Teilnahme möglich. Für die Gesprächskreise waren jeweils Zeitabschnitte vorgegeben, nämlich 1945 - 1950, 1933 - 1945 und die Zeit vor 1933.

An den nachmittäglichen Gesprächskreisen nahmen jeweils ca. 20 Frauen teil. Nur wenige Frauen gehörten den bereits angesprochenen AWO-Gruppen an. Die Teilnehmerinnen - überwiegend Hausfrauen aus Süder Arbeiterfamilien - waren zwischen 50 und 80 Jahre alt. Inhaltlich waren die Gespräche durch die Vorgabe der Zeitabschnitte und das Alter der Teilnehmerinnen bestimmt.

So wurde über die Zeit 1945 - 1950 zumeist aus der Sicht von jungen Müttern, die Kinder zu bekleiden hatten, berichtet. In der Zeit 1933 - 1945 stand das Thema Aussteuer und Hochzeit im Vordergrund, während die Zeit vor 1933 mit Erzählungen aus der Kindheit, den Handarbeiten der Mütter und aus der Schulzeit beschrieben wurde.

Die Gespräche wurden auf Tonband aufgenommen, anschließend verschriftlicht und teilweise zu zusammenhängenden Texten verarbeitet, die Handarbeiten und ihren Kontext in bestimmten Zeitabschnitten beschreiben.

Die Thematik der Gesprächskreise brachte es mit sich, daß in den Erzählungen sehr ausführlich auf lebensgeschichtliche Ereignisse eingegangen wurde, so daß das Abschweifen vom Thema, verbunden mit dem Bedürfnis nach Abladen von Alltagsproblemen bei der Gestaltung der Gesprächsrunden berücksichtigt werden mußte. Es bestätigte sich, daß sehr viele Frauen zwar grundsätzlich am Thema interessiert und bereit waren, Gegenstände zur Verfügung zu stellen, sich aber nicht durch die Teilnahme an einer festen Arbeitsgruppe binden lassen wollten.

Um uns und den bereits interessierten Frauen einen Überblick über das vorhandene gesammelte Material zu verschaffen, aber auch um weitere Frauen zur Mitarbeit zu motivieren, entschlossen wir uns, eine Ausstellung des Materials als Zwischenbilanz der Arbeit aufzubauen. Die "Materialschau" wurde im Foyer des Bürgerhauses Süd aufgebaut und war eine Woche (15.12 - 22.12.85) ganztägig zu besichtigen. Damit nicht nur eine Besichtigung, sondern auch ein Gespräch stattfinden konnte, waren wir täglich in der Zeit von 15 bis 17 Uhr anwesend. An vier Nachmittagen wurden in einem gesonderten Raum alte Handarbeitstechniken vorgeführt. Auch hier war die Möglichkeit zu Gesprächen und zum Kennenlernen gegeben. Die gezeigten Handarbeitstechniken waren Occhi, Klöppeln, Gabelarbeit und Perlenweben. Diese Techniken wurden ehrenamtlich von Recklinghäuser Frauen vorgestellt; interessierte Frauen erhielten die Möglichkeit, im Rahmen der zur Verfügung stehenden Zeit, diese Techniken zu erlernen.

2.Projektphase

Das Wichtigste war nun das Aufbauen einer festen Arbeitsgruppe, in der das Ausstellungskonzept entwickelt werden konnte. Es fanden sich zehn Frauen, die auch zu einer regelmäßigen Arbeit bereit waren. Die Gruppe traf sich wöchentlich nachmittags. Inhaltlich orientier-

Handarbeit im Frauenleben

ten sich die Gruppensitzungen daran, eine Ausstellung zu erstellen, wobei das grobe Ausstellungskonzept (Nachzeichnen eines fiktiven weiblichen Lebenslaufs) von uns bereits zu Anfang eingebracht wurde. In den Arbeitssitzungen wurden noch einmal einzelne Zeitabschnitte thematisiert, durch persönliche Erlebnisse und Erfahrungen der Teilnehmerinnen charakterisiert und in der Diskussion kritisch bewertet. Auf diese Weise entstand das inhaltliche Grundgerüst der Ausstellung: ein Schema, das als Handzettel den AusstellungsbesucherInnen zur Verfügung stand (der Handzettel ist auf der letzten Seite abgedruckt).

Ein weiterer Schwerpunkt der Gruppenarbeit war die praktische Vorbereitung der Ausstellung. Auswahl und Beschaffung von Gegenständen und Fotos, Plakatgestaltung, Raumaufteilung, Aufbau und Begleitung der Ausstellung, Beschaffen von Möbeln, Abbau der Ausstellung und vieles mehr mußte bedacht und abgesprochen werden.

Gemeinsame Unternehmungen wie die Fahrt zum Textilmuseum und die Beteiligung am Dortmunder Frauenforum brachten neue Aspekte und Diskussionen und hatten positiven Einfluß auf die Gruppenstabilität.

Für die Gruppe war die intensive und strapaziöse Arbeit beim einwöchigen Aufbau und während der zwei Ausstellungswochen die ergiebigste.

Alle Frauen unserer Arbeitsgruppe beteiligten sich, soweit sie es einrichten konnten, an den Aufbauarbeiten, häufig sogar bis zu zehn Stunden am Tag. Dies geschah unentgeltlich, auch Kaffee und Verpflegung wurden selbst bezahlt. Die praktische Arbeit in der Aufbauwoche hat trotz Zeitdruck und Hitze viel Spaß gemacht. In dieser Zeit kamen sich alle sehr viel näher als bei den vorhergehenden (eher theoretischen) Arbeitsgruppentreffen.

Bei der durchgängigen Betreuung der Ausstellung während der Öffnungszeiten wechselten sich die Frauen ab. Betreuung bedeutete nicht nur Beaufsichtigung der ausgestellten Gegenstände sondern auch die persönliche Ansprache der AusstellungsbesucherInnen, die fachkundig durch die Ausstellung geführt wurden. Neben der Besichtigung der Ausstellung konnten sich die BesucherInnen nach Anleitung durch die Frauen unserer Arbeitsgruppe mit alten Handarbeitstechniken wie Occhi, Klöppeln, Richelieu und Schattensticken vertraut machen. Außerdem wurden an drei Ausstellungsnachmittagen die folgenden begleitenden Veranstaltungen angeboten:

- Der Film "Tue recht und scheue niemand" erzählt anhand von Fotos den Lebensweg einer älteren Frau nach. Dabei wird auch auf Handarbeiten in der Lebensgeschichte Bezug genommen.
- Die Präsentation ungewöhnlicher Strickarbeiten durch Mechthild Heimann ("Vom Strickobjekt zur Kunst auf dem Pullover") zeigte Möglichkeiten auf, wie ohne Vorlage gehandarbeitet werden kann.
- Das Referat von Ruth Hantke "Handarbeiten im Wandel der Geschichte" befaßte sich mit der Entwicklung von Handarbeitstechniken über die Jahrtausende und durch die verschiedenen Schichten hindurch.

Bewertung - Kritik - Anregungen

Die durchweg positive Resonanz auf die Ausstellung machte spürbar, daß über Handarbeiten als Bestandteil weiblicher Alltagskultur sehr unterschiedliche Frauen - von engagierten Frauen aus der Frauenbewegung bis hin zu eher traditionell denkenden Frauen - angesprochen werden können. Von allen Besucherinnen wurde das Thema "Handarbeit im Frauenleben" als ein Stück gemeinsamer Frauengeschichte und Frauentradition erlebt.

Die Aufteilung des Projektes in eine Sammel- und Informationsphase (1985), verbunden mit offenen Gesprächskreisen, und in eine Phase der intensiven Vorbereitung und Durchführung der Ausstellung (1986) mit Hilfe einer festen Arbeitsgruppe erwies sich als sinnvoll. (Zu überlegen wäre, ob eine feste AG auch bereits die 1.Phase mitverfolgen sollte.)

"Das ist alles selbstgestrickt, es gab ja nichts Gekauftes! Ich kann mir gar nicht vorstellen, daß meine Mutter nicht immer irgendwas in der Hand hatte zu arbeiten."

1948

Anzug aus "Taubenwolle" +
Ärmel und Hose aus einem alten Männerpullover

(+ Markenbezeichnung für besonders weiche Wolle)

1949

Verwertung bis zum letzten Rest

"Ich hab ein himmelblaues Kleid gehabt - stolz wie Oskar. Dann kam meine Tochter zur Welt, und ich kriegte den Einheitskinderwagen. Die war'n ja unter aller Kanone! Jetzt wollt ich doch das Verdeck ausschlagen, 'n rosa Kleid hatte ich nicht, da hab ich das blaue genommen. Hab alles schön ausgetrennt, die Smokarbeit im Verdeck war totschick.
Jeder sagt: "Wie, haste 'n Jungen?"
"Nee, is 'n Mädchen, ich hab nur kein rosa Kleid gehabt."
Dann isse nachher größer gewesen. Dat brauchtt ich nich mehr - wieder ausgetrennt. Dann hat se davon 'n Hängerchen gehabt. Ja und dann, dat hält ja nich ewig, als letztes hab ich nachher noch so'n Läppchen gehabt. Da hab ich ihr ein weißes Westchen aus Zuckersackwolle gestrickt mit 'ner Tasche auf der Brust; Dann hab ich das Läppchen genommen, schön zusammengenäht und in das Täschchen genäht.
Ja, und da war das alle, da war nichts mehr über vom Kleid."

1945

1947

Kranzschleifenhöschen

"Unsre die hatte Spielhöschen aus diesen breiten Kranzschleifen: Herzchen ausgeschnitten, Trägerchen, dann hat'se auch Kleidchen aus Kranzschleifen gehabt."

"Mein Mann kam 1945 aus der Gefangenschaft aus Jugoslawien. Da hatte er von einer Bäuerin einen Pullover aus selbstgesponnener Schafwolle gekriegt. Mein Mann hat den vier Wochen am Körper getragen, der war total verfilzt. Wir mußten doch unsere Kinder anziehen. Mein Mann hat sich die Zeit genommen, hat das verfilzte Schafwollgarn aufgeribbelt. Und davon hab ich zwei Pullover gestrickt. Aus aufgeribbelten grünen Wehrmachtshandschuhen hab ich noch Männchen reingestrickt. Das waren nach heutigen Begriffen dann die schönsten Mohairpullover. Ich war unheimlich stolz, denn als Mutter will man die Kinder auch immer 'n bißchen schick machen."

Winter 1944
Jungenmantel aus Männermantel gearbeitet

1945

Anzüge aus Karo-Bettwäsche

Handarbeit im Frauenleben

Die für das Projekt ursprünglich anvisierte Zielgruppe, Mädchen und Frauen unterschiedlicher Alters- und Berufsgruppen, konnte für die kontinuierliche Projektarbeit nicht in dieser heterogenen Zusammensetzung gewonnen werden.

Die Projektteilnehmerinnen waren Frauen, die aus verschiedenen Stadtteilen Recklinghausens stammten und meist der Altersgruppe zwischen 50 und 70 Jahren angehörten. Alle Frauen hatten ein ausgeprägtes Interesse am Handarbeiten, das zu ihrer Hauptfreizeitbeschäftigung gehörte.

Über den gewohnt alltäglichen Umgang mit Handarbeiten konnten die Teilnehmerinnen in der Projektarbeit neue Kompetenzen entwickeln und vergessene Fähigkeiten wiederentdecken, z.B.:

- Die eigene Lebensgeschichte erinnern und kritisch einordnen.
- Gesellschaftliche und politische Bedingungen reflektieren.
- Bücher zum Frauenalltag und zur Entwicklung von Handarbeitstechniken lesen. (Die Bücher wurden untereinander ausgetauscht).
- Durch den Museumsbesuch und durch Ausstellungskataloge Ausstellungskonzepte kennenlernen.
- Eigene, frauenspezifische Alltagskultur als Kultur erleben.
- Aufbau einer Ausstellung realisieren.
- Eine Ausstellung als Frauensache erleben.
- Eigene Kenntnisse und Wissen weitergeben.
- Eigenen Interessen außerhalb des Hauses nachgehen.
- Neue Frauen kennenlernen.
- Frauenprobleme diskutieren.
- Handarbeitstechniken und -ideen kennenlernen.

Teilweise trafen diese Punkte auch für die Besucherinnen der Ausstellung zu. Der jeweils persönliche Bezug zum Handarbeiten in der eigenen Lebensgeschichte, also ein Sich-Wiederfinden, förderte den Austausch der Besucherinnen untereinander und zu den Frauen der Arbeitsgruppe.

Die Arbeitsgruppe brachte allerdings auch eine Fülle von Problemen mit sich. Sie war in ihren Inhalten zu komplex und anspruchsvoll. Gruppendynamische Prozesse, Kennenlernen von Ausstellungsmethodik und -didaktik sowie inhaltliche Aufarbeitung des Themas waren bei den wöchentlichen Treffen nicht befriedigend zu bewältigen. Im folgenden werden einige dieser Probleme geschildert und Alternativen aufgezeigt.

Sich kennenlernen braucht Zeit

Für die Frauengruppe waren Anforderungen wie Formulieren und kritisches Lesen von Texten, Strukturieren von Erzähltem und themengebundenes Diskutieren sehr ungewohnt. Diesbezügliche Ansprüche waren daher bei einer Zusammenarbeit niedrig anzusetzen.

Das bedeutete auch, daß für eine effektive Zusammenarbeit mit dieser Gruppe ein relativ langer Zeitraum (mindestens ein Jahr) notwendig ist. Erst ein genaueres sich Kennenlernen ermöglicht es, daß die entsprechenden Arbeitsweisen (s.o) von den Teilnehmerinnen selbständig ohne Bevormundung entwickelt werden können.

Gerade im Bereich Handarbeit, einem Kompetenzbereich der interessierten Frauen, entstehen schnell Konkurrenzen und Profilierungsbedürfnisse. Ebenso war es offenbar wichtig, die soziale Stellung (zumal, wenn sie vermeintlich höher ist, als die der anderen) zu klären und zu behaupten.

Beides geschah durch lange, wiederholte Erzählungen, die, wo immer es ging den zumeist freundlich interessierten Projektleiterinnen erzählt wurden. Ein solches Verhalten verhinderte oder unterbrach inhaltlich wichtige Gespräche, führte zu Desinteresse, ja sogar Aggressionen bei den anderen Teilnehmerinnen und brachte die Leiterinnen immer wieder in die Rolle der Ansprechpartnerinnen.

Abhilfe hätte ein vorgelagerter oder parallel laufender Kurs zur Vermittlung von Handarbeitstechniken schaffen können. (Hierbei hätte man sich wahrscheinlich sogar völlig auf die Kompetenzen einzelner Frauen verlassen können, die anderen ihr Wissen über alte und neue Techniken gern vermittelt hätten.) Neben der praktischen Arbeit hätte die Zeit genutzt werden können, um sich über Privates auszutauschen, Zu- oder Abneigungen untereinander festzustellen oder Fähigkeiten und Interessen deutlich werden zu lassen.

Angleichung des unterschiedlichen Kenntnisstandes

In einem Dilemma befanden wir uns bei der Erstellung des Ausstellungskonzeptes: Wir als Leiterinnen wollten/konnten nicht einfach ein fertiges Konzept vorlegen und die notwendigen Aufgaben verteilen, denn zum einen wußten wir nicht, was an Material vorhanden sein würde, zum anderen wollten wir die Frauen nicht durch Vorgaben beeinträchtigen bzw. bevormunden.

Es stellte sich aber bald heraus, daß die Frauen unserer Arbeitsgruppe bei dem Vorhaben "Ausstellung" im wesentlichen die ihnen geläufigen Handarbeitsbasare vor Augen hatten, so daß wir - ständig unter Zeit- und Profilierungsdruck - doch häufig unsere Ideen einbrachten und durchsetzten, was natürlich die Eigeninitiative der Frauen nicht gerade gefördert hat.

Um diesem Dilemma zu entkommen, hätte als Ziel der Arbeitsgruppe ausschließlich das Erstellen eines Ausstellungskonzeptes angegeben werden müssen. (Bei uns verstanden sich die Frauen lieber als "Lieferanten" von Wissen und Material.)

Um die konzeptionelle Arbeit vorzubereiten, wäre es sinnvoll gewesen, unterschiedlichste Ausstellungen (auch solche ohne Handarbeitsbezug) zu besuchen und zu besprechen, so daß die Erwartungen bei der Konzeption und beim Aufbau der Ausstellung einfacher hätten geklärt werden können.

Praktisches Handeln ist sehr wichtig

Im Nachhinein sind wir davon überzeugt, daß es besser gewesen wäre, die Ausstellung in einem ständig zur Verfügung stehenden Raum allmählich entstehen zu lassen. Ein solcher Entstehungsprozess hätte langfristige, für die Frauen ungewohnte, theoretische Überlegungen erspart, denn es wäre eine ständige Rückkopplung an praktisches Tun möglich gewesen. Nicht zuletzt würde ein solches Vorgehen es den Frauen sicher erleichtern, sich mit der Arbeit stärker zu identifizieren (ein Prozeß, der in unserem Projekt erst beim Aufbau der Ausstellung wirklich stattfand), eigeninitiativ zu werden und selbständig zu handeln.

Kritische Stimmen gegen das Projekt richteten sich im wesentlichen gegen die angeblich rollenfestschreibende Intention einer "Handarbeitsausstellung", in der über der Bewunderung der gezeigten Handarbeiten eine kritische Reflexion vergessen würde.

Dem war entgegenzuhalten, daß es nach unserem Verständnis von Teilnehmerinnenorientierung nicht darauf ankam, eine kritische Reflexion vorzugeben, sondern daß eine Problematisierung allmählich an den Alltags- und Lebenserfahrungen der Frauen anknüpfen mußte.

Das Gesprächsthema Handarbeit war eine Form der Selbstdarstellung, in der die Bedeutung des Handarbeitens für die Identität der Frauen offensichtlich wurde. Die subjektiven Darstellungen verdeutlichten die Gemeinsamkeit der Erfahrungen, die sich oft im Laufe der Jahre gleich blieben, wie z.B. die negative Bewertung des Handarbeitsunterrichtes.

Hier bot sich dann die Chance, über die gemeinsame weibliche Sozialisation sprechen zu können (etwa der Vergleich zwischen der Erziehung zu bestimmten Grundsätzen und der eigenen Einstellung zum Handarbeiten: z.B. die besondere Bedeutung der ordentlich aussehenden Handarbeit, die in der Schule vorgeschrieben, von den Frauen aber zumeist auch internalisiert wurde).

Handarbeit im Frauenleben

Eine von den Teilnehmerinnen ausgehende kritische Bewertung bezog sich vor allem auf Handarbeiten in der Kindheit und Jugendzeit, ließ jedoch aktuelles Freizeithandarbeiten weitgehend unberücksichtigt. Obwohl in der Arbeitsgruppe durchaus bestimmte Aspekte thematisiert wurden, z.B. die Verknüpfung des Entspannungsaspektes mit einer rastlosen Handarbeitstätigkeit, wurde dies von den Frauen für die öffentliche Präsentation nicht wieder aufgegriffen. Einzelne, nachdenklich stimmende Texte gingen in der Fülle der gezeigten Handarbeiten geradezu unter.

Bei einer längerfristig angelegten Projektarbeit wäre es für die Frauen u.U. möglich gewesen, durch ihre zunehmende Stabilisierung und Einarbeitung auch ihr aktuelles Handarbeitsverhalten weitgehender zu problematisieren. In Anbetracht des zeitlichen Drucks, unter dem die gesamte Projektarbeit stand, hätte eine von uns stärker vorgegebene Problematisierung vielleicht unsere Ansprüche an das Thema erfüllen können, jedoch für das Selbstverständnis der Frauen (und dadurch auch für ihre Mitarbeit) Konsequenzen gehabt, die wir im Rahmen der Projektarbeit nicht auffangen konnten. Ausgangspunkt und Basis der Projektarbeit war daher, die Kompetenzen der teilnehmenden Frauen ernstzunehmen und - soweit wie es für die Frauen möglich war - für Reflexionsprozesse zu nutzen.

Das Projekt wurde im Rahmen der Stadtteilkulturarbeit der Stadt Recklinghausen (Leitung: M.Goldmann) von Mai 1985 bis September 1986 stadtteilübergreifend durchgeführt. Geleitet wurde es von B. Duka und R. Möhle-Buschmeyer, die über Honorarverträge eingestellt waren.

Literaturhinweis

Barbara Duka, Rosemarie Möhle-Buschmeyer: Weibliche Jugendliche in Zechensiedlungen. Zum Mädchenalltag zwischen den Weltkriegen. In: Wilfried Breyvogel, Heinz-Hermann Krüger (Hrsg.): Land der Hoffnung - Land der Krise. Jugendkulturen im Ruhrgebiet 1900-1987, Berlin/Bonn: Dietz Nachf. 1987, S. 70-77 (Ausstellungskatalog)

Kontaktadresse:

Rosemarie Möhle-Buschmeyer
Hessenweg 6
4770 Soest

Barbara Duka
Norderneystraße 14
4350 Recklinghausen

denkmalfrauen auf demontage
Ein Projekt der Hochschule der Künste Berlin in Schwerte/Ruhr

Aktion im Stadtpark am Montag, den 27.6.1988, ab 16.30 Uhr

Denkmäler wurden und werden vor allem für "große Männer" und für Helden errichtet. Das ist in Schwerte nicht anders als in Berlin, Hamburg, Frankfurt oder anderswo.

Ein Denkmal in Schwerte ist "unseren Heldensöhnen geweiht", andere den "ruhmvoll gefallenen Heldensöhnen" oder den "tapferen Söhnen unserer Gemeinde". "Daß sie auffahren mit Flügeln wie Adler." - So heißt es an einem Denkmal für die Gefallenen des 1. Weltkrieges. - "Es starben die Freunde, es fällt ein jeder der Männer, eins nur weiß ich, das nicht vergeht: Der Nachruhm der Toten."

Und was ist mit den Frauen?

Warum gibt es so selten Denkmäler für sie? Haben sie nichts geleistet, was des Erinnerns wert wäre? Wohl kaum. Wir wissen längst, daß es bedeutende Frauen gab, in Berlin, Hamburg, Frankfurt genauso wie in Schwerte. Sie wurden nur von der herrschenden und überlieferten Geschichtsschreibung verschwiegen.

In Schwerte zum Beispiel: **Agnes Tütel**. Über ihr Leben wird am Montag, den 27.6.1988 um 17 Uhr im Stadtpark Grete Rommel berichten.

Und sonst? Welche uns wichtigen Frauen gab es in Schwerte? Gab es Heldinnen? Was haben sie getan? Wollen wir ihnen Denkmäler setzen?
Darüber wollen wir am Montag - vor und nach dem Vortrag über Agnes Tütel - diskutieren. Und nicht nur das, wir wollen es ausprobieren: im Stadtpark, wo schon Grabsteine berühmter Männer und ihrer Frauen stehen!

Die denkmalfrauen von der Hochschule der Künste in Berlin und die VHS Schwerte laden herzlich ein.

**Aktionswoche vom 27.6. bis 3.7.88
Pannekauken und andere Frauen
denk mal frauen in Schwerte**

Seit 1984 steht die Pannekaukenfrau, ein Geschenk der Schwerter Oberschicht, an einer Straßenkreuzung - nicht weit vom Marktplatz - und bietet den vorbeikommenden Autofahrern aus ihrer großen Pfanne ihre Reibekuchen an.

Sie ist immer noch umstritten. Die einen sehen in ihr ein rückständiges Symbol des vorindustriellen Schwerte und eine Verkörperung überholter weiblicher Eigenschaften, die anderen ein schon längst überfälliges Zeichen für das, was Frauen in der Geschichte für Schwerte und sein Überleben getan haben.

Ein Denkmal für die unbekannte Hausfrau, die ohne viel Aufhebens ihre immer wiederkehrende gleiche Arbeit verrichtet? Wird hier endlich öffentlich gemacht, was sonst nur im Verborgenen geschieht?

Aber vertritt die Pannekaukenfrau wirklich die konkreten Schwerter Frauen? Was haben Frauen in Schwerte sonst noch getan? Wo finden wir ihre Namen?

Einige wenige sind im Stadtpark von Schwerte zu finden: die Tochter von C.F.Bährens, die ihrem Vater als berühmten Mediziner und Sozialpolitiker des 19. Jahrhunderts ein Grabmal setzen ließ; Frau Ludwig Kienitz; Henriette

STECKBRIEF

Achtung: denkmalfrauen unterwegs !!!!!

Wie aus gut unterrichteten Kreisen zu erfahren ist, halten sich seit der Nacht vom Sonntag zum Montag, den 27.Juni 1988 die denkmalfrauen im Schwerter Gebiet auf.

Ihre Angriffsziele sind vermutlich vorgefaßte unumstößliche Meinungen und Vorurteile über Frauen. Versteinerungen jeder Art sind bevorzugte Zielpunkte ihrer Anschläge.

Sie müssen damit rechnen, mitten auf der Straße angesprochen zu werden und in eine Diskussion verwickelt zu werden!

Frauen insbesondere werden gewarnt: sie müssen Modellstehen oder sollen gar Pinsel in die Hand gedrückt bekommen.

Mutmaßliche Mitglieder der Gruppe sind Frauen im Alter zwischen 20 und 40 oder gar noch älter.

Identifizierte Mitglieder der Gruppe sind Studentinnen und Dozentinnen der Hochschule der Künste Berlin.

Um ihre Denkmalfrauentätigkeit zu tarnen, gehen sie noch anderen, scheinbar unverdächtigen Tätigkeiten nach.

Astrid Reinke: lächelt freundlich, wenn sie sich nicht gerade hinter der Kamera versteckt, mit der sie ständig unterwegs ist; an ihrem Hauptaufenthaltsort Berlin fährt sie Taxi, mit Vorliebe Frauen.

Heike Barndt betreut Jugendgruppen im Ausland, sie wurde deswegen in Schwerte nicht gesichtet.

Ilse Greve gründet gerade eine Ateliergemeinschaft, ansonsten fährt sie im City-Laster die Anschlagsutensilien der Gruppe in fremde Städte.

Katja Jedermann tut so - wie der Name schon sagt - als ob sie nichts besonderes wäre, dabei betätigt sie sich als Dozentin in der Weiterbildung von KünstlerInnen.

Kirsten Hense trägt häufig eine Haartracht, die sie der Pannekaukenfrau abgeguckt hat, um sich als Schwerterin zu tarnen.

Silke Wenk sitzt vor allem am Schreibtisch, wenn sie nicht gerade nichtsahnende Studentinnen in zeitaufwendige Projekte zu verwickeln sucht.

Susanna Feldmann verlagerte vor kurzem ihr Tätigkeitsfeld vom Freistaat ins Zentrum der denkmalfrauen.

Ursula Eggenberger treibt kunsthistorische Studien über Trümmer- und andere Frauen.

SympathisantInnen werden in der VHS und im Kulturamt vermutet.

GEMEINSAME ERKENNUNGSZEICHEN:

Altrosa Hemden, kleines Lorbeerblatt oder gewöhnliche Straßenkleidung. Sind sonnenabhängig, Regen legt ihre Aktivitäten lahm.

denkmalfrauen auf demontage

Fleitmann, die Frau des berühmten Gründers der Nickel-Werke... Tochter von, Frau von, Mutter von - und sonst?

Namenlose Frauen aus Bronze oder Stein stehen in vielen Städten. Sie vertreten **die** Wissenschaft, **die** Technik, **die** Stadt, **die** Nation. Weibliche Allegorien verweisen auch auf den Sieg - auf das "Höchste", was die Männergesellschaft zusammenhält, so zum Beispiel die preußische Viktoria auf der Berliner Siegessäule.

Was hat die Schwerter Pannekaukenfrau mit der Viktoria gemeinsam, die den heimkehrenden Kriegern den Siegeskranz verspricht?

Brauchen wir mehr und andere Denkmäler für Frauen?

Die Berliner "denk mal frauen", eine Gruppe von sieben Studentinnen und Dozentinnen der Hochschule der Künste in Berlin, kommen vom 27. Juni bis 3. Juli 1988 nach Schwerte, um gemeinsam mit Frauen aus Schwerte diesen Fragen weiter nachzugehen.

Verschiedene künstlerische Aktionen sind für die Woche geplant, aktive Beteiligung ist erwünscht! Orte des Geschehens: Stadtpark, Marktplatz, Häuserfassaden und das Rathaus. Und natürlich ist die Pannekaukenfrau überall dabei...

Kontaktanschrift:

Katja Jedermann
Kulturpädagogische Arbeitsstelle
für Weiterbildung
Hochschule der Künste Berlin
Köthener Straße 44
1000 Berlin 61

Dokumentation:

denk mal frauen

**Ein Projekt über Frauenbilder
in der öffentlichen Skulptur Berlins**

Andrea Kapetzky, Sabine Mallon, Elke Pohland, Corina Rott, Antje Schirmer, Cornelia Schmitt, Ruth Zwanzger

Projektleitung und Redaktion:
Erika Schewski-Rühling und Silke Wenk

Herausgeberin:
Hochschule der Künste Berlin, Köthenerstr. 44, 1000 Berlin 61,
Berlin 1987

Vorwort

Dieser Katalog dokumentiert eine Ausstellung, die zum Abschluß eines Theorie-Praxis-Seminars am Fachbereich 11 - Ästhetische Erziehung, Kunst- und Kulturwissenschaften - entstand.

Die öffentliche Skulptur Berlins ist häufig Gegenstand kunstwissenschaftlicher Analyse. Was bislang aber weitgehend unerforscht und bis zum Zeitpunkt unserer Arbeit nie systematisch dokumentiert wurde, sind die Bilder des Weiblichen - an und auf den Sockeln. Die Bilder, die wir vorfanden, waren Anstoß für Entwürfe anderer Darstellungen von Frauen. Bestandsaufnahme, Dokumentation und Analyse waren von Anfang an begleitet von praktischen Auseinandersetzungen mit dem Thema, in anderen Materialien, die nicht nur aus pragmatischen Gründen gewählt wurden, sondern auch um der auf Monumentalität und Überzeitlichkeit bestehenden Denkmalskulptur etwas entgegenzusetzen, das zu lebendigen Auseinandersetzungen provoziert.

Die Gliederung des vorliegenden Kataloges orientiert sich an den wichtigsten in der öffentlichen Skulptur vorfindbaren Typen von Weiblichkeitsbildern: Dies sind die Allegorien, die Mutter, der Akt und schließlich auch die Sphinx. Dokumentiert wird zum einen ihre Geschichte in den Denkmälern und in der sog. Freiplastik im öffentlichen Raum, die gemeinsam erarbeitet wurden und zum anderen die Arbeit der Studentinnen an ihren individuellen Entwürfen.

Erika Schewski
Silke Wenk

Weghoffrauen der HAGIA
Erfahrungsbericht der "Akademie für kritische matriarchale Forschung und Erfahrung" - HAGIA

Doppelprojekt

Die Akademie HAGIA ist ein Doppelprojekt, bestehend aus der Akademie und einer biologischen Landwirtschaft. Selbstdarstellung und Erfahrungsbericht thematisieren also beide Bereiche.

Die Landwirtschaft

Ziele

Wir arbeiten mit biologischer Wirtschaftsweise. Darüber hinaus entwickeln wir ein spirituelles Verständnis für den Umgang mit Landschaft, Tieren, Pflanzen und Frauen. Dazu gehört auch der Versuch, eine Arbeits- und Lebensgemeinschaft zu bilden.

Die praktischen Ziele umfassen die Autarkie in der Gemüse- und Fleischversorgung für alle Weghoffrauen und die hier stattfindenden Kurse. Außerdem verwirklichen wir umweltschützerische Programme.

Mit sechs Hektar bewirtschafteter Fläche ist der Weghof eine Nebenerwerbslandwirtschaft. Trotzdem wird angestrebt, auf dem Sektor der biologischen Fleischversorgung auch einiges im kleineren Rahmen zu verkaufen. Die Arbeit soll nach dem Prinzip der Arbeitsteilung verlaufen.

Erreichte Ziele, Erfahrungen, offene Fragen

Der Hof wird seit über drei Jahren ohne Düngemittel, Insektizide und Herbizide bearbeitet. Wir sind einem hiesigen biologischen Arbeitskreis angeschlossen und befinden uns momentan in einer Übergangsphase, nach deren Verlauf (Herbst 88) wir die offizielle Anerkennung als Bio-Hof erhalten werden. Die spirituellen Erfahrungen aus nunmehr sieben Jahren Mysterienspiele fließen auch in das Verhältnis zur Natur mit ein. Darüber hinaus hat eine Weghoffrau die Ausbildung zur Tierheilpraktikerin absolviert und arbeitet mit unserem Viehbestand nach naturheilkundlichen Verfahren (Homöopathie, Bachblüten etc.). Die Autarkie in der Fleischversorgung wurde 87 sichergestellt (Bullenkalb, Ziegenfleisch, Enten-, Kaninchen- und Hühnerfleisch). Ebenso die Milch- und Käseproduktion (Zwei Milchkühe, einige Milchziegen).

Im Bereich der Kaninchenzucht streben wir die Aufzucht von fünfzig Schlachthasen ab Herbst 88 an. Zu diesem Zweck wird ein großer Wechselweideauslauf angelegt. Rinderfleisch, Entenfleisch und Kaninchenfleisch sollen auch in diesem Jahr wieder verkauft werden.

Die Autarkie in der Gemüseversorgung ist 1989 das Ziel. Im Moment läßt sich natürlich noch nicht absehen, ob wir das erreichen. Der Arbeitsaufwand ist sehr groß.

Dank sparsamen Wirtschaftens wurde die Futtermittelautarkie ebenfalls erreicht. Wir hoffen, dieses Jahr durch den Anbau von Akkerbohnen (statt Soja, welches aus der 3.Welt importiert wird!) auch wieder vermehrt Eiweis zufüttern zu können. Auf dem Bereich des Umweltsektors führen wir in Zusammenarbeit mit dem hiesigen Landratsamt die Wiesenbrüterprogramme und Feuchtflächenschutzgebietprogramme durch (Ackerrandstreifen dürfen nicht chemisch gedüngt werden, Wiesenrandstreifen werden in der Zeit von April bis September nicht gemäht und befahren, eine nur von Hand zu bewirtschaftende Schilffläche wird gepflegt).

Die Arbeitsteilung umfaßt fünf Gebiete:
- Küche und Veredelung: eine Frau;
- Garten und Gemüseacker: hauptverantwortlich eine Frau, plus unbeschränkter Mithilfe von allen;
- Stall und maschinelle Feldarbeit: zwei Frauen;
- Büro und Verwaltung: zwei Frauen.

Die Akademie HAGIA

Ziele

Es ist unser Ziel, sowohl auf wissenschaftlichem als auch auf künstlerischem Gebiet neue Inhalte und Vermittlungsweisen zu erforschen und fördern. Im Vordergrund stehen solche Themenbereiche, die in den etablierten Institutionen nicht beachtet werden. Schwerpunkt ist die Matriarchatsforschung und ihr verwandte Themen. Die Akademie veranstaltet: Kurse, Reisen, Jahreszeitenfeste.

Erreichte Ziele, Erfahrungen, offene Fragen

In den ersten beiden Jahren mußten wir lernen, daß zum Beispiel durchgehende Studiengänge, zu denen die Frauen mehrmals im Jahr anreisen mußten, nicht liefen. So kam es, daß wir 87 insgesamt nur sechs Kurse durchführen konnten mit ca. insgesamt 50 Teilnehmerinnen. Ein Kurs fand in der Schweiz statt. Dieses Jahr bieten wir deshalb vermehrt Wochen- und Wochenendkurse an. Bisher haben wir die Erfahrung gemacht, daß Frauen eher konsumorientierte Themen (Körperselbsterfahrung z.B.) vorziehen. Kurse, deren Thematik eher gedanklich orientiert ist und theoretische, politische Ansprüche signalisiert, werden nicht so gerne angenommen. Das ist für uns ein

Erfahrungsbericht der Weghoffrauen

Problem, da wir von unserem geistigen Anspruch her eigentlich lieber auf eher theoretischer Ebene arbeiten. Obwohl auch in solchen Kursen andere Bereiche nie zu kurz kommen. Das resultiert schon aus dem umfassenden Anspruch des ganzen Konzeptes.

Da die Reisen im vorigen Jahr gut aufgenommen wurden, führen wir auch dieses Jahr wieder einige durch. Wir haben das Studienreiseprogramm zu den megalithisch-matriarchalen Baudenkmälern Europas um zwei Reisen innerhalb der BRD erweitert, die naturgemäß billiger sind und deshalb auch von Studentinnen, arbeitslosen Frauen etc. mitgemacht werden können. Im vorigen Jahr nahmen insgesamt 30 Frauen, 2 Jugendliche und 1 Kind an den Reisen nach Irland und Malta/Kreta teil.

Die Jahreszeitenfeste (oder auch Mysterienspiele genannt) finden auf Weghof statt. Wir arbeiten heuer wieder mit einer größeren Gruppe (ca. 30 Frauen) aus Erfahrenen und Neuanfängerinnen. Diese Jahreszeitenfeste sind nach wie vor der Kern unserer Aktivitäten und unseres Selbstverständnisses. In ihnen kommt das umfassende Konzept aus künstlerischer, historischer, wissenschaftlicher und landwirtschaftlicher Arbeit am schönsten und reichsten zum Tragen. Die organisatorische und inhaltliche Struktur unserer Kurse wird uns auch noch einige Jahre lang beschäftigen, da wir erst einmal Erfahrungen in Bezug auf die Bedürfnislage der Frauen sammeln müssen. Trotz genauer Aufschlüsselung, wie die Kurskosten zustande kommen, erreicht uns immer wieder Kritik an den Preisen. Die Frauen orientieren sich leider oft zu sehr an staatlich geförderten, öffentlichen Institutionen wie beispielsweise der Volkshochschule.

Darüber hinaus fuhren immer wieder Weghoffrauen zu Vorträgen oder kleineren Ritualen in Deutschland und der Schweiz herum. In verschiedenen Fernseh- und Rundfunksendungen äußerten wir uns zu feministischen Themen oder stellten unser Projekt vor, berichteten von den Ergebnissen der Matriarchatsforschung.

Erfahrungsbericht der Weghoffrauen

Wie frau es auch von anderen städteübergreifenden, autonomen Frauenprojekten kennt (z.b. Frauenverlage), ist die Public-Relationsarbeit immer eine Art Stiefkind. Das hängt natürlich mit den mangelnden finanziellen und personellen Ressourcen unserer Projekte zusammen. Glücklicherweise sind dieses Jahr zwei Bücher von Heide Göttner-Abendroth herausgekommen ("Für die Musen" bei Zweitausendeins und "Matriarchatsforschung - Bd. I" bei Kohlhammer). Mgliane Samasow bemüht sich ebenfalls, in diesem Jahr einen Geschichtenband zu verlegen. Wir sind aber auch sehr auf die Werbung durch Freundinnen und befreundete Frauenprojekte angewiesen sowie auf Publikationsmöglichkeiten in den diversen Zeitschriften. Außerdem haben wir eine kleine Editionsreihe begründet, in der Aufsätze, Geschichten, Essays und Lyrik aus dem Themenbereich "Matriarchate" veröffentlicht werden.

Der Förderverein für die Akademie wächst langsam (sehr langsam!) aber dennoch stetig. Ende 87 waren 65 Frauen MitgliederInnen, es gab 17 FörderInnen und 20 PatInnen (größere finanzielle Zuwendungen oder Sachspenden).

Der Umgang mit den niederbayrischen Behörden gestaltet sich, da wir ein Frauenprojekt sind, recht mühsam und langwierig. Der Verein besitzt die Gemeinnützigkeit und versucht vorsichtig, öffentliche Förderungen zu beantragen (ABM-Stellen). Wir halten dieses allerdings auch für problematisch und streben eher das Modell einer direkten Förderung durch Frauen an, um nicht in staatliche Bevormundung und Abhängigkeit zu geraten.

Größere Sympathien, aber auch Möglichkeiten, erwecken uns Stiftungen wie der Ökofonds der Grünen, zu dem wir auch als eine biologische Landwirtschaft eher Zugang erhalten können. Durch private Investitionen zweier Weghoffrauen und die Gratisarbeit eines Fachmannes konnten wir in den letzten zwei Jahren einen großen Dachboden zum Gruppenraum ausbauen. 1988/89 sollen alle Kurse und Veranstaltungen, unabhängig von der angemeldeten Teilnehmerinnenzahl, stattfinden.

Daß wir den Verein erweitern wollen, dürfte selbstverständlich sein.

Übergreifende Erfahrungen aus dem Zusammenspiel von Akademie und Landwirtschaft

Soziale Zusammenarbeit

Auf Grund des Doppelprojektes sind wir eine recht arbeitsintensive Angelegenheit! (zum Vergleich: eine solche Landwirtschaft wurde vor dem Krieg von ca. drei Erwachsenen geführt. Dazu kamen natürlich noch die Oma fürs Geflügel und die Kinder fürs Kühehüten! Unsere biologisch orientierte Wirtschaftsweise entspricht dem ungefähr. Das ganze Projekt wird von fünf Frauen gestaltet. Eine Jugendliche hilft mit, soweit ihr das unser modernes Schulsystem gestattet.) Dadurch aber, daß jede Frau die Arbeitsbereiche hin und wieder wechseln muß (dieser Bericht wird z.B. während eines Regentages im Mai vom Stall-Ressort geschrieben!) hält sich die Müdigkeit in gewissen Grenzen. Stoßzeiten wie die Heuernte, möglichst noch plus Kurs im Haus, zehren allerdings auch an unseren Kräften.

Durch die Jahreszeitenfeste und ihre rituelle Bilderkommunikation haben wir aber auch ein Mittel zur Krisenbewältigung an der Hand. Konflikte lösen wir öfter in dieser Weise. Aber auch durch Gespräche, die so lange laufen, bis ein Konsens erreicht ist. Wir waren der Ansicht - und das hat sich bisher auch für uns bestätigt - daß eine Gruppe nur dann gut miteinander auskommt, wenn sie sich an einer allen gemeinsamen geistigen Basis orientiert. Nicht Sympathie oder Antipathie bestimmen so sehr unsere Gruppenstruktur, sondern das gemeinsame politische Ziel und ein gemeinsamer Wissenshintergrund. Wir halten es alle für notwendig, autonome Frauenprojekte sowohl in der Stadt als auch auf dem Land zu befördern und aufzubauen. Wir beziehen uns auf die Inhalte der Matricharchatsforschung sowie der daraus resultierenden Jahreszeitenfeste. Dieser politisch-spirituelle und wissenschaftliche Ansatz bildet den gemeinsamen Grundkonsens

Erfahrungsbericht der Weghoffrauen

unserer Gruppe aber auch der enger mit uns verbundenen Frauen, die nicht auf Weghof leben (Coven).

Aus diesem Umfeld befreundeter oder geistig mit uns verbundener Frauen fließt uns ebenfalls Kraft, Inspiration und stabilisierender Einfluß zu. Konkret durch Mithilfe im Projekt, seelisch durch Freundschaften, Briefe, Telefonate, Besuche...

Wir haben es erstmals im Winter 87/88 geschafft, die Arbeit so zu organisieren, daß eine vierteljährige Winterpause durchgeführt werden konnte. Außer Stall, Küche und Büro gab es nichts zu tun - keine Kurse, keine Feldarbeiten. Es gab Ausschlafmöglichkeiten durch Schichtdienst, Abwechslungen. Wir konnten Ausflüge machen, Bäder besuchen, wissenschaftlich intensive Forschung betreiben und eigene künstlerische Sachen (Literatur, Malerei) verfolgen. Den Heilerinnen im Haus war es möglich, Beratungen zu gestalten und sich ihren persönlichen Fortbildungen zu widmen. Das Bewußtsein, sich auch Zeit zu erarbeiten und wieder in Aussicht zu haben, hat meines Erachtens dieses Jahr sehr zu unserer sozialen Stabilität beigetragen, während doch in den Jahren zuvor die allgemeine Unsicherheit und arbeitsmäßige Überlastung durch das Projekt einige Konflikte provoziert hat. Ein niemals endendes Problem wird allerdings die Geldsorge bleiben! Wir gehen trotz alledem sehr bestärkt und optimistisch in das vierte Jahr seit Bestehen der Akademie HAGIA.

Künstlerisch-spirituelle Mysterienspiele

Das verbindende Band zwischen den Weghof-Frauen, dem Freundinnenkreis, den Coven-Frauen und unseren Gästen sind die künstlerisch gestalteten Mysterienspiele im Jahreszeitenzyklus (8 Treffen im Jahr). Sie werden bereits im siebten Jahr veranstaltet und haben sehr dazu beigetragen, den Kreis der Begründerinnen der Akademie zusammenzuhalten. Diese verbindende Wirkung haben sie auch heute. Denn in ihnen stellen wir - abgesehen von den aus der Natur stammenden jahreszeitlichen Themen - unsere praktische Arbeit symbolisch dar, ebenso unser Gemeinschaftsgefüge (in symbolischen Gestalten) wie unsere individuellen und spirituellen Lernprozesse (symbolische Szenen).

Dadurch wird nicht nur hohe Durchsichtigkeit des emotionalen, geistigen und praktischen Gefüges erreicht, sondern auch eine für alle wahrnehmbare Konfliktgestaltung und -lösung in Bildern. Die Bilder machen Freude, selbst im Konfliktfall, lösen kreative Phantasie aus und bieten deshalb auf spielerisch-ernster Ebene hohe Austausch- und Lösungsmöglichkeiten.

Mysterienspiele sind daher eine Art Gemeinschaftskunst mit allen Anwesenden als Mitwirkenden, wobei Realität in symbolischen Bildern durchsichtig gemacht und verarbeitet wird. Das Ergebnis sind immer wieder neue Umwandlungsprozesse, die sehr zum sozialen Frieden im Weghof-Kreis und zur sozialen Anbindung der Coven-Frauen beitragen. (Nähere Informationen über unsere Forschung/Kurse und Mysterienspiele siehe Programm)

Inhaltlich treten bei den Mysterienspielen Erkenntnisse aus unserer Matriarchatsforschung ins künstlerische, gelebte Bild. Hinzu kommen unsere eigenen Inhalte, die wir in matriarchalen Bildern ausdrücken, was besser gelingt, als wenn wir auf den Fundus der verzerrten patriarchalen Bilder zurückgreifen müssen. Obendrein treten die Naturbilder der Jahreszeiten dazu, ebenso Bilder der Gestörtheit und Bedrohtheit der Natur (ökologische Probleme), die wir hautnah erleben. Darin sind unsere Mysterienspiele gegenwartsbezogen und politisch, weil sie nicht nur "heile Welt" abspiegeln.

Kontaktadresse:

Weghoffrauen der HAGIA e.V.
Akademie für kritische matriarchale
Forschung und Erfahrung
Weghof 2
8351 Winzer

Gitta Martens
Nachwort

"Anstöße"

- Feministische Kulturpädagogik ist eine parteiliche Pädagogik vom Subjekt Frau/Mädchen aus. Spurensuche nach Symbolen, Worten, Taten und Bewegungen von Frauen in Kulturwissenschaft und Kunst und deren kritische Würdigung, sowie das Schürfen nach für uns Brauchbarem in den Produkten männlichen Kulturschaffens mit dem Ziel aktiver und künstlerisch-gestaltender Aneignung von Welt.

- In Theorie und Praxis kultureller Bildung in den Verbänden ist feministische Kulturarbeit bisher kein Thema.
  Im Verhältnis zu anderen gesellschaftlichen Bereichen sind Frauen und Mädchen hier zwar überproportional präsent, sie nutzen dies jedoch nicht offensiv zur interessengeleiteten, inhaltlichen und künstlerischen Einflußnahme auf Geschlechter- und Herrschaftsverhältnisse.

- Kommunale Frauenkulturpolitik ist eine von parteipolitischen und kommunalen Interessen abhängige.
  Es bestehen Widersprüche zwischen den (unterschiedlichen) Interessen innerhalb der Frauenbewegung und den Interessen von kommunaler Kulturpolitik. Die Dynamik dieses Verhältnisses muß dennoch von Frauenbewegung und Kommune für die Belange der Frauen genutzt werden.

- Frauen müssen ihre Sache selbst in die Hand nehmen!
  Neue Frauenbilder entstehen nicht durch "neue" Männerphantasien.

Remscheid, 21. April 1989

"Aussichten"

Vorbemerkung

In den Projektberichten wurden Ziele, Inhalte und Methoden bekannt gemacht, die in der kulturpädagogischen Praxis mit Mädchen und Frauen erprobt werden. Darüber hinausgehende Forderungen in Richtung feministische Kulturpädagogik wurden in den Referaten erhoben und zusammengefaßt in den oben abgedruckten "Anstößen".

Es dürfte deutlich geworden sein, daß feministische Kulturpädagogik mehr ist als eine Sache des "good will". In den "Aussichten" möchte ich nun nicht wiederholen, sondern Ergänzungen nachschieben, die mir aufgrund der Diskussionen auf dem Symposion und weiterer Auseinandersetzungen mit diesem neuen Praxisfeld von Frauen wichtig sind. Sie sind Reflex auf folgende Umstände:

1. Immer mehr Frauen versuchen sich in der Mädchen- und Frauenarbeit, ohne vorliegende Erfahrungsberichte zu rezipieren. Die Folge ist, daß sie alle mit "gutem Willen" versuchen, Berge zu versetzen, ohne Kenntnis über die Berge, deren Standort und das erforderliche Handwerkszeug, mit dem dies adäquat geschehen könnte. Sie scheitern dann häufig an der Tatsache, daß den Bergen die Einsicht in die

Nachwort

Notwendigkeit zu fehlen scheint und geben aus Enttäuschung über den eigenen Mißerfolg den Bergen selber die Schuld. Das müßte nicht sein, denn anders als bei den Bergen sind die Verhaltensweisen und Interessen von Mädchen und Frauen nicht "natürlich" in ihnen verankert, sondern Ausdruck gesellschaftlicher Zuweisung und Grenzziehung.

Während frau sich in der Ausländer- und Behindertenarbeit über das spezifische Sein der Zielgruppe informiert, scheint das bei der Zielgruppe Mädchen/Frauen nicht nötig zu sein. Frau weiß, wovon sie spricht und hat es ja schließlich auch "geschafft", die ihr gebotenen Chancen wahrzunehmen. Nur - emanzipatorische oder besser feministische Arbeit geht weiter. Sie hält Chancengleichheit unter den gegebenen Bedingungen für illusorisch.

2. Angebote für Mädchen/Frauen, die die gegebenen Rahmenbedingungen nicht reflektieren und zugunsten der Mädchen/Frauen bewußt beeinflussen, d.h. z.B. weiterhin koedukative Angebote sind, werden die Phänomene des Status quo zum Ergebnis haben und damit in die Gefahr geraten, die Produkte geschlechtsspezifischer Sozialisation und Geschlechterhierarchie festzuschreiben und/oder zuungunsten der Mädchen/ Frauen unter Defizitgesichtspunkten auszulegen (Bsp.: Die Mädchen trauen sich nicht bei einem Mann schreinern zu lernen, den Bürgermeister zu stellen; die Mädchen trauen sich nicht mit der Kreissäge zu arbeiten, wenn die Jungen schneller sind.).

3. Die Phänomene geschlechtsspezifischer Sozialisation im ästhetischen Bereich werden von bewußteren Frauen zwar als "Andersartigkeit" aufgewertet und im historischen Kontext gesehen, um den Diffamierungen aufgrund der Defizitsichtweise zu begegnen. Aus Mangel an erweiterten Handlungsräumen für Mädchen und Frauen, in denen diese andere Erfahrungen machen und eigene Ausdrucksweisen finden können, finden bisher jedoch zu selten Vergleiche statt, die weitere Aufschlüsse darüber geben könnten, ob Mädchen und Frauen eine "spezifisch-weibliche ästhetische Sprache" haben, wie Helga Kämpf-Jansen meint für Mädchen in der Pubertät positiv feststellen zu können (siehe Medien Concret 2/89) und wie die aussehen würde, wenn die weiblichen Lebenszusammenhänge bewußt und ideologiekritisch auf der Basis des "Interesses" von Mädchen und Frauen von diesen reflektiert werden.

4. Die Praxis, selbst feministischer Kulturpädagogik, zeigt einen großen Mangel an theoretischer Reflexion. Es ist zu wünschen, daß in Zukunft die Ergebnisse feministischer Forschungen und Praxis in die je folgenden Projekte eingehen werden.

Denn feministische Kulturpädagogik stellt theoretisch wie praktisch hohe Anforderungen an die Professionalität der Frauen, die zielgruppenadäquate, produktive und lustvolle Projekte für Mädchen und Frauen planen und mit ihnen gemeinsam durchführen.

Vom Interesse zum Inhalt

In den dokumentierten Projekten - so haben wir gesehen - wird jedes Thema, jedes Medium, das von den Mädchen und Frauen eingebracht bzw. gewünscht wird, zum Mittelpunkt der Auseinandersetzung. Das eigene, existentielle Interesse und dessen Artikulation sind ein wichtiger Schritt hin zur eigenen Stimme, zum eigenen Ausdruck. Nur so kann Schwierigkeiten und Widerständen bei der gemeinsamen Arbeit begegnet werden. Aber auch nur dann kann die quer zu jedem Thema verlaufende Frage nach den Erscheinungsformen und den Strukturen der Geschlechterhierarchie, d.h. der Benachteiligung der Mädchen/Frauen durch und gegenüber den Jungen/Männern in unserer Gesellschaft bearbeitet werden. Nur in Auseinandersetzung mit dem eigenen Interesse vermögen die beteiligten Mädchen und Frauen, einen eigenen erfahrungsbezogenen Kriterienkatalog zu erstellen, der notwendig ist, um ideologiekritisch die Arbeiten von Frauen (Spurensuche) und die Produkte der Männerkultur (Schürfarbeit) daraufhin zu untersuchen, eigene Ausdrucks-

und Handlungsmöglichkeiten zu gewinnen. Die Ernsthaftigkeit des eigenen Interesses ist Voraussetzung, um das eigene Sein als Produkt dieser Kultur zu hinterfragen und die dabei entstehenden Verunsicherungen auszuhalten.

Die Wechselbeziehung von Subjekt und Objekt als Methode

In diesen Projekten stellen sich die Mädchen und Frauen als historisch gewordene und veränderbare selbst zur Diskussion. Indem die Frau/das Mädchen von Mädchen/Frauen erforscht werden - anders als in der traditionellen Wissenschaft, in der Männer die Subjekte sind und Frauen deren Objekte - findet in der feministischen Kulturpädagogik immer ein Wechsel statt zwischen den Objekten und den Subjekten des Prozesses. Das heißt, wir gehen als Mädchen/Frauen mit uns selber einen Dialog ein. Unser Bild von uns als Frauen/Mädchen wächst in Momenten der Arbeit und entsteht im Moment der Erkenntnis, bzw. da wir künstlerisch arbeiten, der Gestaltung des Produktes.

Die historisch und kritisch von uns selbst überprüften Erfahrungen und Interessen, angereichert durch neue Erfahrungen und Erkenntnisse, werden sich in eigenen Symbolen und Metaphern ausdrücken und der Vielfalt unserer realen Existenz und der Erscheinungsformen des Geschlechterverhältnisses Rechnung tragen.

Feministische Kulturpädagogik beinhaltet die Arbeit mit allen Denkoperationen, Sinnen und der Intuition; sie ist Reflexion und praktisches Tun. Für diese Arbeit und Suche nach neuen Verhaltens-, Ausdrucks- und Handlungsmöglichkeiten für alle Beteiligten, gibt es keine ideal anzustrebende Vorgabe, vielmehr ist der Weg das Ziel, die Auseinandersetzung der Inhalt. Wenn die Produkte einer kleinen oder auch großen Öffentlichkeit zur Würdigung und Diskussion bekannt gemacht werden, wird nicht nur dem scheinbar allgemeingültigen männlichen Blick der eigene Blick und die eigene Stimme entgegengesetzt, sondern die

Nachwort

Voraussetzung dafür geschaffen, daß folgende Projekte die Ergebnisse überprüfen und den Prozeß fortsetzen können.

An die "Macherinnen"

Eine Frau allein ist mit diesem Prozeß, dem kollektiven Experiment bezüglich der Methoden der Erkenntnis und der Gestaltung sowie der pädagogischen Begleitung, überfordert. Und dies auch, wenn davon ausgegangen werden muß und sollte, daß nicht jedes Projekt alle hier aufgeworfenen Ansprüche realisieren kann. Sie sollten jedoch für jedes Projekt mitgedacht werden, damit sich angemessene und realisierbare Wege finden lassen.

Zwar sollte für uns Frauen das Beste gerade gut genug sein, aber das heißt nicht, daß frau nicht auch klein anfangen kann. Insofern sind alle am Prozeß Beteiligten gemeinsam Suchende, und zwar auf jeder Stufe neu. Sie unterscheiden sich bezüglich ihres Vorwissens, aufgrund ihrer konkreten Lebenssituation, aktuellen Interessen und Bedürfnisse.

Die Macherinnen sollten folglich auch ihre eigenen Interessen und Bedürfnisse ernst nehmen und nicht - wie häufig festzustellen und soll ich sagen typisch weiblich - die eigenen Interessen vergessen. Frauen sollten gerade in der Frauen/Mädchenarbeit nicht nur etwas "für die anderen" tun, sondern immer auch etwas für sich. Denn für sie gilt bei den Prozessen dasselbe, wie eben beschrieben. Die Kenntnis des eigenen Interesses weist den Weg, ermöglicht Auseinandersetzung und verhindert Stellvertretergehabe und Ausbrennen. Jede Frau, die ein derartiges Projekt plant, sollte für sich einen Nutzen daraus ziehen können, möglichst einen ganz unmittelbaren. Sie sollte das Projekt z.B. dazu nutzen, ihre häufig am Arbeitsplatz als Mädchen- Frauenfachfrau anzutreffende Isolation zu überwinden. Sie kann dies, wenn sie, wie die Komplexität der Projekte es verlangt, weitere Fachfrauen in die Planung und Durchführung einbezieht. So kann sie sich nicht nur entlasten, sich selber fortbilden, sondern praktische Solidarität im gemeinsamen Tun gewinnen. Die Teamarbeit erlaubt, bei Schwierigkeiten locker und sinnvoll zu reagieren und damit eine offene und angenehme Atmosphäre als Voraussetzung kreativen Arbeitens zu schaffen.

Ansätze für ein derartiges, den Interessen aller Beteiligten entsprechendes und den Anforderungen an die Professionalität genügendes Projekt scheinen mir die Videoprojekte "Sexueller Mißbrauch an Mädchen" (in diesem Buch S. 197) zu sein, aber auch "Frauen tanzen aus der Reihe" a.a.o.S.93.

Konsequenzen

Gerade weil feministische Kulturpädagogik kein isoliertes, separates Problem aufgreift, sondern ein komplexes, in allen Lebensbereichen sichtbares und in den Künsten ideologisch fixiertes, dessen Bearbeitung und Überwindung Zeit, Phantasie und Kraft kostet, sollten wir uns nicht weiter bescheiden und im stillen Winkel mit geringen Mitteln, unbezahlt im Kleinen pusseln. Unser Widerstand braucht Raum, Zeit, Geld und unsere Anerkennung. Daraus folgen Forderungen:
– eigene Räume
– Zeit für Experimente
– Zeit für Fortbildung und Erfahrungsaustausch
– finanzielle Mittel für Fachfrauen und ausreichendes Material sowie angemessene Arbeitsbedingungen

Jedes Projekt sollte ausgestattet sein mit den entsprechenden Fachfrauen - Pädagoginnen, Künstlerinnen, Wissenschaftlerinnen bzw. thematischen Spezialistinnen - die über altes (androzentristisches) und neues (feministisches) Wissen verfügen und Zeit und Lust haben, eine sinnvolle Arbeitsteilung bei der Suche nach neuen Wegen untereinander und mit den Zielgruppen zu finden.

Wir benötigen lokal und regional Arbeitsgruppen für Information, Diskussion und Unterstützung, in denen Frauen aus der autonomen und institutionell gebundenen Mädchen/Frauenarbeit zusammentreffen.

Die Arbeitskreise können die notwendige Öffentlichkeit herstellen, Aktivitäten koordinieren, theoretische und praktische Anregungen vermitteln und damit der Isolation einzelner Frauen und Projekte entgegenwirken. Diese Arbeitskreise können zudem bei Problemen politisch schnell wirksam werden.

Darüberhinaus benötigt diese Arbeit überregionale Aktivitäten:
– themenspezifische bundesweite Fortbildungen, Tagungen
– Projekt- und Literaturbanken
– Mediotheken für die Sammlung von Projektergebnissen
– ein eigenes Fachorgan für alle in der feministischen Mädchen/Frauenarbeit anstehenden Themen und Projekte in Pädagogik, Wissenschaft und Kunst
– einen eigenen Fachverband, um die je speziellen Aktivitäten und Ergebnisse bekannt zu machen und einen Austausch zu gewährleisten.

Ansätze gibt es bereits; erfreulich ist anzumerken, daß die Akademie Remscheid die mit dem Symposion begonnene Reihe "Feministische Kulturpädagogik" mit einer Fachtagung pro Jahr fortsetzen wird. 1990 hat sie den Schwerpunkt "Feministische Theaterpädagogik".

Die Bundesvereinigung Kulturelle Jugendbildung wird zudem dank der Installation einer Projektbank die Sammlung von Mädchen/Frauenkulturprojekten und Kontaktadressen fortsetzen können.

Eine Arbeitsgruppe "feministische Kulturpädagogik NRW" ist von Gitta Martens (ARS) und Hildegard Bockhorst (BKJ) gegründet worden. Weitere Zusammenarbeiten werden sich ergeben und damit ermöglichen, daß eine bewußte feministische Kulturpädagogik bzw. Mädchen- und Frauenarbeit auch im Bereich der kulturellen Bildung und Medienerziehung Qualität und Kontinuität gewinnt.

Remscheid, November 1989

Literaturliste

Ästhetik und Kommunikation, 37, Oktober 1979. Weibliche Utopien - männliche Verluste. Frauen und Linke

Arbeitskreis Mädchenarbeit mit Unterstützung der Bezirksregierung Braunschweig. Offene Türen für Mädchen. Neue Wege in der Arbeit mit Mädchen. Braunschweig, o.J.

Arbeitskreis Mädchenarbeit/Klaudia Becker: Mädchenarbeit. Berichte, Erfahrungen, Impulse. EKvW, Reihe B - Arbeitshilfen Bd 6, 1.Aufl.1988

Arbeitskreis der Wissenschaftlerinnen in NRW (Hg.): Wissenschaftlerinnen - Info Nr. 6, 1985. Dortmund 1985

B.Banse, A.Hoppler, F.Larbig, H.Schlottau: Als wäre ich einen halben Meter gewachsen. Methodische Zugänge zur Bildungsarbeit mit Mädchen. Bad Segeberg 1989

Christa Bast: Weibliche Autonomie und Identität. Untersuchungen über die Probleme von Mädchenerziehung heute. Weinheim und München 1988

Bayerischer Jugendring: Jugend Nachrichten. Internationaler Frauentag. München 1989

BBJ Consult Info: Frauenarbeitsprojekte. Berlin 1986

Gabriele Becker u.a.: Aus der Zeit der Verzweiflung. Zur Genese und Aktualität des Hexenbildes. Frankfurt, 1.Aufl. 1977

Regina Becker-Schmidt / Gudrun-Axeli Knapp: Geschlechtertrennung - Geschlechterdifferenz. Suchbewegungen sozialen Lernens. Bonn 1987

Ursula Beer (Hg.): Klasse Geschlecht. Feministische Gesellschaftsanalyse und Wissenschaftskritik. Bielefeld 1987, 2.Aufl.1989

Rosemarie Bender u.a.: Mädchen. Wie sie wurden was sie sind - wie sie werden, was sie wollen. Bad Boll 1987

Berliner Frauen Kultur Inititative: Kein Ort nirgends? Berlin (West) 1985

Bischoff u.a.: Frauen-Kunst-Geschichte. Gießen 1984

Silvia Bovenschen: Die imaginierte Weiblichkeit. Exemplarische Untersuchungen zu kulturgeschichtlichen und literarischen Präsentationsformen des Weiblichen. Frankfurt 1979. Gibt es eine weibliche Ästhetik? S.82-115 in: Gabriele Dietze

Inge Buck: Ein fahrendes Frauenzimmer. Orlanda Verlag

Der Bundesminister für Bildung und Wissenschaft: Frauen im Kultur- und Medienbetrieb. Bonn 1987

Bundesministerium für Jugend, Familie und Gesundheit: Dokumente zum Internationalen Jahr der Frau. Bonn-Bad Godesberg 1976

Cynthia Cockburn: Die Herrschaftsmaschine. Hamburg 1988

Deutsches Jugendinstitut: DJI Bulletin. Männerwelten - Frauenwelten oder: Wer hat es besser? München 1988

Gabriele Dietze (Hg.): Die Überwindung der Sprachlosigkeit. Texte aus der neuen Frauenbewegung. Darmstadt und Neuwied 1979

Literaturliste

Richard Erny u.a. (Hg.): Handbuch Kultur 90. Modelle und Handlungsbedarf für die Kommunale Kulturarbeit. Köln 1988

evangelische jugend information: Schwerpunkt Frauen und Mädchen. Stuttgart 1989

Klaus Farin / Anke Kuckuck: pro Emotion. Frauen im Rock-Business, Begegnungen, Gespräche, Reportagen. Hamburg 1987

feminale: Die vermessene Frau. Musik, Theater, Workshops, Diskussionen, Vorträge... Nürnberg 1988

Feministisches Informations-, Bildungs- und Dokumentationszentrum (Hg.): Informationsbroschüre. Nürnberg 1989

Renate Feyl: Ansichten und Äußerungen für und wider den Intellekt der Frau von Luther bis Weininger. Darmstadt und Neuwied 1984

Frauen machen Musik e.V.: Rundbrief II. Lüneburg, o.J.

Frauen Museum (Hg.): Die Bonnerinnen. Szenarien aus Geschichte und Zeitgenössischer Kunst. Bonn 1988

Frauen, Arbeit und Zukunft e.V. (Hg.): Frauen Projekte NRW, Selbstdarstellungen, Adressen, Literaturtips... Dortmund

Carol Gilligan: Die andere Stimme. Lebenskonflikte und Moral der Frau. 1988, Serie Piper

Heide Göttner-Abendroth: Für die Musen. Frankfurt/Main 1988

Frigga Haug (Hg.): Frauen-Formen. Berlin 1980

Friederike Hassauer und Peter Roos: Die Frauen mit Flügeln, die Männer mit Blei? Notizen zu weiblicher Ästhetik, Alltag, und männlichem Befinden. Siegen 1986

Heimvolkshochschule Alte Molkerei Frille: Parteiliche Mädchenarbeit und antisexistische Jungenarbeit

Jutta Held (Hg.): Loccumer Protokolle. Kunst und Kultur von Frauen, Weiblicher Alltag, Weibliche Ästhetik in Geschichte und Gegenwart. Rehburg-Loccum, 2.Aufl. 1986

Florence Hervé u.a. (Hg.): Kleines Weiberlexikon. Dortmund 1985

Hochschule der Künste Berlin: denk mal frauen. Berlin 1987

Hochschule der Künste Berlin: Sozialpädagogische Fortbildung, Dokumente und Materialien Nr.9. Mütterlichkeit und Repression. Zur Funktion von Sozialarbeit am Beispiel der Fürsorgerinnen im Faschismus. Hamburg-Berlin 1988

Institut Frau und Gesellschaft: Doppelheft 1 + 2/86 Frauen in traditionellen Frauenberufen. Heft3/86
Heft4/86 Frauen und Öffentlichkeit
Heft3/87 Kommunale Gleichstellungsstellen
Heft4/87 Berufliche Weiterbildung von Frauen

Institut Jugend Film Fernsehen / Medienzentrum München (Hg.): Dokumentation. Das 5.Jugend-Filmfest im Medienzentrum München. München 1987

6. Jugendbericht: Verbesserung der Chancengleichheit von Mädchen in der Bundesrepublik Deutschland. Bonn-Bad Godesberg 1984

Jugendhof Steinkimmen: Blick zurück nach vorn. Bildungsarbeit mit Mädchen und Frauen. Ganderkesee 1986

Agid Jumpertz, Kinder- und Jugendbibliothek Leverkusen (Hg.): Mädchen Bücher. Leverkusen 1988

Helga Kämpf-Jansen: Wider die allseitige Reduktion der weiblichen künstlerischen Persönlichkeit. Kunst + Unterricht. 120/1988 und Medien Concret, 2/89

Literaturliste

Klaus-Ove Kahrmann / Ulrich Ehlers (Hg.): Mädchenbilder im skandinavischen und deutschen Kinder- und Jugendfilm. Scheersberg 1988

Elisabeth Köberl / Elke Nordmann (Hg): Frauenrollen gestern und heute. Dokumentation eines Frauenprojektes. Darmstadt 1987

Kulturpädagogischer Dienst für Kinder- und Jugendarbeit Aachen e.V.: "Aber Hallo". Berichte aus der Praxis. Aachen 1988

Rüdiger Lutz (Hg.): Frauen Zukünfte. Ganzheitliche fem.Ansätze, Erfahrungen und Lebenskonzepte. Ökolog Buch 3. Weinheim und Basel 1984

Mädchentreff Neukölln: Mädchenbildung. Praktisches, Spielerisches, Theoretisches. Berlin 1987

MAGS (Hg.) Michaela Schumacher / Gitta Thrauernicht: Offene Jugendarbeit mit Mädchen in NRW. Eine Arbeitshandreichung. Münster 1986

Astrid Matthiae: Bilderbücher auf Seiten der Mädchen; auch für Jungen zu empfehlen. Eine Auswahl antisexistischer Bilderbücher. Hamburg 1983

Angela Mc Robbie / Monika Savier (Hg.): Autonomie, aber wie? Mädchen, Alltag, Abenteuer. München 1982

Medien Concret 2/ Frauenbilder. Hg: Jugendfilmclub Köln 1989

Gislind Nabakowski, Helke Sander, Peter Gorsen (Hg.): Frauen in der Kunst, 1.Bd. 2.Bd. Frankfurt/Main 1980

Gabriele Nauendorf / Silvia Wetzel (Hg.): Wochenkurse für Hauptschülerinnen. Wannseeheim für Jugendarbeit e.V. Berlin 1978

Simone Odierna: Dokumentation zu den 10. Duisburger Akzenten 1986. "Man ist Frau", Projekt Kultur und Frau. Duisburg 1988

Heide M. Pfarr: Gleichbehandlungsgesetz. Zum Verbot der unmittelbaren und der mittelbaren Diskriminierung von Frauen im Erwerbsleben. Wiesbaden 1985

A.Postmeyer / R.Rosenberger / A.Schweers u.a.: Andersartig. 7 Jahre Frauenkulturhaus Bremen. Ein Bericht aus der Praxis. Bremen 1989

Luise F. Pusch (Hg.): Feminismus, Inspektion der Herrenkultur. Ein Handbuch. 1. Auflage, Frankfurt/Main 1983

Martina Racki (Hg.): Frauen(t)raum im Männerraum. Selbstverwaltung aus Frauensicht. München 1988

Cillie Rentmeister: Frauenwelten - Männerwelten. Für eine neue kulturpolitische Bildung. Opladen 1985

Marie-Claude Reverdin / Kristine Liebel: Mädchen im Jugendfreizeitheim in: Frauenjahrbuch 1977. München 1977

Eva Rieger: Frau, Musik und Männerherrschaft. Zum Ausschluß der Frau aus der dtsch.Musikpädagogik, Musikwissenschaft und Musikausübung. Frankfurt/M, Berlin und Wien 1981

Rösgen, Naumaier, Hillenbrand, Luner (Hg.): Frauen. Gemeinwesenarbeit 4. AG Spak 78. München 1987

Monika Savier / Carola Wildt: Mädchen zwischen Anpassung und Widerstand. Neue Ansätze zur feministischen Jugendarbeit. München, 1.Aufl.1978

Brigitte Schäfer: Praxis Kulturpädagogik - Entwicklungsstand und Perspektiven. Hg: Landesarbeitsgemeinschaft kulturpädagogische Dienste u.a. o.J.

Alice Schwarzer: So fing alles an, 10 Jahre Frauenbewegung. Köln 1981

Literaturliste

Inge Stephan: Bilder, immer wieder Bilder. In: Argument Sonderband 96, S.

Anja Tuckermann (Hg.): ...sie ist ein bißchen zu frech geraten. Mädchen schreiben über sich. Reinheim 1987

Gisela Unland: Wer denkt bei Theorie schon an Mädchen? Das Verhältnis von Jugendarbeitstheorien und Mädchenarbeit seit den 60er Jahren. Münster 1988

Wannseeheim für Jugendarbeit (Hg.): Modellprojekt. Mädchenarbeit im Stadtteil. Berlin, o.J.

Eva Weissweiler (Hg.): Komponistinnen aus 500 Jahren. Eine Kultur- und Wirkungsgeschichte in Biographien und Werkbeispielen Frankfurt/M 1981

Claudia von Werlhoff u.a.: Frauen aktuell, rororo. Frauen, die letzte Kolonie. Renibek 1988

Westerwälder Frauenverbände in Zusammenarbeit mit der Landesbildstelle Koblenz: Frauenleben im Westerwald. Bilddokumentation Koblenz 1988

Mona Winter (Hg.): Frauenoffensive - Zitronenblau. Balanceakte Ästhetischen Begreifens. München, 1.Aufl.1983

Wisselinde/Mirus (Hg.): Mit Mut und Phantasie. Frauen suchen ihre verlorene Geschichte. Sophia Verlag 1987

Gisela von Wysocki: Die Fröste der Freiheit. Aufbruchsphantasien. Frankfurt 1980, 2.Aufl.1981

RAT - Remscheider Arbeitshilfen und Texte

*Herausgegeben von Ulrich Baer
in Zusammenarbeit mit der Akademie Remscheid*

In dieser Broschürenreihe werden Methoden und Konzepte für eine neue und phantasievolle Praxis der Jugend-, Sozial- und Kulturarbeit veröffentlicht.

- **Kennenlernspiele - Einstiegsmethoden**
  Spiele und Hinweise für Einstiegssituationen in Gruppen: Wie schaffe ich spielerisch einen leichten Anfang? Von U.Baer. 56 S., DM 5.50

- **wer sind wir**
  12 neue Spiele zum Kennenlernen in Gruppen und für die Selbsterfahrung. Päd. Hinweise, Konzepte, Spielvorlagen. Von U.Baer. 40 Bl. DM 5.50

- **Remscheider Diskussionsspiele**
  8 Spielverfahren für den Einstieg in Gespräche über viele soziale und politische Fragen. Gut für die Bildungsarbeit in Schule und Erwachsenenbildung. Von U.Baer. 37 Blätter, DM 5.50

- **lernziel: liebesfähigkeit, Bd. 1 u. 2 (NEU)**
  Ulrich Baer's Spiele zu Sexualität und Partnerschaft für Jugendarbeit u. Erwachsenenbldg.. **Band 2 ist völlig NEU** mit dem AIDS-Quiz, neuen Einstiegsspielen für die sexualpäd. Jugendarbeit und Spielen für Männer- u. Frauengruppen, Rollen- u. Entscheidungsspielen), 1989. DM 5.50 (Bd.1), DM 12.80 (Bd.2 - 100 Seiten)

- **Feministische Kulturpädagogik (NEU)**
  29 Kunst- und Kulturprojekte und Konzepte aus der Kulturarbeit von, für und mit Frauen und Mädchen. Hrsg. Gitta Martens und Hildegard Bockhorst (ARS/BKJ). 1989. 290 S. DM 24.80

- **Remscheider Spielkartei**
  200 kooperative Spiele zum sozialen Lernen für Jugendgruppen, Schule und Erwachsene. Alle Spielkarten sind zu 24 thematischen Spielketten gruppiert - extra praktisch für die Zusammenstellung von Spielprogrammen und -aktionen. Von U.Baer, W.Bort, E. u. H. Bücken u.a. DM 19.80

- **Ritterfest und Hexennacht (NEU)**
  14 Spielketten und 59 Spielbeschreibungen, die sich gut für die Arbeit mit Geistigbehinderten und Nichtbehinderten eignen. Von Franz Michels. 56 Bl., DM 9.80

- **500 Spiele**
  500 Spielbeschreibungen für jede Gruppe und alle Situationen. Die besten Spiele aus der Datenbank DATA-SPIEL der Akademie Remscheid. Taschenbuch 288 Seiten, DM 9.80. **NEU:** Auch als **Datenbank auf Disketten für PC's** zusätzl. mit Spielliteraturdatenbank erhältlich: DM 98.-

- **Spielpraxis (NEU)**
  Ein Taschenbuch, in dem Ulrich Baer alle praktischen und konzeptionellen Fragen zur Spielpädagogik aktuell beantwortet. Erscheint März 1990. Ca. 200 S., DM 19.80

- **Konzept: Kreativität (NEU)**
  Die Dozenten der Akademie beschreiben praxisnah ihre Fachkonzepte für eine kreative Gruppenarbeit. Grundlagen und Praxismodelle für die Jugendkulturarbeit. Über 350 S., DM 19.80

- **Kultur als Arbeit (NEU)**
  Kulturpädagogische Aufsätze, Reden und Essays von Dr. Max Fuchs, Direktor der Akademie Remscheid. Grundlagen - Arbeitsfelder - Kulturmanagement - Fortbildung. Ca. 180 S., DM 19.80

- **Kulturpädagogik in der Offenen Jugendarbeit (NEU)**
  Ein Tagungsbericht mit zahlreichen Vorschlägen und Modellen für neue kulturpädagogische Arbeitsansätze in der Offenen Jugendarbeit. 1989. DM 19.80

Bestellungen an: Robin-Hood-Versand, Küppelstein 36, 5630 Remscheid 1, Tel.: 02191 / 79 42 42

ROBIN-HOOD-VERSAND
Küppelstein 36, 5630 Remscheid 1
Tel.: 02191 / 79 42 42

- Ferienspiele
- Entspannung – Rhythmik – Meditation
- Spielkarteien
- Kennenlernspiele
- Bewegungsspiele
- Puppen – Masken – Pantomime
- Spiele bauen und basteln
- Spiele für Vorschulkinder
- Rollenspiel
- Schminke
- Spielfeste
- Kooperative Spiele-Sammlungen
- Kommunikationsspiele
- Spiel und Spass in der Schule
- Für Teams und Gruppenleiter
- Spiele zum Thema Frieden und Dritte Welt
- Spiele zum Thema Sexualität

spiele.
bücher.

Alles für Ihre Gruppenarbeit.